4차 산업혁명
기반 기술의 이해

"본 저서는 과학기술정보통신부 및 정보통신기획평가원의
SW중심대학지원사업의 연구결과로 수행되었음"(2019-0-01056)

4차 산업혁명 기반 기술의 이해

김미혜 · 길준민 · 김대학 · 김병창 · 변태영 · 설진현 **공저**

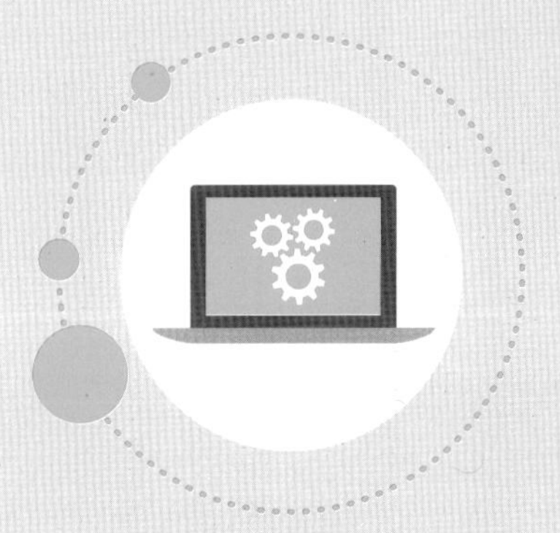

YD Edition 연두에디션

저자 약력

김미혜 교수
- 대구가톨릭대학교 IT공학부 교수
- 뉴사우스웨일즈대학교 컴퓨터공학 전공, 공학박사
- 대구가톨릭대학교 소프트웨어융합대학장

길준민 교수
- 대구가톨릭대학교 IT공학부 교수
- 고려대학교 컴퓨터학 전공, 이학박사
- 대구가톨릭대학교 4차산업혁명연구소장

김대학 교수
- 대구가톨릭대학교 빅데이터공학과 교수
- 고려대학교 통계학 전공, 이학박사
- 대구가톨릭대학교 SW중심대학사업단장

김병창 교수
- 대구가톨릭대학교 IT공학부 교수
- 포항공과대학교 컴퓨터공학 전공, 공학박사
- 대구가톨릭대학교 IT공학부장, SW융합교육센터장

변태영 교수
- 대구가톨릭대학교 IT공학부 교수
- 경북대학교 컴퓨터공학 전공, 공학박사
- 대구가톨릭대학교 LINC+ 사업단장

설진현 대표
- ㈜세중아이에스 대표
- 영남대학교 경영대학원 e-비즈니스 전공, 경영학석사
- 전) (사)대경ICT산업협회장
- 대구시 4차 산업 ICT 위원, 대구시 스마트시티 TFT 위원, 대구기계부품연구원 스마트팩토리 운영위원

4차 산업혁명 기반 기술의 이해

발행일 2023년 2월 22일 초판 4쇄
지은이 김미혜 · 길준민 · 김대학 · 김병창 · 변태영 · 설진현
펴낸이 심규남
기 획 염의섭 · 이정선
표 지 이경은 | **본 문** 이경은
펴낸곳 연두에디션
주 소 경기도 고양시 덕양구 삼원로 73 한일윈스타 지식산업센터 8층 809호
등 록 2015년 12월 15일 (제2015-000242호)
전 화 031-932-9896
팩 스 070-8220-5528
ISBN 979-11-88831-35-7
정 가 22,000원

이 책에 대한 의견이나 잘못된 내용에 대한 수정 정보는 연두에디션 홈페이지나 이메일로 알려주십시오.
독자님의 의견을 충분히 반영하도록 늘 노력하겠습니다.
홈페이지 www.yundu.co.kr

PREFACE

2016년 1월 스위스 다보스에서 열린 '세계경제포럼'에서 '제4차 산업혁명'이라는 주제가 논의되면서 전 세계는 제4차 산업혁명 시대에 대비하기 위한 변화의 기로를 맞이하고 있다. 제4차 산업혁명 시대에는 인공지능, 3D 프린팅, 자율주행차, 생명공학 등의 분야에서 IoT, 클라우드, 빅데이터 등의 기술이 결합되어 우리에게 더 풍요로운 미래를 제공해줄 것으로 예견하고 있다.

그러나 이러한 장밋빛 전망에도 불구하고 제4차 산업혁명 시대에 인간은 어떤 역할을 해야 할지에 관한 것이 또 다른 화두이다. 이러한 점에서 이 책은 제4차 산업혁명 시대의 핵심 기술인 ICMB(IoT, Cloud, Mobile, Big Data), 인공지능 및 플랫폼에 관한 기반 기술의 이해를 목표로, 컴퓨터 전공자가 아닌 인문, 사회, 예체능 등 다양한 전공자도 쉽게 이해할 수 있는 기초 교양 수준에서 제4차 산업혁명 시대에 필요한 기반 기술의 핵심 개념과 원리를 다루었다.

한편, 이 책은 제4차 산업혁명 시대에 우리의 실생활과 밀접하게 연관되어 있는 기반 기술에 대한 상세한 설명을 제공함으로써 그동안 무심코 지나쳐 왔던 생활 속의 다양한 기술들에 대해서 이해할 수 있는 계기를 마련해 줄 것으로 기대한다. 대학교에서 제4차 산업혁명 기반 기술에 대한 꾸준한 연구와 강의 경험을 바탕으로 전문지식을 갖추고 있는 분야별 교수들이 영역별로 집필하였기 때문에 이 책의 내용과 완성도에 대해서는 의심할 여지가 없다고 생각한다. 또한, 다양한 전공의 독자들이 충분히 이해하도록 집필 내용을 여러 번 생각하고 또 생각해 가며 이 책의 완결성에 해가 되지 않도록 최선을 다해 집필하였다. 비단 컴퓨터 전공자만을 위한 책이 아닐 정도로 광범위한 다양한 전공 분야에서 제4차 산업혁명 기반 기술을 조금이라도 이해하고 관심을 가진 독자들에게 제4차 산업혁명 시대의 기본 개념을 정립해 줄 입문서이자 교양서로서 이 책을 추천하는 바이다.

끝으로, 이 책이 나오기까지 수고를 아끼지 않으신 연두에디션 사장님을 비롯한 관계자 여러분들께 다시 한번 고개 숙여 감사드리는 바이다. 또한, 출판 막바지까지 교정 작업에 매진해 준 대구가톨릭대학교 SW중심대학사업단 소속 교직원 여러분들의 노고에 진심으로 감사드리는 바이다. 이 책이 독자 여러분들에게 제4차 산업혁명 시대에 반드시 숙지해야 하는 기본 소양서로서 제4차 산업혁명 시대에 멋진 인생을 살아가는데 갖추어야 지혜로운 마음과 열린 감성 함양에 조금이나마 도움이 되길 진심으로 바라는 바이다.

2019년 12월

저자 김미혜, 길준민, 김대학, 김병창, 변태영, 설진현

강의 계획 (2시수 기준)

본 교재는 학습자의 경우 각 장의 본문 내용을 예습하고 요약과 연습문제를 통해 학습내용을 복습할 수 있도록 구성하였다. 또한 '쉬어가기'를 통해 본문의 내용과 관련된 동영상 자료를 제공함으로써 학습자가 본문의 학습내용을 보충할 수 있도록 구성하였다. 본 교재는 K-MOOC "제4차 산업혁명 기반 기술의 이해" 강좌를 위한 교재로 개발되어 강의 영상이 존재함으로 이를 적극 활용하여 학습하길 권장한다. K-MOOC 강의 운영 사이트는 다음과 같다:

http://www.kmooc.kr/courses/course-v1:DCUk+CK_DCU_03+2019_T2_1/about

본 교재는 한 학기 15주 강의를 기준으로 13주 강의와 2주 평가로 구성하여 다음과 같이 진행을 할 수 있다.

주	해당 장	해당 내용
1	1장 제4차 산업혁명에 대한 이해	4차 산업혁명 시대의 도래, 산업혁명의 변천과정 4차 산업혁명의 개념, 4차 산업혁명의 주요 변화 동인 4차 산업혁명의 특징, 4차 산업혁명에 따른 미래사회의 변화
2	2장 사물인터넷의 개요	제4차 산업혁명과 사물인터넷 사물인터넷의 개념, 사물인터넷의 등장 배경 사물인터넷의 서비스 구조
3	3장 사물인터넷의 핵심 기술요소	사물인터넷의 기술요소, 센서와 스마트 디바이스 통신 기술, 서비스 응용 기술, 보안 기술
4	4장 사물인터넷의 주요 응용분야 및 미래	사물인터넷의 응용분야, 사물인터넷의 적용사례 사물인터넷의 문제점 및 미래
5	5장 클라우드 컴퓨팅의 개요	제4차 산업혁명과 클라우드 클라우드의 개념과 특징, 클라우드 컴퓨팅의 핵심 기술
6	6장 클라우드 컴퓨팅의 모델 분류와 적용 사례	클라우드 컴퓨팅의 모델과 서비스 클라우드의 주요 활용 분야, 클라우드의 미래 전망
7	7장 빅데이터의 개요	제4차 산업혁명과 빅데이터 빅데이터 기본 개념과 빅데이터 시대 도래 배경
8	중간고사	
9	8장 빅데이터의 처리/분석기법과 활용사례	통찰력과 새로운 가치 창출 빅데이터 처리/분석 기법의 이해, 빅데이터 활용사례
10	9장 인공지능의 개요	인공지능의 기본 개념과 역사 규칙기반 전문가 시스템
11	10장 인공지능 기술 I	퍼지 전문가 시스템 진화연산
12	11장 인공지능 기술 II	인공신경망, 하이브리드 지능시스템 인공지능의 미래
13	12장 플랫폼의 이해	플랫폼의 의미와 유형, 플랫폼의 중요성과 미래가치 스마트 디바이스와 플랫폼, 창업지원 플랫폼
14	13장 소셜 플랫폼과 모바일 플랫폼의 개요	소셜 플랫폼, 모바일 플랫폼 미래 플랫폼 기술
15	기말고사	

CONTENTS

CHAPTER

1

제4차 산업혁명에 대한 이해

본 장에서는 4차 산업혁명에 대한 이해를 위해 4차 산업혁명 시대의 도래와 산업혁명의 변천 과정, 4차 산업혁명의 개념과 이를 이끌 주요 변화 동인, 4차 산업혁명에 대한 특징 및 4차 산업혁명에 따른 미래사회 변화에 대해 다룬다.

학습목표

- 산업혁명의 변천과정에 대해 설명할 수 있다.
- 4차 산업혁명에 대한 개념과 주요 변화 동인에 대해 설명할 수 있다.
- 4차 산업혁명의 특징에 대해 설명할 수 있다.
- 4차 산업혁명에 따른 미래사회 변화에 대해 설명할 수 있다.
- 4차 산업혁명에 대비한 전공분야와 관련된 융합기술을 예측할 수 있다.

구성

1.1 4차 산업혁명 시대의 도래

4차 산업혁명은 2016년 1월 스위스 다보스에서 개최된 세계경제포럼(WEF: World Economic Forum)에서 포럼의 주제를 '제4차 산업혁명의 이해(Mastering the Fourth Industrial Revolution)'로 정하면서 전 세계적인 관심사로 떠오르게 된다. 세계경제포럼은 전 세계 정치인, 기업인, 경제학자, 저널리스트 등 전문가 2천여 명이 모여 세계가 당면한 과제의 해법을 논의하는 1971년에 창립된 국제기구이다. 매년 1월 스위스 다보스에서 연차총회를 개최하는 이유로 '다보스 포럼'이라고도 불린다. 현재 클라우스 슈밥(Klaus Schwab)이 회장을 맡고 있으며, '과학기술' 분야가 주요 의제로 선택된 것은 1971년 창립 이래 45년 만에 처음이었다.

4차 산업혁명이라는 용어는 본래 2010년 발표된 독일의 미래기술 정책 'High-Tech Strategy 2020'의 10대 프로젝트 중의 하나인 2011년에 촉발된 'Industrie 4.0(인더스트리 4.0)'에서 제조업과 정보통신이 융합되는 단계를 의미하였으나, 2016년 다보스 포럼의 주제를 '제4차 산업혁명의 이해'로 정하며 전 세계적인 관심어로 등장하게 된다. 그리고 슈밥 회장이 포럼 이후 '제4차 산업혁명(The Fourth Industrial Revolution)'이라는 저서를 출판하면서 본격적으로 공론화가 시작된다. 따라서 4차 산업혁명은 21세기 시작과 함께 출현해 2010년대 중반부터 윤곽을 드러내기 시작한 현재진행형인 산업혁

그림 1-1 세계경제포럼의 회장 클라우스 슈밥과 그의 저서

명이며, 현재 우리는 4차 산업혁명의 시작점에 서 있다고 볼 수 있다.

클라우스 슈밥 회장은 그의 저서에서 산업발전의 변화를 4단계로 구분하여 제시하였다. '산업혁명(Industrial Revolution)' 용어의 기원은 18세기 프랑스 학자들 사이에서 가장 먼저 사용되었고, 1884년 발간된 아널드 토인비(Arnold Toynbee)의 '18세기 영국 산업혁명 강의(Lectures on the Industrial Revolution of the Eighteen Century in England)'에서 사용되면서 일반화되기 시작하였다. 그리고 1906년 프랑스 역사학자 폴 망뚜(Paul Mantoux)의 '18세기의 산업혁명'이 출간되면서 학술적 용어로 정착되기 시작하였다.

■ 산업혁명

산업혁명은 기술의 혁신이 일어나고, 이로 인한 사회, 경제 등에 일어난 큰 변화와 산업 전반에 걸쳐 일어난 질적 변혁을 일컫는다. 새로운 기술의 등장으로 기술 혁신(innovation)이 일어나고, 이에 따라 산업구조와 사회 · 경제구조 전반에 혁명적 변화가 일어날 뿐만 아니라, 동시에 정치구조와 사업주체에도 변화가 일어나는 것이라 할 수 있다. 예를 들어, 1차 산업혁명에서 왕족과 귀족의 지배 체제가 무너지고, 자본가가 사회주도계층으로 부상하면서 정치구조와 사업주체가 바뀌게 되는 것과 같다. 산업혁명이 일어나는 이유는 기술력의 발전으로 생산성이 향상되어 기존 산업구조로는 수용이 불가피한 한계에 도달하기 때문이다. 이에 따라 기술 · 산업구조의 변화, 고용구조의 변화뿐만 아니라 직무역량에도 큰 변화가 일어날 수밖에 없는 상황에 직면하게 되는 것이다.

1.2 산업혁명의 변천과정

- 제1차 산업혁명 : 1784년 증기기관의 힘을 이용한 생산의 기계화 실현
- 제2차 산업혁명 : 1870년 전기 에너지의 힘을 이용한 대량생산 체제 구축
- 제3차 산업혁명 : 컴퓨터와 인터넷 기반의 정보기술을 이용한 생산 자동화
- 제4차 산업혁명 : 지능과 정보가 융합된 지능정보사회

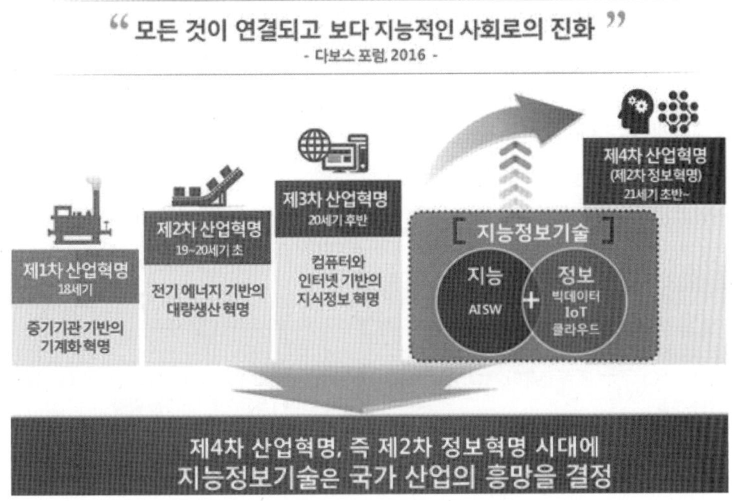

그림 1-2 산업혁명의 변천과정

출처: 김경훈, "4차산업혁명과 기술트렌드, 지능정보사회 대비 민관합동 간담회", 2016.3.17 (KERIS 미래교육포럼 재인용)

클라우스 슈밥이 4단계로 구분하여 제시한 산업혁명의 변천과정을 살펴보면, 1차 산업혁명은 '증기기관의 힘'을 이용한 '기계화 혁명'으로 생산의 기계화를 실현한 단계이다. 1784년 증기기관의 등장으로 가내수공업 중심의 생산체제가 공장생산체제로 변화된 단계를 말한다. 도로, 운하의 건설 및 철도의 설치 등 교통수단의 발전이 이루어진 시기이다.

2차 산업혁명은 1870년대에 시작되어 '전기 에너지의 힘'을 이용한 대량생산체제가 가능해진 단계이다. 즉 자동차 회사 포드(Ford)가 대량생산을 위한 컨베이어 벨트(conveyor belt)를 도입하여 연속적인 조립라인을 구축하고, 1879년 에디슨(Thomas Alva Edison)이 백열등을 개발하는 것을 계기로 전기의 시대가 시작된 단계이다. 전화, 무선전신, 라디오 등의 통신 기술이 이때 시작되었고, 석유에 대한 의존도가 심화되는 시기이다.

20세기 후반에 시작된 3차 산업혁명은 '컴퓨터와 인터넷 기반의 지식정보 혁명'이 실현된 단계이며, 반도체, 컴퓨터, 인터넷 기반의 정보화, 자동화 등 정보기술(IT: Information Technology)의 시대가 개막된 시기이다. '컴퓨터 혁명' 또는 '디지털 혁명' 시대로 생산의 자동화를 이룬 단계이다. 1946년 에니악(ENIAC) 컴퓨터가 개발된 이후,

1976년 애플 컴퓨터와 1981년 IBM 호환용 PC를 매개로 컴퓨터의 대중화가 이루어졌고, 1969년 알파넷(ARPAnet)에서 시작된 인터넷 또한 기능이 확장되면서 1994년에 대중화가 이루어진 시기이다. 과학과 기술이 밀접한 관계를 형성한 시기였고, 세계 경제의 글로벌화가 진행된 단계이다.

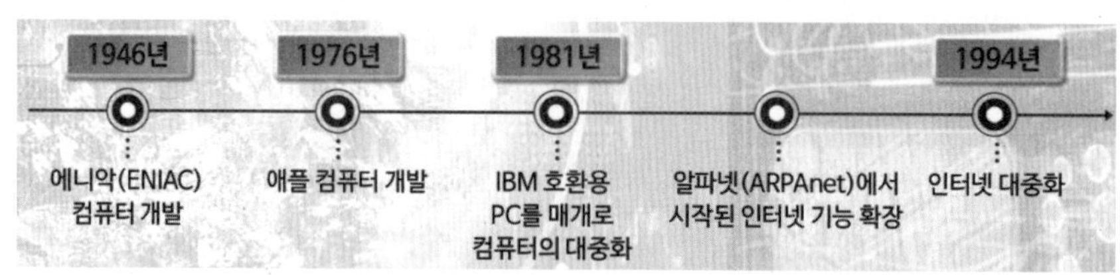

그림 1-3 3차 산업혁명의 발전단계

21세기 초반에 시작하여 2010년대 중반부터 윤곽을 드러내기 시작한 4차 산업혁명은 지능(intelligence)과 정보(information)가 융합된 '지능정보사회'의 시작으로 보고 있다. 3차 산업혁명과 구분되는 점이 바로 '인공지능(AI: Artificial Intelligence)'이다. '제2차 정보혁명' 또는 '제2의 기계시대'라고도 일컬어진다. 다시 말해 '제1차 정보혁명'에 인공지능이 가미되어 '제2차 정보혁명'으로의 대변혁을 이루는 시대이고, '제1의 기계시대'에 인공지능이 융합되어 '제2의 기계시대'에는 기계가 인간과 유사한 새로운 기계로 재탄생되는 시대인 것이다. 따라서 단순한 기계 자동화의 차원을 넘어 첨단기술의 융합으로 사물인터넷을 통해 모든 사물이 유기적으로 상호 연결되고 인간처럼 스스로 학습하여 지능화 되어가며, 새로운 가치를 창출해내는 시대이다. 4차 산업혁명은 이제 피할 수 없는 현재가 되었고 사회 전반에 걸쳐 기존 패러다임의 대변혁을 통한 새로운 혁신의 생태계를 요구하고 있다.

1.3 4차 산업혁명의 개념

앞에서 살펴본 것처럼, 2016년 스위스 다보스 포럼에서 4차 산업혁명은 3차 산업혁명의 주춧돌인 정보통신기술(ICT)의 기반아래 '지능'과 '정보'가 융합된 '지능정보사회', '제2차 정보혁명'이라 정의를 내린다. '제1차 정보혁명'에 인공지능이 융합된 새로운 정보혁명 사회의 재탄생인 것이다. 다시 말해, 단순한 정보사회가 아닌 '지능'이 결합된 '지능정보사회'인 것이다. 또한 모든 사물이 연결되고 보다 지능적인 사회로의 진화이며, 3차 산업혁명의 결과인 디지털화 혁명을 기반으로 '물리적, 디지털적, 생물학적 영역 간의 경계가 모호해지는 기술의 융합(a fusion of technologies that is blurring the lines between the physical, digital, and biological spheres)' 시대로 정의되고 있다.

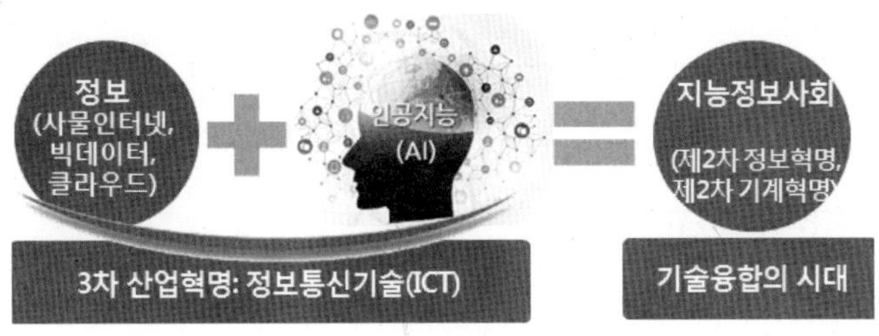

그림 1-4 4차 산업혁명의 개념

4차 산업혁명은 하나의 기술에 의존하는 것이 아니라, 여러 분야의 혁신 기술이 상호 유기적 · 지능적으로 융합되어 새로운 가치 창출을 이루면서, 사회 전반에 걸쳐 대변혁이 일어날 것이라 예견되고 있다. 이러한 정의로부터 4차 산업혁명의 특징인 '초연결성(hyper−connectivity)', '초지능화(hyper−intelligence)', '초현실사회(hyper− reality)' 및 '융합(convergence, fusion)'과 같은 키워드들이 나오게 된다.

1.4 4차 산업혁명의 주요 변화 동인

앞에서 4차 산업혁명은 3차 산업혁명의 결과인 디지털화 혁명을 기반으로 물리적, 디지털적, 생물학적 영역 간의 경계가 모호해지는 기술 융합시대임을 살펴보았다. 슈밥은 그의 저서 '제4차 산업혁명'에서 4차 산업혁명을 이끌 주요 핵심기술을 이와 같이 물리학, 디지털 및 생물학 3개 영역으로 구분하여 [표 1−1]과 같이 제시하였다.

표 1-1 슈밥이 제시한 4차 산업혁명의 핵심기술

영역	핵심 기술	주요 내용
물리학 (Physical)	자율주행차 (autonomous vehicles)	• 센서와 인공지능의 발달로 트럭, 드론, 항공기 및 보트를 포함한 다양한 종류의 자율주행차 기능이 빠른 속도로 향상
	3D 프린팅 (3D printing)	• 3D 프린팅은 회로 기판과 심지어 인간의 세포, 기관과 같은 통합 전자부품을 만들어 내기 위해 더욱 보편화될 것이고 이미 4D에 대한 연구도 시작됨
	로봇공학 (advanced robotics)	• 로봇은 모든 분야에 걸친 광범위한 업무에 사용될 것이며, 인간과 기계가 협력하는 모습은 일상의 현실이 될 것임 • 로봇은 클라우드를 통해 원격 정보에 접근 가능하며, 이로 인해 다른 로봇과 네트워킹도 가능
	신소재 (new materials)	• 새로운 기능(자가치유와 자가세척 가능, 형상기억합금, 압전 세라믹 등)을 갖춘 신소재의 등장 • 최첨단 나노 소재(그래핀) 및 재활용이 가능한 폴리헥사하이드로트라이진 소재 등의 등장
디지털 (Digital)	사물인터넷 (IoT: Internet of Things)	• 더 작고 저렴한 스마트해진 센서들은 제조 공정뿐만 아니라, 집, 의류, 액세서리, 도시, 운송망, 에너지 분야 등 모든 산업 분야에 내장되어 활용되며 사물인터넷의 급진적 발전과 확산 예고 • 향후 몇 년 안에 사물인터넷에 연결된 기기의 수는 수조에 이를 것으로 전망
	블록체인 (blockchain)	• 기술의 발달로 코드화할 수 있는 모든 종류의 거래가 비트코인과 같은 블록체인 시스템을 통해 서비스 가능 예고
	플랫폼 (platform)	• 온디맨드경제 및 공유경제의 실현 • 디지털 플랫폼 비즈니스의 급격한 성장
생물학 (Biological)	유전학 (genetics)	• 유전자 연구 활성화 및 유전자 편집 기술이 가능
	합성생물학 (synthetic biology)	• 의학과 농업에 대안을 제시하는 합성생물학의 발전 • 유전공학 연구 활성화, 바이오프린팅 기술, 신경과학 기술, 생물공학 기술 등의 발전

[그림 1-5]는 과학적 측면에서 4차 산업혁명과 미래사회 변화를 야기하게 될 핵심 기술의 주요 변화 동인을 나타낸 것이다.

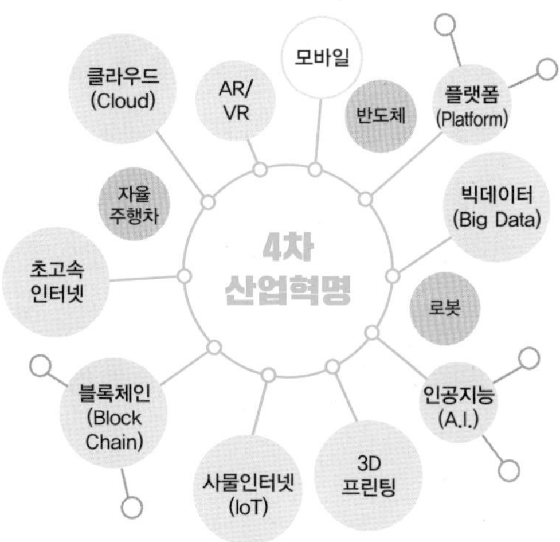

그림 1-5 4차 산업혁명의 주요 변화 동인

2016년 1월 스위스 다보스 포럼의 'The Future of Jobs' 보고서에서는 4차 산업혁명의 변화를 이끌 기술적 동인(technological drivers of change)을 모바일 인터넷과 클라우드 기술, 연산능력과 빅데이터, 새로운 에너지 공급 및 에너지 기술, 공유경제, 크라우드소싱(crowdsouring), 로보틱스와 자율운송, 인공지능, 스마트 제조와 3D 프린팅 및 스마트 소재와 생명공학 등으로 보고 있다.

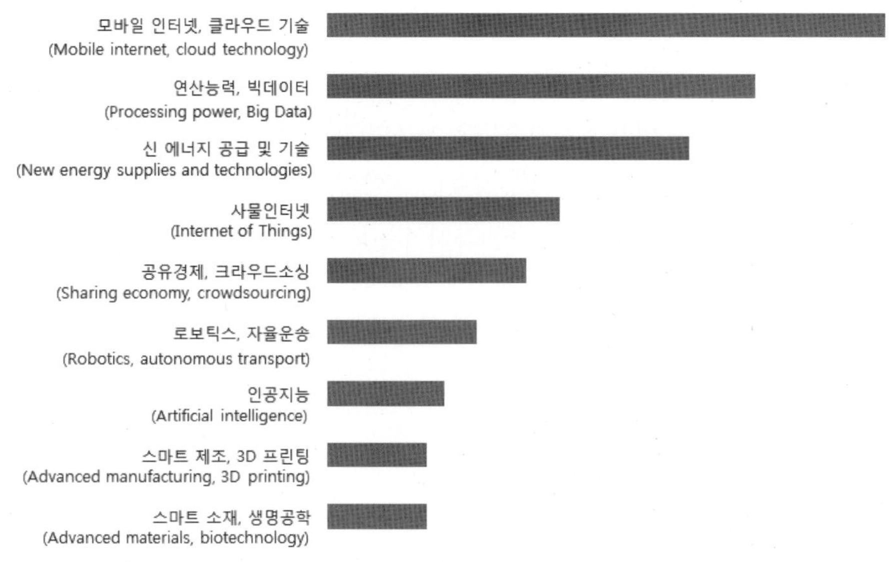

그림 1-6 4차 산업혁명의 기술적 동인(The Future of Jobs, WEF, 2016)

보스턴 컨설팅 그룹(Boston Consulting Group)과 옥스퍼드 대학의 Martin School의 미래 전망 기관이 내놓은 보고서들에서는 이러한 기술들과 함께 반도체, 초고속 인터넷, 로봇기술, 증강/가상현실, 드론, 센서 기술 및 나노/바이오 기술들도 포함하고 있다. 이러한 기술들은 정보통신기술을 기반으로 하고 있으며, 향후 미래 산업구조와 노동시장의 일자리 지형은 이러한 기술들을 바탕으로 크게 변화될 것으로 전망되고 있다. 4차 산업혁명 시대에는 이러한 기술들이 상호 유기적으로 결합되고, 여기에 인공지능 기술이 융합되어 지금까지 우리가 경험하지 못한 새로운 서비스를 창출해 내게 되는 것이다.

■ ICBM

이러한 4차 산업혁명의 핵심기술로부터 4차 산업혁명의 새로운 패러다임의 융합 기술을 의미하는 'ICBM'이라는 용어가 나오게 된다. 'ICBM'은 IoT의 I, Cloud의 C, Big Data의 B, Mobile의 M의 이니셜을 모아 만든 신조어이다. 데이터는 인터넷을 통해 상호 연결된 사물들, 즉 사물인터넷(IoT: Internet of Things)으로부터 생성되고, 생성된 데이터는 언제 어디에서든 데이터에 접근할 수 있고 공유 가능한 클라우드(Cloud) 공간에 저장되며, 빅데이터(Big Data) 분석 기술을 통한 새로운 가치와 지식 창출을 이루면서, 고정된 공간이 아닌 이동성이 있는 모바일(Mobile) 플랫폼 기반으로 서비스가 제공된다는 것이다. 이러한 핵심 기술의 중심축에 인공지능(AI)이 있다. 'ICBM'과 함께 인공지능(AI), 블록체인(BlockChain), 클라우드(Cloud), 데이터(Data)로부터 'ABCD'라는 용어도 많이 사용되고 있다.

따라서 4차 산업혁명을 이끌 핵심기술들은 사물인터넷, 클라우드, 빅데이터, 모바일의 ICBM을 중심으로, 이를 유기적 · 지능적으로 연결하는 인공지능과 증강현실, 가상현실, 자율주행차, 3D 프린팅 기술 등 정보통신기술(ICT) 기반의 기술들임을 알 수 있다.

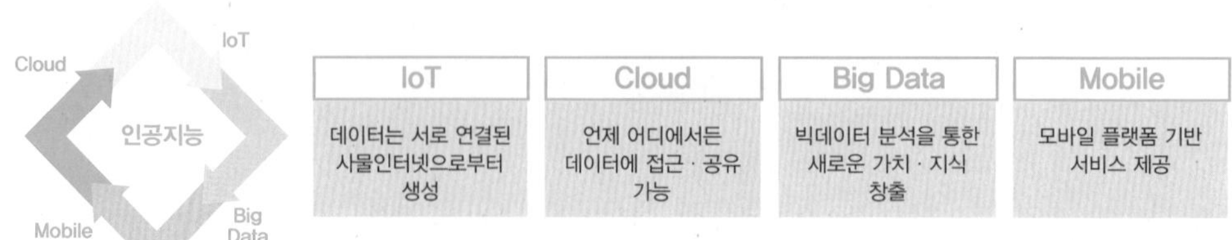

그림 1-7 ICBM의 유기적 관계

1.5 4차 산업혁명의 특징

1.5.1 클라우스 슈밥이 말하는 4차 산업혁명의 특징

클라우스 슈밥이 그의 저서 '제4차 산업혁명'과 4차 산업혁명 관련 강연 등을 통하여 언급한 4차 산업혁명의 특징들을 살펴보면 다음과 같다.

1 속도, 범위와 깊이, 시스템적 충격 측면에서 이전의 산업혁명과 구분

4차 산업혁명은 속도(velocity), 범위와 깊이(breath and depth), 시스템적 충격(system impact) 측면에서 이전의 산업혁명과는 확연히 구분된다고 말한다. 첫째, 속도의 차원에서 인류가 지금까지 경험하지 못한 빠른 속도의 혁신적인 기술 진보가 이루어질 것으로 전망하고 있다. 4차 산업혁명은 기존 산업혁명과는 달리 '선형적 속도가 아닌 기하급수적인 속도로 전개 중'이며, '거대한 쓰나미'처럼 빠른 속도로 밀려오고 있다고 표현된다. 둘째, 속도뿐만 아니라, 범위와 깊이에 있어서도 사회 전체 시스템의 변화를 수반하는 혁신적이라고 말한다. 과학 기술의 변화로 인해, 사회, 경제, 문화, 교육 등 사회 전반의 광범위한 변화가 일어날 것으로 전망하고 있는 것이다. 셋째, 시스템적 충격은 이전 산업혁명과는 차원이 다르며, 근본적으로 그 궤도를 달리하고 있다고 보고 있다. 사회 전반에 걸친 시스템의 변화, 즉 패러다임의 변화가 일어날 것이며, 이로 인해 개인적인 삶과 국가 시스템의 변화뿐만 아니라 세계 체제에도 큰 변화가 일어날 것으로 예상하고 있다.

2 개별적 기술 발전이 아닌 포괄적 변화

새로운 시대의 서막을 알리는 4차 산업혁명은 '개별적 기술 발전이 아닌 포괄적 변화'라고 정의된다. 인공지능, 인지과학, 로봇, 자율주행차 등과 같은 수많은 분야에서 기술 혁신이 일어나고 있으며, 이들 기술혁신은 개별적 기술 발전이 아닌 수많은 분야와 '끊임없이 융합하고 조화를 이루는 습성을 지니고' 있다고 표현된다. 즉 서로 다른 과학기술이 결합되어 더욱 강력한 포괄적인 변화의 혁신을 일으키고 있다는 것이다. 따라서 4차 산업혁명시대에는 서로 다른 기술이 상호 융합되는 '기술 융합의 시대'이다.

3 혁신의 변화가 제품이 아닌 시스템적 혁신

혁신의 변화가 새로운 제품을 만들어 내는 것에 국한되는 것이 아니라, '새로운 시스템으로의 변화로 일어나고 있다'라고 말한다. 예를 들어, 자신의 주거지 일부를 빌려주는 숙박 공유 서비스인 에어비앤비(Airbnb), 승객과 차량을 직접 연결해주는 모바일 서비스인 유버(Uber) 등이 이러한 시스템적 혁신의 변화를 보여주는 실례들이다.

4 인간의 본질과 정체성을 변화시키는 혁명

또한 "인간의 본질과 정체성을 변화시키는 혁명이며, 모든 것의 경계가 희석되는 사회로의 변화를 이끄는 혁명이다"라고도 말한다. 창의성으로 무장한 인공지능의 기술과 인간과 유사한 지능을 갖추고 모습도 인간과 유사한 휴머노이드 로봇들의 등장은 우리 인간의 정체성에 물음표를 던질 수밖에 없다는 것이다.

KBS 미래제안, 4차 산업혁명 특별방송 영상

① 4차 산업혁명의 시대, 우리의 생존 전략 1부 무엇을 가르칠 것인가?
② 시사기획 창 '기계와의 대결 스페셜'
③ 4차 산업혁명의 시대, 우리의 생존 전략 2부 국민경제를 이모작하라
④ 4차 산업혁명의 시대, 우리의 생존 전략 3부 패널토론 인공지능의 현재와 미래
⑤ KBS 스페셜 '로봇, 우리의 친구가 될 수 있을까?'
⑥ 특별 생방송 '이제는 4차 산업혁명이다'
⑦ 미래기획 2030 '4차 산업혁명, 경계를 무너뜨리다' 1부 초현실사회
⑧ 특집 '다보스의 선택 4차 산업혁명이 미래다'
⑨ 명견만리 '4차 산업혁명은 어떤 인재를 원하나'
⑩ 미래기획 2030 '4차 산업혁명, 경계를 무너뜨리다' 2부 인간의 뇌에 접속하라

1.5.2 4차 산업혁명의 일반적 특징

일반적으로 언급되고 있는 4차 산업혁명의 특징은 '초연결성', '초지능화' 및 '초현실사회'이다. 모든 것이 상호 연결되고(초연결성), 보다 지능화된 사회(초지능화)로 변화될 것으로 보고 있으며, '물리적, 디지털적, 생물학적 영역 간의 경계가 모호해지는 기술융합의 시대'로, 궁극적으로 현실과 가상공간의 경계(초현실사회)가 없어질 것으로 예견되고 있다. 즉 모든 기술은 융합되고 새로운 가치창출과 기술혁신을 통해 사회 전반에 걸쳐 새로운 패러다임의 생태계가 형성될 것으로 보고 있는 것이다.

■ 초연결성(Hyper-Connectivity)

'초연결성'은 정보통신기술을 기반으로 한 사물인터넷(IoT)의 급진적 발전과 확산으로 '사물과 사물, 사물과 사람, 시스템, 정보 자원' 간의 연결성이 인터넷을 통해 기하급수적으로 확대되면서 발생된 개념이다. 미국의 정보 기술 연구 자문 회사인 가트너(Gartner)는 사물인터넷에 연결된 기기의 수는 2015년 50억 기기에서 2020년에는 불과 5년 사이 5배 이상이 증가해 약 268억 기기가 상호 연결될 것이라 예측하였다. 시스코(Cisco)은 2020년까지 500억 기기, 인텔(Intel)은 약 2,000억 기기가 연결될 것이라 전망하였다. 사물인터넷은 향후 모든 사물이 연결된 만물인터넷(IoE: Internet of Everything)의 세계로 진화될 것으로 보고 있다.

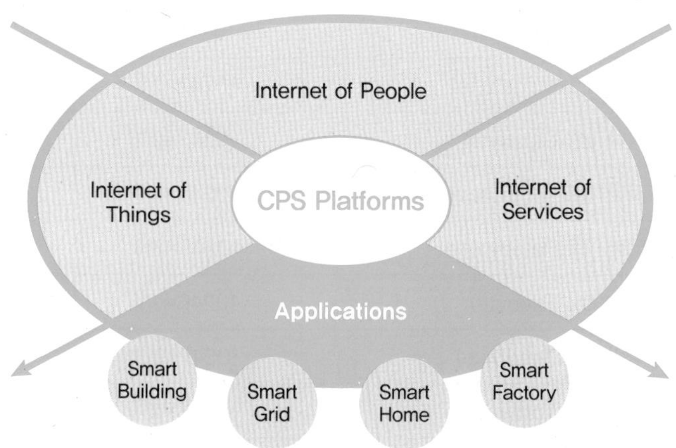

그림 1-8 사이버물리시스템(CPS) 플랫폼과 사물, 사람, 서비스 간의 연계

더 나아가서 우리가 살아가는 물리 세계의 모든 것과 사이버 세계까지를 융합하는 새로운 초연결성을 추구하는 사이버물리시스템(CPS: Cyber Physical System)으로 확장되고 있다. 이러한 CPS은 인터넷으로 묶어 있는 가상 세계 속의 사람과 사물뿐만 아니라, 서비스와 응용시스템들까지도 연결하여 소통하면서 인공지능으로 자동화의 최적화를 추구하는 시스템이다. 이러한 사이버물리시스템이 사물인터넷과 연결되어 4차 산업혁명의 주춧돌 역할을 할 것으로 보고 있다.

이러한 초연결성은 '데이터 빅뱅시대'를 초래한다. 국제시장조사기관인 IDC(International Data Corporation)는 사물인터넷에 의해 생성된 데이터는 2015년 10ZB에서, 2020년에는 44ZB, 2025년에는 180ZB까지 이를 것으로 예고하였다. 2015년 알리바바그룹 회장인 마윈(馬雲)은 이제 우리는 "정보화시대에서 데이터시대로 가고 있다"라고 말하였다. 가트너 연구 소장 샤롯데 패트릭(Charlotte Patrick)은 빅데이터를 21세기 발견된 원유에 비유하였다. IBM 지니 로메티(Ginni Rometty) 회장은 "앞으로 모든 산업에서 데이터가 승자와 패자를 가를 것이다."라 하였다. 따라서 이제 데이터가 기업의 자본인 시대가 도래한 것이다.

표 1-2 컴퓨터 데이터의 표시단위와 크기

단위	명칭	크기	
Btye	바이트(Byte)	1 Byte	1 Byte
KB	킬로바이트(Kilobyte)	10241=2^{10}	1024 Byte
MB	메가바이트(Megabyte)	10242=2^{20}	1024 KB
GB	기가바이트(Gigabyte)	10243=2^{30}	1024 MB
TB	테라바이트(Terabyte)	10244=2^{40}	1024 GB
PB	페타바이트(Petabyte)	10245=250	1024 TB
EB	엑사바이트(Exabyte)	10246=2^{60}	1024 PB
ZB	제타바이트(Zettabyte)	10247=270	1024 EB
YB	요타바이트(Yottabyte)	10248=2^{80}	1024 ZB
VB	브론토바이트(Bronto)	10249=2^{90}	1024 YB

쉬어가기

180ZB의 데이터 크기는 전 세계 인구 75억 기준 일인당 2,400GB의 데이터를 보유하는 크기이다. 현재 우리가 사용하고 있는 스마트폰의 저장 용량은 보통 64GB이므로, 2,400GB는 이의 37.5배나 되는 크기이다.

■ 초지능화(Hyper-Intelligent)

4차 산업혁명 시대에는 사물인터넷에 연결된 다양한 사물들이 상호 연결된 순환구조 속에 인공지능 기술을 이용한 데이터 분석을 기반으로 주어진 임무 수행을 통해 점점 지능화되어가고 스마트해진다. 우리 인간이 학습과 경험을 통해 점점 지능화되어가고 스마트해지는 것과 유사한 방법이다. 4차 산업혁명의 '초지능화' 특징이 바로 여기에 있다. 다시 말해, 4차 산업혁명의 정점에 인공지능이 있고, 인공지능은 딥-러닝을 통해 인간의 고유 영역으로 여겨졌던 창의성과 혁신성까지를 발휘할 수 있게 된 것이다. 즉 사물인터넷이 생성한 아주 방대한 양의 빅데이터에 인공지능 기술을 연계 융합 분석하는 순환 구조 속에 사물인터넷에 연결된 모든 기기들이 점점 스마트해지는 것이다. 이러한 측면에서, 결국 많은 분야에서 기계가 인간의 능력을 능가하는 인공지능 사회로 변화될 것이라 보고 있다.

인공지능의 발전 속도는 매우 빨라져서 실제로 많은 분야에서 인간의 능력을 넘어서는 사례들이 많이 발생하고 있다. 2016년 구글의 알파고(AlphaGo)를 통해 우리는 이미 이를 경험하였다. 초지능화 사회의 시작을 알리는 단초가 되었던 2016년 알파고가 인간의 능력을 넘어설 수 있었던 것은 바로 학습의 능력을 지닌 '딥-러닝(deep learning)' 기술 때문이다. 딥-러닝은 인공신경망에 기반을 둔 컴퓨터에게 사람의 사고방식을 가르치는 방법으로 사람이 가르치지 않아도 컴퓨터가 여러 데이터를 이용해 스스로 학습할 수 있는 인공지능 기술을 말한다. 알파고가 바로 딥-러닝을 통해 기존의 3,000만 기보를 인지하여 학습하고, 다음 착점을 고르고 여기에 승률까지 계산할 수 있는 능력을 갖추게 된 것이다. 알파고는 인공지능 시대의 서막을 세계인에게 심어준 계기가 되었다. 알파고를 이긴 유일한 인간은 이세돌뿐이었고(1승 4패), 2017년 5월 중국 커제(柯

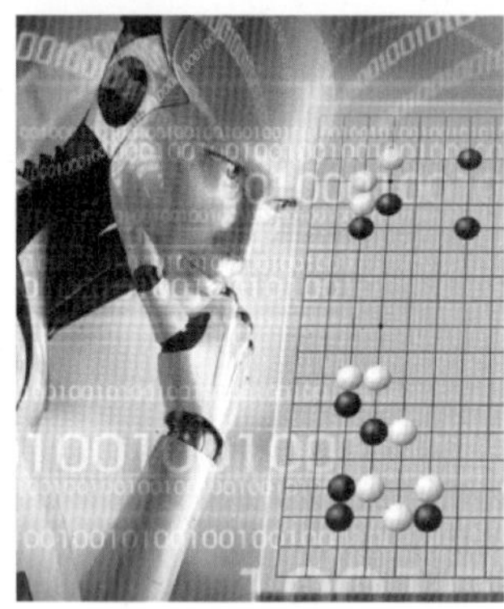

그림 1-9 이세돌과 알파고의 대결

潔)는 3전 3패를 하게 된다. 알파고는 실제로 1,200여대의 중앙처리장치가 초고속 인터넷으로 연결된 슈퍼컴퓨터이며, 여기에 클라우드 기술과 딥-러닝을 기반으로 빅데이터 연산을 수행하는 소프트웨어의 총칭이라 말할 수 있다. 알파고가 바둑의 한 수를 두기 위해, 사용된 주변기기까지를 모두 포함하면, 초고속 네트워크로 연결된 최고급 컴퓨터 4000~5000대가 동원된 셈이라고 한다. 하드웨어적인 규모만으로도 인간 한사람의 머리와 비교한다는 것 자체가 무리일 것이다.

IBM 창업자의 이름으로 만든 IBM 왓슨(Watson)은, 2011년 2월 퀴즈 쇼 '제퍼디(Jeopardy!)'에서 이미 인간을 압도적인 차이로 이겼고, 2016년 ETRI가 개발한 인공지능 '엑소브레인(Exobrain)'도 장학퀴즈 '대결!엑소브레인'에서 인간을 제치고 최종 우승하였다. 2016년 IBM 왓슨은 의학 분야에서도 96%의 암진단 정확도를 보이며, 전문의의 진단을 능가하였다. 왓슨은 투입 전 150만 명의 환자기록, 60만 건의 진단서, 200만 쪽에 달하는 전문서적의 학습을 통해 전문의의 진단을 넘어선 것이다. 따라서 향후 80%의 의사가 알고리즘으로 대체될 것이라 예견되고 있다. 이와 같이 인공지능은 이제 스스로 연습하고 훈련하면서, 배우는 능력인 학습을 통해 주어진 목표 달성을 위한 최고의 전략을 찾아내는 수준까지 다다랐다.

인공지능이 인간의 영역으로만 간주되었던 상상력 또한 뛰어 넘고 있는 사례들을 볼

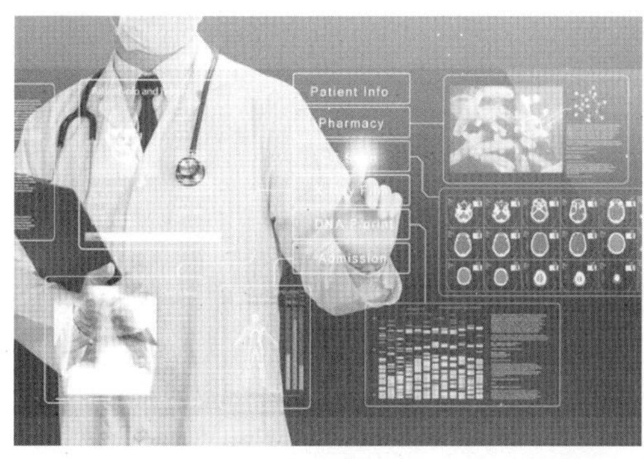

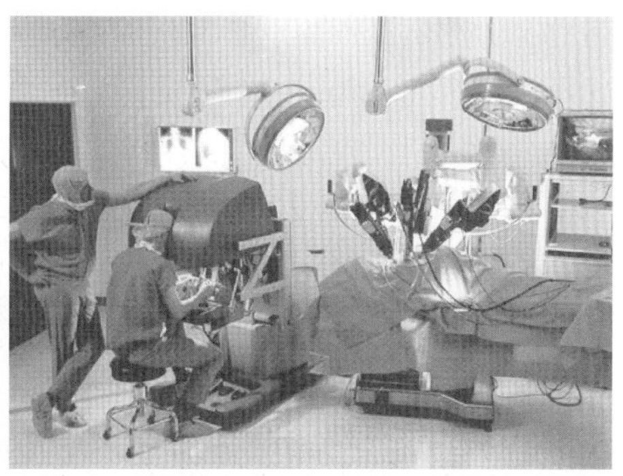

그림 1-10 IBM Watson 진단 시스템(좌) 및 로봇 수술(우)

수 있다. 인공지능이 탑재된 로봇은 또한 산업용 로봇, 군사용 로봇의 범위를 넘어서 다양한 분야에서 실용화 되어가고 있다. 앞으로는 인간과 같은 신체 구조를 가지고, 인간을 대신하거나 인간과 협력할 수 있는 지능형 휴머노이드 로봇이 큰 시장을 차지할 것으로 내다보고 있다. 일본 Softbank의 페퍼(Pepper)가 이러한 로봇의 대표적인 사례이다. 페퍼는 딥-러닝을 기반으로 인간과의 대화를 통해 인간의 표정과 목소리 등으로 감정과 반응을 인지하여, 상대방을 끊임없이 학습할 수 있는 로봇이다. 상대방과 대화할수록 상대방을 더 많이 알게 되는 학습하는 로봇인 것이다.

우리나라에서도 2017년 10월부터 우리은행 본점영업부에서 인공지능로봇 페페가 창구안내, 이벤트 안내 및 상품 추전 등의 은행원 역할을 수행하고 있다. 2018년 1월에는 사우디아라비아에서 세계 최초로 시민권을 발급받은 인공지능로봇 '소피아(Sophia)'가 한복을 입고 국내에 첫선을 보였다. 따라서 향후에는 로봇이 인간의 훌륭한 비서, 친

그림 1-11 인간과 대화하는 페페(좌)와 우리은행에 설치된 페페(우)

구, 도우미 역할을 수행할 수 있게 될 것이다. 로봇 시장은 매년 30% 증가할 것으로 예상하고 있고, 사회 곳곳에 과학공상(SF: Science Fiction) 영화에서와 같이 로봇과 대화하며, 로봇과 공존하는 현실은 먼 미래가 이제 아닌 것이다.

그림 1-12 벤츠의 차세대 자율주행차(좌) 및 BMW의 2021 'BMW iNEXT' 자율주행차(우)

인공지능의 능력은 자율주행차에서도 찾아볼 수 있다. 인공지능이 탑재된 자율주행차는 2035년까지 전체 자동차의 75%를 차지할 것으로 내다보고 있다. 벤츠의 스마트자동차는 운전자의 취향을 파악하여 음악과 뉴스 등 고객 선호도에 따라 맞춤형 서비스를 제공할 수 있다. 2012년 디터 제체(Dieter Zetsche) 메르세데스-벤츠(Mercedes-Benz) 회장은 세계 최대 전자제품박람회(CES: Consumer Electronics Show) 기조연설에서 "자동차는 이제 기름이 아니라 소프트웨어로 달리다"라고 말한 것처럼, 이제 인공지능의 기능이 탑재된 소프트웨어가 자동차의 중요한 역할을 하는 시대가 된 것이다. BMW도 '2021 BMW iNEXT' 모델을 출시하며 2021년까지 단계적으로 차세대 자율주행차를 선보일 것이라 밝혔다.

인공지능은 이제 인간의 영역으로만 여겨졌던 창의성과 예술 영역에까지 발을 내디뎠다. 2016년 마이크로소프트사가 네덜란드 금융기관인 ING, 렘브란트 박물관 등과 손잡고, 가장 위대한 화가로 칭송받고 있는 바로크 대표 회화화가인 렘브란트 하르먼손 판 레인(Rembrandt Harmenszoon van Rijn)의 작품을 컴퓨터로 재현하는 '더 넥스트 렘브란트(The Next Rembrandt)' 프로젝트를 추진하였다. 이 프로젝트는 딥-러닝 알고리즘을 이용하여 렘브란트 작품 346개를 먼저 학습하게 한 후, 렘브란트가 직접 그린 그림처럼 보이는 작품을 3D 프린터를 이용해 만들어 낸 것이다.

그림 1-13 인공지능과 3D 프린터로 재현한 렘브란트

구글(Google)은 2016년 6월, 음악과 미술을 창작하는 인공지능 '머젠타 프로젝트(Magenta Project)'를 발표하고, 첫 작품으로 아주 훌륭한 피아노 연주곡을 공개하였다. 이 프로젝트의 목적은 인공지능의 기계학습이 예술이나 음악을 창작할 수 있는지 실험해보기 위한 것이었다. 구글은 또한 인공지능 신경망 모델을 통해 소설 1만 2,000권을 학습한 후, 연애소설도 집필해 공개하였다. 그 동안 대학이나 연구소에서 주도했던 인공지능은 이제 구글, 페이스북, 마이크로소프트사 등과 같은 소프트웨어 대표 기업들이 시장의 경쟁력을 갖추기 위해 엄청난 돈을 투자하며, 인공지능 기술 개발에 전력을 기울이고 있다. 구글은 2001년부터 2015년까지 14년간 인공지능 관련 기업들을 인수하는 데에만 280억 달러, 한화로 약 33조 7000억 원에 달하는 돈을 투자하였다. 국내에서도 삼성은 2018년부터 2020년까지 AI, 5G, 바이오 등에 25조원을 투입할 계획을 세웠고, LG전자도 로봇과 AI 사업에 인력과 투자를 강화하고 있다. 인공지능이 4차 산업혁명 시대, 수익 창출의 원동력이 되기 때문인 것이다.

구글은 2016년 11월에 인공지능 기술을 이용한 '인공신경망기계번역' 엔진을 한국어를 포함한 8개 언어 번역에 적용하면서 기존 번역 서비스와는 차원이 다른 완전히 새로운 수준의 번역 서비스를 시작하였다. 머지않아 인간의 번역 능력을 넘어설 것으로 필자는 보고 있다. 2017년 2월에는 소프트웨어 공학기술 전문업체인 소프트파워가 구글번역 API를 활용해 한국어를 10개국 언어로 실시간으로 통역해주는 '만통(ManTong)'을 개발해 출시하였다. 네이버 또한 인공신경망 기술을 적용한 새로운 번역 서비스 '파파고'를 2016년 10월에 출시하여 서비스 중이다.

■ 초현실사회(Hyper-Reality)

가상화를 가능하게 하는 기술은 가상현실(VR: Virtual Reality)과 증강현실(AR: Augmented Reality)이다. 증강현실은 "실제 환경에 가상의 사물이나 정보 즉, 가상현실을 합성하여 원래의 환경에 존재하는 사물처럼 보이도록 하는 컴퓨터 그래픽"(위키백과)기술을 의미한다. 이러한 기술들은 현실이 아닌데도 가상의 공간이 실제처럼 보이게 할뿐만 아니라, 우리가 마치 그곳에 실제로 있는 것처럼 가상의 물건을 현실처럼 느끼고 만질 수도 있게 한다.

그림 1-14 헤드업 디스플레이 형태의 증강현실

가상현실(VR)을 이용한 체험 학습, 3D 증강현실을 이용한 동화책[1], 영화 아바타(Avatar, 2009)와 아이언맨2(Iron Man2, 2010)에서와 같이 실제로 존재하지 않지만 실물과 똑같이 입체적으로 보이게도 하고 만질 수도 있게 하는 홀로그램(Hologram), 가

그림 1-15 아이언맨2의 3차원 입체 영상 홀로그램(좌)과 스타워즈 홀로그램(우)

1 3D 증강현실 북 체험, https://www.youtube.com/watch?v=lucFfoa24g4

상현실 속에서 쇼핑을 가능케 하는 VR쇼핑몰 등이 이러한 초현실사회의 실 적용사례들이다. 이제 우리는 가상 공간속에서 다양한 옷을 입어보면서 우리 자신에게 맞는 옷을 구매할 수 있게 된 것이다.

이뿐만 아니라 가상의 팀원과 환자, 수술도구와 청각적인 요소까지 갖춘 현실과 똑같은 수술실에서 수술을 연습할 수 있는 '가상현실 수술실(VR OR)'도 있다. 원거리에 있는 사람을 마치 눈앞에 있는 것처럼 느끼도록 구현한 '텔레프레즌스(Telepresence)' 로봇도 이러한 초현실사회의 사례이다.

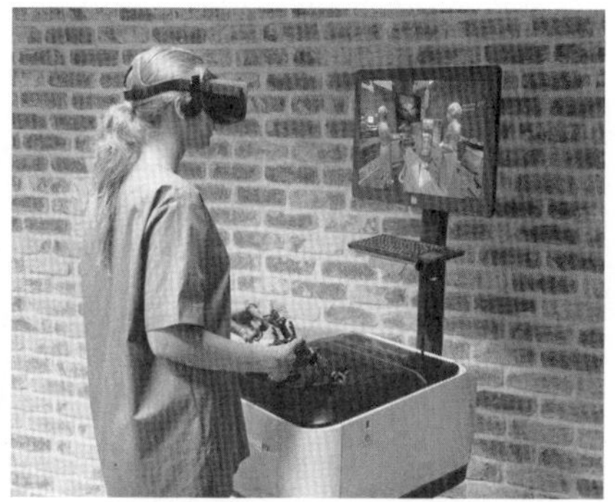

그림 1-16 에프엑스기어의 AR 기반 3D 가상 피팅 서비스(좌)와 3D시스템즈의 가상현실 수술실(VR OR)(우)

가상현실은 앞으로 점점 더 장소의 개념을 무너뜨릴 것이며, 집에서도 회사에 가 있는 것처럼 업무를 볼 수 있게 하고, 학교에 가 있는 것처럼 가상의 선생님과 친구, 가상의 물체 등을 통해 공부를 할 수도 있게 할 것이다. 이처럼 가상현실은 교육, 의학, 유통, 쇼핑 등 사회 전반의 다양한 부분에서 변화를 일으키게 될 것이다. 이와 같이, 초현실사회는 시공간을 뛰어 넘어 가상과 현실의 경계가 없어진 사회의 모습으로 4차 산업혁명의 주요 특징 중 하나를 이룬다.

4차 산업혁명 시대는 모든 기술이 융합되는 '기술 융합의 시대'이다. 초연결성, 초지능화, 초현실사회로 귀결되는 4차 산업혁명에 대한 특징에서 미래사회에는 사회 전반에 걸쳐 대변혁이 일어날 수밖에 없을 것이라는 예측이 가능하다.

1.6 4차 산업혁명에 따른 미래사회의 변화

4차 산업혁명에 따른 미래사회에는 우리가 예측하기 힘들 만큼 큰 변화가 일어날 것으로 전망된다. 이러한 변화에 대해 기술 · 산업구조의 변화, 고용구조의 변화 및 직무역량의 변화 측면으로 나누어 살펴보도록 하겠다.

■ 기술 · 산업구조의 변화

기술·산업구조는 지능형 사이버물리시스템을 기반으로 하는 스마트 팩토리 등과 같은 새로운 산업 생태계가 등장할 것이며, '고객 맞춤형 생산 모델'이 일반화될 것으로 보고 있다. 스마트 공장에 있는 생산 라인의 제조 방식은 고객 맞춤형 요구에 따라 컴퓨터 프로그램 조작에 의해 새로운 조립 방식으로 자동으로 바뀌면서 고객 맞춤형 제품을 실시간으로 생산해 낼 수 있게 되었다. 독일 주방가구의 대표 기업인 노빌리아(Nobilia)는 이러한 고객 맞춤형 스마트 팩토리를 가동하고 있다. 고객별 제품 조립 방법을 컴퓨터를 통해 입력하며, 생산 라인은 이에 맞게 자동으로 바뀌면서, 고객 맞춤형 제품을 만들어 내는 것이다. 이와 같이 제조업이 ICT기반 기술과 융합하여 새로운 '제조업 혁신 생태계' 시대를 예고하고 있다. 고객 한명 한명의 데이터를 통제하여 고객 맞춤형 생산 서비스를 이루면서 산업의 경쟁력을 갖추어 나가고 있는 것이다.

또한 공유경제(Sharing Economy) 및 온디맨드경제(On Demand Economy)의 부상은 새로운 스마트 비즈니스 모델을 창출하여 생산, 소비, 유통 등의 모든 비즈니스 모델에 있어 새로운 패러다임의 변화를 일으킬 것으로 보고 있다. 앞에서 살펴본 것처럼, 자신

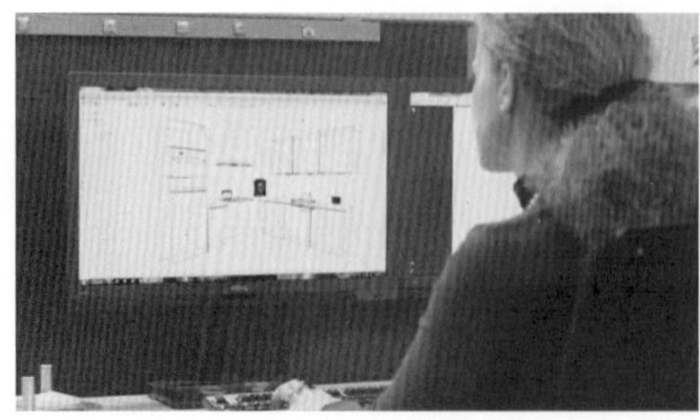

그림 1-17 노빌리아의 스마트 팩토리

의 주거지 일부를 빌려주는 숙박 공유 서비스인 에어비앤비와 승객과 차량, 또는 헬리콥터까지 직접 연결해주는 모바일 서비스인 유버 등을 공유경제, 온디맨드경제의 대표적인 기업들로 보고 있다. 공유경제란 물건이나 공간, 서비스 등을 소유의 개념이 아닌 서로 대여해 주고 나누어 사용하는 공동소비의 개념인 새로운 사회적 경제 모델을 의미한다(위키백과). 온디맨드경제란 생산자가 제품을 만들어 판매하는 것이 아니라, 물건이나 공간, 서비스 등을 고객의 수요에 따라 고객의 시간과 공간에 맞게 서비스해 주는 사회적 경제 모델을 의미한다. 이 둘은 공통점도 있지만 차이가 있는 개념이다.

새로운 스마트 비즈니스 모델은 O2O(Online to Offline) 형태의 비즈니스에서도 찾을 수 있다. O2O은 온라인과 오프라인 시장을 유기적으로 융합하여 고객에게 편리한 최적의 서비스를 제공하는 온/오프라인 연계 비즈니스의 총칭을 의미한다. 상품의 구매는 온라인에서 이루어지고 실제 서비스는 오프라인에서 이루어지는 서비스 형태를 말한다. 이제는 O2O를 넘어 O4O(Online for Offline) 서비스로 진화되어 가고 있는 추세이다. O4O 서비스는 오프라인에서 상품의 구매가 온라인으로 이루어지는 또 다른 새로운 형태의 서비스 방식이다. 전 세계적으로 가장 큰 온라인 유통망을 가지고 있는 아마존닷컴(Amazon.com)이 최근 '아마존고(Amazon Go)'라는 오프라인 매장을 오픈하였는데, 아마존고가 바로 O4O 서비스의 대표 사례이다. 아마존고에는 계산대가 없으며, 모든 상품 구매는 스마트폰 앱을 통해 이루어진다. 고객은 오프라인 매장에서 상품을 가지고 나오면서 앱을 통해 결제만 하면 된다.

그림 1-18 아마존고 상품 구매 모습

공유경제의 맥락으로 볼 수 있는, 혁신적인 공동체 활동으로 주목받고 있는 메이커운동(Maker Movement) 또한 새로운 형태의 비즈니스 모델이다. 메이커 운동은 메이커스페이스(MakerSpace) 또는 해커스페이스(HackerSpace) 등의 공동체 공간을 통해 공동의 관심사와 다양한 공구 등을 공유하며, 공동체 활동을 통해 독창적인 새로운 무엇인가를 만들어 내는 '1인 제조 기업' 시대를 열어가고 있다. 이러한 메이커 운동은 단순히 취미나 제조 차원을 넘어, 이제 지역사회 커뮤니티, 패션산업, 생명공학, 우주산업 등 사회 전반에 영향력을 넓혀 가고 있다.

World Maker Faire New York 2016

그림 1-19 2016 월드 메이커 페어(World Maker Faire)

그림 1-20 경남창조경제혁신센터의 메이커스페이스

이와 같이 4차 산업혁명 시대 미래사회에는 생산, 소비, 유통 등의 모든 비즈니스 모델과 패러다임에 변화가 일어날 것이며, 새로운 형태의 협업의 등장으로 모든 산업의 판도라가 달라질 것이다.

■ 고용구조의 변화

4차 산업혁명 시대에는 로봇, 인공지능의 영향으로 고용구조에도 큰 변화가 일어날 것으로 전망하고 있다. 2016년 다보스 포럼은 2020년까지 전 세계적으로 약 710만개의 일자리가 사라지고, 200만개의 새로운 일자리가 창출되어, 결과적으로 약 510만개의 현존하는 일자리가 소멸될 것으로 예측하였다(WEF, 2016). [표 1-3]에 보인 것처럼, 사라지는 일자리는 대부분 사무와 행정, 제조와 생산, 건설과 채굴 관련 직종들이며, 반면에 비즈니스와 금융, 경영, 컴퓨터와 수학, 건축과 엔지니어링 관련 분야의 일자리는 상대적으로 늘어날 것으로 전망하였다. 현재 초등학생의 65%는 현존하지 않는 직업에 종사하게 될 것이라 예고하였다.

표 1-3 2015~2020년 직업군별 순수 채용증감 (단위: 천명)

직업군	인원 수	직업군	인원 수
사무 및 행정 (Office and Administrative)	-4,759	비즈니스 및 금융 운영 (Business and Financial Operations)	+492
제조 및 생산 (Manufacturing and Production)	-1,609	경영 (Management)	+416
건설 및 채굴 (Construction and Extraction)	-497	컴퓨터 및 수학 (Computer and Mathematics)	+405
예술, 디자인, 엔터테인먼트, 스포츠 및 미디어(Arts, Design, Entertainment, Sports and Media)	-151	건축 및 엔지니어링 (Architecture and Engineering)	+339
법률 (Legal)	-109	영업 및 관계 (Sales and Related)	+303
시설 및 유지보수 (Installation and Maintenance)	-40	교육 및 훈련 (Eduction and Training)	+66
일자기 감소 총계	**-7,165**	**일자리 증가 총계**	**+2,021**

미래 전망 보고서인 Mckinsey(2016)는 저숙련 · 저임금과 관련된 단순·반복적인 업무의 일자리는 급속도록 감소할 것이며, 자동화가 어려웠던 의사, 재무관리사, 고위 간부 등 고숙련 · 고임금 직업군들까지도 많은 부분 자동화되어 사람이 하는 일의 45%가 향후 자동화될 것으로 예측하였다. 또한 5%의 직업은 완전히 자동화 될 잠재성을 가지고 있으며, 약 60%의 직종에서는 기술적으로 자동화 잠재 가능한 활동이 적어도 30%는 내재되어 있다고 전망하였다.

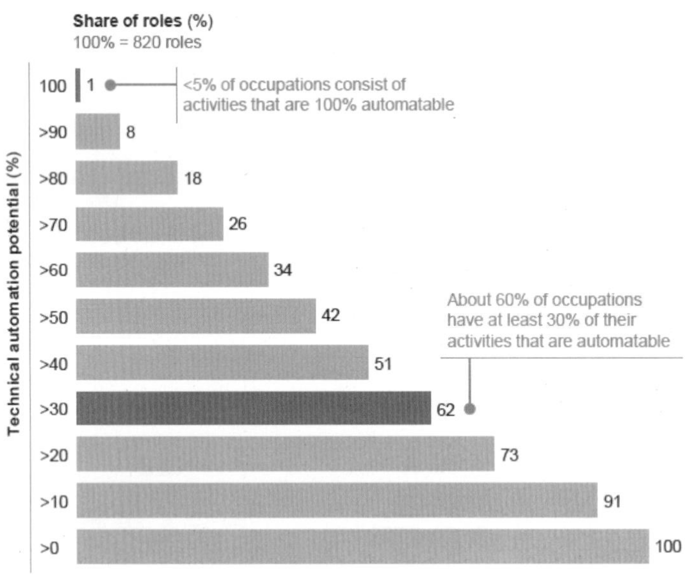

그림 1-21 기술적 자동화 잠재 가능성(%) 비율

Oxford University의 Martin School(2015)은 SW 및 빅데이터 등의 발달로 단순 업무부터 시작해 복잡한 업무까지 자동화될 것이며, 자율주행과 3D 프린팅 기술의 발전으로 인해 전화통신판매원, 도서관 사서, 회계사, 택시기사 등 현재 직업의 47%는 20년 이내에 사라질 것으로 전망하였다.

General Electronics(2016)은 인공지능과 ICBM(사물인터넷, 클라우드, 빅데이터, 모바일), 산업로봇, 3D 프린팅, 자율주행차 등 4차 산업혁명의 주요 변화 동인과 관련된 기술 분야에서 약 200만개 이상의 새로운 일자리가 창출될 것으로 예측하였다. Boston Consulting Group(2015)는 좀 더 구체적으로 IT와 SW 개발 분야, 특히 IT와 데이터 통합 분야에 경쟁력을 갖춘 전문가 및 로봇 코디네이터를, SK Energy는 회사 블로그에서 빅데이터 분석가, 인공지능 전문가, 로봇 윤리학자, 3D 프린터 전문가, 신재생에너지 전문가 등을 4차 산업혁명 시대에 필요한 직업군으로 전망하였다. KBS 미래제안, 4차 산업혁명에 관한 특별방송에서는 데이터 과학자, 수직적 혁신가, 컴퓨터 및 통계 분야의 전문가, 데이터 수학 분야의 전문가 등을 미래사회에 필요한 인재로 전망하였다. 미래 전망 보고서 등에서 언급되고 있는 모든 직종들은 4차 산업혁명을 이끌 4차 산업혁명의 핵심 기술과 관련이 있는 직업군임을 알 수 있다.

■ 직무역량의 변화

4차 산업혁명시대에는 직무역량에도 큰 변화가 일어날 것으로 예고되고 있다. 세계경제포럼은 2015년 '교육을 위한 새로운 비전(New Vision for Education)'이라는 보고서에서 평생학습으로 이루어져야 할 21세기에 필요한 핵심역량 16가지를 제시하였다. 제시된 핵심역량은 [그림 1-22]에 보인 것과 같이, '21세기 기술(21st-Century Skills)'이라는 주제 하에 '기초문해(Foundational Literacies)', '역량(Competencies)', '인성자질(Character Qualities)'의 3개 영역으로 분류하여 제시하였다.

- 기초문해 영역은 문해(Literacy), 수해(Numeracy), 과학문해(Scientific literacy), ICT 문해(ICT literacy), 금융문해(Financial literacy) 및 문화와 시민문해(Cultural and Civic literacy) 6가지로 제시
- 역량 영역은 비판적사고와 문제해결력(Critical thinking/problem solving), 창의성(Creativity), 의사소통(Communication) 및 협업(Collaboration) 4가지로 제시
- 인성자질 영역은 호기심(Curiosity), 주도성(Initiative), 지속성/도전정신(Persistence/grit), 적응력(Adaptability), 리더십(Leadership), 사회 및 문화 인식(Social and cultural awareness) 6가지로 제시

세계경제포럼은 역량과 인성자질 영역에 해당하는 기술을 '사회정서학습 기술(Social and Emotional Learning Skills)'로 명명하고 4차 산업혁명이 진행될수록 이러한 기술 능력은 더욱 중요해질 것으로 예측하였다.

이와 함께, 세계경제포럼은 2020년 산업 분야의 미래 직업에서 요구되는 핵심 능력의 수요 규모를 [표 1-3]과 같이 제시하였다. 복잡한 문제해결 능력이 36%로 가장 높은 비율을 보였으며, 그 다음으로는 사회적 능력, 프로세스 능력, 시스템 능력, 인지 능력, 자원관리 능력 등의 순으로 제시하였다.

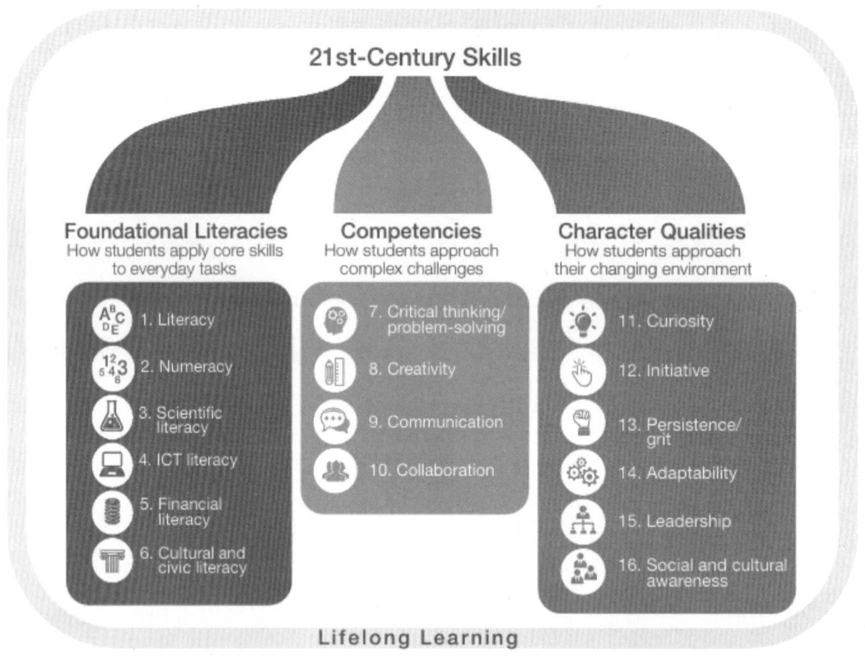

그림 1-22 세계경제포럼이 제시한 21세기에 요구되는 핵심 기술

표 1-4 2020년 산업 분야 핵심 능력 수요 규모

직업군	기술수요 규모(%)	직업군	기술수요 규모(%)
복잡한 문제 해결력 (Complex Problem Solving)	36%	자원 관리 능력 (Resource Management Skills)	13%
사회적 능력(Social Skills)	19%	기술 능력(Technical Skills)	12%
프로세스 능력(Process Skills)	18%	콘텐츠 능력(Content Skills)	10%
시스템 능력(System Skills)	17%	신체적 능력(Physical Abilities)	4%
인지 능력(Cognitive Skills)	15%	-	-

또한 다보스 포럼은 4차 산업혁명이 가져올 파괴적 혁신을 성공시키기 위해서는 '인간의 정신, 마음, 영혼, 몸과 관련된 지능들을 개발하고 적용하는' 능력을 길러야 함을 강조하였다. 지식을 이해하고 적용하는 정신적 능력뿐만 아니라, 타인과 관계 맺고, 공동의 이익 실현을 위한 개인과 집단의 목적의식, 신뢰와 덕목을 활용하는 능력, 자신과 사회의 건강과 행복을 촉진하고 유지하는 능력 등이 필요함을 강조하였다. 인간과 기계의 경계가 희석되는 4차 산업혁명 시대에 사회 전반에서 발생할 수 있는 '분절, 고립, 배제 현상'에서 인간 존엄성 영역을 지켜가기 위해서는 인간교육인 인성교육이 그 무엇보다 더 절실하게 필요함을 강조한 것이다.

미래 전망 보고서들 또한 미래 직무역량을 예측하여 제시하고 있다. Oxford University의 Martin School(2016)에서는 컴퓨터/IT, STEM(Science, Technology, Engineering, and Mathematics), 창의성/소프트스킬(soft skills), 지속적 학습능력/유연성, 금융/비즈니스 및 헬스 분야 등을 미래사회에 필요한 직무역량으로 전망하였다. 특히 미국 제조업계에서는 2018년까지 제조업 전체 일자리의 63%에서 STEM 분야의 교육 이수가 필요하고, 특히 첨단제조분야에서는 15% 이상의 STEM 관련 고급 학위 소지자가 필요할 것으로 전망하였다.

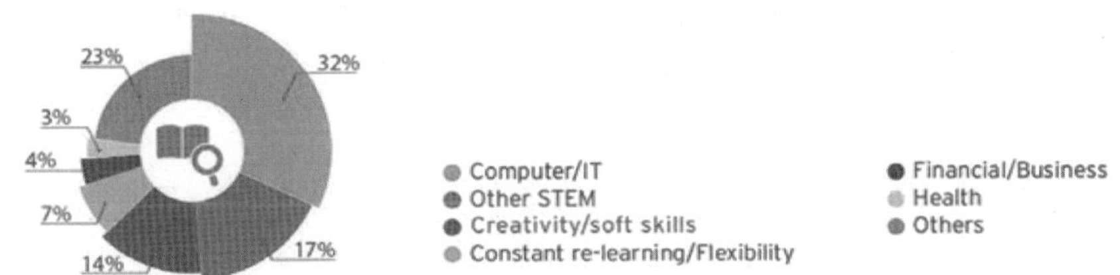

그림 1-23 미래사회에 요구되는 직무역량

Boston Consulting Group(2015)은 로봇이나 기계 등을 다루는 전문적인 직업 노하우를 정보통신기술(ICT)에 접목할 수 있는 역량과 함께, 다양한 기술의 활용능력 등을 기반으로 하는 소프트스킬(Soft Skills)이 미래사회의 중요한 역량이 될 것으로 예측하였다. 또한 앞에서 살펴본 4차 산업혁명 시대에 특징에 비추어, 정보통신기술을 다양한 분야에 접목하여 학제간 또는 학문간 지식를 융합할 수 있는 능력, 창의적이고 혁신적인 능력 및 하드스킬(Hard Skills)을 활용할 수 있는 역량을 갖춘 인재가 필요할 것으로 전망하였다.

지금까지의 내용을 종합해보면, 미래사회에 필요한 직무역량은 4차 산업혁명을 이끌 핵심기술을 수행할 수 있는 능력과 다양한 기술을 활용할 수 있는 소프트 스킬, 다양한 분야의 학문과 ICT 기술을 접목하여 융합할 수 있는 융합능력 및 인간의 존엄성을 유지할 수 있는 능력 등으로 귀결할 수 있겠다.

용어설명

하드스킬(Hard Skills)

해당 직무를 수행하는데 필요한 전문적인 지식, 전공 능력 등 기술적인 능력이며, 체계적인 학습에 의해 향상시킬 수 있는 능력을 의미한다.(위키백과)

소프트스킬(Soft Skills)

직무를 수행할 때 필요한 전문적인 기술 이외의 능력으로 학습 이외의 훈련에 의해 취득되는 능력이다.(위키백과) 의사소통, 팀워크, 협업, 문제해결력, 리더십 등이 이에 해당하며, '변화에 대한 유연성 및 다양한 기술의 활용능력'을 의미한다.

1. 산업혁명

산업혁명이란 기술의 혁신으로 인해 일어난 사회 및 경제 등에 있어서의 큰 변화와 산업 전반에 걸쳐 일어난 질적 변혁을 일컫는다. 클라우스 슈밥은 산업혁명을 4단계(1차, 2차, 3차, 4차 산업혁명)로 구분하여 제시하였다.

2. 4차 산업혁명

4차 산업혁명은 3차 산업혁명의 주춧돌인 정보통신기술의 기반 아래 '지능'과 '정보'가 융합된 '지능정보사회'의 시작으로 보고 있으며, '제2차 정보혁명' 또는 '제2의 기계시대'라 일컬어지고 있다. 즉 3차 산업혁명의 결과인 디지털화 혁명을 기반으로 물리적, 디지털적, 생물학적 영역 간의 경계가 희석되는 기술 융합의 시대로 보고 있다.

3. 클라우스 슈밥이 말하는 4차 산업혁명의 특징

4차 산업혁명은 속도뿐만 아니라 규모와 범위에 있어서도 혁신적이다. 또한 4차 산업혁명은 개별적 기술 발전이 아닌 서로 다른 과학기술이 결합하여 강력한 포괄적, 융합적 변화의 혁신이며, 학문간, 기술간, 공간간의 경계가 없어지고, 모든 기술이 융합되는 기술 융합의 시대이다. 경제 사회 전반에 걸쳐 새로운 패러다임의 생태계가 형성될 것이며, 고객 맞춤형 모델이 일반화되고, 공유경제와 같은 새로운 스마트 비즈니스 모델의 부상과 새로운 형태의 협업이 등장하여 모든 산업의 판도라가 달라질 것이다. 또한 "인간의 본질과 정체성을 변화시키는 혁명이며, 모든 것의 경계가 희석되는 사회로의 변화를 이끄는 혁명"이다.

4. 4차 산업혁명의 일반적 특징

4차 산업혁명의 특징은 '초연결성', '초지능화' 및 '초현실사회'로 나타낼 수 있다. 모든 것이 상호 연결되고 보다 지능화된 사회로 변화될 것이며, 궁극적으로 현실과 가상공간의 경계가 없어질 것으로 예견되고 있다.

5. 4차 산업혁명에 따른 미래사회의 변화

4차 산업혁명에 따른 미래사회에는 기술 · 산업구조, 고용구조 및 직무역량 등에 있어 우리가 예측하기 힘들 만큼 큰 변화가 일어날 것으로 전망되고 있다.

연 습 문 제

정오형 문제

1. 과학과 기술이 밀접한 관계를 형성한 시기는 4차 산업혁명 시기이다. ( )

2. 4차 산업혁명은 지능과 정보가 융합된 '지능정보사회'로 기술의 융합이 이루어진 시기이다. ( )

3. 4차 산업혁명은 '제2차 정보혁명' 또는 '제2차 기계시대'라 일컬어지고 있다. ( )

4. 하드스킬이란 해당 직무를 수행하는데 필요한 전문적인 지식과 변화에 대한 유연성 및 다양한 기술의 활용능력을 의미한다. ( )

5. 인간과 유사한 모습을 지닌 로봇을 휴머노이드 로봇이라 한다. ( )

단답형/선택형 문제

1. 4차 산업혁명의 '초연결성'을 가능하게 하는 가장 중심이 되는 기술은 ( ) 이다.

2. 4차 산업혁명 시대를 이끌 인공지능(AI: Artifical Intelligence) 기술은 이제 인간의 능력을 넘어서고 있다. 이를 가능하게 것은 사람처럼 스스로 학습할 수 있는 인공지능의 ( ) 알고리즘 때문이라 할 수 있다.

3. ( )(이)란 물건이나 공간, 서비스 등을 소유의 개념이 아닌 서로 대여해 주고 나누어 사용하는 공동소비의 개념을 말한다.

4. ( ) 비즈니스 모델은 상품의 구매는 온라인에서 이루어지고 실제 서비스는 오프라인에서 이루어지는 형태로 온/오프라인 연계 비즈니스의 총칭을 의미한다.

5. 산업혁명의 변천과정에 대한 설명으로 옳지 않은 것은?

① 1차 산업혁명은 증기기관의 힘을 이용한 기계화 혁명이 이루어진 단계이다.

② 2차 산업혁명은 전기 에너지의 힘을 이용한 대량 생산체제가 가능해진 단계이다.

③ 3차 산업혁명은 컴퓨터와 인터넷 기반의 지식정보 혁명이 실현된 단계이다.

④ 4차 산업혁명은 디지털 혁명 시대로 생산의 자동화가 이루어진 단계이다.

주관식 문제

1. 4단계로 구분되는 산업혁명의 변천과정에서 핵심 키워드를 중심으로 단계별 산업 혁명의 특징에 대해 설명하시오.

2. 4차 산업혁명의 주요 변화 동인에 해당하는 핵심기술을 5가지 이상 기술하시오.

3. 4차 산업혁명을 이끌 핵심기술로부터 융합 기술을 의미하는 'ICBM'이라는 용어가 나오게 된다. 이에 해당하는 기술의 용어가 무엇인지 차례대로 기술하시오.

4. 4차 산업혁명의 일반적인 특징인 '초연결성', '초지능화' 및 '초현실사회' 각각에 대해 설명하시오.

5. 세계경제포럼은 2015년 '교육을 위한 새로운 비전'에서 21세기에 필요한 핵심역량 16가지를 제시하였다. 제시된 핵심역량 중 10가지 이상 기술하시오.

6. 4차 산업혁명 시대에 각광받을 것으로 전망되는 직업군을 10개 이상 기술하시오.

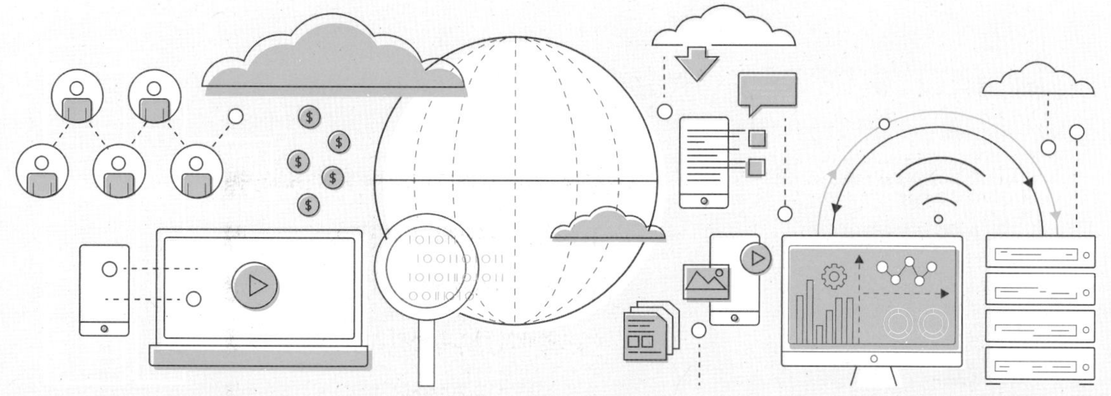

CHAPTER

2

사물인터넷의 개요

본 장에서는 4차 산업혁명과 사물인터넷과의 관계, 사물인터넷의 개념과 등장 배경 및 사물인터넷 구조에 대해 다룬다.

학습목표

- 4차 산업혁명과 사물인터넷의 관계에 대해 설명할 수 있다.
- 사물인터넷의 개념에 대해 설명할 수 있다.
- 사물인터넷의 등장 배경에 대해 설명할 수 있다.
- 사물인터넷의 등장 배경에 존재하는 기술에 대해 설명할 수 있다.
- 사물인터넷의 서비스가 이루어지는 과정에 대해 설명할 수 있다.

구성

2.1 제4차 산업혁명과 사물인터넷

1장에서 살펴본 4차 산업혁명은 3차 산업혁명의 주춧돌인 정보통신기술(ICT)의 기반아래 '지능'과 '정보'가 융합된 '지능정보사회', '제2차 정보혁명'이라 하였다. 또한 모든 사물이 연결되고 보다 지능적인 사회로의 진화이며, 3차 산업혁명의 결과인 디지털화 혁명을 기반으로 물리적, 디지털적, 생물학적 공간의 경계가 희석되는 기술 융합의 시대라 하였다. 그럼 사물인터넷은 4차 산업혁명에서 어떠한 역할을 수행하는지에 대해 알아보도록 하자.

사물인터넷(IoT: Internet of Things), 즉 IoT는 4차 산업혁명의 시작점이라 할 수 있는 모든 것이 상호 연결되는 초연결 사회의 중심축을 이룬다. 사물인터넷은 사물과 사물뿐만 아니라 사람, 시스템과 정보 자원까지를 인터넷을 통해 상호 연결하는 시스템으로 정의할 수 있다. 향후에는 모든 것이 연결되는 만물인터넷(IoE: Internet of Everything) 시대가 될 것으로 예견되고 있다. 가트너 연구기관에 의하면 사물인터넷에 연결된 기기의 수는 2015년 약 50억 기기에서 2020년에는 약 268억 기기가 상호 연결될 것이라 예측하였고, 시스코(Cisco)은 2020년까지 500억 기기, 인텔(Intel)은 2020년까지 약 2,000억 기기가 연결될 것이라 예측하였다. 미국 IT기업 중 하나인 시스코는 2015년 사물인터넷에 연결된 기기의 수는 1%에 불과하고, 향후 99%가 연결을 기다리고 있다고 예고하였는데, 연결 가능한 기기가 100% 연결된 사회의 모습은 상상 그 이상이 될 것으로 보인다.

이러한 초연결 사회는, 이제 현실에 존재하는 물리적 세계와 가상의 사이버세계까지를 연결하는 새로운 초연결 사회를 추구하는 사이버물리시스템(CPS: Cyber Physical System)으로 확장되고 있다. 이러한 시스템은 인터넷으로 묶어 있는 사이버 세계 속의 사람, 사물, 서비스, 응용시스템들이 상호 소통하며 지능적으로 제어되어지는 시스템을 말한다. 사이버물리시스템은 인공지능 기술을 도입하여 자동화의 최적화를 추구하며, 4차 산업혁명의 주춧돌 역할을 담당할 것으로 보고 있다. 사물인터넷이 바로 이러한 사이버물리시스템의 주요 기반 기술을 이루는 4차 산업혁명의 근원인 것이다.

이러한 초연결 사회는 데이터 빅뱅시대의 진입을 의미한다. 4차 산업혁명 특징에서 살펴본 것처럼, 국제 시장조사기관인 IDC는 사물인터넷에 의해 생성된 데이터는 2015년 10ZB에서 2025년 180ZB가 생성될 것이라 예고하였다.

[그림 2-1]은 사물인터넷의 서비스 구조를 보인 것이다. 사물인터넷의 다양한 응용시스템으로부터 생성된 빅데이터는 클라우드라는 공유 가능한 저장 공간에 저장된다. 또한 빅데이터의 처리 분석에 딥-러닝 등의 인공지능 기술이 연계 융합되어 산업 전반에 최적화된 초지능적인 생산라인과 서비스를 제공하게 된다. 이러한 과정은 또 다시 새로운 데이터를 생성하고 축적하는 순환구조를 이루며 더욱더 스마트해진다. 이러한 구조의 시작점이 바로 사물인터넷인 것이다.

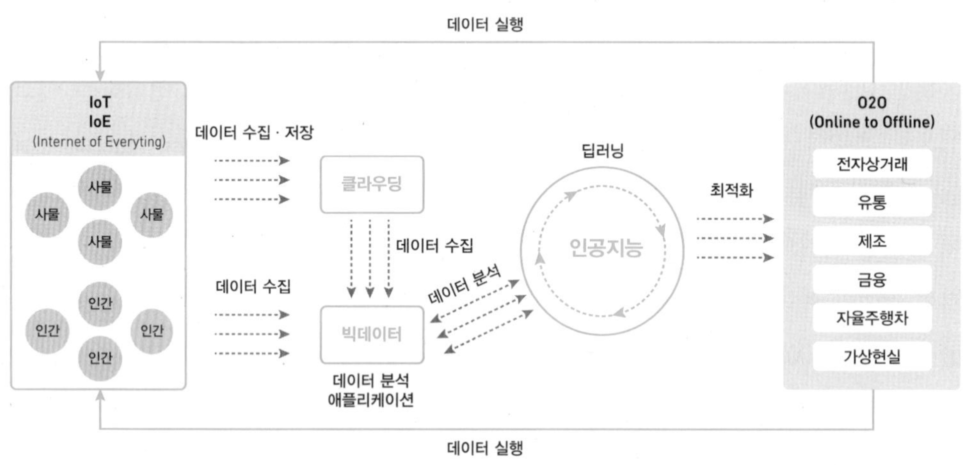

그림 2-1 사물인터넷의 서비스 구조

IoT라 불리는 사물인터넷은 모든 사물이 상호 유기적으로 연결되면서 등장한 용어이다. 여기에서 사물은 실질적인 사물뿐만 아니라, 인간과 컴퓨터 응용시스템, 정보 자원 등을 포함하는 포괄적인 의미를 지닌다. 다시 말해, 사물인터넷은 인터넷을 기반으로 포괄적인 의미의 모든 사물을 연결하여 정보를 교환하고, 상호 소통하면서 유기적인 관계를 맺어가도록 하는 기술인 것이다. 인간의 개입 없이 유무선 통신 기술을 이용하여 상호 정보를 주고받으면서, 자율적으로 서비스를 제공할 수 있는 4차 산업혁명의 '기반 인프라 기술'을 이루는 것이다.

빅데이터는 사물인터넷으로만 생성되는 것은 아니다. 사물인터넷뿐만 아니라, 소셜 네트워크 서비스(SNS: Social Networking Service), 스마트 디바이스, 멀티미디어 콘텐츠 및 자동화 시스템 등의 영향으로 디지털 정보량이 기하급수적으로 증가하면서 등장한 용어이다. 빅데이터는 단순히 대용량 데이터의 의미를 넘어 빅데이터의 활용뿐만 아니라 인공지능 기술과 연계 융합한 데이터 분석을 통해 가치 있는 정보 추출 기술까지를 포함한다. 현재 빅데이터는 추출된 지식을 기반으로 주어진 상황에 능동적으로 대응하고 변화를 예측하기 위한 정보화 기술의 총칭으로 사용되고 있다. 여기에서 클라우드는 사물인터넷에 연결된 기기로부터 수집한 데이터를 빅데이터 처리 기술을 통하여 분석하고 인공지능 알고리즘의 계산을 수행할 수 있는 기반 인프라를 제공하는 기술이다. 클라우드 기술이 바로 언제 어디에서든지 다양한 디바이스를 통해 데이터와 서비스에 접근할 수 있게 하는, 공유를 가능하게 하는 기술인 것이다.

사물인터넷은 인공지능(AI)과도 밀접한 관계가 있다. 인공지능은 1950년 앨런 튜링이 컴퓨터의 개발과 함께 최초로 사용한 용어이다. 튜링은 인공지능을 "컴퓨터의 지능적 행동이 인지 작업에서 인간 수준의 성능을 낼 수 있는 능력"이라 정의하였다. 튜링이 정의한 그 당시에는 그러한 능력을 지닌 컴퓨터가 없었지만 이제는 현실화되고 있다. 따라서 인공지능은 기계가 인간이 지닌 학습 등을 포함한 지적 능력을 인공적으로 구현할 수 있는 능력이라 정의할 수 있다. 인공지능은 인간과 마찬가지로 학습과 훈련을 통한 추론 능력을 지니고 창의성과 혁신성까지를 발휘하면서 인간의 수준을 넘어서며 미래사회를 지능화 사회로 이끌어가는 원동력이 된 것이다.

지금까지 살펴본 4차 산업혁명의 주요 핵심기술로부터 4차 산업혁명의 새로운 패러다임의 융합 기술을 의미하는 'ICBM'이라는 용어가 등장하였음을 1장에서 살펴보았다. 데이터는 서로 연결된 IoT로부터 생성되고, 언제 어디에서든 접근·공유 가능한 클라우드 공간에 저장되며, 빅데이터 분석을 통한 새로운 가치와 지식 창출을 이루고, 모바일 플랫폼 기반으로 서비스가 제공된다는 것이다. 이와 같이 사물인터넷은 4차 산업혁명을 이끌 다른 핵심 기술의 시작점이면서, 동시에 기반 인프라 기술을 이룬다. 이 밖에도 사물인터넷은 4차 산업혁명 시대를 이끌 자율주행차, 스마트 홈, 스마트 팩토리, 스마트 제조, 스마트 물류, 로봇 등에 있어서도 중심축을 이루는 기술이다. 이에 대해서는 4장에서 자세히 다루 예정이다. 4차 산업혁명 핵심 기술의 중심축에 또한 인공지능이 있다. 따라서 사물인터넷은 인공지능과 함께 4차 산업혁명의 양대 축을 이루는 기술이라 일컬어지고 있다. 4차 산업혁명이 '지능정보사회'라 일컬어지는 이유가 바로 여기에 있는 것이기도 하다. '지능'은 인공지능을 의미하고, '정보'는 사물인터넷을 주축으로 다른 기술과 융합되어 생성한 '정보'를 의미하면서, 4차 산업혁명을 지능과 정보가 융합된 사회, 즉 '지능정보사회'라 부르는 것이다.

 용어설명

정보 자원(Information Resources)
정보자원이란 정보 그 자체와 그것을 다루는 기술들을 의미한다. 즉 컴퓨터 하드웨어와 소프트웨어, 통신, 자동화 시스템들뿐만 아니라 인적, 재정적 자원을 포괄하는 의미로 사용된다.

2.2 사물인터넷의 개념

사물인터넷은 인공지능과 함께 4차 산업혁명의 양대 축을 이루는 기술이고, 다른 핵심 기술과도 밀접한 유기적 관계를 형성하는 시작점 역할을 하는 4차 산업혁명의 기반 인프라 기술임을 알았다. 다음은 사물인터넷의 의미와 개념에 대해 살펴보도록 한다.

■ 사물인터넷의 의미

학문적인 정의를 바탕으로 한 사물인터넷에 대한 개념들을 살펴보기 이전에, 개요적인 차원에서의 사물인터넷의 의미에 대해 먼저 알아보도록 한다.

IoT라 불리는 사물인터넷은 모든 사물(Things)이 인터넷을 기반으로 상호 유기적으로 연결되면서 등장한 용어이다. 우리가 이미 알고 있는 오늘 날의 인터넷은 수백억 개의 컴퓨터, 스마트폰, 태블릿 등을 연결하여 통신이 가능하게 하는 글로벌 네트워크 형태를 이루고 있다. 기기 간의 네트워크뿐만 아니라, 사람들 간의 네트워크이기도 하다. 우리는 인터넷을 통해 정보를 검색하고 교환하며, 사람들과 소통하고 업무를 처리하고, 인터넷을 통해 제공되는 다양한 서비스를 이용한다.

사물인터넷은 기존 인터넷에, 네트워크에 연결되어 통신이 가능한 수많은 다른 사물들을 연결시키는 것이다. 연결된 사물은 다양한 목적으로 다른 사물과 소통이 가능하다.

사람이 데이터에 접근하여, 사람이 주체가 되어 소통하는 기존 인터넷과는 달리 사물인터넷은 사물이 데이터에 접근하여 다른 기기와 소통하다.

IoT에서 사물이란 전용선이나 와이파이, 블루투스와 같은 유·무선 통신기술이 탑재되고, 자기 자신을 인터넷상에서 유일하게 인식시킬 수 있는 인터넷 프로토콜(IP: Internet Protocol), 즉 IP 주소를 가지고 있는 것을 말한다. 어떠한 사물은 IP주소 없이 IP주소를 가지는 사물에 연결되어 이용될 수도 있다. 또한 센서들(sensors)을 통해 데이터를 수집하거나 특정한 일을 수행하는 둘 중의 하나의 기능만 있어도 된다. 다른 사물과 소통할 수 있다면 사물인터넷의 사물이 될 수 있는 것이다. 여기에서 사물인터넷에 연결된 사물들을 커넥티드 기기(connected device)라고도 부른다. IoT에서 사물들의 연결은 기기들을 직접 인터넷에 연결시키기 보다는 작은 단위의 네트워크에 연결시키고, 또 그 작은 단위의 네트워크들이 상호 연결되어 더 큰 단위의 네트워크를 구성하면서, 궁극적으로 거대한 사물인터넷이 형성되는 것이다.

사물인터넷에 연결될 수 있는 사물들은 아주 다양하다. 우리가 집에서 사용하고 있는 다양한 종류의 가전제품과 홈 자동화 기기들, 요즈음 TV에서 사물인터넷 기능을 가진 TV, 냉장고 등의 가전제품 선전을 많이 볼 수 있다. 그 밖에도 보청기, 심박동기 등의 의학기기, 자율주행차, 드론, 로봇, 공장 자동화 시스템과 같은 다양한 종류의 시스템들도 포함된다. 무생물뿐만 아니라 사람, 강아지, 고양이 등과 같은 생물체도 사물인터넷에 연결이 가능하다. 이런 경우에는 사물인터넷의 역할을 수행할 수 있는 센서 등이 포함된 장치나 칩 등을 생물체에 내장하거나 부착해야 한다.

사물들이 사물인터넷에 연결되며, 사람의 개입 없이도 스스로 운영될 수 있는 시스템이 생성된다. 각종 센서를 통해 수집된 데이터는 특정 행동을 수행할 수 있는 다른 기기에 전송되거나, 수집된 데이터를 공유하기 위해 다른 기기와 연결되기도 한다. 연결된 기기들은 자동화된 방식으로 다른 기기들과 소통하고, 연결된 네트워크를 통해 정보와 지능을 공유하면서, 주어진 업무를 자율적으로 수행하게 된다. 자동화된 식물농장 시스템을 예로 들어보면, 먼저 식물농장의 적정 온도와 토양의 적정 습도량을 시스템에 등록한다. 그러면 사물인터넷에 연결된 온도 센서는 온도를 측정하여 냉방시스템에 전달하고, 냉방시스템은 전달된 온도에 따라 냉방시스템을 자동으로 작동시켜 준다. 습도센서는 습도를 측정하여 분무시스템에 전달하고, 분무시스템은 전달된 습도량에 따라 분무시스템을 자동으로 작동시켜 준다. 이와 같이 연결된 사물들이 사람의 개입 없이 스스로 운영될 수 있는 시스템이 생성되는 것이다. AI 기술과 융합되어 IoT에 연결된 기기들은 스스로 수많은 반복을 거치면서 더 스마트해진다.

그림 2-2 사물인터넷에 연결된 사물들

다음은 학문적으로 기술되어 있는 IoT에 대한 정의를 바탕으로 사물인터넷에 대한 개념을 좀 더 체계적으로 알아보도록 하겠다.

쉬어가기

사물인터넷 관련 동영상

1) 사물인터넷이란 무엇인가?(2:35): https://www.youtube.com/watch?v=fEXiTp7pjj4
2) 사물인터넷 소개 영상(4:50): https://youtu.be/T1-Zeedt1A4
3) MBC 사물인터넷 다큐멘터리(47:05): https://www.youtube.com/watch?v=iGRBWvrBuro

■ 사물인터넷의 개념

사물인터넷에 대한 정의는 표준화된 개념으로 사용되기 보다는 사용 목적에 따라 정의를 조금씩 달리하면서 다양하게 사용되고 있다. 이러한 개념들은 4차 산업혁명 시대의 변화와 함께 지속적으로 진화되어 갈 것으로 본다.

우선 먼저 사물인터넷의 기본적인 개념이 내포되어 있다고 볼 수 있는 위키백과의 정의를 살펴보면, 위키는 사물인터넷을 "사물에 센서와 통신 기능을 내장하여 인터넷에 연결하는 기술"이라고 정의하였다.

- 사물(Things): 여기에서 사물이란 앞에서 살펴본 것처럼, 우리가 일반적으로 인터넷에 연결하여 사용하는 컴퓨터와 스마트폰뿐만 아니라 가전제품, 자동차, 의료기기, 베란다의 화분, 심지어 아기의 지저귀까지 우리가 실생활에서 사용하는 거의 모든 객체들이 될 수 있다. 이러한 실체를 지닌 객체들뿐만 아니라 자동화된 다양한 종류의 응용시스템, 예를 들면, 재고관리시스템이나 물류시스템 등과 같은 응용시스템들까지도 포함하는 개념으로 사용된다.
- 주요기능(물리적 현상 탐지 기능, 인터넷 연결 기능 및 통신 기능): 사물인터넷으로 연결되는 사물이 되기 위해서는 물리적 현상을 탐지할 수 있는 기능과 인터넷 연결 기능 및 통신 기능 등이 필요하다. 예를 들어, 사물에 온도나 빛과 같은 물리적인 현상을 감지할 수 있는 센서들을 탑재하여 인터넷 상에서 자기 자신을 인식시킬 수 있는 인터넷 프로토콜 주소인 IP 주소를 부여하고 통신 모듈을 내장하여 센서가 감지한 데이터를 실시간으로 네트워크를 통해 주고받을 수 있도록 하는 통신 기능이 필요한 것이다.
- 사례(119 자동 화재 신고 서비스): 사물인터넷 서비스가 이루어지는 과정을 119 자동 화재 신고 서비스를 예로 들어 설명하면, 인터넷 연결기능과 통신기능을 갖춘 근거리 무선통신 장치인 비콘(beacon)을 집안에 설치하고, 비콘에 실내의 이산화탄소, 연기, 온도 등을 측정할 수 있는 센서들을 탑재하여 실내 환경을 감지하도록 한 다음, 이상 수치가 발생하면 119에 자동으로 긴급문자를 발송하여 소방차가 출동할 수 있게 하는 시스템이 IoT를 기반으로 한 서비스의 한 실례이다.

사물인터넷은 "인터넷(Internet)에 연결된 고유하게 식별 가능한 사물들이 인간의 명시적 개입 없이 상호 정보를 주고받으며 인간중심적인 서비스를 제공할 수 있는 기반 인프라 기술"이라 정의하였다. 앞에서 살펴본 것처럼, 사물이 인터넷에 연결되기 위해서는 통신 기능과 고유한 인터넷 주소가 부여되어야 한다. 여기에서 '고유하게 식별 가능한 사물들'이 바로 고유하게 부여된 인터넷 주소 또는 식별 가능한 센서를 의미하는 것이다. 이 정의에서는 좀 더 명확하게 '인간의 명시적 개입 없이' 정보 교환이 이루어짐을 명시하고 있다. 앞에서 살펴본 '119 자동 화재 신고 서비스'에서처럼, 사물인터넷은 인간의 개입 없이 사물들이 자동으로 상호 소통하며 인간의 편리성을 제공하는 인프라 기술인 것이다. 초창기 사물인터넷은 사람의 관여를 완전히 배제하는 것을 전제로 하였다. 그러나 현재는 사람의 관여 여부는 중요하게 생각하지 않는다. 그 이유는 사람도 사물의 한 유형으로 사물인터넷 서비스 구성에 참여하고 있고, 사람의 관여가 상황에 따라서는 중요한 역할을 할 수도 있기 때문이다. 따라서 다음에 소개되는 정의에서는 이러한 용어들이 빠져 있음을 보게 될 것이다.

사물인터넷은 "각각의 사물들이 제공하던 것 이상의 가치를 제공하는 방식"이라 정의하고 있다. 본 정의는 사물들의 연결 측면보다는 서비스적인 측면을 강조하여 사물들이 상호 소통하는 유기적인 관계 속에 기존에 없었던 새로운 가치를 창출하여 인간에게 편리한 최적의 서비스를 제공해 주는 관점의 정의라 볼 수 있다.

IoT란 "인터넷을 기반으로 모든 사물을 연결하여 사람과 사물, 사물과 사물, 사물과 시스템 간의 정보를 상호 소통하는 지능형 기술 및 서비스 등"이라고 정의하였다. 본 정의에서는 '지능형 기술 및 서비스'라는 개념이 추가되어 있다. 앞에서 언급하였던 '기존의 없었던 새로운 가치 창출'이 바로 지능형 기술이라 볼 수 있다. 인공지능 기술이 융합되어 사물인터넷에 연결된 사물들이 상호 연결된 순환구조 속에 경험과 학습을 통해 새로운 지식을 습득하여 새로운 가치를 창출하며 점점 지능화되어 가는 지능형 서비스임을 강조한 좀 더 확장된 사물인터넷 정의라 볼 수 있다.

2016년 국제 표준화 기구인 ISO(International Organization for Standardization)에서는 사물인터넷에 대한 검토와 의견을 나누기 위해 배포된 문서에서 사물인터넷을 "물리적 세계와 가상 세계의 정보를 처리하고 반응할 수 있으며, 물리적 세계에서의 활동에 영향을 줄 수 있는 지능형 서비스와 함께 상호 연결된 물리적 개체, 시스템 및 정보 자원의 인프라(an infrastructure of interconnected physical entities, systems and information resources together with the intelligent services which can process and react information of both the physical world and the virtual world and can influence activities in the physical world)"라 정의하였다. 아직 표준화된 정의는 아니지만 앞에서 살펴본 IoT 개념들과 사이버물리시스템의 개념까지를 포괄하는 의미로 정의되어 있음을 알 수 있다. 실세계뿐만 아니라 가상세계의 정보와도 상호 작용하는 지능형 서비스뿐만 아니라 정보 자원까지도 연결하는 초연결성을 이루는 총체적인 인프라 구조로 진화된 개념을 보이고 있는 것이다. 이러한 정의는 앞에서 살펴본 4차 산업혁명의 특성이 내재되어 있는 개념이라 볼 수 있다. 이와 같이 이제 사물인터넷은 우리가 살아가는 물리세계의 모든 것과 가상현실의 사물들, 다양한 서비스 및 응용 시스템들까지도 연결하여 소통한다. 또한 인공지능 기술이 연계되고 다양한 기술들이 융합되어 최적의 지능화된 서비스 제공을 위한 4차 산업혁명의 기반 인프라로 진화되어 가고 있다. 사물인터넷이 만물인터넷인 시대에 도입한 것이다.

2.3 사물인터넷의 등장 배경

유럽 연합은 사물인터넷의 등장 배경을 [그림 2-3]에 보인 것과 같이 1960년대 인터넷의 탄생을 시작점으로 제시하였다. 첫 단계는 1969년 미국방성이 현재의 인터넷 원

그림 2-3 사물인터넷의 등장 배경

형으로 불리는 알파넷을 개발하여 발표한 시기로 보고 있으며, 이때는 컴퓨터를 연결하여 제한된 데이터 교환기능으로 단순한 메시지만 주고받는 시기였다. 2단계는 1989년부터 시작해 2000년 팀 버너스리(Tim Berners-Lee)에 의한 월드와이드웹(WWW: World Wide Web) 탄생으로 인터넷 혁명이 일어난 시대로 보고 있다. 우리가 사용하고 있는 인터넷의 시대가 열린 Web 1.0 시기이며, 웹 기술을 통해 문서를 연결할 수 있는 단계였다. 3단계는 컴퓨터뿐만 아니라, 태블릿과 스마트폰 등의 등장으로 인터넷이 보편화된 2000년대 초반으로 보고 있다. Web 2.0 시대로 사용자 제작 콘텐츠(UCC: User Created Content)가 활성화 된 시기이다. 2010년대 초반부터 현재는 기존의 기기뿐만 아니라 모든 사물과 사람들을 연결하는 IoT시대이다.

■ 사물인터넷 용어의 시작

IoT(Internet of Things)라는 용어는 1999년 매사추세츠 공과대학교(MIT: Massachusetts Institute of Technology)의 'Auto-ID Center'의 공동 설립자인 케빈 애쉬턴(Kevin Ashton)이 미국의 다국적 기업 중의 하나인 프락터 앤 갬블(Procter & Gamble) 회사의 강연에서 향후 RFID(Radio-Frequency IDentification)와 센서들이 일상생활에서 사용하는 사물에 탑재되어 사물인터넷이 구축될 것이라고 전망하면서, 처음으로 언급되어 사용되었다고 보고 있다. RFID는 라디오 주파수를 이용하여 전자태그를 통해 사물을 인식할 수 있는 기술이다. 1999년 케빈이 처음 IoT를 사용하였을 때는 1988년부터 사용되어 오던 '유비쿼터스 센서 네트워크(USN: Ubiquitous Sensor Network)'의 개념과 유사한 의미로 사용되었다. 따라서 케빈이 통신 인프라와 센서 기

그림 2-4 케빈 애쉬턴(Kevin Ashton)

술 등을 바탕으로 유비쿼터스 센서 네트워크를 사물인터넷이라는 용어로 재 정의한 것이라 볼 수 있다. 이후 사물인터넷은 USN과 국내에서 '사물지능통신'으로 불리고 있는 M2M(Machine to Machine)과 혼재하며 발전해 오게 된다. 사물인터넷의 등장 배경은 인터넷 환경의 진화와 센서 기술의 발달이라 할 수 있다. 유무선 인터넷과 근거리 통신 기술의 발전 등으로 통신 인프라가 구축되면서 사물인터넷의 실현이 가능해진 것이다.

[그림 2-5]는 사물인터넷의 등장 배경을 이루는 기술 용어들의 등장 시기를 나타낸 것이다. 유비쿼터스 컴퓨팅(Ubiquitous Computing)은 마크 와이저(Mark Weiser) 박사에 의해 1988년에 처음 사용되었고, 사물지능통신이라 불리는 M2M은 1990년대 초반부터 유럽을 중심으로 자연스럽게 사용되기 시작하였다고 보고 있다. 사물인터넷(IoT)은 앞서 살펴본 것처럼, 1999년 케빈 애쉬턴에 의해 사용되기 시작하였고, 그 이후 2012년 미국의 IT 기업인 시스코(CISCO)가 현재 인터넷에 연결되어 있는 지구상의 사물은 1%에 불과하고 나머지 99%는 아직 '연결되지 않은 상태'로 연결을 기다리고 있다는 미래에 대한 새로운 도전을 꾀하면서 만물인터넷(IoE: Internet of Everything) 이라는 용어를 처음 사용하게 된다. 사물인터넷이 본격적으로 논의되기 시작한 것은 국내·외 모두 2013년 중반 이후부터라고 보고 있다.

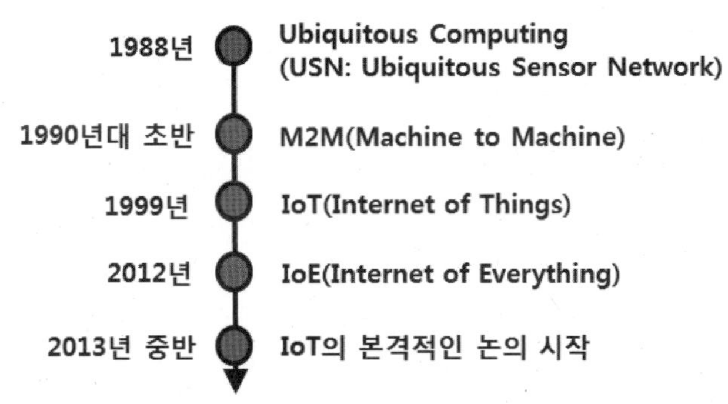

그림 2-5 사물인터넷 등장 배경을 이루는 기술들의 등장 시기

다음은 사물인터넷의 등장 배경에 있는 USN과 M2M은 무엇이며, 사물인터넷은 이들과 어떠한 공통점과 차이점이 있는지에 대해 살펴보도록 한다.

■ 유비쿼터스 센서 네트워크

유비쿼터스 센서 네트워크(USN: Ubiquitous Sensor Network)는 유비쿼터스 컴퓨팅에서 유래하였다. 우리가 이미 알고 있듯이 유비쿼터스(Ubiquitous)라는 용어는 '물이나 공기처럼 시공간을 초월해 '언제 어디에나 존재한다"는 뜻의 라틴어에서 유래한 말이다. 어원에서 볼 수 있듯이, 유비쿼터스 컴퓨팅은 "언제 어디에서든 사용자가 편리한 방식으로 인간, 사물, 정보 간의 네트워크를 통하여 원하는 작업이나 업무를 처리할 수 있는 최적의 컴퓨팅 환경"을 의미한다. 스마트폰이 가장 대표적인 유비쿼터스 컴퓨팅을 실현한 예라 할 수 있다. 우리는 스마트폰을 사용하여 시간과 장소에 구애받지 않고 언제 어디에서든 다양한 서비스를 이용할 수 있는 것이다.

유비쿼터스 센서 네트워크는 유비쿼터스 컴퓨팅 환경을 기반으로 "모든 사물에 컴퓨터와 네트워크 기능을 부여하고, RFID 또는 센싱 기술을 초소형 무선장치에 접목하여, 실시간으로 특정 환경과 상황을 자동으로 인지하여 정보를 획득하고, 이를 처리하여 생활의 편리성을 제공하기 위한 네트워크 시스템"으로 정의된다. 앞에서 살펴본 사물인터넷의 개념과 유사한 부분이 있음을 알 수 있다. 네트워크를 통한 사물의 연결, 센서를 통한 정보수집, 편리한 서비스 제공 등은 사물인터넷과 공통되는 부분들이다. 그러나 USN은 사물들 간의 통신보다는 사물들을 네트워크로 연결하여 언제 어디에서든지 사용할 수 있게 하는 것이 주목적이다. 따라서 사물들의 자율적 운영이 아닌 인간의 개입이 필요한 구조이다. 또한 사물인터넷은 상호 작용과 상호 운영이 가능한 양방향 성격을 지니고 있지만, USN은 데이터 수집과 전달이 특정 상황을 원격으로 감시하거나 제어하기 위한 단방향 성격을 이룬다.

■ 사물지능통신

사물지능통신(M2M: Machine to Machine)은 1990년대 초반부터 IT 기술 분야에서 기술을 융합하면서 자연스럽게 사용되기 시작한 것으로 보고 있다. M2M는 사람이 개입하지 않는 또는 최소 개입 상태에서 기기 및 사물 간에 일어나는 유무선 통신으로 정의된다. M2M은 USN과는 달리 사물에 통신 모듈을 탑재하여 여러 센서를 통해 데이터를 수집하고 이를 처리하여 처리 결과를 다른 기기 등에 전달할 수 있는 객체 간의 통신이 가능하다. 이러한 객체 간 통신 기능과 인간의 개입 없이 이루어지는 부분이 USN과의 차이점이다. 반면에 이 부분은 사물인터넷과는 유사한 기능이다.

사물인터넷과의 차이점은 M2M은 특수한 목적을 가지고 기계나 사물들의 연결에 주안점을 둔 개별적인 네트워크인 반면, 사물인터넷은 이러한 개별적 연결뿐만 아니라 다양한 시스템들의 상호 연결까지를 포함하는 통합적 연결이다. 또한 M2M에서는 사람이 네트워크에 연결되는 대상이기보다는 사물들이 생성한 정보를 이용하거나 제어하는 역할을 담당하지만, 사물인터넷에서의 사람은 이러한 역할뿐만 아니라, 다른 사물처럼 IoT에 연결되어 데이터를 생성하는 주체가 되기도 한다. 무엇보다도 IoT는 다른 기술들과의 융합을 기반으로 연결된 기기 간 상호 소통을 통해 새로운 가치와 서비스를 창출하여 최적의 지능화 서비스를 제공하는 것이다.

[그림 2-6]은 지금까지 살펴본 USN, M2M, IoT 및 IoE 간의 공통점과 차이점을 구분하여 제시한 그림이다. 이제는 사물인터넷, IoT가 만물인터넷, IoE를 내포하는 개념으로 사용한다. 사물인터넷이 만물인터넷 시대인 것이다. 실제로 2012년 국제 전기 통신 연합(ITU: International Telecommunication Union)에서 IoT를 국제공식용어로 표준화하였고, 국내·외에서 이제 모두 IoT로 사용하고 있다.

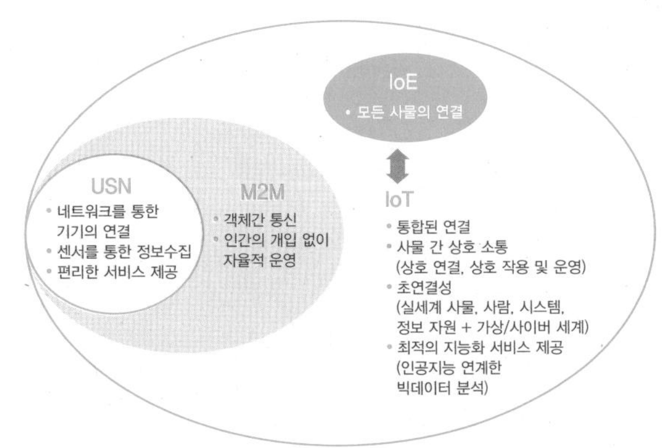

그림 2-6 사물인터넷 등장 배경에 존재하는 기술들의 차이점과 유사점

쉬어가기

RFID 기반 미래 스토어
https://www.youtube.com/watch?v=rBXJ9Razofw

2.4 사물인터넷의 서비스 구조

사물인터넷 서비스 구조는 센서가 수집한 데이터가 사물인터넷 서비스로 제공되는 전체 과정을 의미한다. 사물인터넷 서비스가 이루어지는 과정을 크게 4가지 영역으로 나누어 생각해 볼 수 있다. 데이터 수집과 전달을 위한 데이터 생성 영역과 생성된 데이터를 전달하기 위한 네트워크 연결 영역, 전송된 데이터의 저장과 분석, 가공 등의 기능을 수행하는 데이터 처리 영역 및 이러한 데이터를 바탕으로 이루어지는 서비스 제공 영역이다. 관점에 따라서 구분하는 방법에는 차이가 있을 수 있으며, [그림 2-7]은 사물인터넷 서비스 구조의 한 예를 보인 것이다.

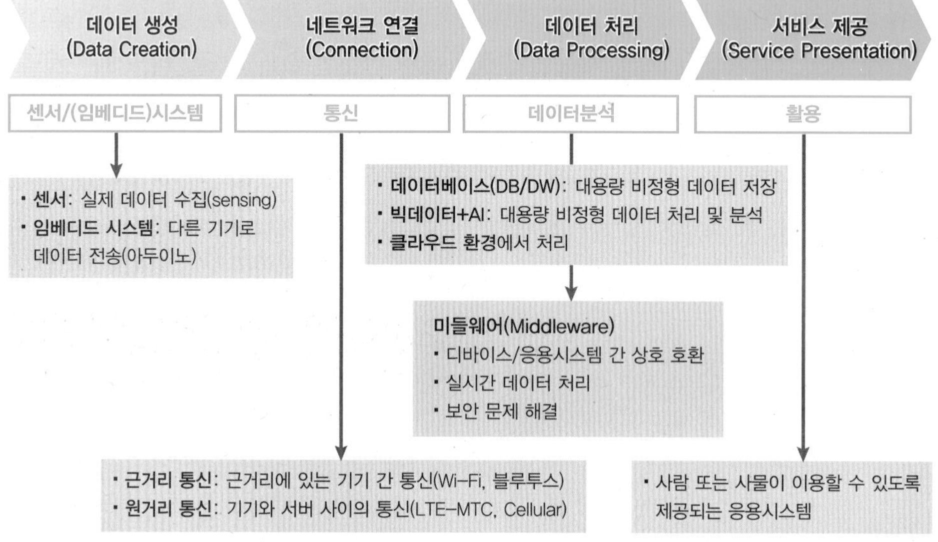

그림 2-7 사물인터넷 서비스의 구조

데이터 생성 영역에서의 데이터 수집은 일반적으로 다양한 종류의 센서들에 의해 이루어진다. 데이터를 수집하는 행위 자체를 센싱(sensing)이라 부른다. 센서가 주변의 환경이나 물리적인 변화를 측정하여 실제 데이터를 수집하는 것이다. 예를 들면, 온도센서가 주변의 온도를 감지하여 주변의 온도 값을 얻는 것이다. 수집된 데이터는 모두 숫자인 디지털 데이터로 변환이 된다. 즉 소음센서가 측정한 소음과 같은 아날로그 신호는 컴퓨터가 처리할 수 있는 디지털 데이터로 변환된다.

센싱한 데이터를 다른 기기로 전달하기 위해서는 마이크로컨트롤러 기능을 갖춘 스마트 디바이스 또는 아두이노와 같은 임베디드 시스템이 필요하다. 네트워크 연결은 센서들이 수집한 데이터를 유무선 근거리 또는 원거리 통신 기술을 이용하여 사물인터넷에 연결된 다른 디바이스나 서버 등으로 전송하는 통신 기능이다. 서버는 사물인터넷 서비스 전체를 제어하는 컴퓨터 시스템이라 볼 수 있다. 여기에서 디바이스(device)는 사물인터넷의 사물이 되는 기기이며 따라서 본 교재에서는 사물, 기기, 디바이스는 모두 같은 의미로 사용한다.

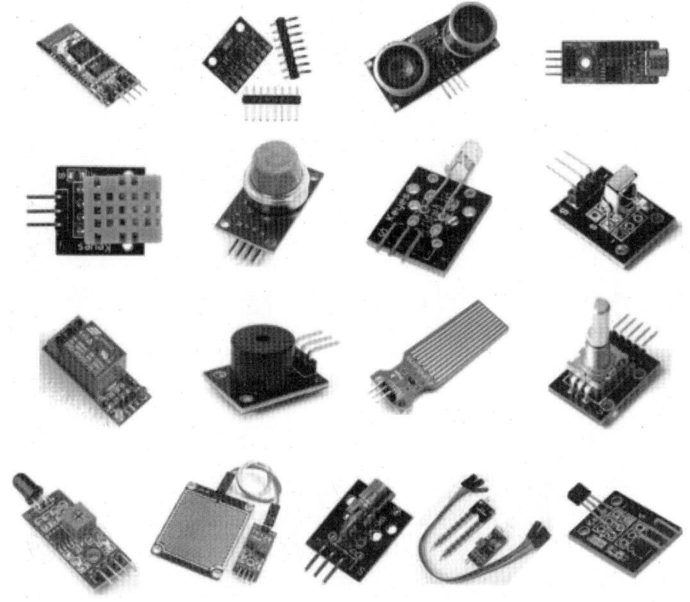

그림 2-8 사물인터넷에 사용되는 센서들

센서가 내장되어 있는 디바이스와 근거리에 있는 다른 기기 사이의 통신은 주로 와이파이(Wi-Fi)나 블루투스(Bluetooth)와 같은 근거리 무선통신 기술을 이용하여 데이터를 전송한다. 센서가 내장되어 있는 디바이스와 원거리에 있는 서버 사이의 통신은 LTE나 HTTP와 같은 원거리 통신기술을 이용하여 데이터를 전송한다. 데이터 처리 영역에서는 전송된 대용량의 비정형 데이터들을 저장하고 분석과 가공 등의 처리를 거쳐 서비스할 내용을 결정하는 단계이다. 수집된 비정형 데이터로부터 인공지능 기술이 연계된 빅데이터 분석을 통해 의미 있는 서비스 정보를 추출할 수 있다. 이러한 분석 기능이 바로 지능형 서비스 제공의 근원이 되는 것이다. 마지막으로 서비스 제공 영역은 분석된 데이터를 사람이나 또는 다른 사물이 이용할 수 있도록 지원하는 기능이다. 이 영역이 바로 응용시스템의 목적에 맞게 사물인터넷 서비스가 이루어지는 단계이다. 이제 사물인터넷 서비스가 이루어지는 4가지 영역에 대해 좀 더 자세히 살펴보도록 하겠다.

■ 데이터 생성

데이터 생성(Data Creation) 영역은 사물인터넷 서비스의 기반이 되는 데이터를 생성하여 이를 인터넷 상의 서버로 송수신하는 기본 기능을 수행한다. 데이터 생성 영역의 주요 기능은 다음과 같다.

① 주변의 환경이나 물리적인 변화를 측정하여 데이터를 생성하는 기능
② 센서를 통해 생성한 데이터 또는 사용자들의 다양한 활동에 의해 생성된 데이터를 수집하고 전달하는 기능
③ 데이터를 수집한 센서와 함께 탑재되어 있는 다른 디바이스를 제어하거나 또는 사물인터넷을 통해 연결되어 있는 다른 기기를 제어하는 기능
④ 수집한 데이터를 송수신하기 위한 네트워크 기능
⑤ 수집한 데이터를 저장하는 기능

데이터 생성 영역을 구성하는 요소는 단독으로 존재하는 센서, 센서나 액추에이터(actuators)가 탑재된 마이크로컨트롤러 기능을 갖춘 스마트 디바이스 또는 임베디드 시스템 등이다. 센서는 주변의 환경이나 물리적인 변화를 인지하여 감지한 값을 전기적인 디지털 신호로 변환해 주는 장치이다. 센서의 종류에는 온도, 조도, 습도, 거리 센서 뿐만 아니라, 소리, 혈당, 맥박, 지문, 홍채 등과 같은 생체 정보 등을 측정할 수 있는 다양한 종류의 센서가 존재한다. 센서에 대해서는 다음 장에서 자세히 다루게 된다. 액추에이터는 센서에 의해 수집된 전기적인 신호를 이용하여 제어될 수 있는 기기를 말한다. 예를 들면, 스피커나 LED 전등, LCD 디스플레이나 서보모터 등이 IoT의 대표적인 액추에이터들이다. 예를 들어, 조도 센서에 의해 수집된 조도 값에 따라 액추에이터인 LED 전등의 제어가 자동으로 가능한 것이다.

데이터 생성 영역의 주요 기능은 첫째로 주위의 환경이나 물리적인 변화를 인지하여 데이터를 측정하는 기능이다. 이러한 기능은 주로 센서를 통해 이루어진다. 두 번째는 센싱을 통해 생성된 데이터 또는 사용자들의 다양한 활동에 의해서 생성된 데이터를 수집하여 이를 전달하는 기능이다. 세 번째는 데이터를 수집한 센서와 함께 탑재되어 있는 다른 액추에이터를 제어하거나 또는 다른 기기의 작동을 제어하는 기능이다. 예를 들어, 스마트폰에서 조도센서가 수집한 빛의 량에 따라 화면의 밝기를 자동으로 제어하거나 스마트 홈 시스템에서 실내에 설치되어 있는 온도센서가 실내 온도를 측정하여 설정된 적정 온도에 따라 다른 기기인 에어컨의 가동을 자동으로 제어하는 것이다. 이와 같이 센서에서 측정한 데이터 값에 따라 사물인터넷을 통해 연결된 사물들이 즉각적으로 제어되기도 하지만, 일반적으로 센서에 의해 수집된 데이터는 서버로 전송되고, 빅데이터 분석을 통해 그 결과에 따라 반응하도록 처리된다. 따라서 데이터나 제어정보를 서버로 송수신하기 위한 네트워크 기능이 필요하다. 이 기능은 네트워크 연결 기능으로도 볼 수 있다.

마지막으로 센서에서 생성된 데이터는 서버에 실시간으로 전송되는 경우도 많지만, 데이터 전송의 비용과 효율성으로 일정기간 동안 기기에 저장된 후, 일괄 전송하는 방식을 사용한다. 따라서 수집된 데이터를 저장하는 기능도 필요하다.

센서가 수집한 데이터에 의해 액추에이터나 다른 기기를 제어하기 위해서는 센서는 컴퓨터 또는 컴퓨터 기능을 수행할 수 있는 우리가 중앙처리장치(CPU: Central Processing Unit)라고 말하는 초소형 마이크로프로세서가 내장된 컴퓨터 시스템에 탑재되어 있어야 한다. 이러한 역할을 수행하는 대표적인 시스템이 아두이노(Arduino)와 라즈베리파이(Raspberry Pi) 등이다. 사물인터넷에 연결된 스마트하다고 불리는 스마트 디바이스 또한 아두이노와 같은 컴퓨터 시스템을 이용해 이러한 기능을 수행할 수 있는 기기들이다. 센서들을 탑재하고 일종의 마이크로컨트롤러 기능을 갖춘 장치들을 '스마트 디바이스(smart device)'라고 부른다. 우리가 사용하고 있는 스마트폰이 대표적인 스마트 디바이스이며, IoT에 연결되는 사물이다. 그러나 이와 같은 하드웨어적이 요소만으로 데이터가 생성되는 것은 아니다. 센서가 데이터 값을 측정하여 다른 기기를 제어하도록 프로그램화되어 있어야 하고, 이러한 프로그램이 컴퓨터 시스템에 내장되어 있어야 한다. 여기에서 사물인터넷은 다양한 하드웨어적인 기술에 바탕을 두고 있지만, 궁극적으로 모든 사물들이 인터넷에 통해 연결되어 상호 작용이 이루어지도록 제어하는 것은 바로 소프트웨어, 프로그램으로 이루어진다. 따라서 코딩 교육의 중요성이 대두되고 있는 것이다.

■ 네트워크 연결

네트워크 연결(Network Connection) 영역은 각 디바이스에서 생성된 데이터를 인터넷 상의 서버나 플랫폼으로 전송하는 기능이다. 네트워크 통신에 대한 좀 더 쉬운 이해를 위해 우리가 많이 사용하고 있는 택배시스템과 비교하면서 살펴보도록 하겠다. 우리가 상품을 구입하여 택배로 전달되는 과정을 추적해 보면, 여러 경로를 거쳐 최종으로 고객에게 전달됨을 알 수 있다. 택배시스템을 이용하기 위해서는 고객의 집 주소가 필요하다. 상품이 고객에게 정확하게 전달되기 위해서는 고객의 집 주소는 유일해야 한다. 집주소를 네트워크에서는 인터넷 프로토콜 주소, 즉 IP 주소라고 부른다. 사물인터넷에 연결된 특정 디바이스로 정확하게 데이터가 전달되기 위해서는 그 디바이스와 다른 디바이스를 구분할 수 있는 유일한 주소가 부여되어 있어야 하고, 그것이 바로 IP 주소인 것이다. 상황에 따라서는 택배가 집주소로 전달되는 것으로 끝나는 것은 아니다. 한 집에 여러 명이 살고 있을 수 있으므로 전달되어야 할 구체적인 구성원 이름(고객명)이 필요하다. 유일한 하나의 IP 주소를 가지고 있는 디바이스에 이와 같이 여러 개의 센서들(포트 또는 노드)이 연결될 수 있으며, 따라서 구체적으로 어떠한 센서로 전달되어야 하는지 알아야 한다. 이와 관련한 좀 더 자세한 내용은 다음 장에서 다룬다.

물건이 택배회사로부터 고객에게 직접 전달되는 것이 아니라 여러 경로를 통해 전달되듯이 인터넷도 하나의 네트워크로 구성되어 있는 것이 아니고 크고 작은 단위의 수많은 네트워크로 상호 연결되어 있어 데이터 전송이 여러 네트워크 경로를 거치게 된다. 택배시스템이나 네트워크 통신이 이루어지는 과정은 모두 규칙에 의해 이루어진다. 즉 데이터 전송 방법은 컴퓨터 네트워크에서 데이터를 주고받을 때 수행해야 하는 약속된 절차에 의해 이루어진다. 이것이 바로 통신 프로토콜(Protocol)이다. 프로토콜은 전송기기에서 전달 기기까지의 연결을 설정한 후, 데이터를 전송하고 전송이 완료되며 연결을 해제하는 일련의 절차이다. 이러한 절차는 컴퓨터 프로그램으로 구현되어 있다. 결국 프로토콜은 컴퓨터 프로그램인 것이다.

물건을 전달할 때 근거리에 있는 사람에게 전달하는 방법과 원거리에 있는 사람에게 전달하는 방법이 다르듯이, 네트워크 통신(기술)에서도 마찬가지이다. 컴퓨터에서는 이를 근거리 통신과 원거리 통신으로 구분한다. 근거리 통신은 사물인터넷에 연결되어 있는 근거리에 있는 기기 사이에서 센싱한 데이터를 교환하기 위해 주로 사용된다. 예를 들어, 조도 센서에서 수집한 조도 값을 스마트폰으로 전송하기 위해서는 주로 근거리 무선통신 기술인 와이파이나 블루투스 등을 이용한다. 디바이스와 원거리에 있는 서버 사이의 통신은 우리가 잘 알고 있는 4G/4G LTE 등과 같은 셀룰러 이동통신기술이 사용된다. 다양한 종류의 통신기술에 대해서는 3장에서 다룬다.

■ 데이터 처리 영역

데이터 처리(Data Processing) 영역은 네트워크를 통해 전송된 데이터를 서비스로 제공하기 위해 전달된 데이터를 저장하고, 이를 분석하여 가공하거나 서비스 정보를 추출하는 기능을 수행하는 영역이다. 서비스 제공을 결정하는 영역으로 전송된 데이터들은 데이터베이스(DB: Database)나 데이터웨어하우스(DW: Data Warehouse)에 저장된다. 데이터베이스는 데이터의 저장소이며, 데이터웨어하우스는 사용자의 의사 결정에 도움을 주기 위해 기존의 데이터를 공통의 형식으로 가공한 DB이다.

응용 시스템에서 데이터베이스에 저장되는 데이터들은 일반적으로 일정한 형식을 갖춘 정형화된 데이터들이지만, 사물인터넷에서 발생된 데이터들은 주로 일정한 형식을 갖추고 있지 않는 비정형화된 형태의 데이터들이다. 정형화된 데이터는 비정형화된 데이터에 비해 상대적으로 분석이 용이하다. 따라서 사물인터넷의 데이터 분석에서 가장 중요한 요소는 이러한 비정형 데이터들을 빠른 속도로 처리하는 것이다. 실시간으로 생성되는 수많은 데이터를 분석하여, 대부분 실시간으로 서비스를 지원해야하기 때문에 빠른 처리 속도는 서비스 성공의 관건이 된다. 이러한 대용량 데이터를 병렬로 빠르게 분석 처리 할 수 있는 빅데이터 분석의 대표적인 기술이 바로 하둡(Hadoop)이다. 분석된 데이터는 그 자체만으로도 의미와 가치를 지닐 수 있지만, 서비스 종류에 따라 다양한 형태로 추가적인 가공이나 가공된 정보들을 결합하고 새로운 정보로 변형되어 사용되기도 한다. 더 나아가 새로운 가치 정보 창출을 위해 데이터 마이닝이나 패턴 인식, 기계학습 등과 같은 인공지능 기술과 결합하여 분석된다. 인공지능 기술에 대하여는 9

장에서 좀 더 자세히 다룬다. 이러한 데이터 처리는 일반적으로 클라우드 환경에서 이루어진다.

데이터 처리 영역에는 미들웨어(Middleware) 기능이 포함되어 있다. 미들웨어는 몇 가지 주요한 기능을 수행한다. 첫째 서로 다른 디바이스 간이나 응용시스템 간에 상호 호환이 될 수 있도록 하는 가교 역할을 수행한다. 사물인터넷은 서로 다른 수많은 디바이스들 사이의 연결과 이들 사이의 데이터 전송을 필요로 한다. 디바이스 사이의 데이터 전송뿐만 아니라 다양한 응용시스템 사이에도 연계가 필요한 경우가 많다. 이렇게 서로 다른 디바이스 또는 응용시스템 간에 상호 호환되도록 하여 데이터가 다른 디바이스나 다른 시스템으로 안정적으로 전송될 수 있도록 하는 가교 역할을 수행하는 것이다. 두 번째 기능은 실시간 데이터 처리이다. 사물인터넷에 연결된 수많은 센서들로부터 실시간으로 생성되는 데이터의 양은 방대하다. 이러한 데이터들을 모두 서버로 전송한다면, 네트워크 트래픽과 이를 처리하고 저장하기 위해 필요한 컴퓨터 자원 또한 대단할 것이다. 따라서 생성된 데이터를 모두 서버로 전송하기 보다는 사전에 감지할 패턴을 정하고 정해진 패턴이 발생하며, 그때까지 모아진 데이터들을 1차로 먼저 분석하여 가공하고 요약한 다음에, 그 결과만을 서버로 전송하는 것이다. 미들웨어가 바로 이러한 기능을 수행한다. 마지막으로 사물인터넷의 가장 큰 이슈 중의 하나인 보안 문제를 처리하는 기능이다. 즉 미들웨어에는 데이터 전송 중에 발생할 수 있는 데이터 유출이나 해커의 침입, 사생활 침해 등과 같은 보안 문제를 처리하는 기능도 포함되어 있다.

▪ 서비스 제공

서비스 제공(Service Presentation) 영역은 데이터 처리 영역에서 처리된 결과를 사람이나 다른 사물이 이용할 수 있도록 실제 서비스가 가시화되어 제공되는 단계이다. 일반적으로 두 가지 방법으로 서비스가 이루어진다. 첫째는 서비스되는 디바이스를 통해 응용시스템의 목적에 맞게 서비스가 이루어진다. 예를 들면, [그림 2-9]에 보인 LG CNS의 '스마트 교통 시스템'에서 시내버스에 부착된 GPS는 현재 위치를 추적하여 네트워크를 통해 이를 정기적으로 서버로 전송한다. 서버로 전송된 위치 정보는 사용자의 스마트폰 응용시스템으로 가시화되어 서비스가 이루어진다. 즉 사용자는 자신의 스마트폰 앱을 통하여 시내버스의 위치를 실시간으로 추적할 수 있는 것이다.

또 하나의 서비스 제공 방식은 사물인터넷에 연결된 다른 디바이스를 관리하고 제어하는 기능이다. 예를 들면, 앞에서도 설명하였듯이 스마트 홈 시스템에서 실내에 설치되어 있는 온도센서가 실내 온도를 측정하여 설정되어 있는 실내 적정 온도에 따라 에어컨의 가동을 자동으로 제어하는 것이다. 사물인터넷에서의 서비스 제공은 이와 같이 일반적으로 두 가지 방법으로 이루어진다.

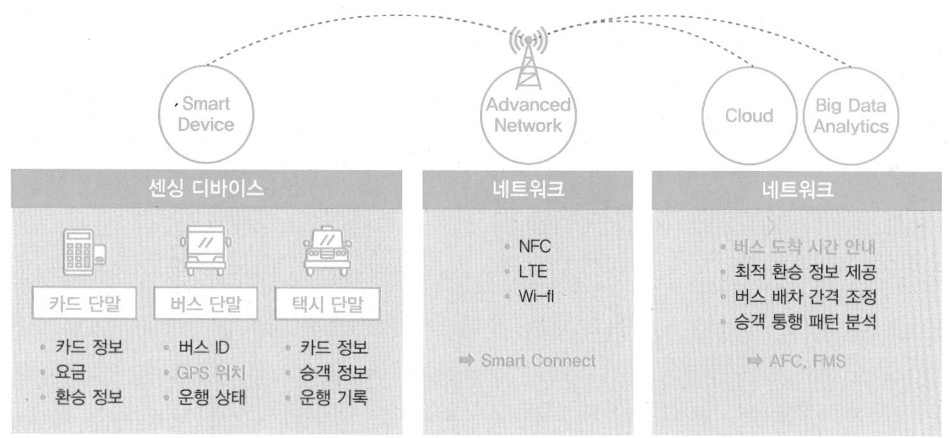

그림 2-9 LG CNS의 스마트 교통(Smart Transportation) 시스템

[그림 2-10]에 보인 것처럼, 센서가 탑재된 다양한 스마트 디바이스들이 의미 있는 정보들을 지속적으로 수집하여 생성하고, 이러한 정보들은 유무선 네트워크를 통해 빠르고 안정적으로 서버 등으로 전송된다. 그리고 이러한 데이터들은 클라우드 환경에서 저장되고 처리된다. 또한 인공지능과 연계한 빅데이터 분석을 통해 자동화된 지능형 서비스 형태로 제공될 수 있다. 궁극적으로 스마트 팩토리, 스마트 교통, 스마트 그린 시티, 스마트 헬스케어 등과 같은 다양한 응용 시스템 형태로 제공된다. 각각의 시스템들은 사물인터넷을 통해 연결되고, 더 나아가 각각의 사물인터넷들이 상호 연결되어 더 큰 사물인터넷을 형성하며, 유기적인 관계 속에 시스템 간에 상호 소통 체계를 이루고 있는 것이다.

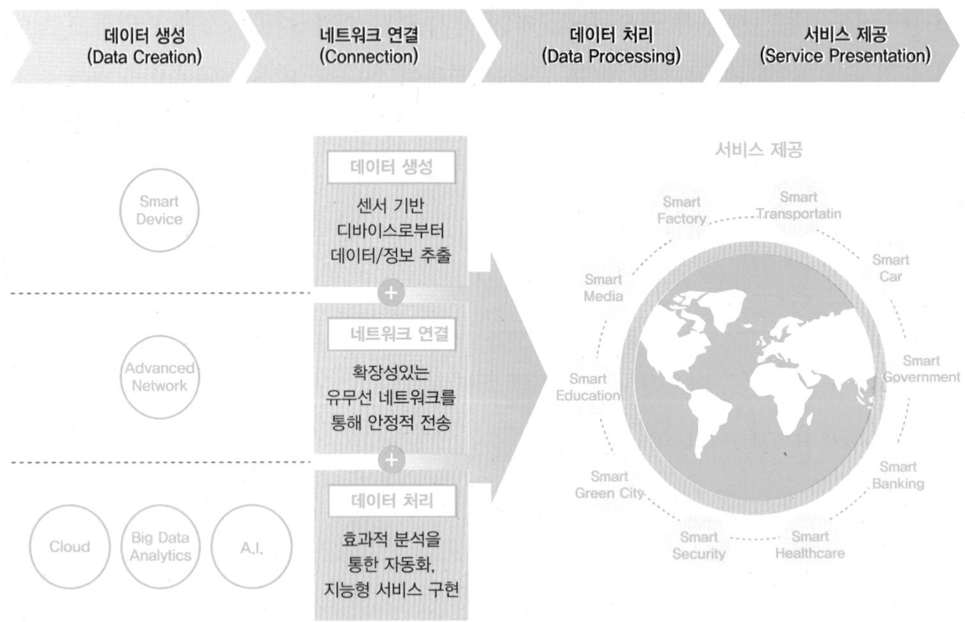

그림 2-10 · 사물인터넷의 서비스 구조

본 교재에서 제시된 사물인터넷의 서비스 구조는 한 가지 유형일 뿐 표준화된 방법은 아니다. 아직까지 표준화된 구조는 없고 다양한 형태의 구조가 존재한다. 그러나 큰 틀 안에서 전체적인 흐름은 같다고 볼 수 있다. 현재 IoT 표준화 단체 중 하나인 oneM2M을 중심으로 비표준에서 표준화로 전환하기 위한 노력 중에 있다.

1. 4차 산업혁명과 사물인터넷

사물인터넷은 4차 산업혁명을 이끄는 주요 핵심 기술들의 시작점임과 동시에 중심축을 이루는 4차 산업혁명 기반 인프라 기술이다. '지능정보사회'라 일컬어지는 4차 산업혁명에서 '지능'은 인공지능을, '정보'는 IoT를 주축으로 생성되는 '정보'를 의미하면서 사물인터넷은 인공지능과 함께 4차 산업혁명의 양대 축을 이루는 기술로 지칭된다.

2. 사물인터넷이란?

IoT(Internet of Things)란 불리는 사물인터넷은 사물에 센서와 통신 기능 등을 내장하여 인터넷에 연결하는 기술이라 정의할 수 있다. 다시 말해, 사물인터넷은 인터넷을 기반으로 사물을 연결하여 정보를 교환하고 상호 소통하면서 유기적인 관계를 맺어가도록 하는 기술이다. 좀 더 구체적으로, 인터넷을 기반으로 모든 사물을 연결하여 사람과 사물, 사물과 사물, 사물과 시스템 간의 정보를 상호 소통하는 지능형 시스템 및 정보 자원의 인프라 기술로도 정의할 수 있다. 이제 사물인터넷은 실세계뿐만 아니라 가상세계의 정보와도 상호 작용하는 지능형 서비스뿐만 아니라 다양한 서비스, 응용 시스템 및 정보 자원까지도 연결하여 소통하는 초연결성을 이루는 총체적인 인프라 구조 개념으로 진화되고 있다.

3. 사물인터넷의 등장 배경

사물인터넷의 등장 배경은 1969년 미국방성이 현재의 인터넷 원형으로 불리는 알파넷을 개발하여 발표한 시기로부터 보고 있으며, 1989년 시작된 월드와이드웹(WWW)의 탄생으로 인터넷 혁명이 일어나고 2000년대 초반 스마트폰 등의 등장으로 인터넷이 보편화되면서 기존 인터넷의 개념이 확장되어 현재는 모든 사물들이 상호 연결될 수 있는 IoT 시대로 보고 있는 것이다. 또한 유비쿼터스 센서 네트워크(USN)와 사물지능통신(M2M)을 사물인터넷 등장 배경을 이루는 기술들로 보고 있다.

4. 사물인터넷의 서비스 구조

사물인터넷 서비스 구조는 센서가 수집한 데이터가 사물인터넷 서비스로 제공되는 전체 과정을 의미한다. 이러한 과정을 ① 데이터 수집과 전달을 위한 데이터 생성 영역, ② 생성된 데이터를 전달하기 위한 네트워크 연결 영역, ③ 전송된 데이터의 저장과 분석, 가공 등의 기능을 수행하는 데이터 처리 영역 및 ④ 이러한 데이터를 바탕으로 실제 IoT 서비스가 가시화되어 이루어지는 서비스 제공 영역으로 구성된다.

연 습 문 제

정오형 문제

1. 사람은 사물인터넷의 주체가 되어 다른 사물과 소통한다. ( )

2. 사물인터넷(IoT), 유비쿼터스 센서 네트워크(USN) 및 사물지능통신(M2M)간의 유사점은 센서를 통한 정보수집과 네트워크를 통한 사물들의 연결 등이다. ( )

3. IoT, USN과 M2M은 모두 인간의 개입 없이 자율적 운영이 가능하다. ( )

4. 액츄에이터는 전기적인 신호를 이용해 제어될 수 있는 기기로 스피커, 카메라 및 GPS 등이 이에 속한다. ( )

5. 스마트 디바이스는 센서와 액츄에이터, 마이크로컨트롤러 기능을 갖춘 디바이스를 지칭한다. ( )

6. 스마트 다비이스만이 사물인터넷에 연결될 수 있다. ( )

단답형/선택형 문제

1. ( )은 인공지능과 함께 4차 산업혁명의 양대 축을 이루는 4차 산업혁명의 기반 인프라 기술이다.

2. 사물인터넷은 "물리적 세계와 ( )의 정보를 처리하고 정보에 대응할 수 있으며, 물리적 세계의 활동에 영향을 줄 수 있는 지능형 서비스와 함께 상호 연결된 물리적 개체, 시스템 및 정보 자원에 대한 인프라"로 정의할 수 있다.

3. 사물인터넷 등장 배경에 존재하는 기술은 알파넷으로부터 시작된 인터넷과 이를 기반으로 이루어진 유비쿼터스 센서 네트워크와 ( ) 등이다.

4. 사물인터넷 서비스가 이루어지는 단계를 크게 데이터 생성 영역, 네트워크 연결 영역, 데이터 처리 영역 및 (　　　　　) 영역 순으로 나누어 볼 수 있다.

5. 사물인터넷 개념에 대한 설명으로 적당하지 않은 것은?

① 사물인터넷에서 사람은 사물인터넷에 연결되는 사물이면, 기존 인터넷과 같이 사람이 주체가 되어 다른 사물과 소통을 한다.

② 사물인터넷에 연결될 수 있는 사물은 아주 다양하며, 무생물뿐만 아니라 사람, 강아지 등과 같은 생물체도 사물인터넷의 사물이 될 수 있다.

③ 사물인터넷에 연결된 기기들은 사람의 개입 없이도 스스로 운영될 수 있는 자동화 시스템을 생성할 수 있다.

④ 사물인터넷에 연결된 스마트 기기들은 각종 센서를 통해 데이터를 수집하고, 이를 특정 행동을 수행할 수 있는 사물인터넷에 연결된 다른 기기에 전송한다.

주관식 문제

1. 4차 산업혁명과 사물인터넷의 관계에 대해 설명하시오.

2. 사물인터넷의 개념에 대해 설명하시오.

3. 사물인터넷에서 사물(Things)이란 무엇인지 설명하시오.

4. 사물지능통신(M2M)에 대해 설명하시오.

5. 사물인터넷 서비스 구조에 대해 설명하시오.

6. 사물인터넷 서비스 구조의 데이터 생성(Data Creation) 영역의 주요 기능에 대해 설명하시오.

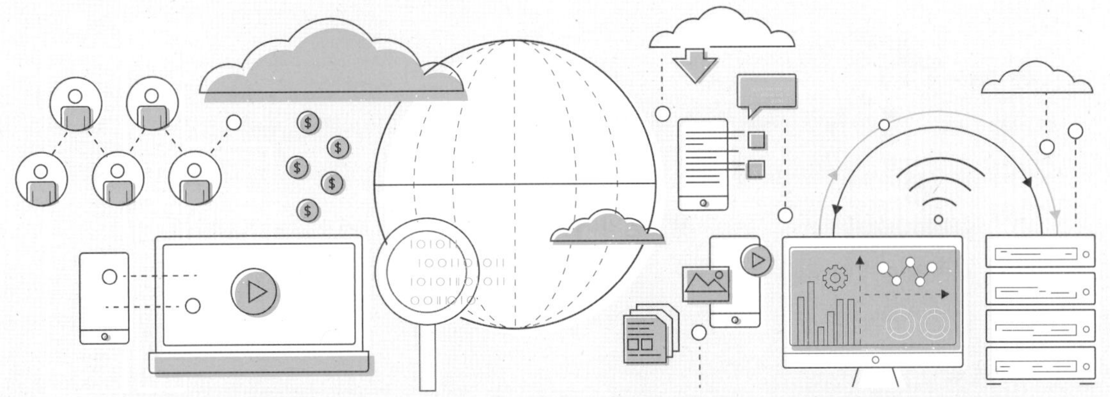

CHAPTER

3

사물인터넷의 핵심 기술요소

본 장에서는 사물인터넷 구조에서 사용되는 사물인터넷의 핵심 기술요소인 센서와 스마트 디바이스, 통신 기술, 서비스 응용 기술 및 보안 기술에 대해 다룬다.

학습목표

- 사물인터넷의 핵심 기술요소에 대해 설명할 수 있다.
- 사물인터넷의 주요 센서의 기능과 스마트 디바이스에 대해 설명할 수 있다.
- 스마트폰에서 사용되는 센서의 기능에 대해 설명할 수 있다.
- 컴퓨터 통신의 기본 개념에 대해 설명할 수 있다.
- 사물인터넷의 유무선 통신 기술에 대해 설명할 수 있다.
- 사물인터넷 서비스 응용 기술 및 보안 기술에 대해 설명할 수 있다.

구성

3.1 사물인터넷의 기술요소

사물인터넷을 구현하기 위한 핵심 기술요소는 2장에서 살펴본 사물인터넷 서비스 구조에서 사용되는 기술들이다. 2장에서 사물인터넷 서비스 구조를 데이터 생성, 네트워크 연결, 데이터 처리 및 서비스 제공 네 개 영역으로 구분하여 살펴보았다. 각 영역에서 사용되는 기술들을 [그림 3-1]에 보인 것처럼, 센서와 스마트 디바이스, 통신 기술, 서비스 응용 기술 및 보안 기술로 나누어 알아보도록 한다.

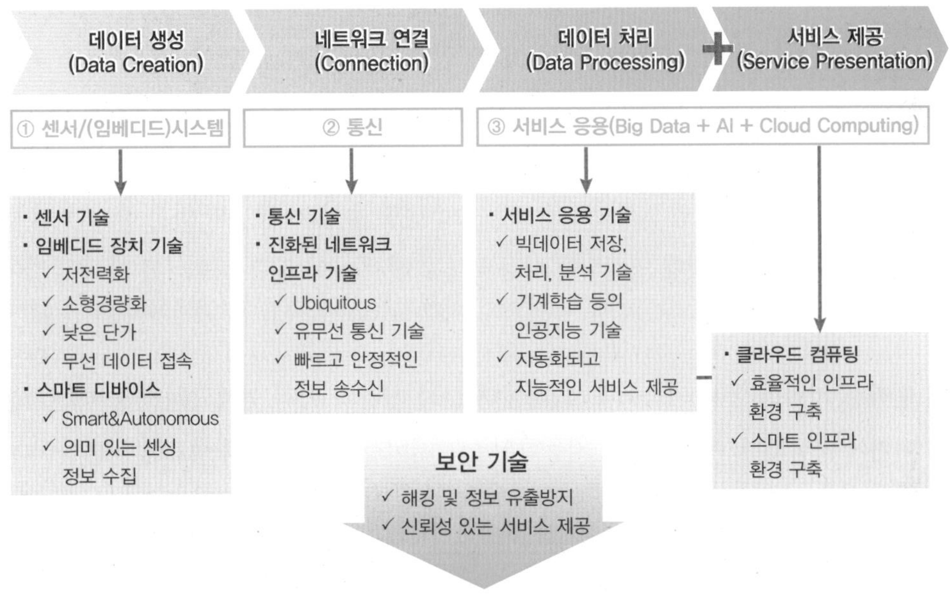

그림 3-1 사물인터넷의 기술요소

[그림 3-1]에 보인 것과 같이, 사물인터넷 구현에 필요한 기술은 첫째 센서 기술과 마이크로컨트롤러 기능을 갖춘 임베디드 장치 및 스마트 디바이스 기술이다. 사물인터넷이 지속적으로 발전되어 가고 있는 원인 중의 하나는 센서와 임베디드 시스템이 갈수록 저전력, 소형 경량화되어 가고 있고 가격 또한 저렴해지고 있기 때문이다. 사물인터넷에 연결하여 사용하기 위해서는 배터리와 같은 전력이 필요하다. 이러한 배터리의 수명도 길어지고 있고, 센서와 임베디드 시스템에 사용되는 전력의 소모도 최소화되어 가고 있다는 것이다. 다른 디바이스에 내장되어 사용되기 위해서는 작고 가벼운 것이 좋

은데 센서와 임베디드 장치들도 갈수록 작고 가벼워지고 있으며, 무엇보다도 센서와 임베디드 시스템으로 구성되는 스마트 디바이스들이 무선 데이터 접속이 가능해지고 있고 스마트해지면서 자율적 운영(autonomous)이 가능해지고 있다. 그 결과 센서가 탑재된 다양한 스마트 디바이스들을 통해 의미 있는 다양한 센싱 정보를 얻을 수 있게 된 것이다. 그러나 이러한 기술들은 현재 계속 발전 중에 있으며, 사물인터넷의 발전과 함께 지속적으로 발전되어 가야 하는 IoT의 주요 기술요소이다.

두 번째는 통신 기술과 네트워크 인프라 기술이다. 이러한 기술들 또한 우리가 알고 있듯이 몇 년 사이에 획기적인 발전을 이루었다. 우리는 이제 더 이상 '유비쿼터스(Ubiqutous)'라는 말을 사용할 필요가 없을 만큼 이미 우리 삶 안에 유비쿼터스 환경이 구축되어 있고, 언제 어디에서든지 와이파이나 LTE 등과 같은 무선 통신 기술을 이용하여 자유롭게 인터넷 서비스를 이용할 수 있는 환경에 살게 되었다. 이 뿐만 아니라 속도 또한 빠르고 보다 안정적으로 정보를 송수신할 수 있게 발전되었다. 하지만 더 많은 사물들이 사물인터넷에 연결되어 사용되기 위해서는 이 또한 더욱더 진화되어 가야 하는 기술요소이다.

세 번째는 서비스 응용 기술이다. 빅데이터 분석 기술과 이와 연계되는 인공지능 기술이 여기에 포함되며, 자동화되고 지능화된 IoT 서비스 제공을 위해 필요한 기술들이다. 스마트 인프라 환경 구축을 가능하게 하는 클라우드 기술 또한 사물인터넷의 주요 기술이다. 마지막으로 사물인터넷은 유무선 네트워크를 통해 전송되는 데이터를 보호하여 신뢰성 있게 서비스를 제공해야 한다. 즉 해커의 침입으로부터 데이터를 보호해야 하고 다양한 개인정보가 수집되는 환경으로부터 사생활 침해를 보호해야 한다. 따라서 보안 기술 또한 사물인터넷 서비스 성공의 주요 요인이 되는 기술이다.

3.2 센서와 스마트 디바이스

■ 센서

사물인터넷은 센서(sensors)와의 전쟁이라는 말이 있을 만큼 수많은 종류의 센서들로 이루어져 있으며, IoT 서비스를 가능하게 하는 시작점이 바로 센서이다. 항공기 엔진

하나에만도 약 1,800여개의 센서가 탑재되어 있다고 한다. 그렇다면 현재 존재하는 센서의 종류만도 몇 천개는 되는 것이다. 새로운 종류의 센서들은 앞으로도 계속해서 등장할 것이다. 센서의 종류에는 2장에서 살펴본 것처럼, 온도, 조도, 습도, 열, 가스 등과 같이 주변의 환경이나 물리적인 변화를 측정할 수 있는 센서들도 있고, 소리, 혈당, 맥박, 지문, 홍채 등과 같은 생체 정보를 측정할 수 있는 센서들도 있다. 이뿐만 아니라 위치, 방향, 가속도, 모션, 이미지 영상, 레이더 등 주위의 사물이나 동작으로부터 정보를 얻을 수 있는 센서들도 있다.

더 나아가서 가상 센서(virtual sensor)도 존재한다. 센서는 일반적으로 단일 값을 측정하지만 서로 다른 센서가 측정한 값을 결합하게 되면, 새로운 정보를 생성할 수도 있다. 예를 들면, 온도 센서의 값과 습도 센서의 값을 결합하면 불쾌지수 값을 만들 수 있

표 3-1 주요 센서들의 기능

센서 유형	센서 종류	기능
환경 센서	• 온도센서(Temperature Sensor) • 조도센서(Light Sensor) • 기압센서(Barometer) • 상대습도센서(Relative Humidity Sensor) • RGB센서(RGB Sensor)	• 주변의 온도 측정 • 주변의 빛의 밝기 감지 • 주변의 기압차, 경사도 인식 • 주변의 습도 측정 • 주변 빛의 색 농도 측정
생체 인식 센서	• 지문인식센서(Fingerprint Sensor) • 홍채인식(Iris Recognition) • 심장박동센서(Heart-beat Plus Sensor)	• 고유한 지문 패턴 인식 • 홍채 인식 • 심장 박동 측정
위치 센서	• GPS(Global Positioning System) • 디지털 나침반(Digital Compass) • 지자기센서(Geo-magnetic Sensor) • 방향센서(Orientation Sensor) • 근접센서(Proximity Sensor)	• GPS 위성을 활용해 현재의 위치 및 시간 측정 • 자기 나침반을 디지털화하여 스마트폰에 탑재 • 지구 자기장을 이용한 방위각 탐지 • x, y, z 3축의 변화하는 회전각 측정 • 인접 물체의 근접도 측정
동작 인식 센서	• 가속도센서(Accelerometer Sensor) • 중력센서(Gravity Sensor) • 자이로스코프센서(Gyroscope Sensor) • 이미지 센서(Image Sensor) • 터치센서(Touch Sensor) • 제스처 센서(Gesture Sensor) • 홀 센서(Hall Sensor)	• 이동하는 물체의 가속도나 충격의 세기 측정 • 중력이 어느 방향으로 작용하는지 탐지 • 기존 가속센서를 이용, 좀 더 정밀한 동작 인식 • 빛을 감지해 그 세기의 정도를 데이터로 변환 • 화면의 터치 위치 파악 • 손바닥에서 반사되는 적외선 인지 • 자기장의 세기 감지

고, 이를 '불괘지수 센서'라고 하는데 이는 실제로 존재하지 않는 가상 센서인 것이다.

[표 3-1]은 현재 많이 사용되고 있는 센서들과 센서들의 기능을 나타낸 것이다. 센서의 이름에서 해당 센서의 기능이 어느 정도 예측이 가능하다. 온도 센서는 말 그대로 주변의 온도를 측정할 수 있는 센서이고, 조도 센서는 주변의 빛의 밝기를 감지할 수 있는 센서이다. 지문인식 센서는 고유한 지문 패턴을 인식할 수 있는 센서이고, GPS는 우리가 잘 알고 있듯이 GPS 위성을 활용하여 현재의 위치와 시간을 측정할 수 있는 센세이다. 근접 센서는 인접 물체의 근접도를 측정할 수 있는 센서이며, 동작인식 센서 중 하나인 가속도 센서는 이동하는 물체의 가속도나 충격의 세기를 측정할 수 있는 센서이다. 중력 센서는 중력이 어느 방향으로 작용하는지 탐지할 수 있는 센서이며, 터치 센서는 화면의 터치 위치를 알 수 있는 센서이다.

■ 스마트 디바이스

센서들은 컴퓨터 시스템 기능을 갖춘 다양한 종류의 디바이스에 탑재되어 사용된다. 이러한 디바이스들을 사물인터넷에서 '스마트 디바이스(smart devices)' 또는 '스마트 기기'라 지칭한다. 스마트 디바이스는 센서들을 통해 정보를 수집할 수 있는 센싱 기능과 수집한 데이터를 송수신할 수 있는 통신 기능이 있다. 상황에 따라서는 수집한 데이터를 일정기간 동안 저장할 필요가 있다. 따라서 데이터를 저장할 수 있는 메모리 공간도 가지고 있다. 또한 데이터 수집과 전송을 위해 저전력 소형 배터리가 필요하다. 이러한 구성요소들로 인해 2장에서 살펴본 사물인터넷 서비스 구조의 데이터 생성과 네트워크 연결 기능을 수행할 수 있는 것이다. 이러한 스마트 기기들이 바로 사물인터넷에 연결되는 대표적인 사물들이다. 사물인터넷에 연결된 사물들을 '커넥티드 기기(connected devices)'라고 한다. 사물인터넷에 연결된 기기는 연결되지 않은 다른 일반 기기에 비해 데이터를 주고받을 수 있고, 네트워크에 연결될 수도 있다는 점에서 스마트하다고 하는 것이다. 물론 이러한 스마트 기기만이 사물인터넷에 연결되는 사물은 아니다. 데이터를 수집하여 전송하는 기능만을 갖춘 다양한 센서들과 실체가 아닌 정보 자원 및 다양한 응용시스템들도 사물인터넷의 사물이 될 수 있다.

[그림 3-2]는 스마트 디바이스들의 예제를 보인 것이다. 우리가 가장 많이 사용하고 있는 스마트 디바이스는 스마트폰이다. 스마트폰의 역할은 앞으로 더욱 더 많아질 것이

며, 우리 삶의 중심에서 허브 역할을 수행하게 될 것이다. 이 밖에도 스마트 워치, 구글 글라스, 드론, 자율주행자동차, 가전제품, 로봇 등이 IoT의 대표적인 스마트 디바이스들이다. IoT 기능을 갖춘 가전제품으로는 삼성전자의 셰프 컬렉션 패밀리허브(Chef Collection Family Hub) 냉장고가 있다. LG전자에서도 IoT를 기반으로 한 스마트 홈 구현을 위해 스마트씽큐 허브(Smart ThinQTM Hub) 제품을 선보였는데 냉장고, 세탁기, 에어콘 등의 가전제품과 연동하여 스마트 홈 구현의 중심 역할을 수행한다. 도미노피자는 2016년 11월 뉴질랜드에서 배송 지역이 한정적이기는 하지만, 정식으로 드론을 이용하여 피자 배달 서비스를 시작하였다.

그림 3-2 스마트 디바이스

■ 스마트 디바이스를 통한 사물인터넷 서비스 사례

스마트 디바이스들을 통해 실제로 IoT 서비스가 어떻게 이루어지는지에 대해서는 4장에서 좀 더 자세히 다루게 된다. 본 장에서는 센서들이 스마트 디바이스에 탑재되어 어떻게 사용되는지에 대해 알아보기 위해 우리가 가장 많이 사용하고 있는 스마트폰과 스마트 자동차를 예를 들어 설명하도록 한다.

1 스마트폰

스마트폰을 통해 사물인터넷 서비스가 이루어지는 과정을 알아보기 전에 스마트폰에는 어떠한 센서들이 내장되어 있는지 알아보도록 하자. 스마트 디바이스에는 센싱 기능을 위해 다양한 센서들이 탑재가 되는데, 스마트폰에도 20여개의 센서가 탑재되어

표 3-2 스마트폰에 사용되는 센서들의 기능

센서 유형	센서 종류	사용 예
동작 인식 센서	• 가속도센서(Accelerometer Sensor) • 중력센서(Gravity Sensor) • 자이로스코프센서(Gyroscope Sensor) • 이미지 센서(Image Sensor) • 터치센서(Touch Sensor) • 제스처 센서(Gesture Sensor) • 홀 센서(Hall Sensor)	• 폰의 동작 인식 및 감지(기울기, 흔들림 정도) • 화면의 기울기에 따라 가로/세로 화면 회전 • 파노라마 사진 촬영, 스마트폰 게임 속 증강현실 구현 • 기본 카메라 및 다양한 종류의 카메라 앱 구현 • 화면 터치, 축소, 확대 , 회전 기능 • 어떤 동작인지 파악 • 플립 커버의 닫힘 유무 확인
위치 센서	• GPS(Global Positioning System) • 디지털 나침반(Digital Compass) • 지자기센서(Geo-magnetic Sensor) • 방향센서(Orientation Sensor) • 근접센서(Proximity Sensor)	• 현재 위치 파악(내비게이션 앱) • 현재의 위치 정보 인식 • 현재의 위치 정보 인식, 3차원 게임 • 기기의 위치 정보 • 통화 중 폰 화면 자동 꺼짐(절전 기능)
환경 센서	• 온도센서(Temperature Sensor) • 조도센서(Light Sensor) • 기압센서(Barometer) • 상대습도센서(Relative Humidity Sensor) • RGB센서(RGB Sensor)	• 온도계, 헬스 앱에서 쾌적 여부 확인 • 스크린 밝기 조정, 사진 찍을 때 밝기 조정 • 헬스 앱에서 칼로리 소모량 계산 • 습도계, 헬스 앱에서 쾌적 여부 확인 • 주변 빛 농도에 따라 디스플레이 색 보정
생체 인식 센서	• 지문인식센서(Fingerprint Sensor) • 홍채인식(Iris Recognition) • 심장박동센서(Heart-beat Plus Sensor)	• 스마트폰 잠금 해제(보안) • 스마트폰 잠금 해제(보안) • 의료, 헬스 앱에서 이용

있다. [표 3-2]는 스마트폰에 내장되어 있는 센서들의 종류와 기능을 나타낸 것이다.

스마트폰에서 가장 많이 이용되는 센서는 아마도 터치 센서일 것이다. 스마트폰 기울기 방향에 따라 화면의 디스플레이 방향이 가로와 세로로 바뀌는 것은 중력 센서의 기능을 이용한 것이다. 중력이 어느 방향으로 작용하는지를 탐지하여 들고 있는 방향에 따라 콘텐츠 표시 방향을 가로 또는 세로로 자동으로 회전해 주는 것이다. 자동차에서는 이를 활용하여 차량 충돌 시에 어느 방향에서 충돌이 일어났는지 알려 주는 역할을 한다. 우리가 잘 알고 있듯이 위성을 활용하여 현재의 위치를 파악하여 알려주는 GPS와 현재의 위치 정보를 인식할 수 있는 나침반이 있다. 절전 기능을 위해 통화중 폰을 귀에다 갖다 대면 화면이 자동으로 꺼지는 기능에 이용되는 근접 센서도 있다. 그 밖에 손바닥에서 반사되는 적외선을 인지하여 어떤 동작인지 파악할 수 있는 제스처 센서, 스마트폰 보안을 위한 잠금 장치로 많이 사용되고 있는 지문인식과 홍채인식 센서도 있다. 삼성 갤럭시의 경우에는 화면 캡쳐 기능을 모션 인식 센서를 이용해 제공하는데, 손날을 이용해 스마트폰을 좌우로 가로지르는 행동을 하면 현재 보이는 화면을 캡쳐하는 기능으로 활용된다. 헬스 관련 앱에서 사용되고 있는 심장박동 센서, 스크린 밝기 조정을 가능하게 하는 조도센서 등 다양한 센서가 탑재되어 있다. [그림 3-3]은 스마트폰에서 사용되는 일부 센서들을 보인 것이다.

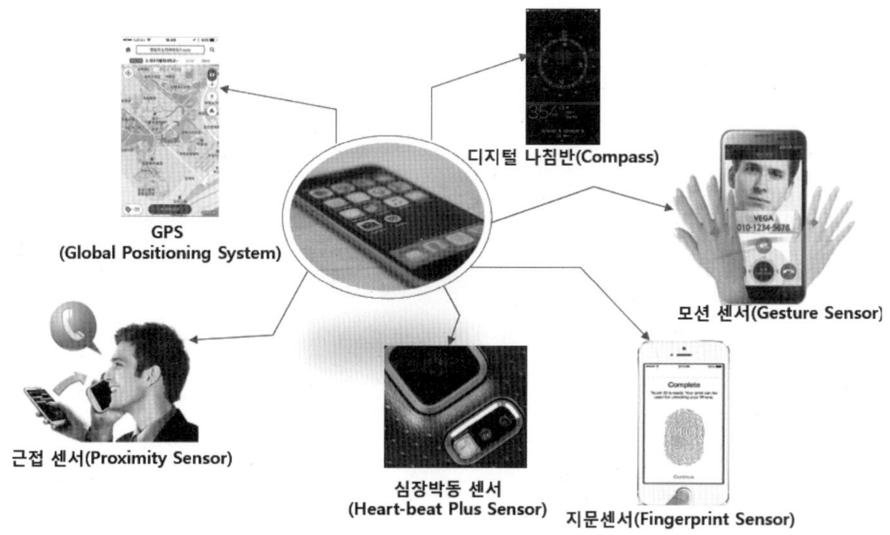

그림 3-3 스마트폰에 사용되는 센서들

다음은 스마트폰에 탑재된 센서를 통해 IoT 서비스가 어떻게 이루어지는지에 대해 알아보도록 한다. 사물인터넷 구조에서 사물인터넷 서비스는 크게 두 가지 유형으로 이루어질 수 있다 하였다. 첫째 센싱한 데이터에 의해서 ① 자신이 속해 있는 디바이스나 또는 사물인터넷에 연결된 다른 디바이스를 제어할 수 있고 ② 둘째 다른 디바이스의 응용시스템으로도 서비스될 수 있다. [그림 3-4]는 이러한 예제를 보인 것이다.

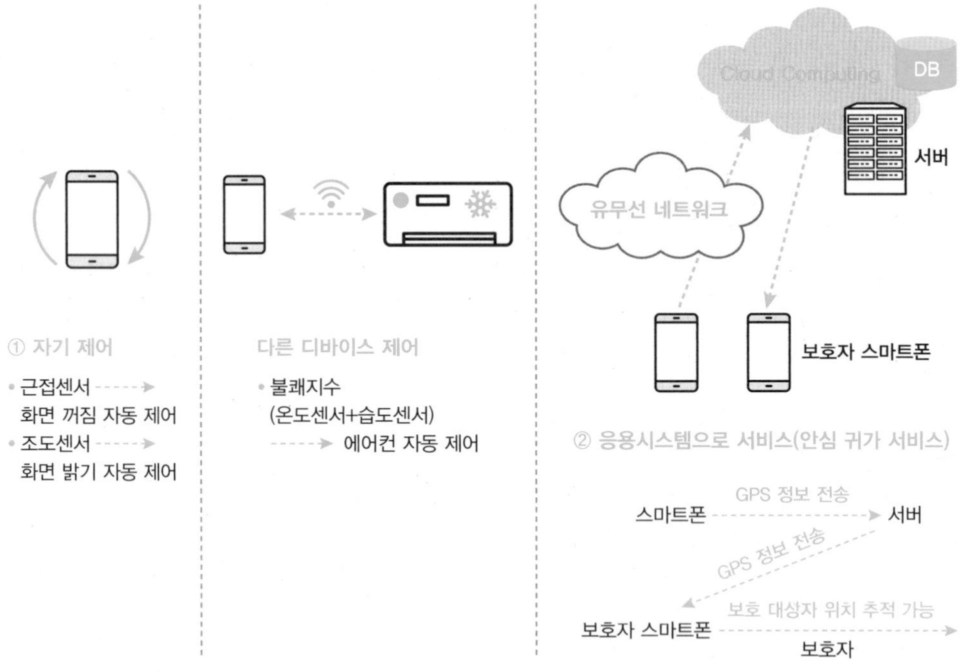

그림 3-4 스마트폰을 통한 IoT 서비스 제공 사례

첫째 자신이 속해 있는 디바이스를 제어하는 경우를 보면, 스마트폰에 탑재된 대부분의 센서들은 자신이 수집한 데이터 값을 서버로 전송하기 보다는 수집한 데이터 값으로 자신과 함께 탑재되어 있는 다른 장치들을 제어하게 된다. 예를 들면, 근접 센서에서 수집한 값에 의해서 스마트폰 화면이 자동으로 제어되는 것이다. 조도 센서에 의해 측정한 빛의 량에 따라서는 스크린의 밝기가 자동으로 제어된다. 이와 같이 스마트폰에 함께 탑재되어 있는 다른 장치를 제어하기도 하지만, 다른 디바이스를 제어할 수도 있다. 예를 들면, 불쾌지수를 측정하여 이에 따라 실내 에어컨을 자동으로 켜고 끌 수 있도록 제어하는 시스템을 생각해 볼 수도 있다. 두 번째는 수집한 데이터를 서버로 전송하여 다른 응용시스템에서 사용할 수 있도록 하는 것이다. 예를 들면, 안심귀가 서비

스에서 보호 대상자 스마트폰의 GPS 기능을 이용하여 현재의 위치를 주기적으로 추적하여 이를 서버로 전송하고, 서버는 이를 보호자에게 주기적으로 전달하여 보호 대상자의 위치를 알 수 있게 한다. 만약 보호 대상자가 위험 상황에 처하면 이를 인식하여 보호자나 119로 자동으로 신고해 주는 기능 등을 수행할 수 있다.

2 스마트 자동차

스마트 자동차는 [그림 3-5]에 보인 것과 같이 센서의 집합으로 이루어진다. 그림에 표시되어 있는 센서는 극히 일부에 불과하며 최신형 자동차에는 현재 200여개가 넘는 센서들이 내장되어 있다. 향후 스마트 자동차가 완전한 자율주행차가 되기 위해서는 더 많은 센서들이 내장될 것으로 예상된다.

그림 3-5 스마트 자동차에 사용되는 센서들

[그림 3-6]은 BMW에서 개발 예정인 미래자동차의 모습을 보인 것이다. 앞으로는 센서로 자동차를 만든다 해도 과언이 아닐 만큼 다양한 센서들이 내장되어 있는 모습을 볼 수 있다. 실제로 그렇게 될 것이다. 각 개별 센서는 차 내부에 있는 컴퓨터 시스템에 연결되어 센싱한 데이터들을 주고받으면서 상호 제어를 통해 스마트한 또는 자율 주행이 가능하게 되는 것이다. 필요에 따라서 컴퓨터 시스템은 센싱한 정보를 중앙 제어 시스템인 서버로 전송하고, 서버는 전송된 데이터를 기반으로 의사결정을 통해 다양한 서비스를 제공할 수 있게 된다.

그림 3-6 BMW 미래자동차

예를 들면, [그림 3-7]에 보인 것과 같이 브레이크 센서는 브레이크의 마모 정도를 정기적으로 측정해 특정 수치에 도달하게 되면 이를 차 내부의 스피커를 통해 경고음을 발생시켜 줄 수 있다. 또는 브레이크 마모 정보를 서버에 전송하고 서버에 있는 자동차 정비 시스템은 이를 분석하여 브레이크의 마모 정도나 엔진의 이상 유무가 있을 경우, 이를 등록되어 있는 자동차 정비소로 전송하여 자동차 정비소가 고객과 정비 예약을 진행할 수 있도록 할 수도 있다. 이러한 스마트 디바이스들은 사물인터넷의 발전과 함께 앞으로 지속적으로 발전되어 갈 것이다.

그림 3-7 스마트 자동차를 통한 IoT 서비스 제공 사례

3.3 통신 기술

사물인터넷에 연결된 사물들은 끊임없이 데이터를 주고받으면서, 각기 고유한 역할을 수행한다. 근거리에 있는 기기 사이에서 센싱한 데이터를 서로 주고받기고 하고, 원거리에 있는 서버와 데이터를 송수신하기도 한다. 사물인터넷에서 사용되는 통신 기술에 대해 알아보기 전에 먼저 통신과 관련된 몇 가지 기본 개념들에 대해 살펴보도록 한다.

3.3.1 통신 기술의 기본 개념

■ 정보 통신

정보 통신은 떨어져 있는 두 개 이상의 개체 사이에 정보를 주고받는 행위를 말한다. 전화망을 통해서는 음성으로 이루어진 정보를 주고받을 수 있고, 컴퓨터 네트워크를 통해서는 다양한 기기 사이에 데이터나 정보를 주고받을 수 있다. 정보 통신은 우리가 일상생활에서 매일 이용하고 있는 대표적인 서비스 중의 하나이다.

■ 컴퓨터 네트워크

컴퓨터 네트워크는 서로 다른 정보기기 사이에 정보를 주고받을 수 있도록 연결한 통신망을 의미한다. 네트워크(network)는 그물이라는 의미의 'net'와 일하다는 의미의 'work'의 합성어이다. 따라서 그물망을 통해 어떠한 일들이 계속 수행되고 있다는 의미이다. 네트워크로 컴퓨터와 스마트폰, 사물인터넷의 사물 등 다양한 기기가 연결되어 상호 데이터를 주고받는다. 데이터 송수신은 동축케이블이나 광케이블과 같은 유선이나, 와이파이나 LTE와 같은 무선 네트워크를 통해 이루어진다. 전송되는 데이터 유형은 아주 간단한 숫자와 문자, 문서, 이미지, 음성, 영상 등 다양하다.

■ 통신 프로토콜

데이터의 송수신은 미리 약속된 절차에 따라 진행된다. 이러한 규칙을 통신 프로토콜(protocol)이라 한다. 다시 말해, 프로토콜은 서로 다른 다양한 기기 사이에 안전하게 데이터를 주고받을 수 있도록 데이터 송수신 절차에 대해 미리 정해놓은 규칙이다. 데이터 전송은 동일한 규칙, 즉 동일한 프로토콜에 의해 이루어지는 것은 아니다. 따라서 다양한 종류의 프로토콜이 존재한다. 대표적인 프로토콜 중 하나가 인터넷 프로토콜(IP: Internet Protocol)과 전송 제어 프로토콜(TCP: Transmission Control Protocol) 두 개로 구성된 TCP/IP이다. 웹과 이-메일에서 사용되는 네트워크 표준 프로토콜로 미국방성(DoD: Department of Defense)에서 최초로 구축한 인터넷 원형인 알파넷으로부터 유래하였다.

IP는 단말기기 간의 데이터 송수신에 필요한 규칙이며, TCP는 클라이언트(단말기기)와 서버 사이에 데이터를 신뢰성 있게 전달하기 위해 만들어진 프로토콜이다. 이 밖에 다양한 종류의 프로토콜들이 존재하며, 프로토콜들은 우리가 생각하는 것보다 훨씬 많이 복잡하다. 이에 대해서는 컴퓨터 통신이나 네트워크 관련 서적을 참조하길 바란다.

■ 사물인터넷 통신을 위한 표준 프로토콜

사물인터넷에서 사물과 서버 사이의 통신도 기본적으로는 TCP/IP 프로토콜에 기반을 두고 있다. 그러나 사물인터넷에서 이루어지는 기기 사이의 통신은 기존의 경우와는 양상이 좀 다르다. 예를 들면, 전송되는 데이터 량은 일반적으로 어느 정도 이상의 크기를 갖춘 경우가 많지만, 사물인터넷에서 전송되는 데이터의 크기는 단순한 경우가 많다. 온도 센서는 온도 값만, 조도 센서는 조도 값만 전송하면 되는 경우가 많은 것이다. 따라서 사물인터넷의 데이터 전송에서는 기존 전송 방식을 사용하지 않고 경량 데이터 전송을 위한 별도의 프로토콜을 제정해 사용하고 있다.

IBM에서 개발한 MQTT(Message Queuing Telemetry Transport)와 국제인터넷표준화기구(IETF: Internet Engineering Task Force)에서 제정한 코업(CoAP: Constrained Application Protocol)이 바로 이러한 IoT 데이터 전송 표준 프로토콜들이다. 사물인터넷의 발달과 함께 앞으로도 사물인터넷 기기 사이에 경량의 데이터를 주고받기 위한 새로운 IoT 통신 표준 프로토콜들이 지속적으로 제정될 것이다.

■ IP 주소

2장에서 사물이 사물인터넷에 연결되어 데이터를 송수신하기 위해서는 인터넷상에서 자기 자신을 인식시킬 수 있는 유일한 주소가 필요하며, IP 주소(Internet Protocol

Address: 인터넷규약주소)가 바로 이러한 목적으로 사용된다 하였다. 따라서 IP 주소는 컴퓨터 네트워크에서 기기들을 유일하게 인식시키며 상호 통신하기 위해 사용되는 특수한 번호체계이다. 현재 IP 주소는 32bits로 이루어진 IPv4(IP version Four)와 128bits로 이루어진 IPv6(IP version Six), 두 개의 주소 체계가 사용된다. IPv4에서 사용할 수 있는 주소는 약 43억 개로 인터넷의 사용이 급증하면서, 이미 사용할 수 있는 주소는 한계에 도달하였다. 이러한 IP 주소의 부족 사태를 해결하기 위해서 차세대 인터넷 프로토콜이라 불리는 IPv6 주소 체계가 만들어졌다. IPv6 주소 체계에서 사용할 수 있는 주소의 개수는 언어로 표현하기 힘든 거의 무한대의 개수라 보면 된다. IPv6은 IPv4에 비해 사용할 수 있는 주소의 개수뿐만 아니라 여러 기능면에서도 진화된 주소 체계이다. 현재 두 개의 주소 체계가 혼용해 사용되고 있다. 즉 기존 IPv4 주소는 이에 대응하는 IPv6 주소가 부여되어 함께 사용되고 있는 것이다. 하지만 언젠가는 IPv6 주소 체계로 완전히 대체될 것이다. IP 주소는 네트워크정보센터에서 관리하고 배정해 준다. 우리나라는 한국인터넷진흥원(KISA: Korea Internet & Security Agency)에서 네트워크정보센터 역할을 수행하고 있다.

■ 비IP 네트워크 기술

인터넷을 통해 사물 간에 데이터를 송수신하기 위해서는 사물에 IP 주소가 부여되어 있어야 한다고 하였다. 그러나 사물인터넷에 연결되는 사물인 대부분의 센서들은 IoT의 가장 기본적인 센싱 기능과 통신 기능만을 지니면서 데이터를 수집하여 전송한다. 따라서 이러한 센서들에 IP 주소를 할당하기 보다는 IP 주소 없이 센서 간에 통신이 이루어지도록 하는데, 이러한 기술을 비IP 네트워크 기술이라고 한다.

이러한 통신 구조에서는 [그림 3-8]에 보인 것과 같이, 센서 디바이스가 연결되는 지점을 센서 노드라 한다. IP 주소가 없는 센서 노드들은 IP 주소가 있는 싱크 노드로 연결된다. 그리고 싱크 노드가 인터넷과 연결되어 데이터를 서버 등으로 전송하게 된다. 즉 싱크 노드는 센서 노드들이 보내주는 데이터들을 취합하여 서버로 보내주는 역할을 수행하는 노드인 것이다. 다른 네트워크로 들어가는 관문 역할을 해주는 게이트웨이(gateway) 또는 허브(hub)가 대부분 이러한 역할을 수행한다. 여기에서 저전력 무선 근거리 네트워크 상에 IPv6를 탑재하여 기존 IP네트워크에 연결해 주는 기술인

6LoWPAN(IPv6 over Lower Power WPAN)이 사용된다. 이로 인해 다양한 스마트 디바이스와 센서 디바이스들이 보다 쉽게 인터넷에 연결되어 사용이 가능하게 된 것이다. 다음에 살펴보게 될 근거리 무선 통신 기술인 블루투스, NFC, 지그비 등이 대표적인 비IP 통신 기술들이다.

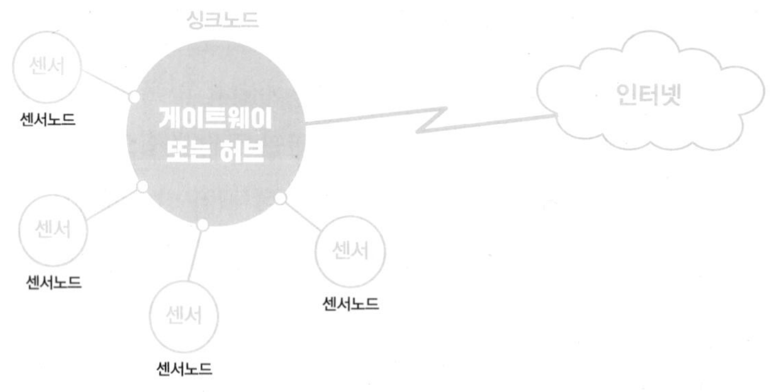

그림 3-8 비IP 네트워크 통신 구조

용어설명

게이트웨이(Gateway)
컴퓨터 네트워크에서 서로 다른 통신망과 프로토콜을 사용하는 네트워크 간의 통신을 가능하게 하는 컴퓨터나 소프트웨어를 일컫는 용어이다. 즉 다른 네트워크로 들어가는 입구 역할을 하는 네트워크 포인트 혹은 장치이다.(위키백과)

허브(Hub)
네트워크 중심 노드로 여러개의 포트를 갖고 있으며, 전송된 데이터를 그대로 재전송하는 역할 수행하는 장치이다. IoT에서는 포트에 해당하는 센서들의 인터넷 관문 역할을 하는 장치이다.

6LoWPAN(IPv6 over Lower Power WPAN)
저전력 무선 개인 근거리 네트워크(WPAN) 상에 IPv6를 탑재하여 기존 IP네트워크에 연결하는 기술이다.

3.3.2 컴퓨터 네트워크의 분류

인터넷은 하나의 네트워크로 구성되는 것이 아니다. 수많은 크고 작은 네트워크들이 모여 형성된다. 네트워크를 규모에 따라 분류하면 근거리통신망, 도시통신망, 광역통신망으로 나눌 수 있다.

■ 근거리통신망

근거리통신망은 집, 학교, 사무실 등 수 킬로미터 이내의 가까운 거리에 있는 컴퓨터 및 각종 기기를 통신 회선으로 연결하는 LAN(Local Area Network)이라 불리는 통신망이다. 예를 들면, 학교 연구실에서 PC 여러 대와 프린터, 노트북 등을 LAN으로 연결하여 사용할 수 있고, 이를 학교 전체로 확대할 수도 있다.

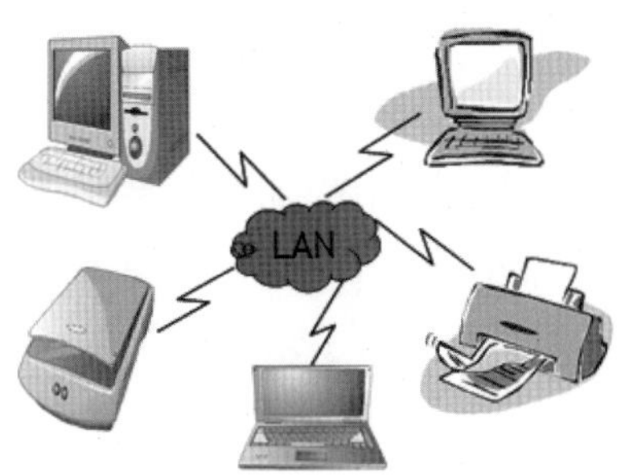

그림 3-9 근거리통신망

■ 도시통신망

도시통신망은 도시 규모의 거리에 있는 컴퓨터 및 각종 기기들을 통신 회선으로 연결하는 MAN(Metropolitan Area Network) 불리는 통신망이다. 다양한 형태의 LAN들이 공유기라 부르는 라우터(router) 등을 통해 상호 연결되는 형태의 네트워크이다. 라우터는 데이터를 전달하는 기기와 데이터를 송신하는 기기 사이의 최상의 경로를 설정하여 데이터를 주고받을 수 있도록 해주는 장치이다. 길 찾기의 내비게이션과 유사한 역할이다. 다른 네트워크로 들어가는 관문 역할을 하는 게이트웨이(gateway)를 통해서도 연결이 가능하다. 라우터에는 게이트웨이의 소프트웨어적인 개념이 포함되어 있기 때문에 네트워크 구성 환경에 따라서는 라우터가 게이트웨이로 이용된다.

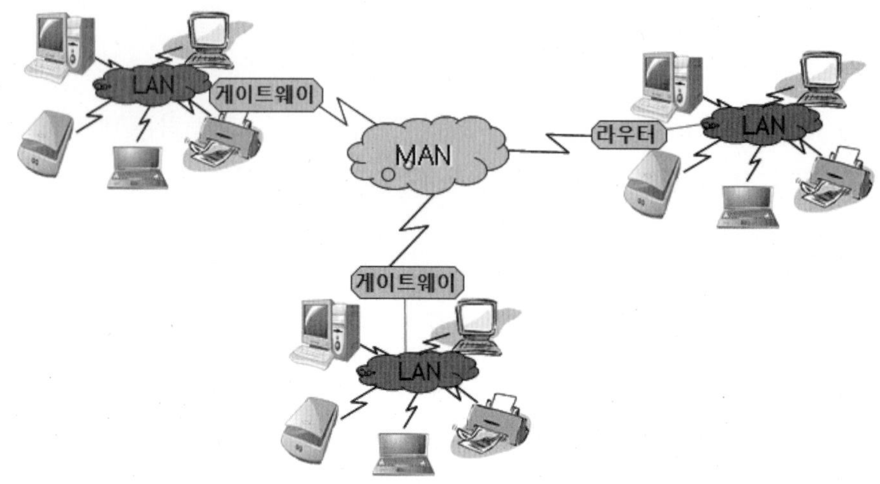

그림 3-10 도시통신망

■ 광역통신망

광역통신망은 국가 또는 대륙과 같은 매우 넓은 지역을 연결하는 WAN(Wide Area Network)이라 불리는 통신망이다. 광범위한 지역에 분산되어 있는 LAN이나 도시통신망을 상호 연결하여 구성한 통신망이다. 일반적으로 공중통신사업자(Public Switching Network Provider)가 제공하는 전용 회선을 연결하여 사용한다.

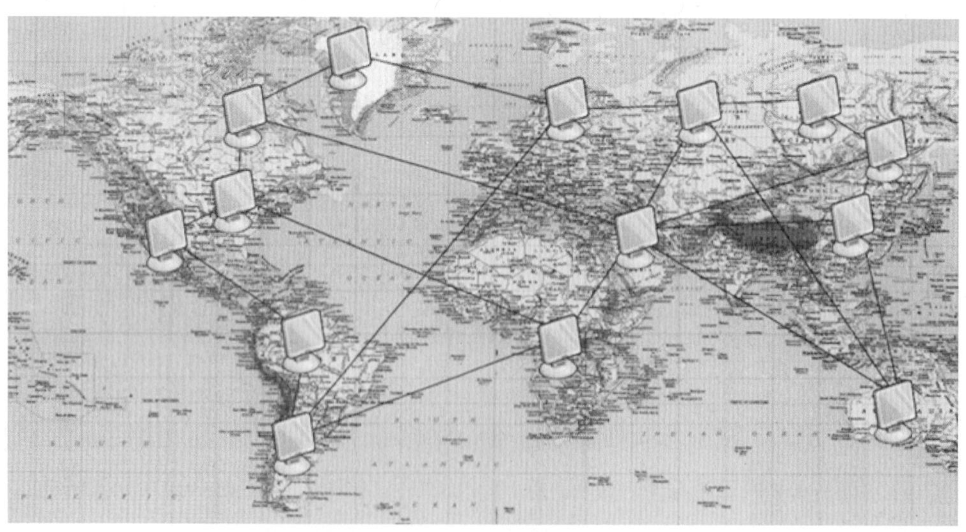

그림 3-11 광역통신망

■ 인터넷

인터넷은 바로 이러한 통신망들을 라우터나 게이트웨이 등을 통해 상호 연결한 거대한 컴퓨터 통신망이다. 인터넷(Internet)은 인터네트워크(Internetwork)의 줄인 말로, 네트워크 간의 네트워크로 전 세계의 수많은 네트워크를 상호 연결한 거대한 컴퓨터 통신망인 것이다. 그리고 다양한 종류의 사물들을 이러한 인터넷 상의 단말노드로 연결되어 확대된 구조가 사물인터넷을 이룬다.

3.3.3 사물인터넷의 무선통신 기술

■ 무선통신 기술의 개요

사물인터넷에서 사용되는 통신 기술은 기존 인터넷 상에서 이용되고 있는 유무선 통신 기술들을 바탕으로 IoT 특성에 적합하게 발전되어 가고 있는 추세이다. 사물인터넷은 특성 상 주로 무선통신 기술을 이용하여 기기 간 데이터 전송을 이룬다. 따라서 본 교재에서는 IoT에서 사용하고 있는 무선통신 기술에 대해서만 다루도록 한다.

[그림 3-12]는 사물인터넷에서 사용되는 무선통신 기술들을 정리한 것이다. 서비스될 수 있는 거리에 따라 크게 근거리 무선통신 기술과 원거리 무선통신 기술 두 가지로 나눌 수 있다. 근거리 무선통신 기술은 또 다시 무선 개인 네트워크(WPAN: Wireless Personal Area Network)와 무선 지역 네트워크(WLAN: Wireless Local Area Network)로 구분할 수 있다. 그러나 이 둘은 실제로 제정되어 있는 표준이 달라서 구분하였을 뿐 굳이 구분할 필요는 없다.

첫째 더블유 팬이라 불리는 무선 개인 네트워크 기술인 WPAN은 가정이나 사무실 내에서 이용될 수 있는 근거리 무선통신 기술이다. IEEE 802.15에 표준으로 제정되어 있다. 우리가 잘 알고 있는 블루투스와 NFC 등이 여기에 속한다. IEEE(Institute of Eletrical and Electronics Engineers)은 서로 다른 기술 표준을 비준해 주는 국제 전기 전자 기술자 협회이다. 둘째 더블유 랜이라 불리는 무선 로컬 지역 네크워크 기술인 WLAN는 가정을 포함한 빌딩 내 또는 캠퍼스 내에서 사용될 수 있으며, IEEE 802.11에 표준으로 제정되어 있다. 와이파이가 바로 여기에 속해 있는 무선통신 기술이다. 그 다음은

LPWA(Low Power Wide Area), LTE-MTC(Machine Type Communications)와 셀룰러(Cellular)와 같은 원거리 무선통신 기술이다. 셀룰러는 스마트폰에서 사용하고 있는 3G/4G/4G LTE 등의 이동 통신 기술이다. LPWA와 LTE-MTC는 사물인터넷에 적합하게 새롭게 개발된 장거리 통신 기술이다.

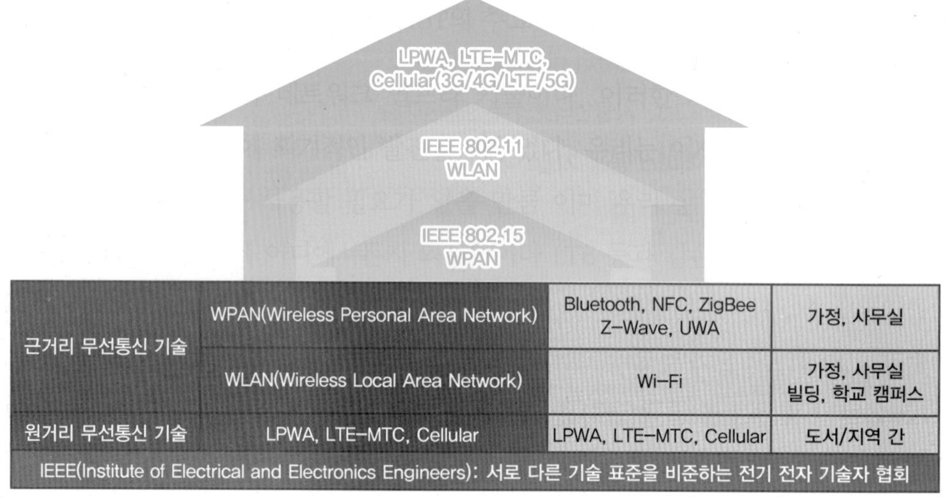

근거리 무선통신 기술	WPAN(Wireless Personal Area Network)	Bluetooth, NFC, ZigBee Z-Wave, UWA	가정, 사무실
	WLAN(Wireless Local Area Network)	Wi-Fi	가정, 사무실 빌딩, 학교 캠퍼스
원거리 무선통신 기술	LPWA, LTE-MTC, Cellular	LPWA, LTE-MTC, Cellular	도서/지역 간
IEEE(Institute of Electrical and Electronics Engineers): 서로 다른 기술 표준을 비준하는 전기 전자 기술자 협회			

그림 3-12 사물인터넷의 무선통신 기술

통신 거리는 NFC는 10cm 이내, 와이파이나 블루투스는 약 100m 이내이며, 장거리 무선통신은 1km 이상이다.

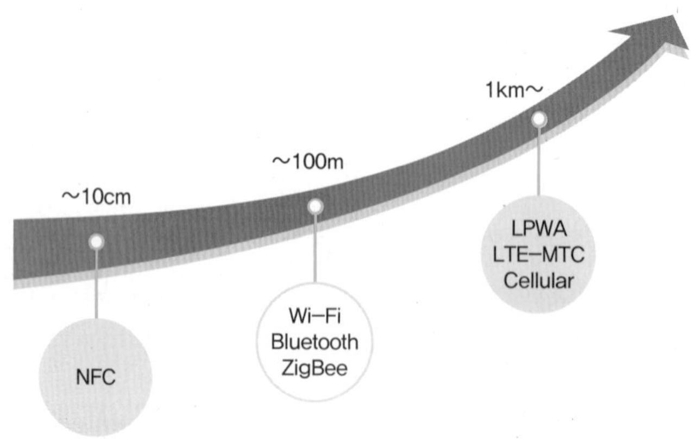

그림 3-13 무선통신 기술의 통신 거리

■ 근거리 무선통신 기술

1 RFID

근거리 무선기술들에 대해 살펴보기 전에 먼저 이들 기술에서 사용하고 있는 RFID (Radio Frequency IDentification)에 대해 알아보도록 하자. RFID는 IoT에서 사물 인식을 위해 많이 활용되고 있는 근거리 무선 인식 기술이다. 즉 주파수를 이용하여 사물과 사람 등의 ID를 식별하는 비접촉 무선 인식 기술이다. 인식 거리는 100m 내외로 바코드(Bar code)가 발전된 형태이며, 보통 '전자 태그'라 부른다. [그림 3-14]에 보인 것과 같이 버스카드나 상품 등에 초소형 칩인 전자 태그를 부착하고 전파 신호를 통한 RFID 리더기를 통해 이를 인식하여 처리한다. 사물인터넷에서 RFID는 다양하게 활용된다. 예를 들면, 교통카드, 하이패스를 통한 통행료 징수 및 태그가 부착된 상품을 RFID 리더가 자동 인식하여 실시간으로 매장의 재고 현황 파악에도 이용된다. RFID를 신분증에 부착하여 건물 출입 통제로 활용되며, 어린아이의 옷이나 가방에 부착하여 미아 방지로도 활용되고 있다. 전자 태그를 환자에게 이식하여 환자의 혈당과 심장 박동수 등의 정보를 파악하는 데도 활용되고 있다.

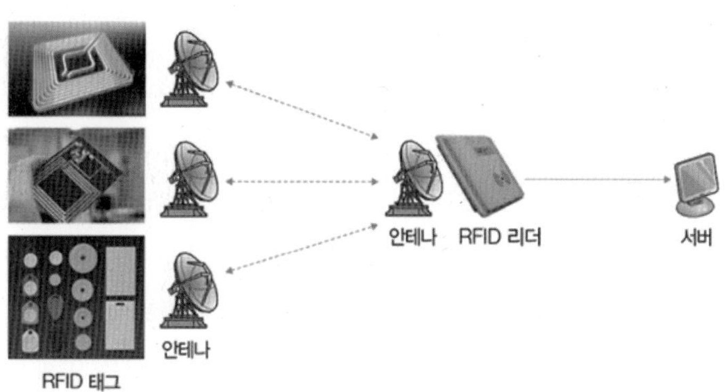

그림 3-14 RFID 시스템의 구성

2 와이파이

와이파이(Wi-Fi: Wireless Fidelity)는 가정이나 공공장소에서 가장 많이 사용되는 있는 근거리 무선통신 기술이다. 와이파이는 무선 환경에서도 유선 이더넷(Ethernet)과 같은 수준의 통신 품질을 제공하기 위해 개발된 무선 통신 기술이며, 중앙 거점 접근 방식으로 구성된다. 즉 기기들은 와이파이를 통해 중앙 허브나 라우터에 연결되고 해당 라우터를 통해 또 다른 라우터에 연결되어 있는 기기와 통신하는 방법이다. 현재 IoT의 수많은 기기들이 와이파이를 통해 연결되어 있다.

쉬어가기

와이파이 얼라이언스(Wi-Fi Alliance)

현재 와이파이 기능을 수행하는 수많은 장치들이 존재하는데, 이들 장치들이 상호 호환되도록 하기 위해서는 무선랜 표준을 지키도록 해야 한다. 국제 조직인 와이파이 얼라이언스가 바로 무선랜 표준을 지키도록 제품을 인증해 주는 기관이다.

3 블루투스

블루투스(Bluetooth)는 일반적으로 약 10m 이내의 거리에서 데이터 전송이 가능하도록 하는 근거리 무선통신 기술이다. 종류에 따라서는 100m 거리까지도 통신이 가능하다. 2018년 현재 '블루투스 5' 버전까지 상용화되어 있으며, 1.0부터 시작하여 4.2 버전까지는 소수점을 사용하였으나 '블루투스 5'에서는 소수점 없이 사용한다. 블루투스 5는 2016년 6월에 발표되어 2017년부터 본격적으로 상용화가 시작한 사물인터넷 기술에 초점을 맞춘 버전이다. 블루투스 4.0 버전부터는 IPv6 주소 체계를 지원하고 저전력과 개인 정보 보호 기능 등이 강화되어 IoT 환경에 적합한 통신 기술이 되었다. 따라서 블루투스 4.0을 '블루투스 스마트' 또는 '블루투스 LE'이라고 부른다. 블루투스 LE는 기존 블루투스 전력의 일부만 소비할 수 있도록 설계되어 있다. 따라서 작은 배터리를 사용하는 저전력 기기에 유용하도록 설계되어 IoT 환경에 적합하게 된 것이다. 블루투스는 와이파이와 유사하지만 중앙 거점이 아닌 기기 간 직접 통신을 위해 고안된 기술이며, 부품이 작고 저전력이기 때문에 사물인터넷 센서 기기에 이상적이다.

블루투스 이용 사례는 주변에서 많이 볼 수 있다. 사물인터넷 쇼핑 정보 서비스에서 사용되고 있는 사례를 살펴보면, 무선송신소 역할을 하는 비콘이나 아이비콘(iBeacon) 시스템이 구축된 매장을 방문하여 비콘 근처에 가까이 가면 블루투스를 통해 스마트폰에 다양한 이벤트 정보들이 표시된다. 예를 들면, 주변에서 할인되고 있는 상품의 할인 쿠폰이 자동으로 발행된다든지, 상품에 대한 세부 정보 등이 표시되는 것이다. 아이폰의 경우에는 아이비콘 앱을 통해 상품 구매도 가능하고 지문 인식 등의 인식과정을 거쳐 결재도 가능한다.

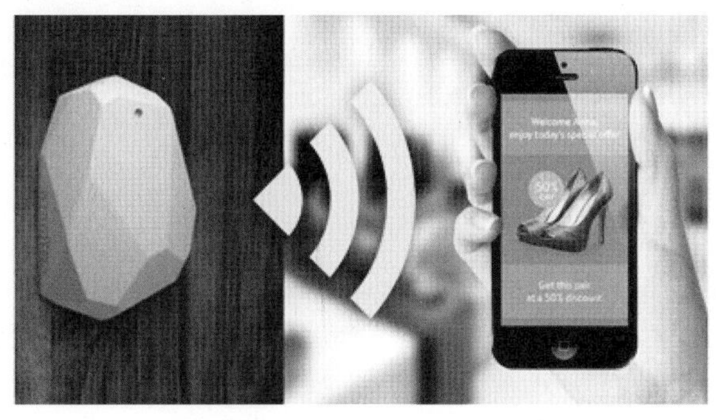

그림 3-15 애플의 아이비콘

4 NFC

NFC(Near Field Communication)는 RFID 근거리 무선 인식 기술을 이용하여 약 10cm 이내의 근거리에서 단말기기 간에 데이터를 교환할 수 있도록 양방향 무선 통신을 가능하게 해주는 기술이다. 즉 NFC은 RFID의 비접촉 근거리 무선 인식 기술에 통신 기능이 추가된 기술이다. 블루투스의 동기화 과정과 같은 복잡한 연결 과정이 필요 없고 인식 속도도 빠를 뿐만 아니라, 암호화 기술의 적용이 가능하여 사물인터넷에서 많이 사용되는 무선통신 기술 중의 하나이다.

NFC 이용 사례를 살펴보면, 스마트폰에 NFC 칩을 탑재하여 모바일 결제나 상품 정보를 전송할 수 있다. 예를 들면, 버스에 설치된 카드 단말기에 NFC 칩이 탑재된 휴대폰을 가까이 대면 교통요금이 자동으로 결제되고, 물건에 갖다 대면 결제지급 서비스 등을 통해 자동으로 결제도 이루어질 수 있다. [그림 3-16]에 보인 것과 같이, 세탁기에 대면 세탁기 기능이 자동으로 휴대폰으로 전송된다. 자동차 키는 전자식 리모컨을 거쳐 현재는 전파통신을 통해서 자동으로 운전자를 감지하는 '스마트 키'로 진화되었지만, 앞으로는 NFC 기술을 이용한 '디지털 키'로 대체될 전망이라고 한다. 즉 NFC 칩이 내장된 스마트폰을 도어 핸들에 갖다 대면 도어락이 해제되는 것이다.

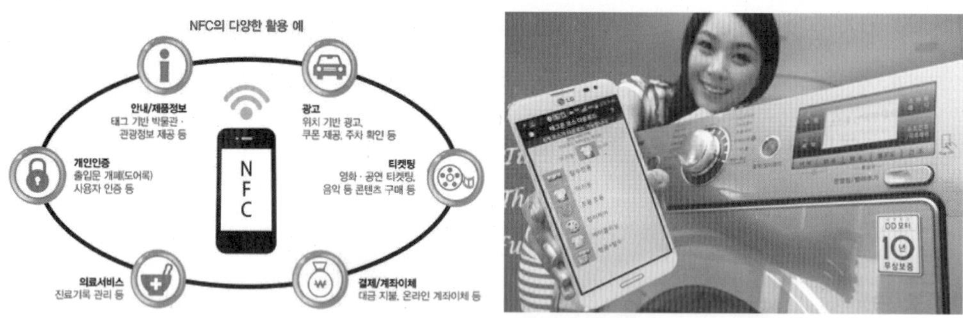

그림 3-16 NFC의 다양한 활용 사례(좌) 및 세탁기 사용법 전송 사례(우)

5 지그비

지그비(Zigbee)도 저전력, 저가격 및 사용의 용이성을 가진 근거리 무선센서 네트워크의 대표적인 기술 중 하나이다. 평균 20~30m 거리에서 소형기기 사이에 저전력으로 통신이 가능하며, 낮은 속도의 전송으로 긴 배터리 수명과 보안성을 요구하는 분야에 주로 사용된다. 간헐적인 데이터 전송이나 단순 신호 전달을 위한 데이터 전송에 적합하며, 이러한 기능들 때문에 지그비 또한 사물인터넷 환경에 적합한 무선통신 기술로 각광을 받고 있다.

이 밖에도 지웨이브(Z-Wave)와 UWA 등이 있다.

■ 장거리 무선통신 기술

1 LPWA와 LTE-MTC

사물인터넷에 적합하게 개발된 대표적인 저전력 장거리 통신 기술에는 LPWA(Low Power Wide Area)와 LTE-MTC(Machine Type Communications)가 있다. 사물인터넷의 데이터 통신은 시공간 제약 없이 지속적으로 이루어져야 함으로 저전력이 핵심이다. 기존의 데이터 통신은 빠른 전송과 대용량 전송이 주를 이루었지만, IoT의 데이터 전송은 대부분의 경우 빠르게 전송할 필요가 없고 전송되는 데이터의 크기 또한 매우 작다. 따라서 LPWA와 LTE-MTC는 사물인터넷 서비스 특성을 고려하여 소비 전력과 데이터 전송 속도를 크게 낮추고, 장거리까지 안전하게 데이터를 전송할 수 있도록 개발된 장거리 무선통신 기술이다. 또한 낮은 구축비용과 대규모 단말기 접속이 가능하도록 하였으며, 통신 반경을 수십 km까지 가능하도록 하였다.

2 이동 통신

이동 통신(Mobile Telecommunication) 또한 IoT에서 활용되는 대표적인 장거리 무선 통신 기술이다. 이동 통신은 자동차나 항공기 등과 같은 이동체와 고정된 지점 사이 또는 이동체 간을 연결하는 통신 기술이다. 통신 속도에 따라 다양한 규격이 존재하며, 우리가 스마트폰에서 사용하고 있는 4G, 4G LTE 등이 대표적인 이동 통신 기술이다. 이러한 이동 통신 기술은 완벽한 글로벌 로밍 서비스를 제공하며, 하나의 단말기를 통해 위성 망, 무선 랜 및 인터넷 등 모두를 사용할 수 있게 한다. 현재 5G(5세대)가 개발 중에 있으며 5G는 4세대보다 약 1,000배 정도 빠른 것을 목표로 하고 있는 초고속 무선통신 기술이다. 따라서 원격지에 있는 사용자들에게 어떠한 상황에서도 데이터를 지연 없이 보낼 수 있는 IoT 환경의 요구를 충족시킬 수 있는 차세대 이동 통신 기술로 보고 있다.

3 셀룰러 네트워크

셀룰러(Cellular) 역시 사물인터넷에서 장거리 데이터 전송을 위해 사용되는 무선통신 기술 중 하나이다. 셀룰러 네트워크는 이동 통신의 서비스 지역과 서비스 가능한 기기의 수를 확대하기 위해 만들어진 개념이다. 셀룰러 네트워크는 [그림 3-17]에 보인 것처럼, 수천 개의 겹쳐진 셀(구역)로 나누어져 구성되어 있다. 수천 개의 육각형 셀(shell)을 메시(mesh) 형태로 구성하여 각각의 셀 중앙에 기지국을 두고, 그 기지국을 통해 쉘 안에 있는 기기들에게 통신을 제공하는 형태이다. 그리고 셀의 가장자리를 약간 겹치게 구성하여 사용자들이 항상 기지국 범위 내에 있게 함으로써 언제든지 서비스를 받을 수 있도록 한다.

그림 3-17 셀룰러 네트워크 안의 쉘

지금까지 살펴본 IoT에서 활용되고 있는 무선통신 기술을 요약하면, IoT에서 활용되는 무선통신 기술은 기존 무선통신의 기술을 토대로 하면서 사물인터넷의 서비스 특성을 반영하여 IoT 서비스에 맞게 발전되어 가고 있는 추세이다.

사물인터넷 무선통신 기술의 특징은 정리해보면 다음과 같다. 첫째 사물인터넷에서의 데이터 통신은 시공간 제약 없이 지속적으로 이루어져야하기 때문에 하나의 배터리로 가능한 한 오랜 시간 사용할 수 있도록 하는 저전력이 핵심이다. 또한 기존의 데이터 통신은 빠른 전송과 전송되는 데이터 량이 많은 반면, IoT의 데이터 전송은 대부분의 경우에 빠르게 전송될 필요가 없고 전송되는 데이터의 크기 또한 단순한 전자 신호와 같은 매우 작은 것들이 많다. 따라서 데이터 전송속도를 크게 낮추고, 구축비용 또한 낮추어 데이터 전송과 사용이 용이하도록 구성하는 것이 특징이다.

3.4 서비스 응용 기술

사물인터넷은 데이터 생성과 네트워크 연결 및 데이터 처리를 통한 서비스 제공 영역으로 구성될 수 있음을 2장에서 살펴보았다. 데이터 생성은 센서를 포함한 스마트 디바이스들로부터 이루어지며, 네트워크 연결은 센서로부터 생성된 데이터를 응용 환경에 적합한 통신 기술을 이용하여 다른 디바이스나 서버로 전송하는 기술임을 알았다. 다음은 전송된 데이터를 처리하여 사용자에게 자동화되고 지능적인 서비스로 제공하기 위한 인터페이스 역할을 수행하는 IoT 서비스 응용 기술에 대해서 알아보도록 한다. 앞에 있는 [그림 3-1]에 보인 것처럼, 서비스 응용에서 활용되는 대표적인 기술은 빅데이터 분석 기술, 인공지능 및 클라우드 기술 등이다. 본 장에서는 이러한 기술들이 어떻게 IoT 서비스 과정에서 활용되는지에 대해서만 다루고 자세한 내용은 본 교재 나머지에서 다루게 된다.

■ 사물인터넷 서비스 응용 기술

사물인터넷 서비스는 센서로부터 수집된 센싱 정보를 저장, 처리, 변환 등을 거쳐 특정 기능을 수행하는 응용 시스템들과 연동되어 이루어진다. 수집된 센싱 정보는 데이터의 분석과정 없이 다른 기기에서 그대로 활용될 수도 있지만, 수집된 값의 평균이나 빈도수가 제일 높은 값을 추출하는 등의 데이터 처리 과정을 거쳐 활용될 수도 있다. 또한 데이터 분석과 가공을 통해 가치 있는 정보 추출을 거쳐 사용자에게 보다 진화된 지능적인 서비스로도 제공될 수 있다. 여기에서 데이터 분석과 가공에 인공지능 기술과 연계한 빅데이터 분석 기술이 융합되는 것이다.

사물인터넷 환경은 필연적으로 빅데이터를 생성하는 환경이다. 즉 수많은 센서로부터 지속적으로 수집되는 데이터들은 빅데이터의 특징을 지닌 방대한 양의 비정형 데이터들이다. 따라서 이렇게 수집된 대용량 비정형 데이터들로부터 서비스 제공을 위한 의사결정을 내리고 새로운 결과를 예측하여 보다 진화된 서비스로 제공하기 위해서는 빅데이터에 대한 분석과 가공이 필요한 것이다. 예들 들어 수집된 데이터들로부터 특정 사용 패턴을 찾아내고 반복적인 학습을 통해 의미 있는 가치 정보를 추출하여 최적화된 서비스를 제공할 수도 있는 것이다. 여기에서 패턴 분석, 기계학습 및 딥-러닝 등과 같은 인공지능 기술이 연계되어 분석되며, 이러한 분석 과정을 통해 사물인터넷 서비스는 자동화되고 지능적인 방법으로 제공되게 된다.

지능적인 자동화된 서비스 제공 예를 살펴보면, 사람이 방에 있을 때 사용한 빛의 양과 선호하는 온도 사용 패턴을 분석하여 자동으로 방의 조명과 온도를 조절하여 줄 수 있다. 또한 기상 시간 패턴을 분석하여 일정 기간 동안 학습한 후, 기상 시간에 맞춰 자동으로 방안의 커튼을 오픈하고 커피 머신과 연동하여 모닝커피를 준비할 수도 있다. 다른 예를 살펴보면, 엘리베이터에 속도 센서와 모터 온도 센서, 출입문 오작동 센서 등과 같은 센서들을 부착하고 정보를 수집하여 엘리베이터에 문제가 생기기전에 수리를 하는 것이다. 즉 수집한 데이터들을 바탕으로 언제 어떠한 문제가 발생할 수 있을지를 예측하여 문제가 발생하기 전에 정기 점검을 실시하고 수리하여 엘리베이터의 안정성을 언제든지 확보할 수 있게 되는 것이다.

사물인터넷 서비스는 언제 어디에서든지 지속적으로 사용할 수 있는 유비쿼터스 환경에서 이루어져야 한다. 그런데 사물인터넷에 연결된 스마트 디바이스 등은 저장 공간과 시공간에 제한이 있다. 바로 클라우드 컴퓨팅이 이러한 문제를 해결하여 사물인터넷 서비스가 시공간 제약 없이 언제 어디에서든지 이루어질 수 있는 환경을 제공해 준다. 즉 클라우드 환경이 사물인터넷 서비스의 백본 역할을 해주는 것이다. 또한 사물인터넷에서 생성되는 빅데이터의 분석을 수행할 수 있는 서비스 인프라도 제공해 준다. 다시 말해, 사물인터넷에서 생성되는 빅데이터를 저장할 수 있는 공간과 이러한 대용량 빅데이터들을 빠르게 처리하여 분석할 할 수 있는 컴퓨터 자원 등을 제공하여 사물인터넷 서비스가 가능하게 하는 것이다. 이와 같이, 클라우드 기술도 사물인터넷 서비스 구현에 필수적인 요소이다.

■ 사물인터넷 플랫폼

사물인터넷 서비스 구현은 지금까지 살펴본 데이터 수집, 네트워크 연결, 데이터 처리 및 서비스 제공 등 일련의 과정을 통해 이루어진다. 이처럼 다양한 종류의 사물인터넷 서비스를 제공하기 위한 공통의 시스템을 우리는 사물인터넷 플랫폼(Platform)이라고 지칭한다. 즉 다양한 디바이스들로부터 수집된 센싱 데이터들을 네트워크를 통해 클라우드 기반 환경에 있는 서버로 안정하게 전송하여 저장하고, 이를 처리 분석하여 자동적이고 지능적인 서비스로 제공하는 사물인터넷 서비스를 구현하기 위한 전체적인 구조 시스템을 IoT 플랫폼이라 지칭한다. 사물인터넷 플랫폼은 디바이스에서부터 서비스까지에 걸쳐 광범위한 기술들을 포함하기 때문에 기존에 존재하는 플랫폼에 비해 구축이 어렵다. 사물인터넷 플랫폼에는 인증과 권한 등을 제어하는 데이터 보안 기술과 사용자와 상호 작용할 수 있는 사용자 인터페이스 기술 등도 포함된다. 현재 IBM, 시스코, 구글 뿐만 아니라, 국내에서도 삼성, LG, SK 등 많은 기업이 사물인터넷 시장을 선점하기 위해 IoT 플랫폼을 개발하여 제공하고 있다. 사물인터넷의 발달과 함께 IoT 플랫폼은 지속적으로 기능이 확장되어 나갈 것이다.

플랫폼의 이해를 위해 플랫폼에 대한 사전적인 의미를 살펴보면, 플랫폼은 첫째 '발판', 즉 장소의 의미로 사용된다. 이러한 의미에서 기차가 떠나고 서는 승강장을 플랫폼이라고 한다. 우리는 기차를 아무 곳에서나 타고 내릴 수 없고 반드시 플랫폼에서 타고 내려야 한다. 둘째 플랫폼은 '강단' 또는 '연단' 이라는 무대의 의미로 사용된다. 무대는 다양한 용도에 공통적으로 활용할 목적으로 만들어진 것이다. 즉 강연이나 공연 등이 무대에서 이루어지는 것이다. 여기에서 우리는 플랫폼을 다양한 서비스를 제공할 수 있는 공통적인 기반이 되는 시스템으로 정의할 수 있다. 컴퓨터 시스템에서 사용되는 예를 살펴보면, 응용 프로그램들은 단독으로 실행될 수 없고 윈도우(Microsoft Windows)나 리눅스(Linux)와 같은 운영체제 상에서 실행된다. 바로 윈도우나 리눅스와 같은 운영체제가 응용 프로그램 실행을 위한 플랫폼이 될 수 있다. 여기에서 응용 프로그램들이 특정 플랫폼에서 실행되기 위해서는 해당 플랫폼에서 요구하는 하드웨어 및 소프트웨어 특성 등을 준수하여 개발되어야 한다. 스마트폰에서는 안드로이드(Android)나 애플의 iOS 등이 앱을 실행할 수 있는 플랫폼 환경이다. 사물인터넷에서 임베디드 시스템으로 사용되는 아두이노(Arduino), 라즈베리 파이(Raspberry Pi) 등도 오픈소스 기반의 피지컬 컴퓨팅 플랫폼이다. 이와 같이 사물인터넷 플랫폼도 "다양한 종류의 사물인터넷 서비스를 제공할 수 있는 기반이 되는 시스템"으로 정의할 수 있다. 그리고 특정 플랫폼에서 운영되기 위해서는 해당 플랫폼에서 요구하는 기술 요구사항들에 대한 사양들을 준수하여 개발하여야 한다.

사물인터넷 플랫폼은 하드웨어 플랫폼과 디바이스 플랫폼, 네트워크 플랫폼, 데이터 플랫폼 및 보안 플랫폼 등으로 세부화 시킬 수 있다. 하드웨어 플랫폼은 하드웨어의 공통적인 기능 모듈을 포함하고 있으며, 각종 센서들과 액추에이터, 임베디드 시스템인 아두이노(Arduino), 라즈베리 파이(Raspberry Pi), 갈리래오(Galileo) 등이 포함되어 있다. 소프트웨어 플랫폼이라고도 불리는 디바이스 플랫폼은 스마트 디바이스와 스마트 디바이스에 탑재되는 디바이스 운영체제 등이 포함된다. 네트워크 플랫폼과 데이터 플랫폼을 합하여 IoT 서비스 플랫폼이라고도 부른다. 다양한 통신 기술과 데이터 처리 기술 등이 여기에 속한다. 보안 플랫폼은 인증과 권한 등을 제어하는 데이터 보안 기술들이 포함된다. 플랫폼 개념에 대해서도 12장에 좀 더 자세히 다루게 된다.

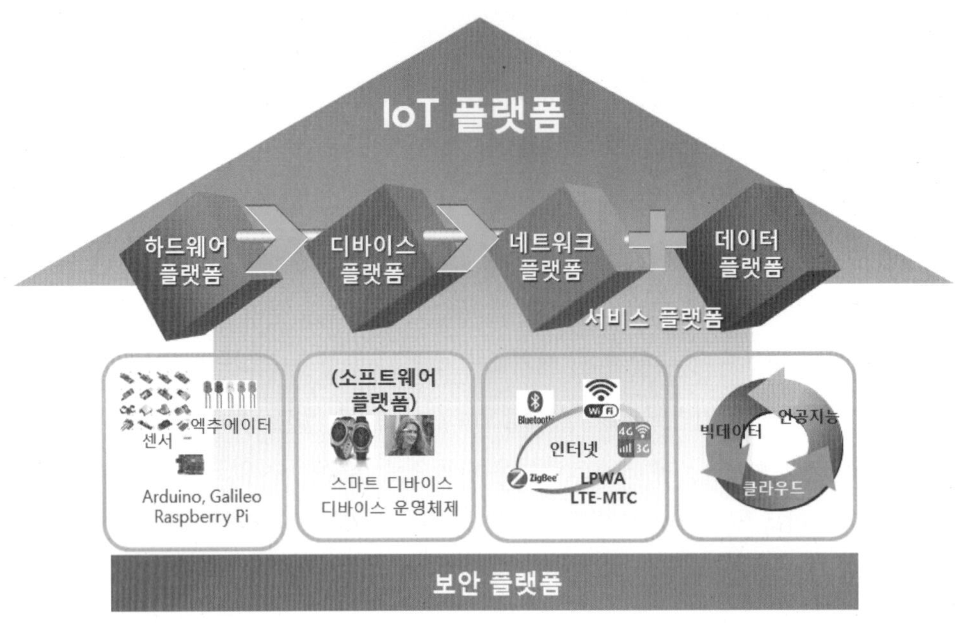

그림 3-18 사물인터넷 플랫폼의 유형

3.5 보안 기술

사물인터넷의 발달과 함께 가장 큰 이슈로 대두되고 있는 부분이 바로 보안 문제이다. 모든 것이 다 연결된 투명성으로 누군가가 늘 우리를 지켜보는 세상에서 사생활 침해와 해킹의 가능성은 더욱 더 높아질 것이다. 보안은 사물인터넷의 문제만은 아니므로 여기에서는 간단하게만 살펴보도록 한다. 다음 장에서 사물인터넷의 문제점을 다루면서 좀 더 자세히 다루게 된다.

사물인터넷 보안은 해킹 및 정보 유출을 방지하고 개인 프라이버시를 보호하여 신뢰성 있는 서비스 제공을 위해 필요한 요소이다. 2장의 [그림 2-1]에 보인 것과 같이, 사물인터넷 기술요소 각각에 대해서 모두 필요한 기반이 되는 기술이다. 센서와 디바이스에서의 보안은 올바른 기기로부터 데이터 수신을 위해 디바이스에 대한 식별과 인증이 필요하다. 또한 디바이스의 물리적인 접근을 통제하기 위한 접근제어 기술과 스마트 디바이스에 대한 보안 기술도 필요하다. 통신과 네트워크 보안에 있어서는 와이파이, 지그비, LPWA 및 셀룰러 등과 같은 유무선 통신 기술들 모두에서도 데이터를 전송할 때

정보 보호를 위한 암호화 기술이 필요하다.

데이터 처리 단계에서의 보안은 데이터를 처리하는데 있어 사생활의 침해 가능성이 높기 때문에 사생활 보호를 위한 보안 기술이 필요하다. 서비스 제공영역에서의 보안은 서비스에 대한 접근제어 기술이 요구된다. 아무나 접근할 수 없으며 권한이 있는 사물만이 접근할 수 있도록 제어하는 기술이 필요한 것이다. 웹을 기반으로 서비스하는 경우 웹 서비스 보안 기술도 요구된다. 또한 사물인터넷 서비스를 제공하기 위해서는 사용자 인증을 거쳐서 권한이 부여된 사용자에게만 접근을 허용하여 정보 유출을 방지하여야 한다. 가장 간단한 인증 방법은 사용자 ID, 즉 식별자를 통한 인증이다. IoT 서비스가 급증할수록 관리해야 되는 ID 또한 급증하게 될 것이므로 ID 관리 기술 등도 고려해야 된다. 궁극적으로 사물인터넷 보안 기술은 해커들로부터 데이터를 보호하고 거의 모든 개인의 정보를 수집할 수 있는 사물인터넷 환경으로부터 사생활을 보호하여 신뢰성 있는 서비스 제공을 위해 반드시 필요한 것이다.

1. 사물인터넷의 핵심 기술요소

사물인터넷 핵심 기술요소에는 ① 센서, 임베디드 장치, 스마트 디바이스 기술, ② 유무선 통신 기술과 네트워크 인프라 기술, ③ 빅데이터, 인공지능, 클라우드 컴퓨팅, 사물인터넷 플랫폼 등으로 이루어지는 서비스 응용 기술 및 ④ 보안 기술 등이 있다.

2. 센서와 센서 기술

센서는 주변의 환경이나 물리적인 변화를 인지하여 감지한 값을 전기적인 디지털 신호로 변환해 주는 장치이다. 센서 기술은 현재 사물인터넷의 발달과 함께 지속적으로 발전되어 가고 있으며, 갈수록 저전략화, 소형경량화 및 저렴화되어 가고 있다.

3. 스마트 디바이스

사물인터넷에서 센서들은 개별적으로 사용될 수도 있지만 컴퓨터 시스템(마이크로컨트롤러) 기능을 갖춘 다양한 종류의 디바이스에 탑재되어 사용된다. 사물인터넷에서는 이와 같이 센서들을 탑재하고 컴퓨터 시스템 기능을 갖춘 디바이스들을 '스마트 디바이스'라고 지칭한다. 스마트폰, 스마트 워치, 스마트 가전제품, 로봇, 드론 등이 사물인터넷의 스마트 디바이스들이다. 사물인터넷의 발달과 함께 새로운 종류의 스마트 디바이스들은 앞으로도 지속적으로 개발되어 갈 것이다.

4. 스마트 디바이스를 통한 사물인터넷 서비스 유형

사물인터넷 서비스 유형은 크게 두 가지로 나눌 수 있다. 첫째 센싱한 데이터를 바탕으로 자신이 속해 있는 디바이스 또는 사물인터넷에 연결되어 있는 다른 디바이스를 제어하는 서비스를 수행할 수 있다. 두 번째는 다른 디바이스의 응용시스템으로도 서비스될 수 있다.

5. 사물인터넷 통신을 위한 표준 프로토콜

사물인터넷 통신은 TCP/IP 프로토콜에 바탕을 두고 있지만, 경량 데이터 전송을 위해 별도의 프로토콜을 제정해 사용하고 있다. 대표적인 사물인터넷 데이터 전송 표준 프로토콜로는 MQTT와 CoAP 등이 있다.

6. 비IP 네트워크 기술

사물인터넷을 통해 사물 간에 데이터를 송수신하기 위해서는 사물에 IP 주소가 부여되어 있어야 한다. 그러나 사물인터넷에 연결되어 사용되는 대부분의 센서들은 IoT의 가장 기본적인 센싱 기능과 통신 기능만으로 다양한 종류의 데이터를 수집하여 전송한다. 따라서 이러한 센서들에 IP 주소를 할당하기 보다는 IP 주소 없이 센서 간에 통신이 이루어지도록 하는데, 이러한 기술을 비IP 네트워크 기술이라고 한다. 이러한 통신 구조에서의 비IP 센서와 서버 사이의 통신은 IP 주소가 부여되어 있는 게이트웨이나 허브 등을 통해 이루어진다.

7. 사물인터넷의 무선통신 기술

사물인터넷은 특성 상 무선통신 기술을 주로 많이 사용한다. 서비스될 수 있는 거리에 따라 크게 근거리 무선통신 기술과 원거리 무선통신 기술로 나눌 수 있다. 근거리 무선통신의 대표적인 기술에는 와이파이, 블루투스, NFC, 지그비, 지웨이브 등이 있으며, 원거리 무선통신 기술에는 LPWA, LTE-MTC, 4G/4G LTE, 셀룰러 등이 있다.

8. 사물인터넷의 서비스 응용 기술

사물인터넷 서비스는 센서로부터 수집된 센싱 정보를 저장, 처리, 변환 등을 거쳐 특정 기능을 수행하는 응용 시스템들과 연동되어 이루어진다. 수집된 센싱 정보는 분석과정 없이 다른 기기에서 그대로 활용될 수도 있지만 데이터 분석, 가공 및 의미정보 추출 등의 처리 과정을 거쳐 사용자에게 보다 진화된 서비스로 제공될 수도 있다. 여기에서 빅데이터 분석 기술과 인공지능 기술이 사용된다. 또한 사물인터넷 서비스가 시공간 제약 없이 언제 어디에서든지 이루어질 수 있는 환경 제공을 위해 클라우드 기술이 이용된다. 따라서 빅데이터, 인공지능 및 클라우드 기술들이 사물인터넷 서비스 응용의 대표적인 기술들이다.

9. 사물인터넷의 플랫폼

사물인터넷 플랫폼은 다양한 종류의 사물인터넷 서비스를 제공할 수 있는 공통의 기반이 되는 시스템으로 정의할 수 있다. 즉 다양한 디바이스들로부터 수집된 센싱 데이터들을 네트워크를 통해 클라우드 기반 환경에 있는 서버로 안정하게 전송하여 저장하고, 이를 처리 분석하여 자동적이고 지능적인 서비스로 제공하는 사물인터넷 서비스 구현을 위한 전체 구조 시스템을 사물인터넷 플랫폼이라 한다.

연 습 문 제

정오형 문제

1. 스마트 디바이스는 다양한 종류의 센서들을 탑재하고 컴퓨터 시스템 기능을 갖춘 기기를 지칭한다. ( )

2. 스마트폰에서 스마트폰의 기울기 방향에 따라 화면의 디스플레이 방향이 가로와 세로로 바뀌는 것은 가속도센서(accelerometer sensor)을 이용한 것이다. ( )

3. 허브는 컴퓨터 네트워크 분류에서 도시통신망(MAN)이나 광역통신망(WAN)에서 서로 다른 네트워크나 근거리통신망을 연결하기 위해 사용하는 장치이다. ( )

4. RFID는 주파수를 이용하여 사람이나 사물의 ID를 식별하는 비접촉 무선 인식 기술이다. ( )

5. 사물인터넷에서 사용되는 와이파이, 블루투스, 지그비 등의 근거리 무선통신 기술은 대표적인 비IP 네크워크 기술들이다. ( )

6. 사물인터넷 서비스 응용 기술에서 실시간으로 수집된 빅데이터에 대한 분석은 빠른 분석 처리를 위해 대부분 로컬 컴퓨터 자원을 활용한다. ( )

단답형/선택형 문제

1. 사물인터넷 서비스는 크게 두 가지 유형으로 나눌 수 있다. 첫째 센싱한 데이터를 바탕으로 자신이 속해 있는 디바이스를 제어하거나 또는 사물인터넷에 연결되어 있는 (   )을(를) 제어하는 서비스를 수행할 수 있다. 두 번째는 다른 디바이스의 응용 시스템으로도 서비스될 수 있다.

2. (   )은(는) 실제로 존재하지 않는 센서이며, 실제 센서가 측정한 값을 결합해 새로운 정보를 추출하는 센서를 말한다.

3. (   )은(는) 무선 환경에서도 유선 인터넷과 같은 품질을 제공하기 위해 개발된 무선 통신 기술로 중앙 거점 접근 방법으로 구성되는 무선통신 기술이다.

4. (   )은(는) 기존 블루투스 전력의 일부만 소비할 수 있도록 설계하고 개인정보 보호 기능 등을 강화하여 사물인터넷 환경에 적합하게 개발된 무선통신 기술이다.

5. 사물인터넷에 활용되는 근거리 무선통신 기술이 아닌 것은?

   ① Wi-Fi, Bluetooth
   ② LPWA, LTE-MTC
   ③ Zigbee, Z-Wave
   ④ UWA, NFC

주관식 문제

1. 사물인터넷의 핵심 기술요소에 대해 설명하시오.

2. 사물인터넷 통신을 위한 표준 프로토콜(protocol)에 대해 설명하시오.

3. 비IP 네트워크 기술에 대해 설명하시오.

4. 게이트웨이(gateway)에 대해 설명하시오.

5. 사물인터넷의 대표적인 무선통신 기술을 5가지 이상 기술하시오.

6. 사물인터넷 서비스 응용 기술에 대해 설명하시오.

7. 사물인터넷 플랫폼(Platform)에 대한 설명하시오.

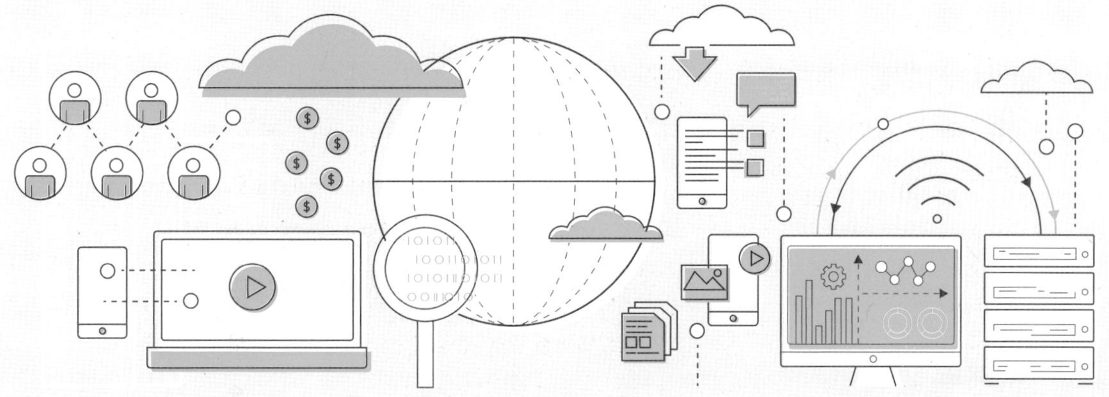

CHAPTER

4

사물인터넷의 주요 응용분야 및 미래

본 장에서는 사물인터넷의 주요 응용서비스 분야와 적용사례에 대해 다룬다. 이와 함께 사물인터넷이 만들어 내는 스마트한 세상 이면에는 어떠한 문제점들이 존재하는지 살펴보고 사물인터넷의 미래 전망에 대해 알아보도록 한다.

학습목표

- 사물인터넷의 주요 응용분야에 대해 설명할 수 있다.
- 스마트 홈의 개념과 구성기기에 대해 설명할 수 있다.
- 스마트 홈의 핵심 서비스에 대해 설명할 수 있다.
- 사물인터넷 주요 적용사례에 대해 설명할 수 있다.
- 사물인터넷의 주요 문제점을 진단하고 미래를 예측할 수 있다.

구성

4.1 사물인터넷의 응용분야

4.1.1 사물인터넷의 주요 응용분야

사물인터넷의 주요 응용서비스 분야는 개인의 삶에서부터 산업구조 전반에 걸쳐 적용이 되며, [표 4-1]과 같이 크게 개인, 공공, 산업 분야로 나누어 생각해 볼 수 있다. [표 4-1]에 제시된 것 이 외에도 의료, 금융, 정부, 운송, 유통, 교통, 교육, 복지, 국방, 드론, 레스토랑, 숙박 등 거의 모든 산업 분야에 걸쳐 활용되고 있다.

표 4-1 사물인터넷의 주요 응용분야

구분	분야	스마트 기능
개인 (Personal)	스마트 홈 (Smart Homes)	• 주거환경 통합 제어를 통한 생활 편의 제공 • 스마트 기기들이 상호 협력하여 가정의 일 자동 수행
	스마트 자동차 (Smart Cars)	• 고도의 편의 제공(자율주행자동차)
	스마트 헬스케어 (Wellness&Wearables)	• 웨어러블 디바이스와 연동한 운동량 등 신체 정보 제공을 통한 개인의 건강 증진 도모
	스마트 쇼핑 (Smart Shopping)	• 스마트 매장 기술, 결재 및 자동화된 배달 시스템 등을 통한 생활 편의 제공
공공 (Public)	스마트 에너지 (Smart Energy)	• 전기, 가스, 냉난방 및 운송 분야 등을 결합한 스마트 에너지 관리 시스템을 통한 에너지 효율성 증대
	스마트 환경 (Environments)	• 대기의 이산화탄소, 쓰레기 양 등의 정보 제공을 통한 환경오염 최소화 유도
	스마트 시티 (Smart Cities)	• 공공 자원 절약을 통한 서비스 질 향상 및 공공 행정 운영 비용 절감
산업 (Industry)	스마트 제조 (Manufacturing)	• 전 생산 공정 과정의 스마트화로 생산성 향상 및 고객맞춤형 서비스 제공
	스마트 농장 (Smart Farming)	• 농업의 비용 절감 및 환경 영향 최소화로 생산성 향상
	스마트 물류 (Smart Logistic)	• 물류 관리 효율성 향상을 통한 서비스 시간 단축

■ 개인 IoT@Personal

개인의 삶과 밀접하게 연관된 분야는 첫째 주거 환경의 생활 편의를 제공하게 될 스마트 홈 분야와 출퇴근의 편의를 제공하게 될 스마트 자동차 분야가 있다. 또한 개개인의 건강한 삶을 책임지게 될 스마트 헬스케어와 생활의 편의를 제공하게 될 스마트 쇼핑 분야도 있다.

스마트 홈은 IoT 서비스의 대표 응용분야 중 하나이다. 첨단 정보통신기술이 가정과 만나 과학 공상 영화 속에서 보았던 이야기가 현실이 되어 개인의 삶과 라이프 스타일에 혁명적 변화를 초래하게 될 것으로 보고 있다. 인공지능이 탑재된 자율주행차는 2035년까지 전체 자동차의 75%를 차지할 것으로 전망되고 있으며, 미래사회에서의 쇼핑의 모습도 IoT 기술의 도입으로 상상할 수 없을 만큼 크게 변화될 것으로 예측되고 있다. 이미 아마존은 계산대가 없는 모든 상품의 구매를 스마트폰 앱을 통해 구입하는 매장(아마존 고)을 오픈하여 운영하고 있다.

그림 4-1 개인 IoT@Personal

■ 공공 IoT@Public

공공분야에는 첫째 전기, 가스, 냉난방 및 운송 분야 등을 결합하여 스마트 에너지 관리 시스템을 통해 에너지 효율의 극대화를 꾀하고자 하는 스마트 에너지 분야가 있다. 또한 다양한 센서들을 도시 곳곳에 있는 쓰레기통, 가로등, 신호등 및 상하수도 등에 설치하여 쓰레기를 자동으로 관리하거나 환경변화에 따른 오염 예측과 수질 관리 등을 통해서 환경오염을 최소화하고자 하는 스마트 그린 분야도 있다. 이와 함께, 다양한 종류의 수많은 센서들을 도시의 도로나 공원, 빌딩 등 도시 곳곳에 설치하고 도시의 모든 시설물들을 네트워크로 연결하여 도시 공공 서비스의 질을 향상시키고자 하는 스마트 시티 분야도 있다. 궁극적으로 공공의 자원을 절약하여 공공 행정의 운영비용을 절감하고자 하는 것이다. 스마트 에너지, 스마트 환경 및 스마트 시티는 상호 유기적으로 서로 융합되어 움직인다. 이러한 관계 속에서 스마트 시티는 공공 기반 시설관리, 도로/교통관리, 조명관리 및 폐기물 처리뿐만 아니라, 지능형 전략망인 스마트 그리드를 통해서 더 스마트한 그린 시티 구축을 현재 목표로 하고 있다.

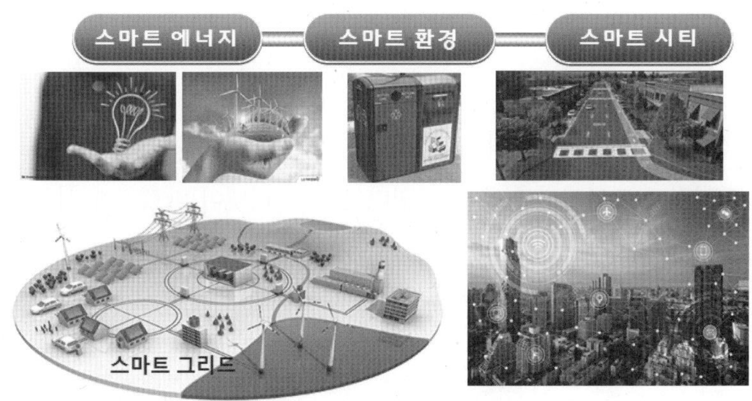

그림 4-2 공공 IoT@Public

■ 산업 IoT@Industry

산업분야의 대표적인 사물인터넷 응용분야에는 스마트 제조, 스마트 물류 및 스마트 농업 등이 있다. 스마트 제조는 IoT 기술을 도입하여 전체 생산 공정 과정을 자동화하고 이로 인한 생산성 향상과 고객맞춤형 서비스를 제공하는 스마트 팩토리 구축을 목표로 하고 있다. 사이버물리시스템(CPS)과 함께 가장 크게 성장할 향후 IoT의 투자가 가장 많이 이루어질 사물인터넷 응용분야로 예측되고 있다. 스마트 물류는 IoT 기술을 활용하여 물류 관리의 효율성 향상으로 상품 배송의 비용을 절감하고 서비스 시간을 단축시키고자 한다. 농업 분야 또한 농업 생산의 비용을 줄이고 환경의 영향을 최소화하여 생산성을 향상시키고자 IoT 기술을 적극 도입하여 활용하고 있다.

그림 4-3 산업 IoT@Industry

이 밖에도 금융, 의료뿐만 아니라, 교육, 로봇, 드론, 국방, 숙박 등 거의 모든 산업 분야에서 IoT 기술이 도입되어 활용되고 있다. 사물인터넷이 바로 4차 산업혁명의 시작점인 기반 인프라 기술을 이루는 것이다.

그림 4-4 기타 IoT 응용분야

4.1.2 사물인터넷의 응용사례 1: 스마트 홈

사물인터넷이 응용되는 환경에 대한 종합적 이해를 위해 사물인터넷 주요 응용분야 중 개인의 삶과 가장 밀접하게 관련이 있는 스마트 홈에 대해 자세히 알아보도록 하겠다. 스마트 자동차에 대해서도 간략히 살펴보도록 한다.

■ 스마트 홈이란?

위키백과에 보면 스마트 홈은 "자동화를 지원하는 개인 주택, 인텔리전트 하우스 또는 IT하우스"라 정의하고 있다. 다시 말해, 스마트 홈은 다양한 생활기기를 기반으로 시간과 장소에 구애받지 않고 유익한 생활 서비스를 제공하는 미래 지향적인 가정환경이라 말할 수 있다. 스마트 홈 환경에서는 가전제품을 포함하여 사물인터넷 기능이 포함된 다양한 가정 내 기기들이 센서와 유무선 네트워크로 연결되어 스스로 정보를 생산하고 이를 주고받을 수 있다. 또한 가정 구성원의 수요를 파악하거나 예측하여 자율적이고 지능적으로 주어진 역할을 수행할 수도 있으며, 언제 어디에서나 가정 내 환경에 대한 접근이 가능하고 원격 모니터링과 제어가 가능하다. 따라서 스마트 홈은 '주거 생활의 질을 높여주는 시스템'이라고 말할 수 있다.

유튜브에 아주 많은 IoT 기반 스마트 홈 관련 동영상들이 존재한다. 이러한 영상을 통해 우리가 살고 있는 현재 가정의 모습이 향후 어떻게 변화되어 가게 될지 예측할 수

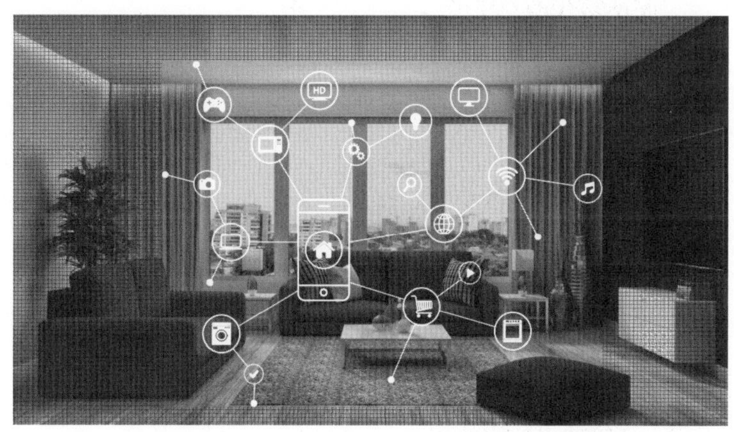

그림 4-5 스마트폰을 중심으로 구성된 스마트 홈

있다. 과학 공상(SF) 영화에서 보았던 미래 가정의 모습이 먼 미래의 이야기가 아님을 알 수 있게 될 것이다.

 쉬어가기

스마트 홈 관련 영상

1) What is a Smart Home? https://www.youtube.com/watch?v=i73n-LTXPIM
2) Life Simplified with Connected Devices(Smart Home + Smart Life) https://www.youtube.com/watch?v=NjYTzvAVozo
3) LG Smart Home 소개 영상(영문) https://www.youtube.com/watch?v=6239lNmz2hY
4) 삼성 Smart Home 소개 영상(영문) https://www.youtube.com/watch?v=XQfAqlc7Vj8

■ 스마트 홈 구성 기기

사물인터넷 기반의 스마트 홈을 구현하기 위해서는 다양한 종류의 스마트 디바이스들이 필요하다. 사물인터넷의 사물이 될 수 있는 기기들, 즉 IoT의 기본 기능을 수행할 수 있는 스마트 기기들이 스마트 홈을 구성하는 기기들이다. [표 4-2]에 보인 것과 같이, 스마트 냉장고를 비롯한 스마트 융합가전, 헬스케어와 시큐리티, 그린 홈 구현을 위해 필요한 기기들과 엔터테인먼트 관련 기기 등이 스마트 홈을 구성하는 대표적인 기기들이다. 이밖에도 앞으로 가정에서 사용되는 거의 대부분의 기기들은 스마트한 기기로 변화되어 갈 것으로 예상된다.

표 4-2 스마트 홈 구성 기기

분야	분류	스마트 기기
스마트 융합가전 스마트	백색가전	스마트 냉장고/세탁기/로봇 청소기 등
	냉난방 기기	스마트 에어컨/보일러/공기 청정기/환기시스템 등
	조명 기기	LED,친환경 조명, 건강 조명 등 기능성 조명
	주방 기기	스마트 가스/전자레인지/오븐/밥솥/식기세척기 등
	가정 내 기기	각종 센서, 유무선 네트워크, 게이트웨이, 제어기/감지기 등

분야	분류	스마트 기기
스마트 홈 헬스케어	헬스케어	스마트 워치, 가정용 스마트 피트니스 기구, 활동량계 등
	건강관리 서비스	운동 모니터링, 응급 안전 관리, 질병 예방 관리 (스마트 의료 연동)
스마트 홈 시큐리티	보안 영상 장치	CCTV 카메라, IP영상장치, 감시 로봇 등
	기타 홈 시큐리티	디지털 도어록, 가정용 바이오 인식 기기 등
스마트 그린 홈	에너지 절약 기기	스마트 미터기/검침기/플러그/대기전력차단 장치 등
	에너지 절약 서비스	스마트 홈 시스템 기반의 에너지 관리 서비스
스마트 홈 엔터테인먼트	엔터테인먼트 기기	스마트 TV/오디오/스피커/컨트롤러 등
	게임기기 및 쇼핑	게임 콘솔, 스마트 TV 게임, 양방향 TV 홈쇼핑 서비스 등

① Amazon echo 허브

② LG 스마트 씽큐 허브와 센서

③ 삼성 스마트 패밀리 허브

④ 현대리바트&SK 스마트 거울

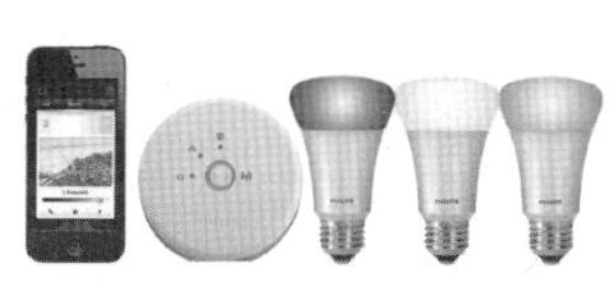

⑤ 필립스의 휴 스마트 전구

⑥ 네스트의 온도조절장치

⑦ 월풀의 터치스크린 레인지

⑧ KT의 GiGA IoT 헬스밴드

⑨ Mio Link의 손목형 심박계

그림 4-6 스마트 홈 구성 기기

[그림 4-6]는 스마트 홈 구성 기기의 예제를 보인 것이다. 첫 번째 그림은 아마존 에코이며, 스마트 홈 구현을 위한 허브 기능을 수행한다. 음악 재생 기능, 다양한 유무선 통신 기능과 가정 내 다양한 기기에서 수집된 데이터를 클라우드 기반의 서버에 전송하는 기능을 제공하며, 음성 제어/응답이 가능하다. 두 번째는 아마존 에코와 유사한 역할을 수행하는 LG 스마트 씽큐(ThinkQ) 허브이다. 허브는 스마트 홈 구현을 위한 뇌와 같은 역할을 수행한다. LG 스마트 가전제품과 연동하여 다양한 기능을 제공하며, 음성 제어와 응답이 가능하다.

세 번째는 TV 광고에서 많이 볼 수 있는 삼성 스마트 패밀리 허브 냉장고이다. 냉장고에 부착된 스마트 허브가 집안의 뇌관의 역할을 수행하며, 냉장실 문에 탑재된 풀 HD 터치스크린을 중심으로 푸드 알리미, 푸드 레시피, 푸드 쇼핑 등의 기능을 제공한다. 네 번째는 2014년에 현대리바트와 SK텔레콤이 함께 선보인 스마트 거울이 내장된 터치스크린 시제품이다. 부엌의 싱크대나 화장대 거울 등에 설치하고 스마트폰과 연동하여 스마트폰 화면 대신에 터치스크린을 통해 전화나 문자, 메신저 등을 보낼 수 있다. 음악을 듣거나 요리법, 드라마 등을 볼 수 있으며, 날씨, 일정, 메일 등을 체크할 수도 있다.

다섯 번째는 필립스에서 제공하는 필립스 휴 스마트 컨넥티드 LED 전구이다. 브릿지 컨트롤러와 스마트폰 앱을 통해 LED 전구의 제어가 가능하다. 스마트 조명 시스템은 집 내부와 외부의 조명을 스마트폰 앱을 통해 원격으로 제어하거나 미리 설정된 시간이나 부재중일 때는 자동으로 켜지거나 꺼지는 기능을 제공한다. 현재 LED 전구 등은 사람의 뇌파 신호나 생활 패턴 등을 분석하여 사람의 상황에 따라 다양한 무드의 조명을 알아서 제공해주는 인공지능 차원으로 진화되고 있다. 여섯 번째는 구글의 홈 자동화 자회사인 네스트(Nest)에서 제공하는 온도조절장치이다. 가족 구성원이 선호하는 냉난방 온도 정보를 수집하여 자동으로 냉난방을 조정해 주는 기능을 제공하며, 모바일 앱을 통해 원격으로도 제어할 수 있다. 그 다음은 월플(Whirlpool)에서 선보인 터치스크린 레인지 시제품이다. 유도 가열 요소로 되어 있는 레인지는 금속 냄비와 팬에만 반응하여 냄비가 있는 곳에만 열이 있고 다른 표면은 차갑게 유지된다. 차갑게 유지된 레인지 스크린에 요리법 등을 표시하여 손가락 터치 등을 통해 제어할 수 있다.

그 다음은 KT가 2017년에 출시한 GiGA IoT 헬스밴드이다. 트레이너 숀리와 함께 1:1 개인 트레이너가 가능한 헬스밴드이다. 운동량과 개인별 맞춤 권장식단 정보도 제공해

준다. 마지막은 미오 링크(Mio Link)에서 제공하는 분당 심장박동 수를 측정할 수 있는 손목형 심박계이다. 스마트폰 앱을 통해 심장박동을 모니터링할 수 있다. 이와 같은 웨어러블 기기들은 스마트 의료 시스템과도 연동되어 응급 상황에 대처하거나 질병을 예방하는 스마트 홈 헬스케어 서비스도 제공할 수 있는 기기들이다.

이 밖에 심장박동수나 신체 활동을 감시하고 추적할 수 있는 스마트 워치 등도 있다. 사용자가 언제 깨어 있고 언제 잠들었는지를 파악해서 자동으로 사용자 환경에 맞게 온도를 조절해 주는 조본(Jawbone)의 활동 추적 밴드도 있다. 소개된 기기들은 지극히 일부에 불과하며, 앞으로 우리가 상상하지 못하는 수많은 스마트 홈 기기들이 시장에 출시하게 될 것이다.

■ 스마트 홈 산업

스마트 홈 산업은 가전뿐만 아니라 안전, 보안, 에너지, 헬스케어와 엔터테인먼트 등 여러 산업분야의 발전과도 밀접하게 관련되어 더욱 더 발전되어 갈 것으로 예상되고 있다. 스마트 홈은 2000년대만 해도 홈오토메이션과 같은 단순한 초보적인 수준이었지만, 이제는 스마트 디바이스와 초고속 무선통신 기술, 4차 산업혁명 핵심 기술들의 융합으로 향후 고성장을 이루게 될 IoT 핵심 분야 중 하나로 전망되고 있다. 따라서 세계 유명 IT, 통신, 제조, 서비스 기업뿐만 아니라 의료, 금융, 건설 사업자들까지도 스마트 홈 시장 선점을 위해 치열한 경쟁을 벌이고 있다. 국내에서도 예외는 아니며, 삼성전자와 LG전자를 중심으로 국내 대형 IT 기업인 삼성 SDS, LG CNS, SK C&C등과 연합하여 3대 통신사업자인 LG U+, SK텔레콤, KT가 경쟁을 벌이면서 스마트 홈 서비스를 제공하고 있다.

■ 스마트 홈 핵심 서비스

다음은 스마트 홈에서 이루어지는 핵심 서비스에 대해서 알아보도록 하겠다. 스마트 홈의 핵심 서비스는 자동화, 보안, 에너지, 헬스케어, 엔터테인먼트 5가지 영역으로 나누어 생각해 볼 수 있다. 첫째 스마트 홈 서비스는 가정생활에 어떠한 편의를 제공할 수 있을까 에서부터 시작된다고 볼 수 있다. 가정의 가장 기본적인 작업들부터 자동화하여 우리가 신경 쓸 일들을 줄이고자 하는 것이다. 둘째 홈 시큐리티, 보안이다. 보안은 외부 침입으로부터의 안전뿐만 아니라, 화재나 가전 기기로부터 발생할 수 있는 위험 요소로부터 가족구성원 모두의 안정을 보장해 주는 기능이다. 셋째 에너지 효율성을 위해 가정 내 다양한 기기들이 환경 변화에 자율적으로 반응하여 에너지 절약이 가능하도록 해주는 것이다. 그 다음은 가정 내 웨어러블 기기들을 활용하여 응급 상황에 대처하고, 질병을 예방할 수 있도록 하는 헬스케어이다. 마지막으로 집에서 즐거운 삶을 영위할 수 있도록 해주는 홈 엔터테인먼트 기능이다. 이와 같이 IoT 기술을 기반으로 하는 대부분의 서비스들은 하나의 서비스 안에 다양한 IoT 적용분야의 기술들이 연계되어 광범위한 범위에서 이루어진다.

1 자동화(편리성)

자동화는 가정에서 이루어지는 기본적인 작업들을 자동화하여 우리가 신경 쓸 일들을 줄이는 편리성이라 하였다. 이를 위해 사물인터넷에 연결된 스마트한 기기들은 주어진 임무 수행을 스스로 알아서 판단하고 자동으로 작동하는 것이다. 예를 들면, 스마트 온도조절장치는 에어컨이나 보일러가 실내의 특정 온도가 되면 자동으로 작동될 수 있도록 하고, 근접센서를 이용하여 사람이 집안에 있는지 없는지 파악하여 작동 여부를 결정한다. 스마트폰을 통해 원격으로 제어도 가능하다. LED 조명은 누가, 어디서, 무엇을 하고 있는지 인식하여 상황에 맞게 조명을 자동으로 조절도 해 줄 수 있다. 예를 들면, 책을 읽을 때와 친구와 전화를 할 때의 조명의 밝기가 다르게 자동으로 조절되는 것이다. 이와 같은 단순 자동화뿐만 아니라 스마트 기기들은 서로 유기적으로 연결되어 새로운 서비스 제공도 가능하다. 예를 들어, 차고의 개폐장치센서를 통해 외출이 확인되면 부재중인 경우 세탁을 하겠다고 지정되어 있을 경우 세탁기를 자동으로 작동시키는 것이다. 또한 사람의 행동을 인지하는 센서는 사람이 잠에서 깨어나면 주변 조명기기들을 자동으로 밝히고 바로 샤워할 수 있도록 온수난방시스템을 자동으로 작동시켜 준다. 그 후 커튼을 열고 모닝커피도 준비해 줄 수 있다.

2 보완(안정성)

홈 보안 시스템은 우리가 가정에서 안전한 생활을 유지할 수 있도록 도와주는 기능이다. 예를 들어, 웹캠 등을 통해 스마트폰이나 컴퓨터를 이용하여 집안의 상황을 실시간으로 감시할 수도 있고, 외부인이 침입할 경우에는 경찰서에 자동으로 알릴 수도 있다. 창문이나 문에 부착된 동작감지센서를 통해 이상한 징후가 발생할 경우에는 출입문을 자동으로 잠그고, 필요한 경우에는 경찰에 도움을 요청할 수도 있다. 상황에 따라서는 경찰서에 집 설계도를 자동으로 전송할 수도 있다. 집안의 연기나 일산화탄소 등을 탐지하여 이상이 발생할 경우에는 알람을 울리고 스프링클러를 작동시켜 준다. 심각성에 따라서는 소방서에 자동으로 연락도 해준다. 집안에 있는 가전제품의 안전성도 자동으로 체크하여 누전 사고 등을 사전에 방지하고, 서비스 센터에도 자동으로 연락해 수리 요청도 해줄 수 있다.

3 에너지(효율성)

스마트 홈 에너지는 에너지 절감을 통해 우리가 경제적인 생활을 유지할 수 있도록 도와준다. LED 스마트 조명기기는 상황에 따라 조명의 밝기를 자동으로 조절해 줄 수 있다. 실내에 사람이 있는지 없는지를 확인하고 조명을 자동으로 소등하여 에너지 절약을 해주는 것이다. 또한 에너지 효율성을 정기적으로 점검하여 에너지 효율이 가장 높은 경우에만 세탁기 등의 가전제품이 가동하도록 할 수 있다. 더 나아가 스마트 홈에 연결된 기기들은 낮은 전력량으로 운용되도록 아예 프로그램화되어 운영된다.

4 헬스케어

스마트 홈은 우리가 건강한 삶을 유지할 수 있도록 도와준다. 다양한 스마트 웨어러블 디바이스들은 호흡, 심박수, 혈압 등을 모니터링하여 비정상적인 수치인 경우에는 보호자에게 알리고, 119나 병원에 자동으로 알릴 수 있다. 스마트 운동 기기들 또한 사물인터넷에 연결되어 우리의 운동 현황을 파악하고 건강 상태를 주치의와 공유할 수 있게 해준다. 병원에 갈 필요 없이 집에서도 의사의 진료를 받을 수 있는 원격진료 서비스 제공 및 다양한 건강관리서비스와도 연동되어 움직일 수 있다.

5 엔터테인먼트

스마트 홈은 우리가 집에서 기쁘고 즐거운 행복한 생활을 유지할 수 있도록 도와준다. 스마트 TV나 무선 블루투스 오디오 시스템은 집안 어디에서나 음성과 제스처, 터치를 통해 손쉽게 제어할 수 있도록 더욱 더 스마트해지고 있다. 스마트 TV는 내장된 카메라와 마이크로폰을 통해 영상 통화를 가능하게 하며, 영화의 장면에 맞게 조명도 스마트하게 조정해 줄 수 있다. 가족 구성원의 시청 데이터도 분석하여 선호하는 채널 순으로 채널을 재조정해주며, 프로그램도 추천해 준다. 또한 뇌파 감지기를 이용해 고객의 현재 상황을 감지하여 상황에 맞는 음악을 선곡해 줄 수 있으며 볼륨도 자동으로 조절해 줄 수 있다. 즉 잠자는 중인지 요리하는 중인지 우리의 상황을 스마트 센서를 통해 수집하고 이를 분석하여 상황에 맞는 음악을 자동으로 선곡하여 줄 수 있는 것이다. 날씨에 맞게 또는 운동 테마나 심박수에 맞게도 음악을 선곡해 준다. 이 밖에도 집에서 양방향 쇼핑을 즐길 수 있는 서비스도 지원된다. 현재 가정용 엔터테인먼트 기술은 이전보다 훨씬 지능적이고 스마트해지고 있다.

이러한 핵심 서비스 이외에도 스마트 홈 서비스는 IoT 기반의 스마트 빌딩, 스마트 시티, 스마트 환경, 스마트 의료 등의 외부 시스템과도 연동되어 폭 넓은 범위에서 이루어진다. 4차 산업혁명의 특징 중 하나인 초연결성의 특징이 스마트 홈 시스템 하나에서만도 모두 구현되는 것을 우리는 볼 수 있는 것이다.

4.1.3 사물인터넷의 응용사례 2: 스마트 자동차

스마트 자동화 분야 또한 우리의 삶과 밀접하게 연관되어 있는 IoT 서비스 분야이며, 대부분의 자동차 회사들이 스마트 자동차 사업에 현재 막대한 투자를 하고 있다. BMW은 2016년 12월에 IBM과 공동 연구를 시작하여 스마트 자동차를 선보일 예정이라고 발표하였다. 또한 '2021 BMW iNEXT' 모델을 출시하여 2021년까지 단계적으로 차세대 자율주행차를 선보일 것이라 밝혔다. 메르세데스-벤츠 또한 2017년 100km 장거리 자율주행을 성공시키며 2020년 초 상용화를 목표로 자율주행 기술이 탑재된 새로운 모델을 지속적으로 출시하고 있다. 국내에서도 현대기아자동차가 2016년 1월 '쏘울 EV'을 선보였으며, 2020년까지 '고도 자율 주행'을, 2030년까지 '완전 자율 주행'의 상용화를 목표로 하고 있다.

■ 스마트 자동차의 주요기능

IBM은 스마트 자동차의 주요기능을 다음과 같이 6가지로 제시하였다.

- 자가 치유 (self-healing) : 스스로 진단하고 스스로 문제를 해결할 수 있는 자동차
- 자기 친화(self-socializing) : 다른 차량 및 주변 세계와 연결될 수 있는 자동차
- 자기 학습(self-learning) : 운전자, 탑승자 또는 다른 자동차들의 행동을 지속적으로 학습하고 도움을 제공할 수 있는 인지 능력을 갖춘 자동차
- 자율 주행(self-driving) : 제한적 자동화에서 완전 자율 주행이 가능한 자동차
- 자가 구성(self-configuring) : 운전자 개인 선호도에 맞게 스스로 적응
- 자가 통합(self-integrating) : 스스로 통합된 IoT 서비스의 부분을 이루며 운영

다시 말해, 스마트 자동차는 무엇보다 문제가 발생하기 전에 잠재적인 문제를 미리 예측하고 진단하여 스스로 문제를 해결할 수 있는 기능을 갖추어야 한다. 또한 다른 차량과 주변 세계와 연결될 수 있어야 하며, 운전자와 탑승자, 다른 자동차의 행동들을 지속적으로 학습하여 맞춤형 서비스를 제공할 수 있는 인지 능력도 갖추어져 있어야 한다. 궁극적으로는 제한적인 자동화를 넘어서 완전 자율주행으로 전환될 수 있어야 하며, 운전자의 개인 선호도에 맞게 스스로 적응하여 좌석 높이도 운전자에 맞게 자동 조정해 주고 운전자의 주 목적지에 맞게 내비게이션도 작동시킬 수 있어야 한다. 더 나아가 교통, 날씨, 차량이 이동하고 있는 주변의 이벤트와도 연결되어 통합된 IoT 서비스의 부분을 이루며 운영될 수 있어야 한다. 이와 같은 주요 기능이 다 갖추어지면 인공지능을 겸비한 완전한 자율주행자동차에 도달할 수 있게 되는 것이다.

■ 영화 속에 선보인 스마트 자동차

공상과학 영화는 이미 개발 중이거나 개발 예정인 기술에 상상력을 더해서 만들어지기 때문에 영화에 등장하는 미래 기술은 현실화될 가능성이 매우 높다고 볼 수 있다. 실제로 영화 속에서 선보인 미래 자동차 기술이 자율주행차가 갖추어야 할 기능들을 미리 선보인 사례가 많다. 영화 속에서 사용되었던 미래 자동차의 대표적인 사례 몇 개를 살

펴보면, 1997년에 개봉한 영화 '제5원소(The Fifth Element)'에서는 지능형 교통 시스템을 통해 운전자 없이 질서 정연하게 움직이는 자율주행차를 선보였다. 2002년에 개봉된 영화 '마이너리티 리포트(Minority Report)'에서는 차량 인포테인먼트를 선보였다. 이때 이미 음성인식, 홍채인식, 사물인터넷 기술 등 다양한 미래 기술이 등장하였으며, 현실세계와 가상세계를 연동하여 자연스러운 상호작용이 가능한 내츄럴 사용자 인터페이스 (NUI: Natural User Interface) 기술을 선보인 것으로도 유명하다. 영화의 주인공 톰 크루즈가 손동작을 이용하여 사건 파일들을 마음대로 열람해 보는 장면이 바로 NUI 기술이다. 2014년에 개봉된 영화 '캡틴 아메리카: 더 윈터 솔져(Captain America: The Winter Soldier)'에서는 사물인터넷을 통한 커넥티트카의 개념을 선보였다. 운전자의 부상 정도, 차량의 손상 정도를 스스로 알아서 측정해 보고한다. 스스로 손상된 부분을 정비도 한다. 2017년 개봉된 '분노의 질주: 더 익스트림(The Fate of the Furious)'에서는 자율주행차와 사물인터넷을 통해 연결되어 있는 자동차를 중앙에서 통제하여 제어하는 모습를 보이고 있다. 차량이 중앙에서 통제되고 운전자는 자신의 차량을 마음대로 제어할 수가 없는 모습에서 우리는 사물인터넷이 야기하게 될 문제점도 엿볼 수 있다.

그림 4-7 영화 속에 선보인 스마트 자동차

 용어설명

인포테인먼트(Infotainment)

'정보(Information)과 오락(Entertainment)의 합성어로, 정보전달에 오락성을 가미한 소프트웨어 또는 미디어를 가리키는 용어로[1]' 자동차에서는 차량 내 내비게이션과 같은 외부 환경과의 정보 교환과 오디오, 비디오 시스템 및 스마트폰과 사물인터넷 등의 외부 연결까지를 통합한 차량 내 '엔터테인먼트 통합시스템'이라 말할 수 있다.

4.2 사물인터넷의 적용사례

본 절에서는 지금까지 살펴본 사물인터넷의 주요 응용분야에 대한 실 적용사례에 대해 살펴보도록 한다. 교재에서 제시한 사례는 지극이 일부에 불과하므로 인터넷 검색 등을 통해 다른 IoT 실 적용사례들에 대해서도 접해보시기 바란다.

■ 스마트 홈

앞에서 살펴본 것처럼, 세계 유명 IT, 통신, 제조 및 서비스 기업뿐만 아니라 국내에서도 삼성, LG 및 3대 통신사업자인 LG U+, SK텔레콤, KT가 경쟁을 벌이면서 스마트 홈 서비스를 제공하고 있다. 삼성전자의 '스마트 패밀리 허브', LG전자의 '스마트 씽큐 허브', SK텔레콤의 'SKT Smart[Home]' 및 KT의 '기가 IoT 홈매니저' 등이 바로 스마트 홈 서비스의 실 적용사례들이다. 개념에 있어서는 서로 유사하므로 본 교재에서는 스마트 홈의 선두주자인 삼성과 LG의 사례만 살펴보도록 한다.

삼성 SDS에서 제공되는 스마트 홈 서비스의 주요 기능[2]은 다음과 같다. 첫째 다양한 홈 디바이스들을 연결하여 가전제품을 자동으로 제어할 수 있으며, 언제 어디에서나 가족의 안전을 확인할 수 있도록 지원한다. 또한 효율적으로 에너지를 사용할 수 있도록 도와주며, 집밖에서도 스마트폰을 통해 집안의 가전기기를 제어할 수 있도록 지원

1 과학기술 용어사전: http://toparadic.tistory.com/899

2 삼성 SDS '스마트 홈 서비스': https://smarthome.samsungsds.com/solution/smarthome?locale=ko

한다. 어디에서나 방문자와 영상 통화를 할 수 있으며, 현관이나 집안, 복도 등을 스마트폰을 통해 모니터링 할 수도 있다. 이를 통해서 애완견은 잘 있는지 또는 집 근처 수상한 사람은 없는지 등을 확인할 수 있도록 지원한다.

삼성전자는 2016년 IoT 기능을 적용하여 식재료 보관뿐만 아니라, 커뮤니케이션, 쇼핑, 엔터테인먼트 등 생활 속 콘텐츠를 접목시킨 '스마트 패밀리 허브 냉장고'를 출시하였다. [그림 4-8]에 보이는 것처럼 냉장고 문에 탑재된 풀 HD 터치스크린을 중심으로 푸드 알리미, 푸드 레시피, 푸드 쇼핑 등의 기능을 제공한다. 즉 스마트폰으로 냉장고 안에 있는 식재료를 확인할 수 있고 대형마트와 연계하여 부족한 식재료를 구입할 수도 있다. 또한 음성으로 읽어주는 레시피에 따라 요리도 할 수 있다. 이뿐만 아니라, 화이트보드, 메모, 음악, TV, 웹브라우저 기능들도 제공한다. 이러한 기능들이 바로 센서들을 이용한 IoT 기술을 기반으로 이루어진다.

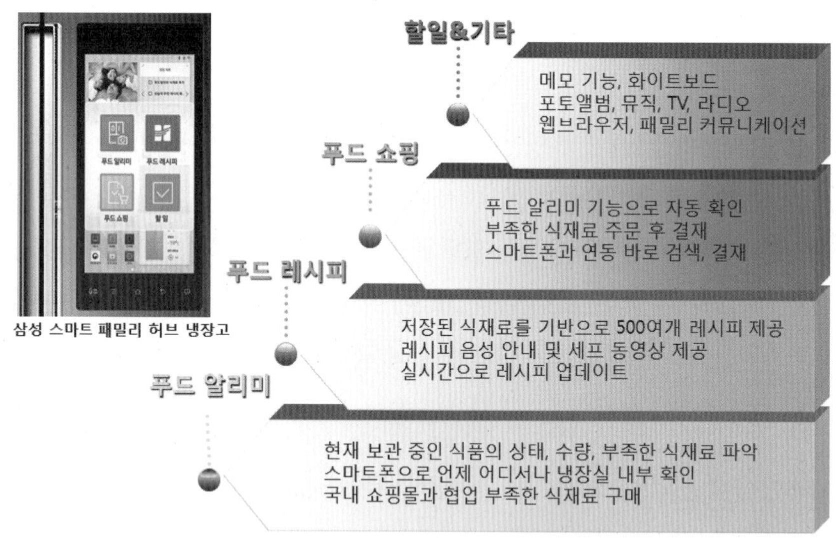

그림 4-8 삼성 스마트 패미리 허브 냉장고의 기능

LG 또한 국내 스마트 홈 서비스의 선두주자이다. LG의 스마트 홈 서비스는 LG 홈챗(HomeChat)으로부터 시작되었다. LG전자의 홈챗은 LINE이나 카카오톡을 이용하여 스마트 가전제품과 대화를 통해 가전제품을 제어할 수 있는 서비스이다. 'chat'은 채팅을 의미하며 가전제품의 제어가 바로 채팅으로 이루어진다는 의미이다. 원격으로 모니

터링과 제어 서비스도 가능하며 삼성 패밀리 허브 냉장고처럼 스마트폰과 냉장고 화면을 통해 냉장고에 보관 중인 식품의 확인이 가능하다. 로봇청소기에 탑재된 카메라를 통해서 청소 중에 이상이 감지되며, 이를 스마트폰으로 전송하여 집안의 이상 유무를 확인할 수 있는 기능도 제공한다.

LG의 스마트 홈 서비스는 이제 LG전자의 '스마트 씽큐 허브'를 중심으로 스마트 가전제품을 IoT로 연결하여 LG 홈챗에서 제공하였던 기능뿐만 아니라, 여러 다른 기능들을 추가하여 서비스하고 있다. 여기에서 허브는 IoT 센서들의 인터넷 관문 역할을 하는 장치이다. 스마트 씽큐 허브는 블루투스와 와이파이 등의 무선통신 프로토콜을 지원하고, LCD 디스플레이, 블루투스와 연동되는 스피커가 내장되어 있어 음성 서비스가 가능하다. 즉 일정과 날씨 등에 대한 질문과 응답이 음성으로 이루어질 수 있다. 씽큐 허브는 IoT로 가전제품을 연결할 뿐만 아니라, 스마트 가전제품의 모니터링과 알림 서비스와 원격 제어 기능 등도 제공해 준다. 또한 기존에 만들어진 전자제품들이 사물인터넷에 연결되어 사용될 수 있도록 '스마트 씽큐 센서'를 제공한다. 즉 스마트 씽큐 센서를 일반가전이나 필요한 기기에 부착하게 되면, 일반 기기가 스마트 기기로 변환되어 사물인터넷을 통해 제어가 가능하게 된다. 예를 들어, 일반 에어컨에 부착하게 되면 스마트 에어컨이 되어 IoT를 통한 제어가 가능한 것이다. [그림 4-9]은 스마트 씽큐 허브를 중심으로 가전제품이 연결된 모습을 보여주고 있다.

그림 4-9 LG 스마트 씽큐 허브

앞에서 삼성 '스마트 패밀리 허브'와 LG '스마트 씽큐 허브'에서 보았듯이 스마트 홈 서비스는 허브를 중심으로 이루어지고 있다. 아마존의 경우에도 '아마존 에코 허브'를 중심으로 스마트 홈 서비스를 제공하고 있다. 여기에서 허브(hub)는 게이트웨이(gateway)와 같은 IoT 센서들의 인터넷 통로 역할을 수행한다. 즉 가전제품에 있는 센서들로부터 수집된 데이터들은 저전력 비IP 무선 네트워크 기술인 블루투스나 지그비 등을 통해 허브로 전송되고, 허브는 이러한 데이터를 유무선 네트워크를 통해 클라우드 기반의 서버로 전송하는 스마트 홈의 중심 역할을 수행하는 것이다. 전송 기능 및 IP 주소가 부여되어 있는 스마트 디바이스들은 게이트웨이 또는 보통 공유기라 불리는 라우터를 통해 직접 수집한 데이터를 서버로 전송한다.

스마트 홈 서비스가 이루어지는 구조에서 우리는 지난 주차에 배운 IoT 작동 원리를 엿볼 수 있다. 첫 번째는 스마트 가전제품들 사이에서 데이터를 주고받으면서 상호 제어를 통해 가정의 일들이 자율적으로 이루어지는 것이다. 그 다음은 수집된 데이터를 클라우드 기반의 서버로 전송하여 스마트 홈의 다른 서비스 형태로 제공하는 것이다. 또는 의료서비스 등과 같은 다른 응용시스템과도 연동되어 사용될 수도 있다. 이제 스마트 홈 서비스는 가족 구성원의 생활 패턴이나 가정에서 수집된 각종 데이터 분석에 인공지능 기술을 결합시켜 개인에게 최적화된 맞춤형 서비스를 제공하는 시스템으로 진화하고 있다.

■ 자율주행차

자율주행차 또한 4차 산업혁명을 이끌 주요 변화 동인 중 하나이다. 자율주행자동차는 1939년 뉴욕세계박람회에서 이미 등장하였지만, 실제 IoT 기술이 처음 적용된 사례는 2012년 유튜브를 통해서 소개된 구글 자율주행차로 보고 있다. 구글의 자율주행차인 '구글카'는 운전자의 조작 없이 스스로 주변을 감지할 수 있는 다양한 센서들로부터 수집된 데이터를 바탕으로 주행 환경을 인식하여 목표지점까지 운행할 수 있으며, 약 40km 최고 속도로 달릴 수 있는 전기 자동차이다.

자율 주행의 시작점이 바로 차량에 내장된 다양한 종류의 센서들이다. 즉 다양한 센서들이 사물인터넷으로 연결되어 상호 소통하며 자율적으로 동작하는 것이다. 최신형 자동차에는 200여개가 넘는 센서들이 내장되어 있으며, BMW 미래자동차 모습에서 보았듯이 앞으로 완전한 자율 주행을 위해서는 더 많은 센서들이 내장될 것이다.

국내에서도 현대기아자동차가 '쏘울 EV' 자율주행차를 2016년 1월 국제전자제품박람회에서 선보였다. 고속도로, 좁은 길과 교통이 혼잡한 구간의 자율 주행이 가능하며, 비상시에는 갓길에 정차할 수도 있다. 위치 인식과 주행 환경 인식을 통해서 최적의 경로를 제공하며 다양한 센서 정보를 융합하여 주행 상황 판단과 차량을 제어할 수 있는 기능도 제공한다. 국내 최초로 미국 네바다주에서 고속도로 자율주행 면허를 취득하였으며, 2020년까지는 '고도 자율 주행'을, 2030년까지는 '완전 자율 주행'의 상용화를 목표로 하고 있다.

그림 4-10 구글의 '구글카'(좌)와 현대기아자동차 '쏘울 EV' 자율주행차(우)

앞에서도 살펴보았듯이 현재 대부분의 자동차 회사들 역시 스마트 자동차 기술의 업그레이드를 통해 새로운 모델을 지속적으로 출시하며, 완전 자율 주행 상용화에 박차를 가하고 있다.

■ 스마트 물류

[그림 4-11]은 아마존 물류창고의 키바(Kiva) 로봇 사례이다. 아마존은 'Kiva Systems'에서 개발한 키바 로봇을 도입하여 물류자동화를 실현하였다. 키바 로봇의 주요 기능은 주문 물품을 찾아서 전달해주는 짐꾼 역할이다. 이러한 역할을 수행하기 위해 키바 로봇에는 장애물을 인지하여 충돌을 방지하기 위한 적외선 센서와 창고 바닥의 QR 코드를 인식하여 현재의 위치를 파악하기 위한 카메라, 물건을 들어 올릴 수 있는 리프팅과 시간당 약 6.4km의 속도로 움직일 수 있는 구동 바퀴가 탑재되어 있다. 로봇

은 일정한 시간마다 지정된 충전소로 가서 스스로 충전을 한다. 2012년 아마존이 Kiva Systems를 인수한 후 키바 로봇을 '아마존 로봇'으로 명칭을 바꾸었지만 아직도 주로 키바 로봇으로 불리고 있다. 2017년 1월 약 4만 5000대 정도가 20여개 아마존 물류 창고에서 운영 중에 있고, 키바 로봇의 도입으로 600개 주문처리 당 소요됐던 90분을 15분으로 단축하게 된다.

그림 4-11 아마존 물류창고의 키바(Kiva) 로봇[3]

키바 로봇의 작동 원리는 [그림 4-12]에 설명되어 있는 것과 같이 아주 간단하다. 아마존 물류시스템에 의해 물품이 입고되면, 키바 로봇 작업 구역 내에 있는 상품 보관 선반인 보관대(Fod)에 적재가 된다. 직원들은 물품의 주문이 들어오면, 주문이 들어온 물품을 키바 로봇에게 찾아 달라 요청을 하게 된다. 그러면 키바 로봇은 물품이 보관되어 있는 보관대를 찾아서 직원에게 가져다주고 다시 보관대를 제자리에 가져다 놓는다. 로봇이 이동하는 방법은 창고 바닥에 그려진 QR코드를 스캔하여 현재 위치를 파악하고, 이를 무선 통신을 통해 서버에 전송한다. 그러면 서버는 현재 위치에서 찾고자 하는 보관대까지의 최적의 경로를 설정하여 키바 로봇의 길을 통제한다. 즉 로봇은 탑재되어 있는 적외선 센서를 통해 장애물을 인지하고, 서버와 무선통신을 통해서 로봇들 간의 충돌 없이 최적의 경로를 따라 보관대를 주문한 직원에게 가져다주게 되는 것이다. 아마존 물류자동화 시스템의 원리는 아주 단순하지만, 주요 기술은 로봇에 탑재된 적외선 센서, 카메라, 창고 바닥의 QR 코드로부터의 데이터 인식과 무선통신을 통

3 키바 로봇 관련 영상: https://youtu.be/gQpMDdJmbNs

한 서버와의 통신 등 사물인터넷 기술에 기반 한 것이다. 최적의 경로 설정 및 장애물과 로봇 간 충돌 방지에 인공지능 기술이 융합된 사례이다.

물품 보관대(Fod) 적재	물품 입고 시 키바 로봇 작업구역내에 있는 상품 보관대에 적재
키바의 역할	직원들이 물품을 요청하면 해당 물품이 보관되어 있는 보관대를 찾아 직원에게 가져다주고 다시 보관대를 제자리로 가져다 놓음
이동 방법	• 창고 바닥에 그려진 수많은 QR코드를 스캔하여 현재 위치 파악 • 중앙 서버와의 무선 통신을 통해 현재 위치에 따른 최적의 경로 통제 • 적외선 센서를 통한 장애물 인지와 서버와 무선통신을 통해 로봇들 간의 충돌없이 최적의 경로로 따라 보관대를 주문한 직원에게 가져다 줌 • 90도 회전, 전진과 후진 만을 통한 이동, 로봇 회전 시 보관대는 회전하지 않음 • 최적의 결오 설정 및 장애물과 로봇 간 충돌 방지에 인공지능 기술 접목

그림 4-12 키바 로봇의 작동 원리

■ **스마트 제조**

스마트 제조 사례는 독일 정부가 추진하고 있는 인더스트리 4.0 스마트 팩토리에서 찾아볼 수 있다. 인더스트리 4.0은 독일 정부가 추진하고 있는 'ICT와 제조업이 융합된 차세대 제조업 기술 전략'이다. 현재 독일의 4차 산업혁명을 이끄는 원동력이기도 하다. 인더스트리 4.0의 개념은 공장의 모두 산업 설비를 사물인터넷으로 연결하고, 사이버물리시스템을 구축하여 공장 설비가 자율적이고 지능적으로 운영될 수 있도록 한다는 것이다. 궁극적으로는 주문부터 배송까지를 자동화하고 일원화하고자 하는 것이다.

독일의 대표 제조업체인 지멘스(Siemens)는 독일 정부의 '인더스트리 4.0 스마트 제조 시나리오'를 구현하여 공장 시스템을 운영하고 있다. 세계 최고의 지능형 공장이라 불리는 생산 공장에는 수십 개의 컨베이어 벨트에서 로봇들이 상호 연결되어 전자부품을 생산해 내고 있다. 지멘스는 'TIA(Totally Integrated Automation)'라는 소프트웨어를 개발하여 이를 통해 공장 레이아웃 점검에서부터 제어 설계, 생산 시뮬레이션 및 가동 모니터링을 하나의 패키지로 구현하여 고객 주문에 맞는 맞춤형 생산관리, 재고 및 유통관리, 이송 및 애프터 서비스까지를 통합한 End-to-End 엔지니어링을 구현하여 운영하고 있다. 이러한 서비스가 가능한 것이 바로 사물인터넷을 통해 연결된 사물들이 상호 소통하며 스스로의 역할을 자동으로 수행할 수 있기 때문이다.

그림 4-13 지멘스(Siemens) 스마트 팩토리

독일 고급 주방가구의 대표 기업인 노빌리아(Nobilia)도 인더스트리 4.0 전략에 따라 고객 맞춤형 스마트 팩토리를 가동하고 있다. 고객별 제품 조립 방법을 컴퓨터를 통해 입력하며, 생산 라인은 이에 맞게 자동으로 바뀌고 고객 맞춤형 제품을 자동으로 만들어 낸다. 즉 자동 생산 방식으로 고객 맞춤형 제품을 만들어 내는 것이다.

■ 스마트 환경

스마트 환경 적용사례로는 아주 간단한 이큐브랩(E Cube Labs)의 IoT 스마트 쓰레기통 사례를 들 수 있다. 이큐브랩은 일반 쓰레기통의 8배까지 수용이 가능한 태양광 압축 쓰레기통인 클린 큐브(clean cube)에 쓰레기통의 적재량을 감지할 수 있는 감지 센

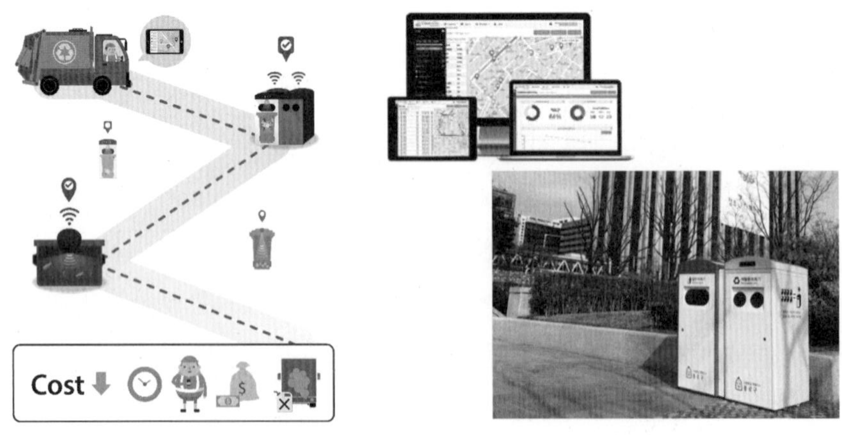

그림 4-14 이큐브랩 운영 과정

서인 클린 캡(clean cap)을 부착하여 쓰레기의 적재량을 감지한다. '클린 시티 네트웍스(Clean City Networks)' 프로그램을 통해 실시간으로 적재량과 수거 활동을 모니터링하며 관리한다. 적재량 감지 센서에 의해 전송된 데이터를 분석하여 쓰레기통이 채워지면 폐기물 수거 차량에 폐기물 수거 알림 푸시 메시지를 전송하고, 폐기물 수거 최적의 경로를 제공해 쓰레기를 수거할 수 있도록 한다. 이러한 과정을 통해 폐기물 수거 효율성을 최대 80%까지 향상시켰다. [그림 4-14]은 이큐브랩의 운영 과정을 보인 것이다.

■ 스마트 농장

스마트 농장 적용사례로는 엔씽(n.thing)의 스마트 농장을 들 수 있다. 농장에 온도 센서, 관수 상태 측정 센서, 조도 센서와 카메라, 대기 습도 센서 및 이산화탄소 농도 측정 센서 등을 설치하고 센서들이 수집한 데이터들을 게이트웨이를 통해 서버로 전송한다. 전송된 데이터를 기반으로 자동 물주기 등을 통해 사람의 개입 없이 스스로 운영될 수 있는 스마트한 농장 시스템이 형성된다. [그림 4-15] 스마트 농장의 운영 과정 및 농장의 모습을 보인 것이다.

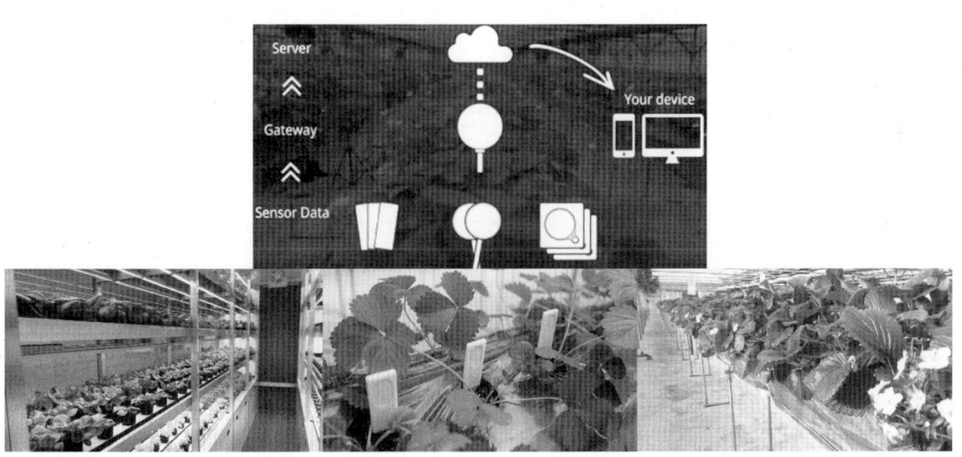

그림 4-15 엔씽의 스마트 농장

4.3 사물인터넷의 문제점 및 미래

마지막으로 사물인터넷이 만들어 내는 스마트한 세상 이면에는 어떠한 문제점들이 존재하게 될지 살펴보고, 사물인터넷의 미래 전망에 대해 알아보도록 한다.

4.3.1 사물인터넷의 문제점

앞에서 살펴본 것처럼 사물인터넷은 편리성, 생산성, 효율성 등을 수반하며 우리가 상상하는 것 이상의 스마트한 세상으로 우리를 이끌어 가게 될 것이라는 예상이 가능하다. 그러나 이러한 장점 이면에는 모든 것이 다 연결되는 투명성으로 누군가가 늘 우리를 지켜보는 '빅 브라더' 가 존재할 수밖에 없는 세상이기도 하다("Big brother is watching you."). 이로 인한 사생활 침해와 해킹의 가능성은 더욱 더 높아질 수밖에 없는 것이다. HP가 2016년 11월과 12월에 20개국 3,100명을 대상으로 실시한 인터뷰 조사에서, IoT 기술을 도입한 기업 중에 84%가 IoT 관련 보안 침해 경험이 있다고 밝혔다. 이와 같이, 사물인터넷 보안 문제는 사물인터넷의 성공적인 도입을 위해서 반드시 해결되어야 할 가장 큰 이슈 중 하나이다. 또한 기계에게 자율권과 제어권을 부여함으로써 발생할 수 있는 문제 및 끊임없이 수집되는 빅데이터들을 빠르게 처리해야 하는 문제 등이 존재한다. 이와 같이 사물인터넷의 문제점을 사생활 문제(Privacy issues), 보안 문제(Security issues), 빅데이터 문제(Big Data issues), 자율성과 제어 문제(Autonomy and Control issues) 및 스마트 기계 문제(Smart Machine issues)로 나누어 살펴보도록 하겠다.

■ 사생활 문제

가장 큰 이슈가 될 수 있는 문제점이 바로 사생활 문제이다. 사물인터넷에 연결된 센서와 스마트 기기들은 개인에 대한 수많은 정보를 끊임없이 수집하게 된다. 사물인터넷에서는 우리가 언제, 어디에서, 무엇을 하는지에 대한 정보뿐만 아니라, 거의 모든 개인에 관한 정보 수집이 가능하다. 누군가를 추적하고 싶다면 우리가 항상 소지하고 있는 스마트폰의 GPS를 통해 실시간으로 언제든지 추적할 수 있는 환경에 있는 것이다. 이러한 감시망을 피하는 것은 불가능한 환경이 이미 갖추어져 있다고 볼 수 있다. 정부는 개인의 허락 없이 개인의 이-메일, 문자 메시지, 방문한 웹 사이트, 움직인 경로 등에 대한 추적을 통해 개인 정보 사찰이 가능하며, 이미 이러한 사례들이 존재한다. 이러한 문제들이 바로 IoT 기술의 혜택과 동시에 부작용인 것이다. 사물인터넷은 모든 것을 투명하게 만드는 급진적인 개방의 시대로 우리를 이끌어 가고 있고, IoT 세계에서 우리는 우리의 사생활의 일부를 희생할 수밖에 없는 현실에 직면해 있는 것이다.

■ 보안 문제

다음은 보안 문제로 데이터 보안과 시스템 보안으로 나누어 생각해 볼 수 있다. 사물인터넷이 수집한 데이터는 과연 안전한지와 사물인터넷 전체 시스템 또한 안전한지에 관한 문제이다. 수천 수백만 개의 센서와 스마트 기기는 모두 해킹의 시발점이 될 수 있고 낮은 수준의 보안이 적용되어 있다면, 해커들은 보다 쉽게 정보를 해킹할 수 있는 환경이다. 이렇게 훔친 정보들은 예를 들어, 신용카드 정보라든지 신체 활동 정보들은 돈이 되는 2차 시장 진입으로의 가능성이 얼마든지 내포되어 있는 것이다. 사물인터넷은 이와 같은 단순한 데이터의 해킹뿐만 아니라, IoT 시스템 전체 운용의 제어권도 침입하여 제어할 수 있는 환경이다. 다시 말해, 해커가 스마트 홈 시스템이라든지 스마트 자동차 시스템과 같은 시스템들의 모든 제어권을 가지고 통제가 가능한 것이다. 예를 들면, 2017년에 개봉한 영화 '분노의 질주'를 보면, 원격으로 자동차의 주행을 마음대로 제어하는 장면들이 나오는데, 이와 같이 원격 조정을 통해 모든 제어권을 가지고 다양한 범죄 유형을 만들어 낼 수 있는 것이다. 이러한 상황을 막을 수 있는 방법은 보다 강화된 철저한 보안만이 해결책이다.

■ 빅데이터 문제

빅데이터 문제는 사물인터넷에 연결된 기기의 수가 많아질수록 더 심화될 수 있는 문제이다. 수집된 데이터는 분석 과정 없이 그 자체만으로 활용되는 경우도 많지만, 더 나은 가치를 지니기 위해서는 패턴이나 동향 분석, 상호 연관성 분석 등을 통해 지능적이 해석이 필요하다. 그러나 분석할 시간적 여유가 없을 정도로 계속해 수집되는 엄청난 량의 데이터는 단순히 데이터의 수집에만 멈추고, 저장 공간만 차지하는 상황이 발생할 수 있는 것이다. 이를 해결하기 위해서는 수집된 데이터를 정확하게 분석할 수 있는 전문 데이터 분석가의 양성과 수집된 데이터를 거의 실시간으로 의미 있는 데이터로 변환할 수 있는 정확한 알고리즘 개발 인력 양성이 필요하다. 여기에서 우리는 미래에 각광받을 일자리에 대한 예측이 가능하다.

■ 자율성과 제어 문제

다음은 기계의 자율성과 사물인터넷의 제어 문제이다. 우리는 스마트 기기가 얼마만큼 스마트하기를 원하는지?, 사물인터넷에게 어느 정도까지의 자율성을 부여할 것인지?, 사물인터넷이 시스템들을 어느 선까지 제어하기를 원하는지? 등 우리는 이제 이러한 질문들에 대한 해답을 찾아야 하는 상황에 직면해 있는 것이다. 영화 '월-E'에 나오는 것처럼 모든 것이 지능형 우주선의 중앙 컴퓨터에 의해 제어되고 우리는 뚱뚱한 인간이 되어 비행 의자에 늘어져 않아 있어야만 하는가? 이러한 문제들이 해결되지 않으면 보안 문제에서 살펴본 것처럼, 사물인터넷으로 이루어진 시스템들이 우리를 지배하는 세상이 될 수 있다.

■ 스마트 기계 문제

마지막으로 스마트 기계 문제이다. 이는 사물인터넷의 가장 큰 이슈가 될 수 있는 문제이기도 한다. 만약 스마트 기기와 사물인터넷 시스템들이 조금 더 스마트해져서 인간의 제어를 거부한다면 어떻게 될까? 영화 터미네이터의 '스카이넷'에서와 같이 이러한 상황은 충분히 발생될 수 있다고 보고 있다. 인공지능을 지닌 기계가 인간의 능력을 능가하는 것을 '기술의 특이성'이라 한다. 이제 이론적으로 인공지능이 인간의 지적 능력을 능가할 수 있음을 보이고 있다.

미래학자 레이 커즈웨일(Ray Kurzweil)은 이러한 기술의 특이성이 2045년경에는 발생할 수 있을 것으로 예상하였다. 특이성에 도달하면 어떤 일이 발생할까? 어쩌면 터미네이터의 스카이넷이 현실이 될 수도 있다. 우리가 자율성을 부여하여 만든 지능형 시스템이 우리의 친구가 될지, 아니면 적이 될지에 대해서는 우리가 이러한 상황들을 인지하고 예측하여 이러한 상황들이 발생하지 않도록 사물인터넷 제어가 이루어지도록 프로그램을 만들어야 할 것이다.

사물인터넷의 이러한 문제점들은 비단 사물인터넷만의 문제는 아니며, 기술의 진보 이면에 존재하는 양면성이다. 4차 산업혁명의 발달과 함께 끊임없이 제기되는 문제점들이다. 우리는 주어진 문제에 끊임없이 질문하면서 문제 해결의 중심에 인간을 두고 상황에 맞는 해결책을 찾는데 우리의 힘을 모은다면, 앞에서 살펴본 만큼 우리의 미래는 어둡지만은 않을 것이다. 이 모두 다 우리의 손에 달려 있는 것이다.

4.3.2 사물인터넷의 미래

■ 사물인터넷의 현재

앞에서 사물인터넷의 적용분야와 적용사례를 통해 살펴본 것처럼 사물인터넷 기술은 개인의 삶뿐만 아니라 산업 전반에 걸쳐 이미 깊숙이 자리하고 있으며, 4차 산업혁명을 이끌 원동력이 되는 주요 기술이 되었다. 2016년 HP가 20개국을 대상으로 실시한 조사 결과에 따르면, 반수 이상의 기업들이 IoT 기술을 도입하였고, 2019년에는 약 85%의 기업들이 IoT 기술을 도입할 것이라 예상하였다.

조사 보고서는 IoT를 통해 비즈니스의 혁신을 이루는 분야를 5가지로 나누어 제시하였는데 첫째로, 조사에 참여한 78%의 기업이 업무환경에 IoT를 도입하여 스마트 작업 공간(smart workplace)을 통해 생산성과 효율성을 향상시켰고, 75%가 수익성을 증대시켰다고 응답하였다. 두 번째는 62% 기업이 산업 부분에 IoT를 도입하여 운영 리스크와 다운타임의 감소를 이루었고, 세 번째는 조사에 참여한 의료기관 중 64%가 환자 모니터링에 IoT를 도입하여 사용하고 있다고 응답하였다. 네 번째로는, 전세계 유통업체의 거의 절반인 49%가 이미 IoT 기술을 구축하였고, 산업체에 비해 낮은 비율이기는 하지만, 42%의 공공기관이 IoT 기술을 도입하여 스마트 시티를 구현하고 있다고 보고하였다.

■ 사물인터넷의 시장 전망

최근에 국제시장분석기관인 IDC(International Data Corporation)는 매년 향후 5년간의 사물인터넷 시장 전망보고서를 내놓고 있다. 2017년도 보고서에 따르면, 2017년 전세계 IoT 지출 규모는 전년 대비 16.7%가 증가하여 8,000억 달러, 우리나라 돈으로 약 918조 4,000억 원을 넘어설 것으로 전망하였다. 향후 5년간 IoT 관련 하드웨어, 소프트웨어, 서비스 및 커넥티비티에 기업들의 투자가 지속되어서 2021년에는 2017년 대비 약 1.8배가 증가한 1조 4,000억 달러에 달할 것으로 전망하였다. 이러한 전망들은 연구기관에 따라 조금씩 다르긴 하지만 사물인터넷 시장의 성장이 향후 빠르게 진행될 것이라 대해서는 맥락이 같다.

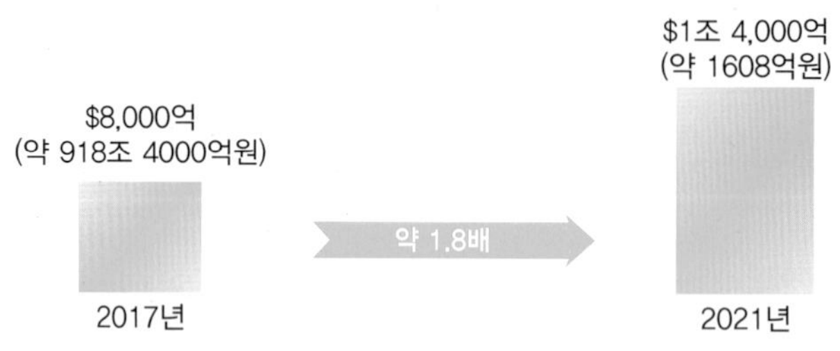

그림 4-16 2017~2021년 전 세계 IoT 지출 규모

IDC는 2017년 가장 많은 투자를 유치할 것으로 예상되는 IoT 분야는 [그림 4-17]에 보인 것과 같이 제조(제조 운영)가 약 1,050억 달러로 13.1%, 그 다음은 화물 모니터링의 운송 분야, 전기의 스마트 그리드 분야, 생산 자산 관리 및 스마트 빌딩 분야 순으로 전망하였다. 이러한 분야는 2021에도 IoT 지출을 주도하는 주요 영역이 될 것이라 예상하였다.

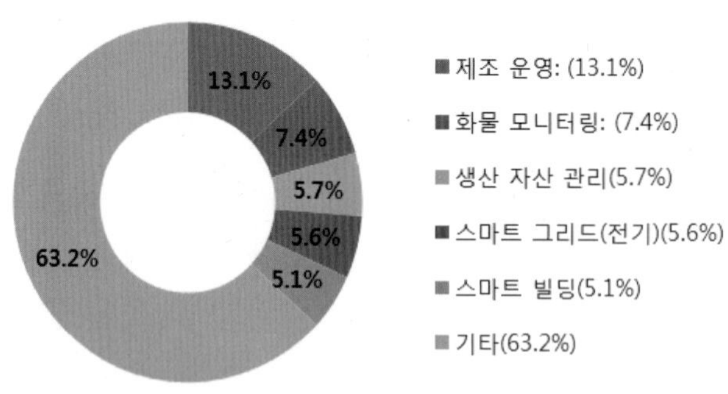

그림 4-17 2017년 IoT 시장 점유율

이와 같은 IoT 주력 분야와 함께 IDC는 스마트 홈 기술 또한 향후 5년 동안 연평균 성장률(CAGR: Compound Annual Growth Rate) 19.8%을 보이며 고성장할 것으로 전망하였다. 이 밖에도 향후 5년간 빠른 지출 증가가 예상되는 분야로는 공항 시설 자동

화, 전기차 충전과 매장 내 광고 등을 통한 마케팅으로 꼽았다.

2017년 산업별 IoT 투자 산업 순위는 제조와 운송, 그리고 유틸리티 영역이 될 것으로 전망하였고, 이와 함께 교차 산업 분야에서는 커넥티드 카(connected car)와 스마트 빌딩, 소비자 IoT 구매 부문, 보험 등에 빠른 지출이 증가할 것으로 예상하였다. 사물인터넷에서 유틸리티 분야는 전기, 가스, 수도 부문을 의미한다. 본 교재에서는 국내 시장 전망은 살펴보지 않았지만 국내의 IoT 투자 또한 세계 시장 전망과 유사한 방향에서 이루어지리라 보고 있다.

■ 사물인터넷의 미래 전망

1장과 2장에서 살펴본 것처럼 사물인터넷은 4차 산업혁명의 기반 인프라 기술로 인공지능과 함께 양대 축을 이루고 있고, 4차 산업혁명 핵심기술의 시작점 역할을 수행한다. 앞으로도 사물인터넷은 4차 산업혁명을 더욱더 주도해 나갈 것으로 예상된다. IDC에 따르면, 2020년 IoT에 대한 투자가 1조 달러에 달할 것으로 보고 있다. IoT 응용 시스템 또한 5G 네트워크 기술과 함께 큰 변화와 함께 더욱 더 발전되어 갈 것이다. IoT의 도입은 기업의 비즈니스 효율성 증대, IT 효율성 증대, 비용 절감, 고객 경험 향상, 수익 증대, 프로세스 가시성 향상 등의 비지니즈 향상의 기회이며, 2019년 이후에는 97%에 달하는 거의 모든 기업이 IoT 도입을 통해 수익을 창출할 수 있을 것으로 보고 있다. 따라서 이와 관련한 산업 구조의 변화와 일자리 창출 또한 대단할 것으로 전망하고 있다.

앞에서도 살펴보았듯이 2017년 가트너는 사물인터넷 연결 기기의 수가 2020년에는 약 204억 기기가 된다고 예측하였다. 연구기관마다 예측하는 기기의 수는 다르지만, 시스코가 2012년 연결된 기기의 수는 1%에 불과하고, 99%의 기기가 연결을 기다리고 있다고 했듯이 앞으로 사물인터넷의 연결될 기기의 수는 기하급수적으로 늘어날 것은 분명해 보인다.

IoT는 산업 전반에 막대한 기회를 제공하며, 4차 산업혁명을 이끌어 갈 것임은 분명해 보인다. 그러나 앞에서 살펴본 것처럼 아직 IoT가 수집한 데이터로부터 가치를 만들어 내는 데에는 어려움이 있고, 무엇보다도 가장 큰 문제는 다양한 IoT 시스템을 통한 공격 위협과 사생활 침해 가능성이다. 이러한 문제는 사물인터넷의 발달과 함께 더욱 더 심각해질 것으로 예상된다. 앞에서 IoT을 도입한 기업의 84%가 IoT 관련 보안 침해 경험을 했다고 하였듯이 이러한 위험성을 차단하고 방지하기 위해서는 더욱더 면밀한 사소한 부분까지도 보안 통제 계획을 수립하여 안전한 IoT 도입을 위한 과정을 반드시 준수하여 실시해 나아가야 될 것이다.

1. 사물인터넷의 주요 응용분야

사물인터넷 응용서비스는 산업구조 전반에 걸쳐 적용이 된다. 주요 서비스응용 분야에는 스마트 홈, 자동차, 헬스케어 및 스마트 쇼핑과 같은 개인의 삶과 연관된 분야, 스마트 에너지, 환경 및 스마트 시티와 같은 공공분야, 스마트 제조, 물류 및 스마트 농장과 같은 산업 분야이다. 이 밖에도 스마트 의료, 금융, 정부, 운송, 유통, 교통, 교육, 복지, 국방, 드론, 레스토랑, 숙박 등 거의 모든 산업 분야에 걸쳐 활용되고 있다.

2. 스마트 홈이란?

스마트 홈은 다양한 생활기기를 기반으로 시간과 장소에 구애받지 않고 유익한 생활 서비스를 제공하는 미래 지향적인 가정환경이라 말할 수 있다. 따라서 '주거 생활의 질을 높여주는 시스템'이라고 정의할 수 있다.

3. 스마트 홈의 구성기기

스마트 홈의 대표적인 구성기기들은 스마트 냉장고, 에어컨을 비롯한 스마트 융합가전, 헬스케어와 홈 시큐리티, 그린 홈 구현을 위해 필요한 에너지 절약 기기들과 스마트 TV, 스마트 오디오와 같은 엔터테인먼트 관련 기기들이다.

4. 스마트 홈의 핵심 서비스

스마트 홈의 핵심 서비스는 편리성을 추구하는 자동화, 가정의 안전을 보장하는 보완, 경제적 효율성을 추구하는 에너지, 건강한 삶의 유지를 위한 헬스케어 및 행복한 삶를 유지할 수 있도록 도와주는 엔터테인먼트 등이다.

5. 사물인터넷의 주요 문제점

사물인터넷의 주요 문제점에는 사생활 문제, 보안 문제, 빅데이터 문제, 자율성과 제어 문제 및 스마트 기계 문제 등이 있다.

6. 사물인터넷의 미래

사물인터넷에 연결된 기기의 수는 매년 기하급수적으로 늘어날 전망이며, 더욱더 주도적으로 4차 산업혁명을 이끌어 갈 것 전망이다. 또한 2019년 이후에는 거의 모든 기업들이 IoT을 도입하여 수익 창출을 이룰 것으로 예견되고 있다.

연 습 문 제

정오형 문제

1. 공공 IoT 응용 서비스의 대표적인 분야에는 스마트 쇼핑과 스마트 시티 등이 있다. ( )

2. 산업 IoT 응용 서비스의 대표적인 분야에는 스마트 제조, 스마트 물류 및 스마트 농장 등이 있다. ( )

3. 사물인터넷의 스마트 쇼핑은 상품의 효율적인 재고 관리 및 서비스 시간 단축을 통한 운영비용 절감을 목적으로 하고 있다. ( )

4. 사물인터넷에서 스마트 자동차가 바로 자율주행차이다. ( )

5. 아마존 물류창고 키바 로봇은 적외선 센서를 이용하여 장애물을 인지하고 서버와의 무선 통신을 통해 장애물과 다른 키바 로봇과 충돌 없이 운행이 가능하다. ( )

단답형/선택형 문제

1. 스마트 (   )은(는) 스마트 냉장고, 스마트 세탁기, 스마트 에어컨, LED, 스마트 전자레인지 등이다.

2. 스마트 홈에서 이루어지는 핵심 서비스는 자동화, 보안, 에너지, 헬스케어 및 (   ) 영역으로 나누어 생각해 볼 수 있다.

3. 스마트 자동차의 주요기능에는 (   ), 자기 친화(self-socializing), 자기 학습(self-learning), 자율 주행(self-driving), 자가 구성(self-configuring), 자가 통합(self-integrating) 기능 등이 있다.

4. 스마트 (   )은(는) 현재와 미래에 가장 많은 투자가 전망되는 사물인터넷 산업 분야이다.

5. 스마트 홈 서비스에 있어 허브의 역할에 대한 설명으로 옳지 않은 것은?

① 사물인터넷 센서들의 인터넷 통로 역할을 수행한다.

② 센서들이 수집한 데이터들은 저전력 비IP 무선통신 기술을 이용하여 허브에 전송된다.

③ 허브는 수신한 데이터를 유무선 네트워크를 이용하여 서버로 전송한다.

④ IP 주소가 부여되어 있는 스마트 디바이스들이 허브를 통해 데이터를 서버로 전송한다.

주관식 문제

1. 사물인터넷의 주요 응용분야에 대해 설명하시오.

2. 스마트 홈에 대해 설명하시오.

3. 스마트 홈의 핵심 서비스에 대해 설명하시오.

4. 사물인터넷의 적용사례 하나를 예로 들어 설명하시오.

5. 사물인터넷의 스마트 기계 문제에서 발생할 수 있는 '기술의 특이성'에 대해 설명하시오.

CHAPTER

5

클라우드 컴퓨팅 개요

본 장에서는 클라우드 컴퓨팅의 기본 개념과 특징에 대해서 알아본다. 이와 함께 클라우드 컴퓨팅에서 기반을 이루고 있는 다양한 핵심 기술에 대해서 살펴본다.

학습목표

- 제4차 산업혁명 시대에서 클라우드 컴퓨팅의 역할에 대해 설명할 수 있다.
- 클라우드 컴퓨팅의 기본 개념과 특징에 대해 설명할 수 있다.
- 클라우드 컴퓨팅의 핵심 기술에 대해 설명할 수 있다.

구성

5.1 제4차 산업혁명과 클라우드

제4차 산업혁명은 모든 사물이 연결되는 초연결 사회(hyper-connected society)를 의미한다. 이러한 초연결 사회에서 각각의 사물(things)은 방대한 양의 데이터가 발생시키는데, 이들 데이터는 양적 측면에서 대용량이고, 빠르게 생성되며, 다양한 형식을 갖추고 있는 빅데이터(big data)의 특징을 갖고 있다. 이러한 빅데이터는 기존의 데이터 처리 방식과 기술로는 분석하기 힘들 정도로 매우 방대하고 그 형태가 매우 복잡하다는 특성을 갖고 있다.

특히, 이들 데이터로부터 가치 있는 정보 추출을 위해서는 빅데이터의 저장, 처리, 분석이 요구된다. 빅데이터의 저장을 위해서는 대용량 저장 공간이 필요하며, 빅데이터의 처리와 분석을 위해서는 고성능·고처리의 컴퓨팅 자원이 필수적으로 요구된다. 최근의 클라우드 기술이 빅데이터의 저장, 처리, 분석을 지원할 수 있는 핵심 기반 기술로 부각되고 있으며, 결론적으로 제4차 산업혁명의 구현과 실현을 위해 필수적으로 요구되는 기반기술 중의 하나가 바로 클라우드(cloud) 기술이다.

■ 제4차 산업혁명의 필수기술: 클라우드

그러면 클라우드 기술이 왜 제4차 산업혁명 시대에 필수적으로 요구되는 기술인지를 알아보자. 제4차 산업혁명의 핵심인 사물인터넷은 각 사물에서 센싱한 데이터를 수집하고, 이에 대한 분석을 거쳐, 가치 있는 정보를 추출하는 것이 주요 목적이다. 그러나 단순히 데이터 수집, 분석, 처리만이 중요한 것이 아니라 신속하고 안정적인 데이터 수집, 분석, 처리가 관건이다. 그러나 기존 컴퓨팅 방식인 클라이언트-서버(client-server) 구조로는 한계가 있는데, 그 이유는 사물인터넷에서 센싱된 데이터는 빠른 시간 내에 방대하게 생성되어 저장된다. 기존의 처리 방식은 고정된 자원 활용 구조에 기반을 두고 있어서, 빅데이터 규모에 맞는 신속하고 유연한 자원 제공이 불가능하다. 따라서 사물인터넷의 센싱 데이터를 포함한 빅데이터의 수집, 관리, 분석을 유연하고 처리할 수 있는 기반 인프라가 필요하며, 이를 해결할 수 있는 기술 중에 하나가 바로 클라우드 기술이다.

클라우드는 데이터 규모에 따라 신속하고 유연한 자원제공(논리적으로 무제한)을 통해서 빅데이터 처리 분석이 가능하다. 게다가 이러한 빅데이터를 실시간으로 수집, 관리, 분석하는 것이 또한 가능하다. 그래서 최근에 빅데이터 처리 분석을 위한 기반 인프라로서 클라우드가 각광을 받고 있는 이유이다.

■ 클라우드의 활용 장점

클라우드 방식을 활용할 경우에 얻어지는 장점은 빅데이터의 저장, 처리, 분석에 필요한 컴퓨팅 기능을 실시간으로 제공받을 수 있으며, 인프라와 플랫폼 구축에 소용되는 비용과 시간 절감의 장점을 얻을 수 있다. 또한 서비스 운영 시에 탄력적으로 자원을 제공받을 수 있어서 서비스 품질(quality of services) 향상에 기여할 수 있다. 이러한 이유 때문에 최근 제4차 산업혁명의 핵심 기술인 인공지능(artificial intelligence), 사물인터넷(Internet of Things), 자율주행차(autonomous vehicle) 등이 클라우드 환경 위에서 개발되고 운영되고 있는 추세에 있다.

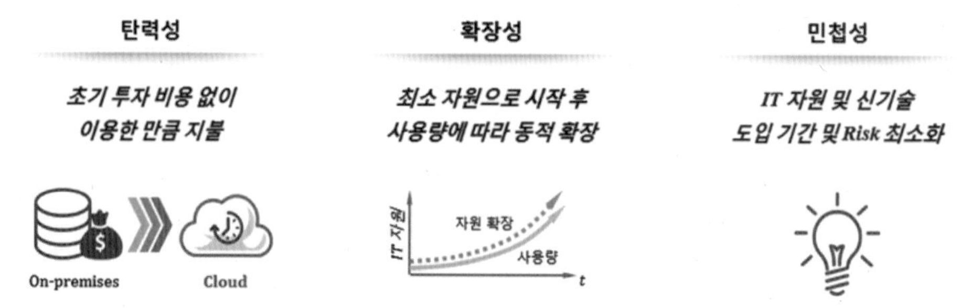

그림 5-1 클라우드의 3가지 기본적인 특징

제4차 산업혁명 시대에서 클라우드 기술이 필요한 이유를 구체적으로 살펴보면 [그림 5-1]에서 제시한 바와 같이 클라우드 기술의 3가지 기본적인 특징 때문이다.

첫 번째 특징은 탄력성(elasticity)이다. 클라우드는 초기 투자 비용없이 이용한 만큼 요금을 지불하는 형태의 IT자원 임대서비스 이며, 더 많은 자원이 필요하면 비용 지불을 통해 추가 자원을 확보하여 사용할 수 있다. 반대로 더 이상 자원이 필요 없으면 그 자원을 반납할 수도 있다. 그래서 자원 활용 측면에서 탄력적 운용이 가능하다.

두 번째 특징은 확장성(scalability)이다. 클라우드는 최소자원으로 원하는 서비스를 시작한 후 사용량에 따라 동적 확장이 가능하다는 장점이 있기 때문이다. 서비스 중간에 갑자기 사용량이 증가하더라도 서비스 중지 없이 용량 확장이 바로 가능하다는 점이 클라우드의 특징이다.

세 번째 특징은 민첩성(agility)이다. IT자원 및 신기술 도입에 따른 도입 기간을 단축시켜 서비스의 신규 구성과 기술 적용에 따른 위험을 최소화 시킬 수 있다는 점이다.

이러한 클라우드의 고유 장점들로 인하여 제4차 산업혁명의 필수기술의 구현에 필요한 대용량/고처리의 컴퓨팅 파워와 저장 공간 등의 인프라를 클라우드가 제공할 수 있다. 따라서 제4차 산업혁명 시대에 클라우드 기술은 없어서는 안 될 필수적 기반기술이다.

■ ICBM

최근, 다양한 매스컴을 통해서 독자들은 이미 ICBM이라는 용어를 많이 접해 보았을 것이다. ICBM은 IoT, Cloud, Big Data, Mobile의 첫 글자를 따서 만든 신조어이다. ICBM은 제4차 산업혁명의 핵심기술로 인지되고 있는데, ICBM에서 클라우드의 역할에 대해서 좀더 자세히 살펴보자. IoT와 Mobile 기술의 발전에 따라 다양한 사물로부

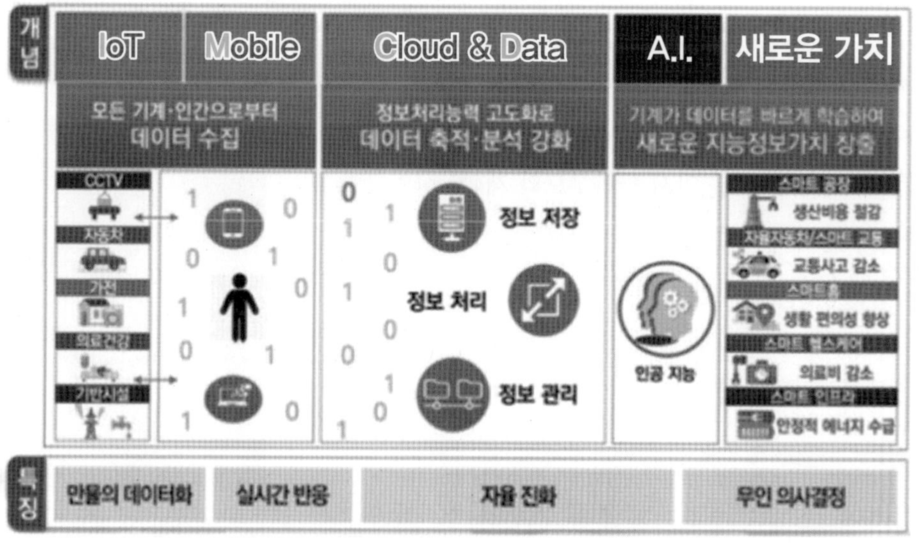

그림 5-2 ICBM에서 클라우드의 역할

터 즉, 인간을 포함하여 CCTV, 자동차, 가전기기, 의료건강 기기 등 다양한 사물로부터 데이터의 수집이 이루어지고 있다. 이러한 데이터는 정보처리능력의 고도화로 통해서 데이터 분석 및 저장이 이루어지며, 이때, 클라우드와 빅데이터 기술이 데이터 분석 및 저장 기능을 담당한다. 클라우드와 빅데이터 기술에 의해 분석 처리된 데이터는 인공지능 기술을 활용하여 기계가 이들 데이터를 빠르게 학습하고 새로운 지능정보를 창출하는데 활용된다. 이러한 과정을 통한 결과는, 예를 들어 스마트 공장에서는 생산비용을 절감하고, 자율자동차 분야에서는 교통사고를 감소시킬 수 있으며, 스마트 홈 분야에서는 인간의 생활 편의성을 향상하는데 활용될 수 있다. 따라서 IoT와 Mobile 기술과 인공지능 기술 사이에 데이터 분석 및 저장을 위한 인프라 제공 기능을 바로 클라우드가 담당하고 있다.

따라서 클라우드는 인공지능을 포함한 ICBM의 여러 기술들과 유기적 관계 속에 없어서는 안 될 필수적 기술이다. 다시 말해서, 모바일 및 IoT 기술이 모든 사람 사물로부터 데이터를 수집하면, 이때 클라우드는 가치를 지닌 데이터의 분석, 처리, 융합을 위한 계산이나 저장 인프라를 제공한다. 한편, 빅데이터 기술을 활용하여 분석된 정보는 인공지능 알고리즘을 통해 최적 솔루션을 제공하는데 사용된다.

5.2 클라우드의 개념과 특징

이제부터는 클라우드 컴퓨팅의 기본 개념과 특징에 대해서 학습해 보자. 앞서 클라우드와 제4차 산업혁명 사이의 관계에 대해서 주로 살펴보았다. 그럼 클라우드 컴퓨팅이라는 개념이 언제 탄생했을까?

그림 5-3 존 매카시

■ 클라우드의 역사

클라우드라는 용어는 2006년 구글 사의 크리스토프 비시글리아(Christophe Bisciglia) 직원이 CEO인 에릭 슈미츠가 참석한 회의에서 '클라우드'라는 개념을 제안함으로써 사용되기 시작했다. 사실, 클라우드라는 개념은 1965년 존 맥카시(John McCarthy, 1927년 9월 4일 ~ 2011년 10월 24일)가 유틸리티 컴퓨팅(utility computing)이라는 용어를 사용하는 것으로부터 유래했다. 즉, 존 맥카시는 미래의 컴퓨터는 전화 시스템과 같은 공공 유틸리티 시설로서 구성될 것이며, 유틸리티 컴퓨팅 환경이 주요 산업 기반이 될 것이라고 예측했다. 여기서 유틸리티라는 것은 전화, 전기, 가스, 수도 등의 공공재를 말하며, 우리가 흔히 사용하는 것처럼, 사용한 만큼 비용을 지불하는 형태이다. 예를 들어, 우리가 전기를 사용하는 경우 벽에 있는 콘센트에 전기 플러그를 꽂기만 하면 언제든지 전기를 사용할 수 있다. 그리고 월말에 전기 사용량에 기반하여 전기료를 지불한다. 즉, 클라우드도 우리가 집에서 사용하는 유틸리티와 마찬가지로 컴퓨팅 서비스를 사용한 만큼 비용을 지불하는 형태이다.

1965년 존 맥카시가 언급한 유틸리티 컴퓨팅 용어에 이어서, 1993년에는 이미 거대 규모의 ATM을 클라우드(cloud)라고 지칭했다. 1995년에는 General Magic과 AT&T를 포함한 여러 통신사들이 서로 제휴를 맺고 클라우드 컴퓨팅 서비스를 최초로 시작

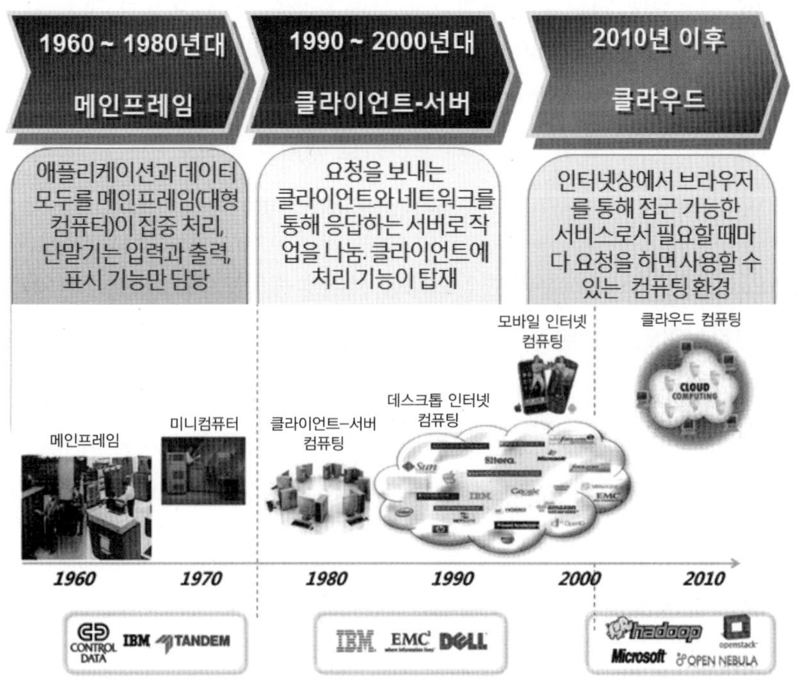

그림 5-4 컴퓨팅 패러다임의 변화

하였으나, 이 시기는 소비자가 중심이 되는 웹 기반 기술이 형성되기 이전이라 클라우드 서비스 사업은 실패로 끝났다. 시간이 지난 2005년에 드디어 클라우드 컴퓨팅(cloud computing)이라는 단어가 널리 퍼지기 시작했으며, 초창기 클라우드 컴퓨팅은 SaaS(Software as a Service)에 집중되었지만, 2008년부터 IaaS(Infrastructure as a Service)와 PaaS(Platform as a Service)로 영역이 확대되어 현재에 이루고 있다. 여기서 SaaS, IaaS, PaaS라는 용어가 나온다. 이 용어는 클라우드 서비스 부분에서 자세히 살펴보도록 하자.

■ 컴퓨팅 패러다임의 변화

그러면, 클라우드 컴퓨팅이 나오기 이전에 어떤 방식이 주를 이루고 시대별로 컴퓨팅 패러다임이 어떻게 변화되어 왔는지 살펴보자. 이를 통해, 클라우드 컴퓨팅의 탄생 배경을 알 수 있다. 먼저 1960년에서 1980년대에는 메인프레임(mainframe) 시대였다. 메인프레임 시대에서는 애플리케이션과 데이터 모두를 메인프레임 즉, 대형 컴퓨터에서 집중 처리되고 단말기는 입력과 출력, 표시 기능만 담당을 했다. 이러한 메임프레임은 중앙의 대형 컴퓨터에 의존하는 형태이기 때문에 모든 일을 중앙의 대형 컴퓨터가 맡아 처리하는 구조이다. 한편, 1990과 2000년대에서는 일반 PC급 컴퓨터나 워크스테이션(workstation)이 개인 개인별로 활용될 정도로 컴퓨터의 성능이 우수해져서, 요청을 보내는 클라이언트와 네트워크를 통해 응답하는 서버로 작업을 나누어 처리할 수 있는 클라이언트-서버 구조(client-server architecture)로 변화했다.

클라이언트-서버 구조는 기존의 메인프레임 시대에 중앙 서버에서 모든 일을 처리하는 방식에서 클라이언트도 일부 처리 기능을 담당하는 구조이다. 한편, 2010년대 이후로 클라우드라는 용어가 나오기 시작했는데, 이때에는 가상화(virtualization) 등의 기술적 진보로 인해 인터넷상에서 웹브라우저(web browser)를 통해 원하는 서비스를 필요할 때마다 요청을 하면 사용할 수 있는 컴퓨팅 환경으로 변하기 시작했다. 또한 중앙 서버(centralized server)를 효율적으로 공용화하여 사용할 수 있는 컴퓨팅 패러다임이 도입되기 시작했으며, 이를 구체적으로 실현한 기술이 바로 클라우드 이다.

■ 클라우드와 데이터센터

또한, 클라우드와 데이터센터(data center)는 아주 밀접한 관계를 갖고 있는데요. 바로 클라우드에서 사용자에게 제공하는 인프라가 데이터센터에 있는 자원이기 때문이다. 클라우드의 탄생 배경에는 대규모 데이터센터의 구축이 크게 영향을 끼쳤다. 컴퓨팅 장치의 연산 능력과 저장, 네트워크 기술의 비약적 발전에 힘입어 대규모 데이터센터가 구축되고 있고 그 구축 비용도 또한 점점 절감되고 있다. 하드웨어의 성능 향상으로 인하여 대량 구매와 맞춤형 서버 제작이 가능하져 대규모 데이터센터의 구축을 더욱 앞당기는 계기가 되었다.

그림 5-5 클라우드 데이터센터

■ 클라우드 출현 배경

한편, 클라우드의 출현 배경에는 대규모 데이터센터의 구축 이외에도 데이터 폭증과 모바일 디바이스의 다양화, 그리고 하드웨어의 고성능화가 많은 영향을 끼쳤다.

첫째, 데이터 폭증에 관한 것으로, SNS와 스마트폰의 대중화로 인하여 개인 데이터가 폭발적 증가하였고, 사물이 인터넷에 연결되는 IoT의 성장과 대중화로 인하여 센싱 데이터가 증가하고 이것이 데이터 폭증으로 이어져서 결국 빅데이터의 출현을 야기했다. 이런 빅데이터의 저장, 처리, 분석을 위해 클라우드 기술이 출현하게 되었다.

둘째, 태블릿 PC와 스마트폰 등 다양한 모바일 단말이 등장하고 게임기, Connected TV 등 다양한 단말에 기본적으로 인터넷에 연결됨에 따라서 이들 모바일 디바이스의 데이터를 저장하고 관리하는 기술로 클라우드 기술이 활용되게 되었다.

셋째, 대용량 계산, 대용량 전송, 대용량 저장이 가능할 정도로 하드웨어가 고성능화되고 또한 하드웨어 가격이 하락됨에 따라서 대규모 데이터센터 구축하고 데이터센터 내의 IT자원을 공유하여 효율적으로 사용하는 것이 비용 측면에서 더욱 유리하게 되었다. 이를 가능하게 하는 기술로 클라우드 기술이 출현하였다.

■ 클라우드의 정의

그러면 클라우드의 정의에 대해서 자세히 살펴보자. 한마디로 클라우드는 소유하지 않고 공유하는 컴퓨팅 패러다임이다. 대다수 사람들이 클라우드를 전력공급 시스템에 비유하곤 한다. 과거에는 공장마다 자가발전 시스템을 갖추고 있는 환경이었다. 이런 경우 처음 공장을 지울 때 자가발전 시스템을 갖추어야 하기 때문에 투자비용이 매우 높아진다. 또한 공장을 지을 당시에 발전용량이 미리 정해져 있어서 필요할 때마다 전력의 양을 유연하게 늘리지 못하는 한계를 갖고 있다. 그런데 현재는 어떠한가? [그림 5-6]의 왼쪽 그림과 같이 집집마다 자가발전 시스템을 갖추고 있지는 않다. 저쪽 어딘가에 대형 발전소를 두고 송전망을 통해 전기를 공급받아 공장을 가동하게 된다. 바로 최근에 우리가 사용하고 있는 전력공급 시스템과 마찬가지로 이러한 방식이 바로 클라우드의 일반적인 방식이다. 개인별로 개별적인 IT자원을 소유하고 있는 것이 아니라, 사용자는 저쪽 어딘가에 있는 데이터센터의 자원을 임대받아 인터넷을 통해 접근하여 자원을 사용하는 것이다. 즉, 데이터센터는 전력시스템에서 발전소에 해당되며, 인터넷

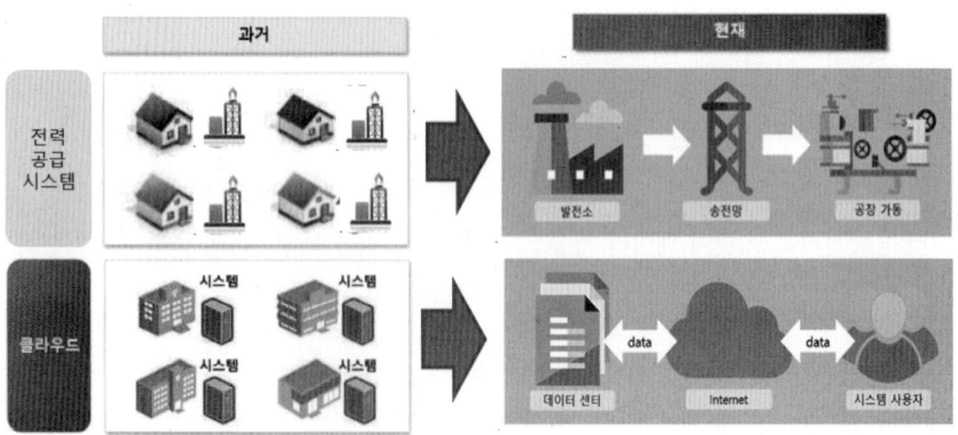

그림 5-6 소유에서 공유로 컴퓨팅 패러다임의 변화

은 송전망에 해당된다고 볼 수 있다. 따라서 앞서 이야기한 대로, 클라우드는 개별적인 자신만의 자원을 소유하여 사용한 것이 아니라, 데이터센터의 자원들을 서로 공유하여 인터넷을 매개체로 사용하는 것이다.

자원의 개별적 소유가 아닌 자원의 공유 개념인 클라우드를 좀 더 정형적으로 각 기관에서 어떻게 정의하였는지 살펴보자. 우선 IT기술의 조사기관인 가트너(Gartner)의 보고서에 의하면, 확장성 있고 유연한 IT를 가능하게 하는 기능들이 인터넷을 사용하는 외부의 고객들에게 서비스 형태로 제공되는 컴퓨팅 방식으로 클라우드를 정의했다. 또 다른 조사기관인 포레스터 리서치(Forester Research)에서는 인터넷 기술을 통해 사용량에 따라 과금하거나 셀프 서비스를 하는 방식으로 제공되는 표준화된 IT 기능을 클라우드로 정의했다. 한편, 미국국립표준기술연구소(NIST: National Institute of Standards and Technology)에서는 컴퓨팅 자원(네트워크, 서버, 저장 공간, 응용, 서비스)의 공유 풀(shared pool)에 대해 언제 어디서나 필요에 따라 편리하게 네트워크를 통해 접근하는 기능을 제공하는 모델을 클라우드로 정의했다. 그 외에도 클라우드에 대한 다양한 정의가 있겠지만, 미국국립표준기술연구소의 클라우드 정의가 많이 인용되고 사용되고 있다.

이제까지 살펴본 클라우드의 탄생과 정의를 바탕으로 클라우드의 개념을 좀 더 확장하여 서비스 관점에서 클라우드를 정의하면 다음과 같다.

그림 5-7 서비스 관점에서 클라우드 정의

출처: [클라우드 서비스]달아오른 클라우드 컴퓨팅 전쟁, 아시아경제(2010.10.13.)

첫째, 클라우드는 인터넷(네트워크)을 통해 서비스 제공자의 서버에 저장된 애플리케이션과 서버 자원을 사용자가 필요할 때마다 선택하여 사용할 수 있는 개념이다.

둘째, 클라우드에서 사용자는 유틸리티 컴퓨팅처럼 사용한 만큼 비용을 지불하는 구조이다.

셋째, 클라우드는 IT자원을 직접 설치할 필요 없이 원격으로 빌려 쓰는 서비스 형태로서 제공되는 새로운 컴퓨팅 패러다임을 의미한다.

■ 클라우드의 특징

이러한 클라우드 개념에 의해서 클라우드를 간략히 정의하자면, "인터넷을 통해 IT자원을 임대하여 빌려 쓰고, 사용한 만큼 비용을 지불하는 컴퓨팅 서비스 방식"으로 클라우드를 정의할 수 있다.

그럼 클라우드의 특징에 대해서 살펴보자. 첫째, 클라우드는 온디맨드(on-demand) 방식의 서비스이다. 즉, 사용자의 필요에 따라 데이터센터 내의 자원을 임대받아서 사용하는 구조이다. 그래서 사용자는 IT자원을 자체 공급하는 클라우드의 IT자원에 자유롭게 접근할 수 있어야 하며, 사용자 요청에 따라 중앙의 클라우드 서버는 요청된 자원 양만큼 준비하여 즉시 사용자에게 제공하는 구조이다. 이런 점에서 클라우드는 자원의 공급 중심이 아닌 수요 중심의 서비스라고 할 수 있다.

두 번째는 탄력성(elasticity)의 특징을 클라우드가 갖고 있다. 사용자가 요청한 서비스에 따라 혹은 시간에 따라 원하는 만큼의 컴퓨팅 자원을 늘렸다 줄였다 하면서 사용할 수 있는 능력을 말한다. 예를 들어, 서비스를 운영하다가 갑자기 사용자가 몰려 네트워크 용량 확대가 필요하면 탄력적으로 그 네트워크 용량을 확대해 주는 것이다. 그리고 사용자가 몰리는 현상이 정상적으로 변하면 다시 그 용량을 정상치로 줄여주는 것이다. 데이터 저장 공간에 대해서도 마찬가지이다. 갑자기 데이터 량이 많아져 데이터 저장 공간이 많이 필요하게 되면 필요한 양 만큼 저장 공간을 늘려 주는 것이다. 그러다가 데이터 량이 줄어들면 그 저장 공간을 탄력적으로 줄여주어, 줄어든 공간만큼을 다른 사용자가 쓸 수 있도록 해 주는 것이다.

세 번째 특징으로는 사용자가 컴퓨팅 자원을 사용한 만큼 사용 비용을 지불하는 Pay-Per-Use라는 특징을 가지고 있다.

만일 클라우드 방식이 아닌 기존 방식을 사용한다면 다음과 같은 단점을 갖는다. 첫째, 기존 방식은 서비스 시작 시에 IT자원의 사용량을 미리 예상하고 수요 예측을 하는 과정이 필요하다. 그러나 기존 방식은 클라우드가 갖고 있는 탄력성이 없으므로 IT자원의 사용량 변화를 예측하는 것이 거의 불가능하며, 과잉 공급 혹은 공급 부족을 초래할 수 있다.

둘째, 비용 측면이다. IT자원 사용량 변화를 알 수 없으므로 최대 예상치를 기준으로 인프라를 구축할 수 밖에 없다. 그러나 최대 예상치로 항상 IT자원을 활용하는 것이 아니므로 유휴 자원이 발생하고 이를 인해 자원 낭비와 인프라 구축 비용의 과도한 지출을 초래한다.

셋째, 조직의 민첩성이 떨어진다는 점이다. 기존 방식은 새로운 프로젝트를 시작할 때 계획 수립, 설치, 환경 설정 과정까지 상당한 시간과 비용이 들기 때문에 빠른 구성(configuration)과 세팅(setting)이 가능하지 않아서 민첩성이 저하된다.

따라서 기존 방식 대신에 클라우드를 사용하면 다음과 같은 장점을 가질 수 있다. 기본적으로 클라우드는 5가지 장점으로 요약할 수 있다.

첫 번째 장점은 경제성이다. 클라우드 환경에서는 사용하고자 하는 자원을 원하는 기간만큼만 사용하므로 자원 낭비가 최소화될 수 있다. 그리고 소프트웨어 및 데이터를 클라우드로 통합 관리함으로써 소프트웨어 업데이트 작업이나 데이터의 관리를 효율적으로 할 수 있어서 비용이 절감된다.

두 번째 장점은 초기 투자비용의 절감에 있다. 클라우드를 사용하면 초기 구축에 필요한 하드웨어와 소프트웨어를 구매하지 않아도 된다. 그리고 하드웨어나 소프트웨어의 유지관리 또한 클라우드 자체에서 관리해 주므로 자원의 유지비용을 사용자가 부담할 필요가 없다. 그래서 초기 투자비용과 유지관리 비용이 절감된다는 장점이 있다.

세 번째는 유연성(flexibility)이다. 클라우드는 필요할 때 원하는 양만큼 시스템을 확장할 수 있고, 더 이상 필요가 없어지면 그 용량을 축소하거나 없앨 수 있는 탄력성이 제공되므로 유연하게 자원을 활용할 수 있다.

네 번째 가용성(availability)이라는 장점이 있다. 재해(disaster) 또는 장애(failure)에 대비하여 데이터센터와 클라우드 시스템을 구성하였기 때문에 결과적으로 가용성이 높고 클라우드가 아닌 자체 시스템보다 신뢰성(reliability)이 높아진다는 장점이 있다. 예를 들어, 클라우드 내의 자원에 대해서 장애가 발생하더라도 클라우드 내부에서 대체 자원을 지원받을 수 있으므로 예외 발생(exception occurrence) 상황에 대해 능동적 대처가 가능하다는 장점이 있다.

다섯 번째는 빠른 구축 속도에 있다. 클라우드 사용자는 클라우드 제공자가 제공하는 인프라를 즉각적으로 사용할 수 있으므로, 신속하게 시스템 구축이 가능하다는 장점이 있다.

■ 클라우드의 단점

앞서 살펴본 클라우드의 장점에도 불구하고, 단점도 존재한다. 클라우드에서는 모든 데이터가 데이터센터 내의 서버 스토리지로 집중하여 저장된다. 그래서 데이터센터에 저장된 데이터가 해킹된다든지 혹은 불특정 다수에게 노출된 경우에는 정보 누출의 위험이 오히려 증가한다. 따라서 클라우드는 정보 누출의 위험에 항상 노출되어 있다. 이러한 노출에 대한 위험이 존재하지만, 일반적으로 클라우드의 데이터센터는 제3의 보안 전문 회사에 의해 전문적으로 관리되므로 오히려 사용자가 자신의 데이터 보호를 위해 관리하는 것보다는 훨씬 안전적이고 신뢰할 만하다고 할 수 있다.

한편, 클라우드에서는 데이터가 사용자의 인지 없이 데이터센터 내의 저장 공간에 분산되어 저장된다. 따라서 개인이 직접 그 데이터를 통제한다는 것은 사실상 불가능하다. 이로 인해서 클라우드 사업자가 자신의 지배 하에 사용자의 민감 정보나 개인정보 등을 통제할 수 있는 위치에 있게 된다. 여기에서 개인정보가 침해될 위험성이 발생한다. 그래서 이에 대한 대응 방안으로 민감한 개인정보는 자신의 스마트폰이나 PC에 저장해 두고 사용하며, 덜 민감한 정보를 클라우드에 저장해 놓고 사용하는 것이다.

이러한 단점에도 불구하고 앞서 설명한 클라우드의 5가지 장점인 "경제성", "초기 투자 비용의 절감", "유연성", "가용성", "빠른 구축 속도"로 인하여 클라우드의 사용 범위는 점점 넓어지고 있으며, 우리가 인지하지 못한 정도로 다양한 인터넷 서비스에서 실제로 클라우드 기술이 활용되고 있다.

■ 클라우드 컴퓨팅의 구성 요소

이제 클라우드 컴퓨팅의 구성 요소에 대해서 살펴보자. 클라우드 아키텍처(cloud architecture) 관점에서 클라우드 컴퓨팅은 5가지 구성 요소를 갖는다. 클라우드 기반의 IT자원을 제공하는 기관을 지칭하는 클라우드 제공자(cloud provider), 그리고 클라우드 제공자가 제공하는 클라우드 서비스를 이용하는 클라우드 클라이언트(cloud client) 혹은 클라우드 단말(cloud terminal)이 또 하나의 구성요소이다. 이들 클라우드 단말로는 스마트폰, 태블릿 PC, 데스크톱 PC와 노트북 등을 예로 들 수 있다. 클라우드 단말은 다양한 크기와 모양을 갖기 때문에, 클라우드 단말의 종류와 특성에 상관없이 클라우드 서비스를 활용할 수 있어야 한다.

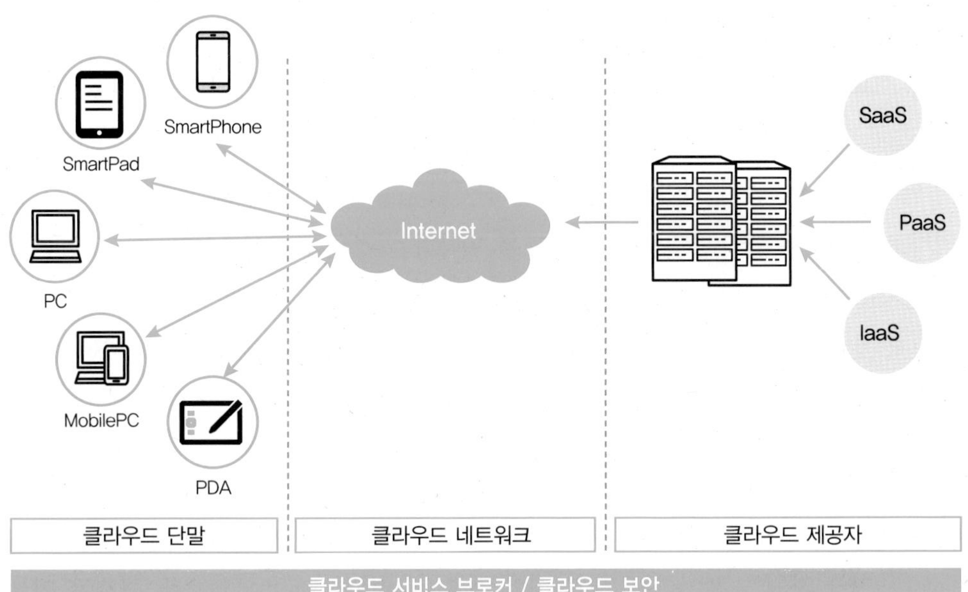

그림 5-8 아키텍처 관점에서 클라우드 컴퓨팅의 구성요소

또한 클라우드 제공자와 클라우드 단말 사이에는 클라우드 네트워크(cloud network)를 통해 연결되어 있는데요. 각종 유무선 네트워크가 클라우드 네트워크에 해당된다. 한편, 클라우드 단말, 클라우드 네트워크, 클라우드 제공자에 걸쳐 클라우드를 안정적으로 이용하게 해주는 기술로 클라우드 보안(cloud security)이 구성요소로 필요하며, 이종의 클라우드(heterogeneous cloud)를 연결 또는 중계하여 통합 사용을 가능하게 해주는 구성요소로 클라우드 서비스 브로커(cloud broker)가 있다.

이들 구성요소들을 도식화하여 자세히 살펴보면 [그림 5-8]과 다양한 형태의 클라우드 단말과 클라우드 제공자 사이에는 인터넷이라는 클라우드 네트워크로 상호 연결되어 있으며, 이들 세 구성요소를 안전하게 사용하고 이종 클라우드 간의 통합사용을 가능하게 해주는 구성 요소로 클라우드 보안과 클라우드 서비스 브로커가 각각 있다.

한편, 클라우드 서비스 관점에서는 클라우드 컴퓨팅 구성요소는 총 6개의 구성요소가 있다. 첫 번째 클라우드 제공자는 앞서 설명하였듯이 클라우드 기반의 IT자원을 제공하는 기관을 의미한다. 다음으로 클라우드 소비자(cloud consumer)는 클라우드 제공자가 제공하는 IT자원을 사용하기 위해 클라우드 제공자와 공식적 계약을 맺은 기관이나 사람을 나타낸다. 클라우드 서비스 소유자(cloud service owner)는 클라우드 서비스를 소요하고 있는 사람이나 기관을 의미한다. 클라우드 자원 관리자(cloud resource manager)는 클라우드 기반 IT자원을 관리하는 책임을 가진 사람이나 조직으로서 반드시 클라우드 제공자가 되어야 한다는 규칙은 없다. 보통은 제3자를 클라우드 자원 관리자로 지정하여 클라우드 자원의 관리를 위탁하는 경우가 대다수이다. 한편, 클라우드 감사(cloud auditorial)는 클라우드 환경에 대해 독립적인 평가를 수행하는 제3자 기관으로 보안 제어, 개인정보 영향, 성능 등의 평가를 수행하며, 클라우드 캐리어(cloud carrier)는 클라우드 제공자와 소비자 간의 유선 연결을 제공하는 기관을 의미한다.

클라우드 서비스 관점에서 이러한 6가지 구성요소를 그림으로 도식화하면 [그림 5-9]와 같다. 클라우드 제공자는 하드웨어를 나타내는 물리적 자원 계층(physical resource layer), 이들 자원을 제어하는 자원 제어 계층(resource control layer), 그리고 이들 두 계층을 기반으로 한 SaaS, PaaS, IaaS의 클라우드 서비스를 나타내는 서비스 계층(service layer)으로 구성되어 있다. 클라우드 소비자는 클라우드 제공자가 제공하는 여러 서비스를 수행하는 역할을 담당한다. 한편, 클라우드 감사는 보안 감사, 개인정보 감사, 성능 감사 등의 기능을 갖고 있으며, 클라우드 브로커는 서비스 중재, 서비스 통합, 서비스 중계 등의 역할을 수행한다. 마지막으로, 클라우드 캐리어는 각 구성요소를 서로 연결시켜 주는 역할을 수행한다.

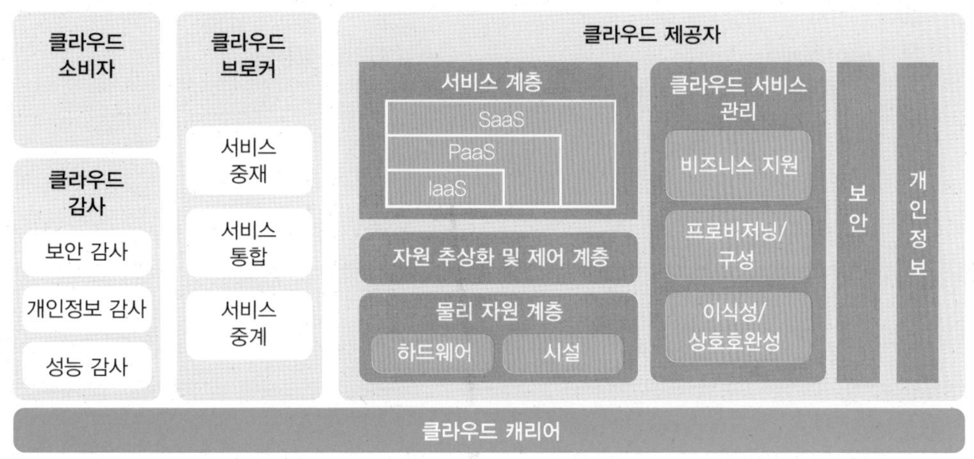

그림 5-9 서비스 관점에서 클라우드 컴퓨팅의 구성요소

5.3 클라우드 컴퓨팅의 핵심 기술

이제부터는 클라우드 컴퓨팅에서 사용되고 있는 핵심 기술에 살펴보도록 하자. 먼저, 클라우드 컴퓨팅의 탄생에 기여한 기존의 기술들에 대해서 살펴보고, 그런 다음 클라우드 컴퓨팅의 실현에 필요한 핵심 기술에 대해서 학습해보자.

■ 컴퓨팅 환경의 진화

클라우드 컴퓨팅이 나오게 되기까지 컴퓨팅 환경이 그동안 어떻게 변화해 왔는지 알아보자. [그림 5-10]은 컴퓨팅 환경의 진화를 보여주고 있다.

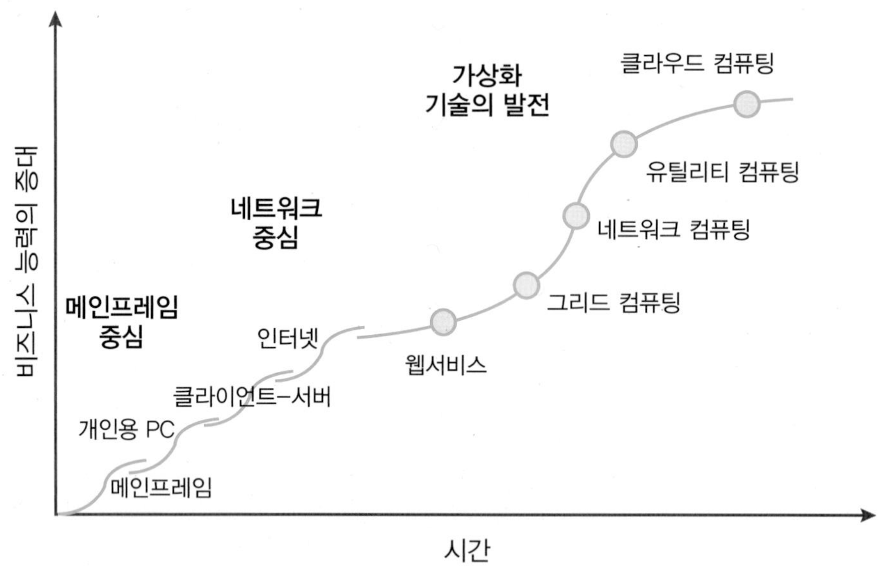

그림 5-10 컴퓨팅 환경의 진화

메인프레임에서 클라이언트-서버 방식으로 변화한 컴퓨팅 환경이 인터넷을 통해 확산되고, 가상화 기술이 발전함에 따라 이 기술이 컴퓨팅 환경에 전반적으로 적용되면서 클라우드 컴퓨팅이 나오게 되었다.

이렇듯, 클라우드 컴퓨팅은 어느 날 갑자기 탄생한 기술이 아니라, 메인프레임으로부터 시작된 컴퓨팅 환경이 여러 가지 다양한 컴퓨팅 모델이 시간이 지남에 따라 기술적으로 진화되어 감에 따라 현재의 클라우드 컴퓨팅이 나오게 된 것이다.

최근 기술에 초점을 맞춰 집중적으로 살펴보면, 1990년대 후반부터 그리드 컴퓨팅 방식의 분산처리(distributed processing) 기술과 가상화 기술, 그리고 유틸리티 컴퓨팅 방식의 과금 모델, 즉, 사용한 만큼 비용을 지불하는 방식이 융합 발전하여 클라우드 컴퓨팅으로 발전되었다고 볼 수 있다. 특히, 가상화 기술은 클라우드 컴퓨팅 탄생과 성장에 있어서 매우 큰 축을 담당하고 있으며, 서버, 플랫폼, 스토리지, 애플리케이션 등 컴퓨팅 요소에 적용되어 가상 서버(virtual server), 가상 플랫폼(virtual platform), 가상 스토리지(virtual storage) 등 물리적 자원을 논리적으로 분할하여 활용하는데 적용되어 왔다. 각각의 기술에 대해서 좀 더 자세히 살펴보자.

■ 그리드 컴퓨팅

클라우드 컴퓨팅 개념이 나오기까지 바로 직전의 최근 컴퓨팅 기술이 그리드 컴퓨팅(grid computing)이다. 그리드 컴퓨팅은 인터넷 상에 지역적으로 흩어져 있는 컴퓨팅 자원을 하나로 묶어 대용량의 연산을 위해 마치 하나의 슈퍼컴퓨터(supercomputer)처럼 사용하는 기술이다. 즉, 인터넷 자원을 하나로 묶어 가상의 슈퍼컴퓨터를 구성하여 사용한 것이다.

그림 5-11 그리드 컴퓨팅

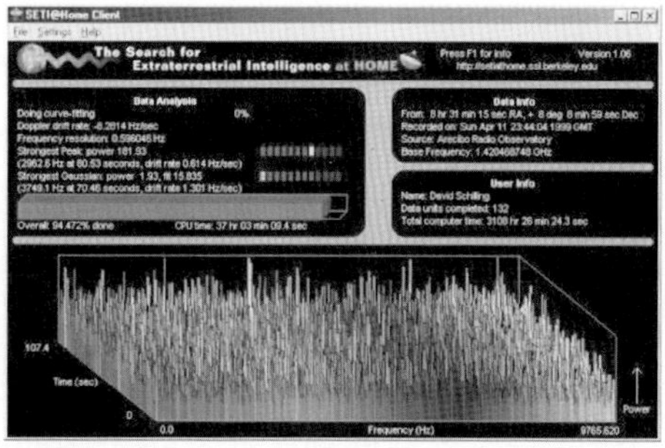

그림 5-12 SETI@Home 프로젝트

그리드 컴퓨팅의 특징으로 개별 컴퓨팅 자원들이 서로 이질적이라는 점에 있으며, 이런 이질적이고 다양한 컴퓨팅 자원을 통합하여 하나의 단일 기계처럼 사용하기 위한 관리 방식을 사용하고 있다. 또 다른 특징으로 그리드 컴퓨팅은 상용 목적으로 위해 개발된 것이 아니라 거대과학 프로젝트의 문제 해결을 위해 개발되어 왔다. 예를 들어, 조디 포스터 주연의 영화 'Contact'를 기억한다면 좀 더 쉽고 빠르게 그리드 컴퓨팅을 이해하는 데 도움이 될 것이다. 이 영화를 보면, 외계 전파를 탐지하고 그 내용을 분석하는 장면이 있는데 이것이 바로 일반인에게 널리 알려진 초기의 그리드 컴퓨팅의 효시로 공식명칭은 SETI@Home 프로젝트(The Search for the extraterrestrial Intelligence)로서 외계생명체 존재 여부를 확인하기 위해 외계로부터 수집한 대용량의 전파 데이터를 빠른 시간 내에 분석 처리가 가능하도록 참가를 희망하는 개인의 컴퓨터 자원(CPU, 메모리 등)을 공유하여 대용량 데이터를 분산병렬 처리(distributed and parallel processing)가 가능하도록 지원하는 시스템을 구성했다. 이를 통해, 기존 장비의 자원 능력과 한계를 뛰어넘은 데이터 처리를 통해 공공 목적의 처리를 하루빨리 해결하고자 했다.

이러한 거대 과학프로젝트의 원활한 진행을 위해 컴퓨터 사용자들로부터 네트워크를 통해 가용한 수많은 컴퓨터 자원을 공유하여 하나의 커다란 가상의 컴퓨터를 만들어 기존의 슈퍼컴퓨터의 능력을 뛰어넘어 데이터 처리 및 연산을 하고자 것이 그리드 컴퓨팅이다. 이외에도 신약물질 탐색(virtual screening for drug discovery)의 거대 연산이나 기상/기후 예측(weather/climate prediction)을 위한 거대 연산 등에 그리드 컴퓨팅 기술이 사용되었다.

그래서 상업적 목적으로 애당초 개발된 클라우드 컴퓨팅과 달리 그리드 컴퓨터는 개발 주체가 회사가 아닌 연구소나 비영리 단체이므로 확실한 개발 주체나 비즈니스 모델이 부재하다는 단점이 있다. 그러나 그리드 컴퓨팅의 분산처리 기술과 가상화 기술은 클라우드 컴퓨팅의 탄생과 발전에 있어서 큰 영향을 끼쳤다고 볼 수 있다.

■ 네트워크 컴퓨팅

다음 컴퓨팅 모델로 네트워크 컴퓨팅(network computing) 기술에 대해서 살펴보자.

네트워크 컴퓨팅의 주요 개념은 애플리케이션을 서버에 저장해 놓고, 애플리케이션을 사용하고자 할 때 사용자는 자신의 컴퓨터에 애플리케이션을 불려들어 자신의 컴퓨터에서 수행하는 방식이다. 주로 웹브라우저를 통해 애플리케이션을 서버로부터 받아 수행하는 구조이므로, 기존 클라이언트와 달리 클라이언트 디바이스의 소형화(miniaturization)와 경량화(weight lightening)가 가능한다.

한편, 네트워크 컴퓨팅 방식에서 서버는 애플리케이션과 데이터만을 저장하고 있고, 애플리케이션을 사용하고자 할 때, 서버의 자원을 사용하는 것이 아니라 사용자의 컴퓨팅 자원을 사용하는 것이 특징이다.

■ 유틸리티 컴퓨팅

앞서 설명하였듯이 클라우드 컴퓨팅에서 비용 모델을 유틸리티 컴퓨팅 방식을 차용했으므로 유틸리티 컴퓨팅과 클라우드 컴퓨팅의 경계선은 다소 모호하다. 유틸리티 컴퓨팅은 전기, 수도, 가스와 같은 유틸리티 개념을 컴퓨팅 방식에 도입한 것이다. 보통 가정에서 필요한 필수자원으로 필요한 만큼 사용하고 이용료를 지불하는 전기, 수도, 가스 등의 자원을 '유틸리티'라고 한다. 유틸리티 컴퓨팅은 이와 마찬가지로 가정이나 직장에 컴퓨터를 두지 않고 통신회선을 통해 인터넷 컴퓨터에 접속하여 컴퓨팅 기능을 제공받는 방식이다. 즉, 컴퓨터도 전기, 수도, 가스 등의 서비스와 마찬가지로 필요한 만큼 이용하고 월 단위로 이용료를 지불하는 방식이다. 한편, 전기와 수도와 같이 콘센트에 플러그를 꽂고 수도꼭지를 틀기만 하면 이용할 수 있는 것과 마찬가지로 컴퓨팅 자원을 용이하게 이용할 수 있으며 실제로 이용한 만큼 요금을 지불한다는 점에서 유틸리티 컴퓨팅과 클라우드 컴퓨팅은 매우 유사하다고 볼 수 있다. 그러나 지금까지 공개된 유틸리티 컴퓨팅 서비스는 사용자가 활용 가능한 컴퓨팅 사양이 미공개된 채로 사용자가 그대로 자원을 사용하는 형태이며 자원의 물리적인 위치도 명확히 규정되어 있다는 점이 클라우드 컴퓨팅 방식과 다른 점으로 볼 수 있다.

그래서 유틸리티 컴퓨팅의 기반이 되는 '실제로 사용한 만큼 요금을 지불한다.'라는 개념을 클라우팅 컴퓨팅이 그대로 이어받아, 인터넷 기반으로 사용자가 이용하는 컴퓨팅 자원에 대한 내부 구조를 전혀 의식하지 않고도, 보다 이용하기 쉬운 서비스로 구현한 것이 현재의 클라우드 컴퓨팅 방식이라고 보는 것이 적절할 것이다.

■ 광대역 네트워크와 인터넷

클라우드의 기반 기술로서 광대역 네트워크(broadband network)와 인터넷(Internet)이 있다. 인터네트워킹(internetworking) 기술의 발달로 IT자원의 원격 제공이 가능하게 되었는데, 사용자는 언제 어디서나 네트워크에 접속 가능한 환경을 지원받게 되었다. 클라우드 컴퓨팅은 이러한 인터넷의 기술 발전과 서비스 품질의 향상과 함께 성장해 왔다.

한편, 인터넷을 통해 전 세계가 하나의 네트워크 통신망으로 묶어짐에 따라, 인터넷을 통한 데이터의 이동이 자유로워졌다. 보안 측면에서의 민감한 데이터나 공공성 데이터는 정부법과 이와 유사한 규제법을 국가마다 제정하여 자신의 영토 안팎에서의 조직과 인터넷 서비스 제공자(ISP; Internet Service Provider)의 서비스 프로비저닝(service provisioning) 조건에 영향을 끼치게 되었다. 즉, 클라우드 서비스를 통해 국경이나 조직의 경계에 상관없이 원하는 데이터를 데이터센터와 지역에 상관없이 주고받아야 하는데, 데이터 이동에 관한 법률로 이를 허용하지 않는 국가나 단체가 있을 수 있다. 따라서 클라우드의 자원제공 형태도 이에 대한 법률을 우회하기 위해 조금씩 변형이 되고 있는 추세에 있다.

■ 분산병렬 처리 기술과 오픈 API

클라우드 기반 기술로서 영향을 끼친 기술 중에 분산병렬 처리(distributed and parallel processing) 기술이 있다. 분산병렬 처리 기술은 네트워크로 연결된 다수의 컴퓨터를 이용하여 거대작업을 여러 개로 나누어 병렬로 빠르게 처리하는 기술이다. 대표적 기술로는 빅데이터 연산처리를 위한 하둡 맵리듀스(Hadoop map-reduce) 기술이 있다.

한편, 인터넷을 통해 서비스를 이용하고 서비스 간 정보 공유를 지원하는 인터페이스(interface) 기술로 오픈 API(open API) 기술이 있다. 오픈 API 기술을 활용하여 기존 서비스를 클라우드 환경으로 확장이 가능하다. 오픈 API는 클라우드 제공자가 자신의 클라우드 인프라를 활용할 수 있게끔 제공하는 인터페이스를 의미한다. 이러한 오픈 API는 구현하는 기술로 REST 방식과 SOAP 기반의 웹서비스(web service) 기술이 활용되고 있다.

■ 가상화

한편, 클라우드 기반 기술로서 가장 영향을 끼친 기술 중에 하나는 가상화(virtualization) 기술이다. 특히, 가상화는 현재의 IT 기술을 상징하는 핵심 키워드 가운데 하나이며, 클라우드 컴퓨팅 등 다양한 분야에 걸쳐 사용되고 있다.

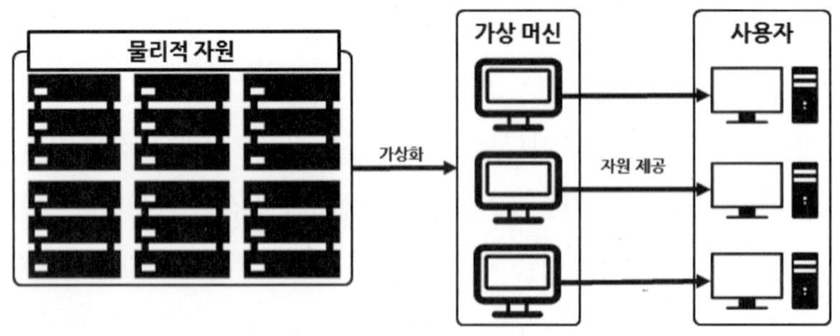

그림 5-13 가상화를 통한 자원제공 개념

가상화는 [그림 5-13]에서 보는 것과 같이 하나의 물리적 자원을 여러 개의 가상머신(virtual machine)으로 나누어 운영할 수 있도록 지원하는 기술을 의미한다. 특히, 각각의 가상머신은 사용자에게 자원제공 형태로 제공되어 물리적 자원(physical resource)은 하나이지만 여러 개의 논리적 자원(logical resource)으로 분할하여 독립적으로 활용할 수 있도록 해주는 기술이다.

좀 더 구체적으로 클라우드 컴퓨팅에서 활용되는 가상화 기술을 살펴보면, IT자원을 가상 객체(virtual object) 형태로 만들어 사용하는 기술 플랫폼으로 볼 수 있다. 여기서, 가상 객체라는 것은 물리적 자원 위에서 생성되는 가상 자원(virtual resource) 혹은 가상머신으로 볼 수 있다. 즉, 하나의 물리적 자원 위에 다수의 가상머신을 만들어 다수의 사용자가 각각의 가상머신을 나누어 공유할 수 있도록 제공하는 기술이다. 그래서 하나의 물리적 자원 위에 복수 개의 논리적 자원의 운영 지원이 가능한다. 이러한 가상머신에 사용자가 원하는 운영체제(operating system)와 응용 프로그램(application program) 등이 설치되어 사용자에게 제공되는 것이다.

클라우드 컴퓨팅에서 가상화 기술의 활용을 위한 프레임워크는 [그림 5-14]와 같다. 즉, CPU, 메모리, 디스크, I/O 등의 물리적 자원 위에 여러 개의 논리적 자원인 가상머신이 생성될 수 있는데, 이때, 가상화 계층의 하이퍼바이저(hypervisor)라는 소프트웨어가 물리적 자원과 논리적 자원 간의 조율 역할을 한다. 구체적으로 이야기하면, 가상머신의 생성과 삭제, 가상머신의 통합 등의 관리 역할을 가상화 계층에서 하이퍼바이저에 의해서 수행되는 것이다.

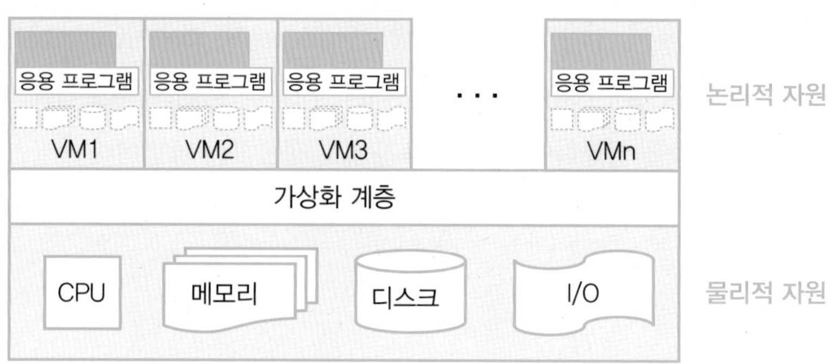

그림 5-14 가상화 개념

■ 가상화 유형

클라우드에서 사용되는 가상화 기술은 크게 유형에 따라 서버 가상화(server virtualization), 스토리지 가상화(storage virtualization), 네트워크 가상화(network virtualization)로 나누어질 수 있다. 일반적으로 가상화라고 하면 서버 가상화를 흔히 떠올린다. 그 이유는 비교적 가장 오랜 기간 효과적으로 발전해 왔는데, 1960년대부터 메인프레임의 논리적 분할을 위해 사용되어 온 기술이기 때문이다. 서버 가상화는 쉽게 말해 하나의 시스템 상에서 각기 다른 운영체제의 다양한 서버 애플리케이션을 사용할 수 있게 해주는 기술이다. 즉, 하나의 물리적인 서버를 여러 개로 나누어 다양한 운영체제를 구동시킨 형태라 볼 수 있다. 이를 통해 여러 개의 애플리케이션과 미들웨어, 운영체제들이 서로 간에 영향 없이 독립적으로 함께 동작할 수 있다. VMWare나 VirtualBox 등이 서버 가상화와 관련된 솔루션이다.

다음으로 스토리지 가상화는 스토리지 시스템의 복잡성을 해결하면서 스토리지 통합을 지원하는 기술로서, 물리적 저장 공간을 논리적 저장 공간으로 재분배하는 기술이다. 이를 통해 물리적 장치의 구성과 용량 배분을 서버와 애플리케이션에 관계없이 자유롭게 할당하도록 지원할 수 있다. 특히, 스토리지 가상화를 활용하면 가용성이 증가하고 스토리지의 관리가 용이해지며, 용량 대비 비용이나 I/O 성능이 개선되는 효과도 얻을 수 있다. 주로, EMC와 히타치데이터시스템, IBM, 시만텍 등이 하드디스크 제조업체들이 이 분야의 솔루션을 보유하고 있다.

네트워크 가상화는 네트워크 관점에서 여러 개의 네트워크를 하나의 장치로 사용하거나, 하나의 네트워크 장비를 여러 개의 서로 다른 용도로 분할해 사용할 수 있게 해주는 기술이다. 쉽게 말해서, 라우터(router), 방화벽(firewall), 스위치(switch) 등의 네트워크 자원들을 마치 하나의 자원처럼 사용하거나, 하나의 물리적 네트워크 상에서 여러 개의 가상 네트워크를 생성하여 여러 사용자에게 제공하는 개념이다.

■ 프로비저닝

클라우드 기반 기술 중에 프로비저닝(provisioning) 기술이 있는데, 이 기술은 탄력적 자원 제공을 가능하게 해주는 클라우드 컴퓨팅의 핵심 기술이다.

일반적으로 프로비저닝의 정의는 CPU, 메모리, 디스크 등의 물리적 자원을 적절히 할당하여 사용자가 원하는 형태의 가상머신을 만들어 사용자에게 제공하는 과정을 프로비저닝이라 한다. 단순히 가상머신을 사용자에게 제공하는 것만이 아니라, 사용자 요구에 따라 시스템 자원을 자동으로 할당/회수, 재배치하여 IT자원의 활용을 최적화하는 기능이 또한 프로비저닝 기술이다. 즉, 서비스 수행 중에 갑자기 많은 부하가 발생하여 IT자원의 부족 현상이 나타나면 추가적 자원을 자원 풀(resource pool)에서 확보하여 제공함으로써 탄력적 자원제공의 운영을 가능하게 해주는 기술이 프로비저닝이다.

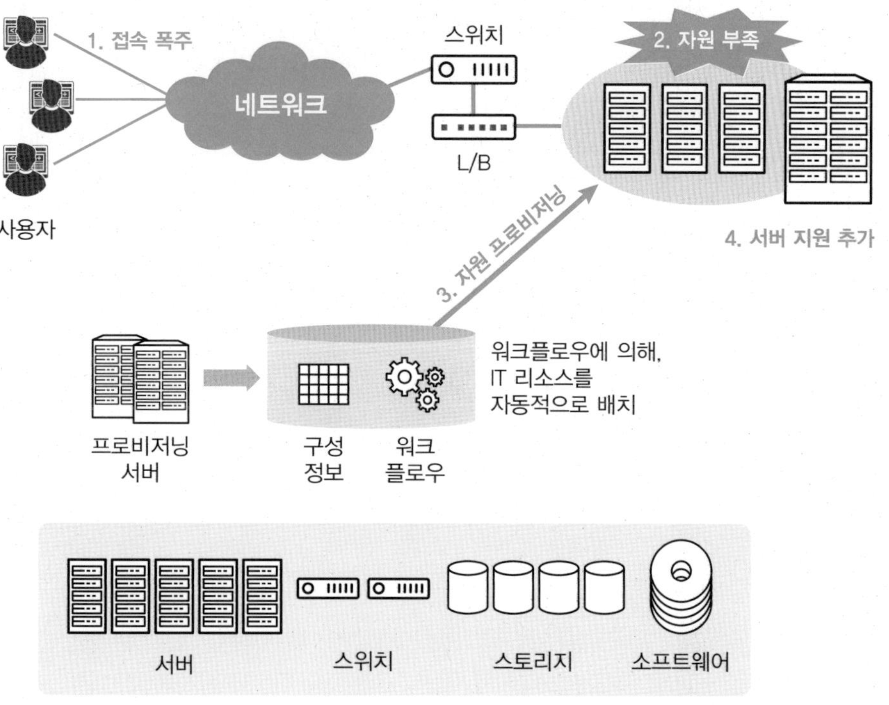

그림 5-15 프로비저닝 기술

■ 하이퍼바이저

앞서 클라우드 컴퓨팅을 가능하게 해주는 기술이 가상화 기술이고, 가상화를 위한 핵심 소프트웨어가 하이퍼바이저라고 언급했다.

같이 물리적 장치인 하드웨어와 논리적 자원인 가상머신 사이에 존재하는 가상화 계층에 있는 소프트웨어를 의미한다. 좀 더 구체적으로 설명하자면, 하이퍼바이저는 하나의 물리적 서버 위에 동시에 다수의 가상머신을 구동시킬 수 있는 소프트웨어 플랫폼을 의미한다. 가상머신을 관리하는 역할을 하이퍼바이저가 수행하기 때문에, 하이퍼바이저를 가상머신 모니터(즉, 축약해서 VMM, virtual machine monitor)라는 용어로 혼용하여 사용되기도 한다.

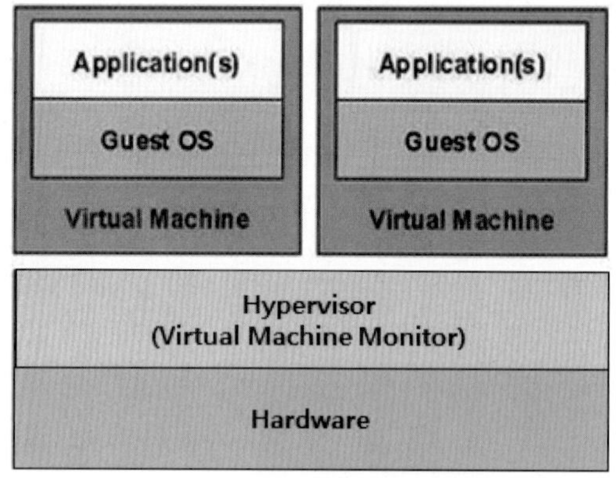

그림 5-16 하이퍼바이저

SUMMARY

1. **제4차 산업혁명과 클라우드**

최근의 클라우드 기술이 빅데이터의 저장, 처리, 분석을 지원할 수 있는 핵심 기반 기술로 부각되고 있으며, 제4차 산업혁명의 구현과 실현을 위해 필수적으로 요구되는 기반기술 중의 하나가 바로 클라우드(cloud) 기술이다.

2. **클라우드의 활용 장점**

클라우드 방식를 활용할 경우에 얻어지는 장점은 빅데이터의 저장, 처리, 분석에 필요한 컴퓨팅 기능을 실시간으로 제공받을 수 있으며, 인프라와 플랫폼 구축에 소용되는 비용과 시간 절감할 수 있다. 또한 서비스 운영 시에 탄력적으로 자원을 제공받을 수 있어서 서비스 품질(quality of services) 향상에 기여할 수 있다. 이러한 이유로 인공지능(artificial intelligence), 사물인터넷(Internet of Things), 자율주행차(autonomous vehicle) 등이 클라우드 환경 위에서 개발되고 운영되고 있다.

3. **클라우스 용어의 탄생**

클라우드라는 용어는 2006년 구글 사의 크리스토프 비시글리아(Christophe Bisciglia) 직원이 CEO인 에릭 슈미츠가 참석한 회의에서 '클라우드'라는 개념을 제안함으로써 사용되기 시작했다. 사실, 클라우드라는 개념은 1965년 존 맥카시(John McCarthy)가 유틸리티 컴퓨팅(utility computing)이라는 용어를 사용하는 것으로부터 유래하였다.

4. **클라우드의 정의**

클라우드는 소유하지 하지 않고 공유하는 컴퓨팅 패러다임으로 "인터넷을 통해 IT자원을 임대하여 빌려 쓰고, 사용한 만큼 비용을 지불하는 컴퓨팅 서비스 방식"으로 클라우드를 정의할 수 있다. 이를 좀더 자세히 정의하면, 첫째 클라우드는 인터넷(네트워크)을 통해 서비스 제공자의 서버에 저장된 애플리케이션과 서버 자원을 필요할 때마다 선택하여 사용할 수 있는 개념이다. 둘째, 클라우드에서 사용자는 유틸리티 컴퓨팅처럼 사용한 만큼 비용을 지불하는 구조이다. 셋째, 클라우드는 IT자원을 직접 설치할 필요 없이 원격으로 빌려 쓰는 서비스 형태로서 제공되는 새로운 컴퓨팅 패러다임을 의미한다.

5. **클라우드의 특징**

클라우드는 온디멘트(on-demand) 방식의 서비스이며, 탄력성의 특징을 가지고 있다. 그리고 Pay-Per-Use라는 특징을 가지고 있다. 기존 방식 대신에 클라우드를 사용하면 기본적으로 클라우드는 경제성 증대, 초기투자 비용의 절감, 유연성 증대, 가용성 확대, 빠른 구축 속도의 장점을 갖고 있다.

6. 클라우드의 단점

클라우드에서는 모든 데이터가 데이터센터 내의 서버 스토리지로 집중하여 저장되어 있기 때문에, 데이터센터에 저장된 데이터가 해킹된다든지 혹은 불특정 다수에게 노출된 경우에는 정보 누출의 위험이 오히려 증가하게 된다. 이러한 노출에 대한 위험이 존재하지만, 일반적으로 클라우드의 데이터센터는 제3의 보안 전문회사에 의해 전문적으로 관리되므로 오히려 사용자가 자신의 데이터 보호를 위해 관리하는 것보다는 훨씬 안전적이고 신뢰할 만하다고 할 수 있다. 한편, 클라우드에서는 데이터가 사용자의 인지 없이 데이터센터 내의 저장 공간에 분산되어 저장되므로 개인정보가 침해될 위험성이 발생한다. 그래서 민감한 개인정보는 자신의 스마트폰이나 PC에 저장해 두고 사용하며, 덜 민감한 정보를 클라우드에 저장해 놓고 사용한 것이 한 가지 대응 방법이다.

7. 클라우드의 구성 요소

클라우드 아키텍처(cloud architecture) 관점에서 클라우드 컴퓨팅은 5가지 구성 요소로 클라우드 제공자(cloud provider), 클라이언트(cloud client) 혹은 클라우드 단말(cloud terminal), 클라우드 네트워크(cloud network), 클라우드 보안(cloud security), 클라우드 서비스 브로커(cloud broker)가 있다. 한편, 클라우드 서비스(cloud service) 관점에서 6가지 구성 요소로 클라우드 제공자, 클라우드 소비자(cloud consumer), 클라우드 서비스 소유자(cloud service owner), 클라우드 자원 관리자(cloud resource manager), 클라우드 감사(cloud auditorial), 클라우드 캐리어(cloud carrier)가 있다.

정오형 문제

1. 제4차 산업혁명 시대에 빅데이터의 저장, 처리, 분석을 지원할 수 있는 핵심 기반 기술로 클라우드 기술이 부각되고 있다. ( )

2. 클라우드라는 개념은 구글의 CEO인 에릭 슈미트가 유틸리티 컴퓨팅이라는 용어를 사용한 것으로부터 유래하였다. ( )

3. 클라우드는 인터넷을 통해 구매한 물리적 IT자원을 사용자가 직접 설치 및 설정하여 컴퓨팅을 수행하는 서비스를 말한다. ( )

4. CPU, 메모리, 디스크 등의 물리적 자원을 적절히 할당하여 사용자가 원하는 형태의 가상머신을 만들어 사용자에게 제공하는 과정을 프로비저닝이라 한다. ( )

5. 가상화는 물리적 장치인 하드웨어와 논리적 자원인 가상머신 사이에 존재하는 가상화 계층에 있는 소프트웨어를 의미한다. ( )

단답형/선택형 문제

1. 4차 산업혁명 시대에 클라우드 기술이 필요한 이유로 가장 적절한 설명은?

   ① 단순 데이터 수집만이 필요하기 때문이다.

   ② 기존 데이터 처리 기술로 충분하기 때문이다.

   ③ 클라이언트-서버 방식과 가장 융합하기 좋은 기술이기 때문이다.

   ④ 실시간으로 생성되는 빅데이터의 수집, 관리, 분석이 가능한 인프라가 필요하기 때문이다.

연 습 문 제

2. 4차 산업혁명 시대에 클라우드 컴퓨팅 기술 활용의 장점으로 거리가 먼 것은?

① 대용량 데이터 처리를 위한 물리적 전산자원 제공

② 빅데이터 저장, 처리 분석에 필요한 컴퓨팅 파워 제공

③ 인프라와 플랫폼 구축에 소요되는 비용과 시간을 절감

④ 서비스 운영시에 탄력적 자원제공으로 서비스 품질 향상

3. 클라우드를 한마디로 정의하면 (　　　　) 하지 않고 (　　　　) 하는 컴퓨팅 패러다임이다.

4. 기존 컴퓨팅 방식 대신에 클라우드를 사용하였을 경우, 얻을 수 있는 장점에 대한 설명으로 올바른 것은?

① 클라우드 환경에서는 사용하고자 하는 자원을 원하는 기간만큼만 사용하므로 자원 낭비가 심화될 수 있습니다.

② 클라우드는 탄력적으로 자원을 제공하므로 사용자는 유연하게 자원을 활용할 수 있습니다.

③ 클라우드 내의 자원에 장애가 발생하면 클라우드 내부에서는 대체 자원을 지원받을 수 없다.

④ 클라우드를 사용하면 초기 구축에 필요한 하드웨어와 소프트웨어를 구매해야 하고 유지보수를 사용자가 담당한다.

5. 클라우드 서비스 관점의 6가지 구성 요소 중에 하나인 (　　　　　　)는 클라우드 제공자가 제공하는 IT 자원을 사용하기 위해 클라우드 제공자와 공식적 계약을 맺은 기관이나 사람을 말한다.

6. 다음 설명에 해당하는 클라우드의 기반 기술은 무엇인가요?

> **[설명]**
> 하나의 물리적 자원을 여러 개의 가상머신(virtual machine)으로 나누어 운영할 수 있도록 지원하는 기술을 의미합니다. 특히, 각각의 가상머신은 사용자에게 자원제공 형태로 제공되어 물리적 자원(physical resource)은 하나이지만 여러 개의 논리적 자원(logical resource)으로 분할하여 독립적으로 활용할 수 있도록 해주는 기술입니다. 각각의 가상머신에 사용자가 원하는 운영체제(operating system)와 응용 프로그램(application program) 등이 설치되어 사용자에게 제공되는 것입니다.

주관식 문제

1. 제4차 산업혁명의 필수기술로 클라우드가 필요한 이유를 설명하시오.

2. 서비스 관점에서 클라우드라는 용어를 정의하시오

3. 클라우드의 3가지 특징을 기술하고 이들 특징을 자세히 설명하시오.

4. 클라우드 아키텍처 관점에서 클라우드의 5가지 구성 요소를 나열하고 이들을 자세히 설명하시오.

연 습 문 제

5. 메인프레임에서 클라우드 컴퓨팅까지 컴퓨팅 환경의 진화 과정을 기술 순서와 함께 각 기술을 자세히 설명하시오.

6. 가상화 기술에 대해서 설명하고 가상화 유형에 대해서 기술하시오.

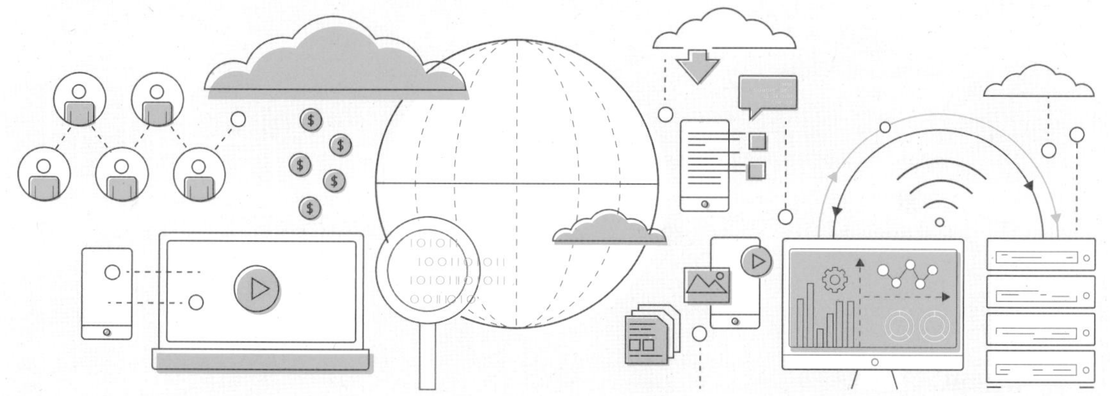

CHAPTER

6

클라우드 컴퓨팅의 모델 분류와 적용 사례

이번 장에서는 클라우드 컴퓨팅의 다양한 모델과 주요 서비스에 대해서 학습해 보도록 하자. 그리고 클라우드 활용 사례와 클라우드의 미래 전망에 대해서 살펴보자.

학습목표

- 클라우드 컴퓨팅의 다양한 모델과 주요 서비스에 대해 설명할 수 있다.
- 클라우드 활용 사례를 살펴보고, 클라우드의 미래 전망에 대해 고찰해 본다.

구성

6.1 클라우드 컴퓨팅의 모델과 서비스

클라우드 서비스는 IT자원의 성능향상에 따라 다양한 형태로 발전해 오고 있다. 이러한 클라우드 서비스를 서비스 제공형태로 분류할 수 있다. 여기서 서비스 제공형태라는 것은 사용자에게 어떤 유형의 클라우드 서비스를 제공하는지를 의미한다. 그래서 클라우드 서비스의 제공 관점에서 클라우드 서비스 모델을 분류할 수 있다. 사실 다양한 형태의 클라우드 서비스가 있고 그 경계가 모호하여 명확히 서비스 제공 형태를 구분하는 것이 쉽지 않다.

■ 서비스제공 형태로 클라우드 분류

미국국립표준기술연구소인 NIST는 클라우드 서비스를 3가지 형태로 분류하였는데, 여기서 3가지 형태는 IaaS, PaaS, SaaS이다. 주로 클라우드 제공자가 사용자에게 미리 준비하여 제공하는 IT자원이 어떤 형태를 가지는냐에 따라 나누어지는 모델이다. 특히 as a Service라는 형태로 클라우드 서비스를 사용자에게 제공하는 형태이다. 앞서 언급한 IaaS는 Infrastructure as a Service의 약자이다. 그리고 PaaS는 Platform as a Service의 약자이고, SaaS는 Software as a Service의 약자이다.

그림 6-1 클라우드 서비스 모델

최초 클라우드 서비스는 지메일(gmail)이나 드롭박스(dropbox), 네이버 클라우드(naver cloud)처럼 소프트웨어를 웹에서 쓸 수 있는 SaaS가 대부분 이었다. 그러다가 서버와 스토리지, 네트워크 같은 IT 인프라 장비를 빌려주는 IaaS, 플랫폼을 빌려주는

PaaS로 확장되기 시작했다. 이러한 as a Service의 3가지 서비스 유형 각각에 대해서 자세히 살펴보자.

■ IaaS

IaaS는 Infrastructure as a Service의 약자로서, 서비스로서의 인프라 스트럭처를 의미한다. 서버, 저장장치, 네트워크 등의 컴퓨팅 자원을 인터넷을 통해 일종의 서비스 형태로 제공하는 모델이다. 즉, IaaS는 사용자에게 서버, 저장장치, 네트워크 등의 컴퓨팅 자원을 가상머신으로 만들어 클라우드 서비스 형태로 제공하는 것이다. 사용자는 클라우드로부터 제공받은 가상머신 위에 자신이 원하는 운영체제와 소프트웨어 등을 설치하여 사용할 수 있다. 그래서 사용자는 소프트웨어 실행이나 데이터나 DB 저장 등에 필요한 서버, 스토리지 등의 IT 인프라를 물리적 장비를 구매하지 않고도 클라우드를 통해 서비스를 제공받아 사용할 수 있다. IaaS의 활용 예로서, 이벤트용 웹사이트의 서버를 구축한다고 해 보자. 특정 이벤트용 웹페이지를 개설한다면, 단기간에 엄청난 접속자가 몰릴 수 있다. 그래서 이 기간 동안에 일시적으로 IT자원을 많이 빌려서 사용하고, 그 기간이 종료되면, 자원제공을 감축시키는 등 IT자원의 양을 유연하게 변경함으로써 안정적인 웹사이트의 구축에 소요되는 비용과 운영에 소요되는 비용을 절감할 수 있다. 대표적 IaaS 서비스로는 아마존의 EC2 서비스를 예로 들 수 있다. 일반 사람들이 아마존을 떠올리면, 인터넷 주문의 책 배달 서비스나 인터넷 쇼핑몰로 많은 사람들이 알고 있다. 아마존은 자신의 IT자원을 효율적으로 사용하고 그러한 IT자원을 비즈니스에 활용하고자 클라우스 서비스를 시작했다. 그 대표적 서비스가 EC2이다. IT자원을 운영체제가 탑재된 가상머신 형태로 임대하여 제공하고 사용자가 사용한 시간만큼 비용을 지불하는 컴퓨팅 서비스를 수행하고 있다.

■ PaaS

PaaS는 Platform as a Service의 약자로서, 서비스로서의 플랫폼을 의미한다. 소프트웨어 개발자나 응용 프로그램 개발자에게 응용 프로그램의 개발도구를 서비스로써 제공하는 형태의 클라우드 서비스이다. 개발자가 응용 프로그램의 개발 환경을 처음부터 구축하고 관리하는 것은 많은 시간과 노력이 필요한 일이다. 그러한 점에서 개발 환경과 이에 필요한 부가적 소프트웨어, 예를 들어 데이터베이스, 웹서버 등을 미리 마련하여 개발자에게 제공하면 개발자 입장에서는 자신이 원하는 개발에만 전념할 수 있어서 매우 편리하다. 그래서 개발 환경 구축과 운영 관리에 소요되는 시간을 절약하여 단 기간 내에 응용 프로그램을 개발하여 서비스를 제공할 수 있다. PaaS 서비스는 주로 패키지로 구성되어 있는 제품이나 개발 도구를 제공하며, 이를 통해 개발자는 자신이 원하는 응용 프로그램을 개발할 수 있다.

다양한 서비스가 PaaS 서비스 형태로 제공된다. 대표적 예로는 구글 앱 엔진(Google App Engine)을 예로 들 수 있다. 구글 앱 엔진은 구글의 PaaS 서비스로서 구글이 제공하는 IT 인프라 상에 응용 프로그램을 생성하고 실행할 수 있게 해주는 자바 언어와 파이썬 언어 기반의 개발 플랫폼 서비스를 말한다. 구글 앱 엔진을 통해 개발된 응용 프로그램은 자동적으로 구글 자체 인프라에서 유지 관리까지 해준다. 그래서 개발자나 사용자에게 유지보수에 대한 편의성까지 제공한다. 또한 네트워크 트래픽이나 데이터 저장 공간을 필요에 따라 스케일-업(scale-up)하거나 스케일-다운(scale-down)하여 탄력적으로 변경시켜 주기 때문에 개발된 응용 프로그램에 대한 서비스를 효율적으로 운영할 수 있다. 결론적으로 응용 프로그램의 개발 환경과 실행환경만을 제공하는 것이 아니라, 개발자는 개발된 응용 프로그램을 직접 관리하지 않고 단지 만들어 놓은 응용 프로그램을 업로드하기만 된다. 이러한 점이 구글 앱 엔진의 특징이다.

■ SaaS

SaaS는 Software as a Service의 약자로서, 서비스로서의 소프트웨어를 의미한다. SaaS는 업무에서 활용되는 응용 소프트웨어의 기능을 인터넷을 통해 필요한 만큼 서비스로 이용할 수 있도록 제공하는 형태를 의미한다. 사용자는 자신의 PC에 소프트웨어를 설치할 필요 없이 웹브라우저를 통해 클라우드에서 제공하는 소프트웨어를 실행하여 사용할 수 있다. 또한 SaaS 서비스는 소프트웨어 업데이트 작업을 사용자가 아니라 클라우드 서비스 제공자가 수행한다. 따라서 사용자는 소프트웨어의 관리 및 업데이트 등에 소요되는 수고나 비용을 들이지 않고도 소프트웨어의 최근 기능을 항상 사용할 수 있다. 또한 소프트웨어 버그나 보안 취약점에 고민할 필요가 없다.

SaaS 서비스도 다른 클라우드 서비스와 마찬가지로, 서비스 사용에 관한 계약을 맺고 사용자 계정이 준비되면, 사용자는 즉각적으로 서비스를 이용할 수 있다. 일반적으로 소프트웨어를 사용하고자 할 때, 먼저 소프트웨어를 구매해야 하고, 그리고 그 소프트웨어를 PC에 설치한 후에 소프트웨어를 실행할 수 있다. 그러나 SaaS는 소프트웨어의 구매에서 설치에 이르기까지 소요되는 시간의 낭비 없이 소프트웨어의 즉각적 실행될 수 있어서 구축 시간의 절감 측면에서 매우 효율적이다.

대표적인 SaaS 서비스로는 구글의 Google Apps가 있다. 구글 Gmail, 구글 Docs, 구글 Drive, 구글 캘린더 서비스 등이 Google Apps을 통해 사용자에게 제공되는 SaaS 서비스이다. 이들 서비스는 업무용 PC는 물론 이동할 때에도 스마트폰이나 태블릿과 같은 모바일 단말기로도 언제 어디서나 접속이 가능하며, 전자 메일이나 일정관리, 문서 편집 등을 여러 사람과 공유할 수 있는 기능을 제공하고 있다. 또 다른 대표적 서비스로는 마이크로소프트(Microsoft) 사에서 개발한 Office365 서비스가 있다. Office365 서비스는 마이크로소프트 사에서 개발하여 널리 이용되고 있는 워드, 엑셀, 파워포인트 등의 소프트웨어를 자신의 PC에 설치할 필요 없이, 인터넷만 연결되어 있으면 웹브라우저를 통해서 실행할 수 있는 기능을 제공한다.

■ 클라우드 서비스 모델의 비교

앞서 자세히 살펴본 클라우드 서비스 모델인 IaaS, PaaS, SaaS를 서로 비교하며 살펴보도록 하자. [그림 6-2]에서 볼 수 있듯이, 3가지 서비스 모델 모두 서비스 대상에 따라서 구분이 된다. 각 서비스는 독자적인 아키텍처를 가질 수도 있으나, 보통은 IaaS부터 PaaS, SaaS까지 서로 연계된 형태로 서비스가 구성되어 있다고 할 수 있다. 이 그림에서 볼 수 있듯이, IaaS 서비스는 IT자원을 제공하는 서비스로서 가장 기본이 되는 아키텍처이다. PaaS 서비스는 중간 그림과 같이 IaaS 서비스에 기반하거나 또는 독자적인 아키텍처 모습을 가질 수 있다. SaaS는 PaaS 서비스 기반 또는 독자적인 아키텍처를 갖는다. 물론 세부적인 아키텍처는 각 서비스의 종류에 따라 달라질 수 있다.

한편, 전통적인 IT모델과 클라우드 서비스 모델을 비교하면 [그림 6-3]과 같다. 전통적인 IT모델은 하단의 서버, 스토리지, 네트워크를 나타내는 하드웨어 영역과 운영체제로부터 애플리케이션까지의 소프트웨어 영역 모두를 사용자가 관리하는 체계이다.

하지만, IaaS, PaaS, SaaS 클라우드 서비스는 제공되는 서비스 형태에 따라 사용자가 관리하는 영역과 서비스로 제공되는 영역이 서로 구분된다. IaaS의 경우, 하드웨어와

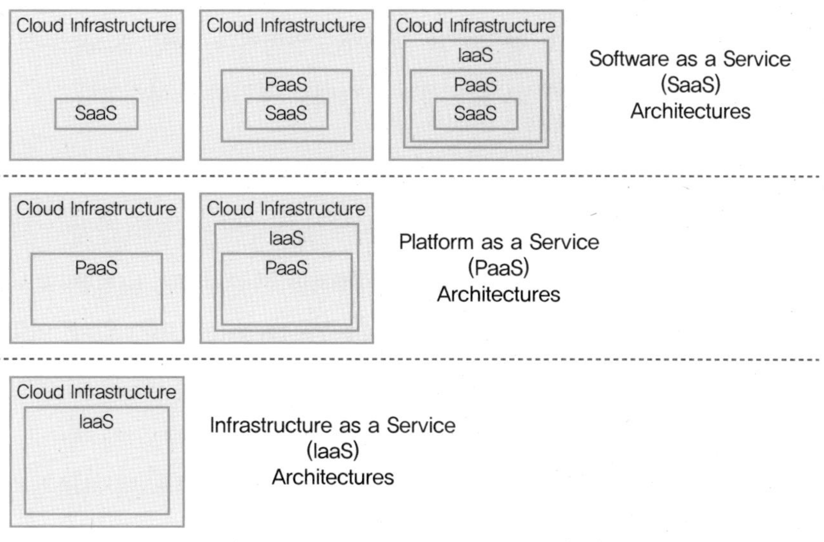

그림 6-2 클라우드 서비스 유형별 비교

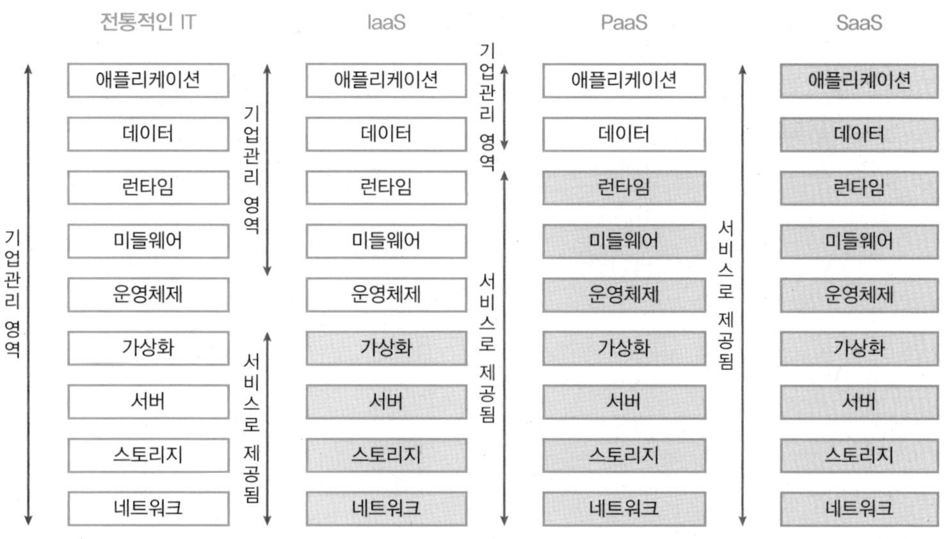

그림 6-3 전통적인 IT와 클라우스 서비스 모델 비교

출처: Microsoft, 교보증권 리서치센터

관련된 서버, 스토리지, 네트워크, 가상화 영역은 서비스로 제공되고 나머지 운영체제부터 애플리케이션까지는 사용자가 설치하고 운영하고 관리하는 영역이다. PaaS의 경우, 하드웨어와 관련된 서버, 스토리지, 네트워크, 가상화 영역 뿐아니라 플랫폼에 해당되는 운영체제, 미들웨어, 런타임까지가 서비스로 제공되고 나머지인 데이터와 애플리케이션만 사용자가 설치하고 운영하고 관리하는 영역이다. 반면, SaaS의 경우, 하드웨어 영역부터 소프트웨어 영역 모두를 서비스 형태로 제공하는 형태이다.

IaaS, PaaS, SaaS 클라우드 서비스에 해당하는 대표적 서비스와 제품에 대해서 살펴보자. 아마도 일부는 여러분들도 이미 알게 모르게 사용하고 있는 서비스 제품이 있을 수도 있다. 먼저 IaaS의 대표적 서비스는 Amazon EC2(Elastic Compute Cloud)와 S3(Simple Storage Service)가 있으며, 또한 아마존의 DynamoDB가 있다. 아마존 EC2는 컴퓨팅 임대 서비스이며, S3는 스토리지 임대 서비스이다. 아마존 EC2는 "인스턴스"라 불리는 가상머신을, 원하는 소프트웨어를 포함하여 구성할 수 있게 해주고 이를 웹서비스 형태로 제공하는 컴퓨팅 자원 임대 서비스를 말한다. S3는 웹 서비스 인터페이스를 사용하여 웹을 통해 언제 어디서나 원하는 양의 데이터를 저장하고 검색할 수 있는 서비스이다. 그리고 DynamoDB는 빅데이터를 위한 데이터베이스 서비스로서, 데이터 규모에 상관없이 데이터를 저장하고 검색할 수 있도록 제공하는 데이터베이스 임대 서비스이다.

서비스 유형	대표적 서비스	제품
IaaS	Amazon EC2, S3 DynamoDB	amazon webservices EC2 / amazon webservices
PaaS	Microsoft Azure Google App Engine	Microsoft Azure / Google App Engine
SaaS	Microsoft Office 365 Google Gmail, Docs, Calendar	Google docs / Microsoft Office 365

그림 6-4 클라우드 서비스 유형별 사례

한편 PaaS의 대표적 서비스로는 구글 앱 엔진(Google App Engine)과 마이크로소프트 애저(Microsoft Azure)가 있다. 구글 앱 엔진의 경우는 앞서 설명하였듯이 구글 인프라를 사용하여 응용 프로그램의 개발을 도와주는 개발환경과 플랫폼을 제공하는 서비스이다. 그리고 마이크로소프트 애저는 마이크로소프트사가 만든 클라우드 컴퓨팅 플랫폼으로서, 전 세계의 마이크로소프트 데이터센터에서 응용 프로그램을 생성하고 이를 일반인들에게 배포하고 관리할 수 있는 개방형 클라우드 플랫폼(open cloud platform)이다. 개발자나 사용자는 마이크로소프트사에서 제공하는 프로그래밍 언어나 도구, 또는 프레임워크를 사용하여 응용 프로그램을 개발, 생성할 수 있으며, 기존의 IT 환경과 통합할 수 있는 기능도 제공하고 있다.

SaaS의 경우, 대표적 서비스로는 앞서 살펴보았듯이 구글 지메일, 구글 닥스, 구글 캘린더 등을 포함하고 있는 구글 앱스(Google Apps)가 있다. 또한, 마이크로소프트 오피스 365 서비스가 있다. 이들 서비스 모두 웹 브라우저를 통해 원하는 소프트웨어를 마우스 클릭만으로 실행할 수 있으며, 사용자가 소프트웨어를 구매 및 설치할 필요 없이 사용할 수 있다는 장점이 있다. 최근에 다른 클라우드 서비스 모델보다 SaaS 서비스의 유형이 점점 늘어나고 있는 추세에 있다. 특히, 중소 SW 업체들이 개발한 다양한 소프트웨어가 무료나 유료로 SaaS 형태의 클라우드 서비스로 제공되고 있다. 이런 추세의 이유는 소프트웨어의 개발 비용 이외에 별도의 다른 비용이 들지 않기 때문에 영업 이익률 측면에서 효율성이 매우 높기 때문이다.

앞서 살펴본 IaaS, PaaS, SaaS 형태의 클라우드 서비스 모델 이외에도 다양한 유형의 클라우드 서비스 모델이 개발되고 이에 대한 변형들이 나오고 있다. 이러한 클라우드 서비스 모델 중에 DaaS는 Desktop as a Service의 약자로서 서비스로서의 데스크톱을 의미한다. DaaS는 클라우드 제공자가 사용자에게 가상화된 데스크톱을 서비스 형태로 제공하며, 데이터센터 내의 서버에서 사용자별로 가상 데스크톱을 생성시키고 관리한다.

또 다른 클라우드 서비스 모델로서 SecaaS(Security as a Service)가 있다. SecaaS는 서비스로서의 보안을 의미한다. SecaaS는 클라우드 컴퓨팅의 보안 이슈에 대한 솔루션을 클라우드 서비스 형태로 제공한다. 그리고 웹, 이메일, 네트워크 등의 보안 및 암호화 서비스를 클라우드에서 제공하는 것을 말한다.

이외에도 다양한 유형의 클라우드 서비스 모델이 개발되고 있다. 예를 들어 Database as a Service, Integration as a Service, Test as a Service 등 클라우드의 적용 서비스별로 다양한 변형이 출시되고 있다.

■ 배치 형태로 클라우드 분류

다음으로는 클라우드의 또 다른 모델로 배치 혹은 전개 모델이 있다. 이제부터는 배치 형태로 클라우드를 분류한 모델에 대해서 살펴보겠다. 이 모델 또한 미국국립표준기술연구소인 NIST에 의해서 제시되었는데, 주로 클라우드의 소유권이나 규모, 접근 방법에 따라 분류한 것이다. 다시 말해서, 클라우드 환경을 누가, 어디에 구축하고 운영하느냐에 따라 달라지는 모델이다. 대표적으로 퍼블릭(public cloud), 프라이빗 클라우드(private cloud), 하이브리드 클라우드(hybrid cloud)로서 3가지 모델이 있다.

그림 6-5 클라우드 배치 모델

■ 퍼블릭 클라우드

클라우드의 배치 모델로서 첫 번째로 퍼블릭 클라우드 모델에 대해서 알아보자. 퍼블릭 클라우드는 클라우드 사업자가 시스템을 구축하고, 자신의 클라우드 인프라를 인터넷을 통해서 불특정 일반 대중을 대상으로 서비스를 제공하는 형태이다. 퍼블릭 클라우드 내의 인프라에 대한 관리 및 유지보수는 클라우드 제공자가 책임을 지고, 서비스를 제공받는 사용자는 유료 혹은 무료로 클라우드 인프라를 제공받을 수 있다. 이들 사용자는 자신이 IT 자원을 보유하고 있지 않더라고 퍼블릭 클라우드에서 제공되는 서비스를 통해 IT 자원을 활용할 수 있다. 퍼블릭 클라우드는 필요한 IT자원을 단기간에 저비용으로 마련할 수 있고, 운영 관리에 대한 부담이 적다는 장점이 있다. 그러나 사용자 자신의 데이터가 자신이 소유하고 있는 IT자원이 아닌 제3자의 클라우드 환경에 저장된다는 점에서 정보 공개나 개인정보 유출에 대한 우려가 존재한다.

퍼블릭 클라우드의 대표적 사례로는 아마존의 AWS(Amazon Web Services)가 있다. 앞서 살펴본 아마존 EC2와 S3가 대표적인 퍼블릭 클라우드의 사례로, 사용자에게 컴퓨팅 및 스토리지 임대 서비스를 일반 대중을 대상으로 유료로 제공하는 서비스이다. 또한 우리나라의 경우엔 사용자의 다양한 문서나 사진, 음악이나 동영상 등의 파일을 편리하고 안전하게 관리하게 해주는 KT ucloud가 있다.

■ 프라이빗 클라우드

또 다른 클라우드 배치 모델로서 프라이빗 클라우드 모델에 대해서 살펴보자. 프라이빗 클라우드는 특정 기관이나 특정 사용자만을 위해서 자사 전용으로 클라우드 환경을 구축하여 클라우드를 운영하는 형태이다. 클라우드 인프라는 기관 자체적으로 관리하거나 제3의 기관에 위탁하여 운영을 맡길 수도 있다. 또한 클라우드 인프라의 대부분은 기관 내부에 두고 있으나, 외부에 둘 수도 있다. 하지만, 클라우드 인프라의 소유권은 특정 기관이 소유하고 그 제어 권한을 갖고 있다. 따라서 보안성이 매우 뛰어나다는 장점이 있다. 대표적인 사례로 각 회사마다 클라우드를 구축하여 내부에서만 클라우드를 사용하는 경우로, 정부통합전산센터의 G-클라우드를 예로 들 수 있다. G-클라우드는 정부 소속의 정부통합전산센터가 보유한 IT정보 자원을 활용해 행정기관 등에 이를 제공·관리함으로써 IT 운영의 효율성을 높이기 위해 구축한 정부 주도의 클라우드 서비스이다.

한편, 퍼블릭 클라우드와 프라이빗 클라우드는 서로 상반된 대상으로 구성되고 운영되는데, 퍼블릭 클라우드는 일반 대중을 위한 클라우드 서비스로 볼 수 있으며, 프라이빗 클라우드는 특정 기관만을 위한 클라우드 서비스로 볼 수 있다.

■ 하이브리드 클라우드

하이브리드 클라우드 모델은 프라이빗과 퍼블릭 클라우드를 병행하여 사용하는 형태이다. 이 모델에서는 민감한 데이터는 프라이빗 클라우드를 이용하고, 덜 민감한 데이터는 퍼블릭 클라우드를 이용하는 형태이다. 일반적으로 얼마 전까지 프라이빗과 퍼블릭 클라우드를 혼용하여 구성된 클라우드를 하이브리드 클라우드 모델로 지칭하였으나, 최근에는 다양한 특징과 형태를 갖는 클라우드 모델이 출시되어, 2개 이상의 클로우드 모델로 구성된 클라우드를 하이브리드 클라우드라고 한다.

한편, 여러 클라우드 환경 간에는 잠재적 차이가 존재하기 때문에 하이브리드 클라우드 형태로 클라우드를 구축하는 사례가 점점 늘어나고 있다. 예를 들어, 프라이빗 클라우드와 퍼블릭 클라우드로 구성된 하이브리드 클라우드에서는 이 둘 사이의 관리와 책임을 명확히 분리하여 운영할 수 있다는 장점이 있다. 앞서 설명하였듯이 민감한 데이터는 프라이빗 클라우드를 이용하고, 덜 민감한 데이터는 퍼블릭 클라우드를 이용하는 것이 데이터의 보안 중요도에 따라 이용할 클라우드를 나누는 예이다.

하이브리드 클라우드의 대표적 사례로는 공공 클라우드의 서비스 수요를 일부를 민간 클라우드를 활용하는 것이다. 예를 들어, 공공 클라우드 서비스에 대한 요청이 갑자기 늘어나 서비스 수요를 모두 감당하지 못할 경우에 아마존 AWS와 같은 민간 클라우드를 활용하여 서비스의 연속성과 서비스 품질을 유지시키는 것이다.

■ 프라이빗과 퍼블릭 클라우드의 비교

이제까지 3가지 클라우드 배치 모델에 대해서 살펴보자. 클라우드 배치 모델 중 프라이빗 클라우드와 퍼블릭 클라우드의 장점과 단점을 비교 · 정리해 보도록 하자.

우선, 서비스 대상 관점으로 살펴볼 때, 프라이빗 클라우드는 특정 기관만을 대상으로 하므로 사용자 층이 한정되어 있다. 반면, 퍼블릭 클라우드는 일반 대중을 대상으로 서비스를 제공하므로 불특정 다수가 사용자 층이다. 그리고 서비스 인프라 관점에서는 프라이빗 클라우드는 특정 기관의 내부 인원을 대상으로 서비스를 제공하므로 인프라넷(intranet)의 성격을 갖고 있다. 한편 퍼블릭 클라우드는 특정 기관 내부와 외부라는 경계가 없기 때문에 인터넷(Internet)을 기반으로 하고 있다.

프라이빗 클라우드는 특정 기관만을 위해 클라우드 환경을 구축하고 관리하므로 데이터 보호와 개인정보 보호가 향상된다는 점이 장점이다. 그러나 프라이빗 클라우드는 특정 기관 내의 구성원에게만 서비스를 제공하므로 클라우드 서비스 접근성에 대해 한계가 있다는 단점이 있다. 또한 클라우드 제공자와 사용자가 동일하므로 클라우드 운영 비용을 기관에서 부담해야 하는 단점이 있다.

표 6-1 퍼블릿과 프라이빗 클라우드 배치 모델의 비교

구분	프라이빗 클라우드	퍼블릿 클라우드
서비스 대상	한정된 사용자	불특정 다수
서비스 인프라	인트라넷	인터넷
장점	개인정보 보호의 향상	IT 유지 비용없이 사용료만 지불
단점	서비스 접근성의 한계 운용 비용의 부담	고수준의 보안이 필요 자원사용량 예측이 불가능
주요 적용분야	대기업 및 중대형 웹 비즈니스	메일, 개인 일정관리 등 개인용 응용 프로그램

한편, 퍼블릭 클라우드는 IT 유지비용을 지불하지 않고도 사용료만 내면 클라우드 서비스를 활용할 수 있다는 장점이 있지만, 불특정 다수가 클라우드 내의 자원을 공유하므로 높은 수준의 보안이 필요하다는 단점이 있다. 또한, 불특정 다수를 대상으로 서비스를 제공하기 때문에 자원 사용량에 대한 예측이 불가능하다는 단점이 있다.

프라이빗 클라우드의 주요 적용 분야로는 대기업 및 중대형 웹 비즈니스 분야이며, 퍼블릭 클라우드는 불특정 다수를 대상으로 한 메일, 개인일정관리 등의 개인용 응용 프로그램에 적합한다.

■ 다양한 형태의 클라우드 배치 모델

클라우드의 대표적 배치 모델로서 프라이빗 클라우드, 퍼블릭 클라우드, 하이브리드 클라우드에 대해서 살펴보았다. 이 3가지 배치 모델 이외에도 다양한 기능과 목적을 가진 클라우드 배치 모델이 있다.

커뮤니티 클라우드(community cloud) 모델은 클라우드 인프라를 다수의 기관이 서로 공유하고 공통의 관심사를 가진 특정 커뮤니티의 지원을 위해 활용되는 클라우드를 의미한다. 즉, 공통의 목적을 가진 특정 기관이나 단체, 기업들이 클라우드 환경을 구성하여 클라우드 인프라를 공유하여 운영하는 형태이다.

또 다른 클라우드 배치 모델로서 멀티 클라우드(multi-cloud)에 대해서 살펴보자. 멀티-클라우드를 '인터-클라우드(inter-cloud)' 또는 연합-클라우드(federated cloud)'

라고 한다. 여러 클라우드 서비스들을 제3자에게 연결해 주는 CSB(cloud service brokerage) 기술을 활용하여 사용자에게 최적화된 클라우드 서비스 제공을 주요 목적으로 하고 있다. 여기서, CSB는 다양한 클라우드 서비스를 서로 결합하여 사용자가 원하는 클라우드 서비스를 중계해 주는 브로커를 의미한다. 그래서 Amazon AWS, Microsoft Azure, KT ucloud 등 기존 클라우드 서비스를 대리점 형태로 연결해 주는 CSB 방식의 클라우드를 멀티-클라우드라고 할 수 있다.

최근 모바일 장치가 일상적으로 사용됨에 따라서, 모바일 장치의 사용자가 언제 어디서나 자신이 사용하던 사진, 동영상, 주소록, 오피스 문서, 게임, 이메일 등의 콘텐츠에 접근하여 항상 최신 상태로 사용할 수 있게 해주는 클라우드 서비스가 사용되고 있는데, 이를 개인용(personal) 클라우드라고 한다.

개인용 클라우드의 예로는 스마트폰, 태블릿 등 모바일 장치 자체의 앱 스토어가 제공하는 클라우드 서비스, 예를 들어 Apple iTunes나 Google Play 등이 있다. 또한, 모바일 장치에 장착된 앱에서 제공하는 클라우드 서비스, 예를 들어, YouTube나 iTunes Music 등 있다.

또 다른 클라우드 배치 모델로 모바일 클라우드(mobile cloud)가 있는데, 최근 스마트폰과 같은 모바일 단말기 상에서 클라우드 서비스를 이용하는 방식을 넓은 의미에서 '모바일 클라우드'라고 지칭한다. 따라서 모바일 클라우드는 기존의 클라우드의 개념을 모바일 단말기에 적용하여 확장시킨 것으로 볼 수 있다. 스마트폰뿐 아니라 사용자가 갖고 있는 다양한 모바일 단말기 모두에서 클라우드 기술을 사용하여 자신의 원하는 콘텐츠와 서비스를 시간과 공간의 제약 없이 활용한다는 개념이다.

모바일 클라우드에게 대한 좀 더 상세한 정의는 모바일 단말기의 제한적 컴퓨팅 용량, 즉, CPU, 저장 공간, 네트워크 장치에 대한 한계를 원격의 클라우드 상에서 가상머신 형태로 보조적으로 지원하는 것을 또한 모바일 클라우드라고 한다.

■ 클라우드 서비스와 배치 모델의 조합

이제까지 클라우드 서비스 모델인 Iaas, PaaS, SaaS와 배치 모델인 퍼블릭, 프라이빗, 하이브리드, 커뮤니티 클라우드 등에 대해서 각각 살펴 보았다. 실제로 사용자나 혹은 기관에게 제공되는 클라우드 서비스는 클라우드 서비스 모델과 배치 모델을 서로 조합하여 제공되고 있다.

예를 들어, 퍼블릭 클라우드 형태의 SaaS, 퍼블릭 클라우드 형태의 PaaS, 프라이빗 클라우드 형태의 PaaS 등의 유형으로 클라우드 서비스를 구성하여 제공하고 있다. 퍼블릭 클라우드 형태의 SaaS의 예로 마이크로소프트 사의 Office365나 구글의 지메일 등을 예를 들 수 있다. 또한 퍼블릭 클라우드 형태의 PaaS는 마이크로소프트 애저(Microsoft Azure)나 구글 앱 엔진(Google App Engine)을 예로 들 수 있다.

이제까지 클라우드 컴퓨팅의 모델을 서비스 관점과 배치 관점에서 살펴보았다. 다음 절에서는 클라우드의 주요 활용 분야와 적용 사례를 살펴보고, 클라우드의 미래 전망에 대해서 알아보자. 그리고 클라우드가 앞으로 우리의 미래를 어떻게 바꿀지 고찰해 보는 시간을 갖도록 하자.

6.2 클라우드의 활용 사례

이번 절에서는 클라우드의 주요 활용 분야와 적용 사례를 살펴보고, 클라우드의 미래 전망에 대해서 알아본다.

■ 클라우드의 주요 활용 분야

클라우드의 주요 활용 분야는 크게 4가지 분야로 나눌 수 있다.

첫 번째 분야는 B to C(즉, Business to Customer) 분야로서 전자상거래 사이트, 동영상 전송 웹사이트 등 다양한 웹사이트에서 클라우드 서비스를 활용하고 있다.

두 번째 분야로는 엔터프라이즈 분야로서 기업 내부 시스템에서 클라우드 서비스를 이용하는 것이다.

세 번째 분야는 공공 분야에서 클라우드 서비스가 활용되는 경우로, 공공 기관 시스템의 공통화 추진과 시스템 효율성을 통한 비용 절감, 그리고 공공 서비스 개선을 목적으로 클라우드 서비스가 활용되고 있다.

마지막 분야는 신사업 분야로서 사물인터넷과 인공지능, 빅데이터 분석에 클라우드 서비스를 활용하는 것이다.

다음으로 클라우드의 활용 분야를 좀 더 세부적으로 살펴보도록 하자. 먼저 웹사이트에서 클라우드를 활용한 경우를 살펴보면, 전자상거래, 동영상, 이미지, 광고 등 대량의 콘텐츠를 제공하는 웹사이트에서 클라우드 서비스를 사용하는 사례가 점점 늘어나고 있다. 특히, 소셜 미디어가 대중화되면서 특정 웹사이트로 급격하게 접속량이 증가하는 경우가 종종 발생하고 있다. 이러한 경우가 발생하면, 웹사이트의 접속 속도가 느려지거나 최악의 경우에는 서버가 다운되는 등 더 이상 웹사이트의 서비스 수행이 어려워질 수가 있다. 이러한 접속량 폭증에 대비하여 클라우드 기술을 활용한다면, 클라우드에서 제공하는 가상 자원을 자동으로 확장하는 자동 스케일링 기능과 서버 부하를 분산시킬 수 기능에 의해서 접속량 폭증이 발생하더라도 이에 상관없이 웹사이트의 서비스 수행을 안정적으로 유지할 수 있다.

앞서 살펴본 웹사이트에서 클라우드를 활용한 경우를 최신 응용인 소셜 게임(socal game)을 예를 들어 좀 더 자세히 살펴보도록 하자. 소셜 게임은 그 인기에 따라 소셜 게임의 서버로 접속량이 하루마다 크게 달라질 수 있다. 따라서 클라우드를 활용하여 서버 개수를 유연하게 늘리거나 줄여서 관리할 필요가 있다.

소셜 게임의 개발 단계에서는 서버 등의 인프라 투자를 최소화할 필요가 있다. 즉, 이때에는 서버를 직접 구매하지 않고, 클라우드에서 제공되는 IT자원을 임대하여 활용함으로써 일반적인 개발 단계에서 필요한 초기 구축 비용을 절약할 수 있다.

그런 다음, 소셜 게임의 공개 후에는 일반 이용자들에게 주목을 받아 화제가 되는 시기와 그렇지 않은 시기로 나누어 고려할 필요가 있다. 즉, 이용자 수와 이용 빈도에 따라 서버 부하(server load)가 크게 변동하는 경우에 대비하여, 서버 자원의 스케일-업(scale-up)과 스케일-다운(scale-down) 등의 시스템을 유연하게 자원을 확장하고 축소할 수 있는 클라우드 서비스를 채택하는 것이 효과적이다.

만일, 소셜 게임이 히트한 경우에는 엄청난 접속이 서버로 집중됨과 동시에 고속 처리를 요구한다. 그래서 클라우드 서비스를 활용함으로써, 유연한 자원 제공이 가능하도록 하고, 그렇게 함으로써 소셜 게임의 접속량 폭증에 대비할 수 있다.

다음으로 제조업 분야에서 클라우드 활용을 살펴보자. 제조업 분야에서는 생산, 자재 관리, 제품개발, 인사 및 재무 등 기업정보 시스템을 클라우드 서비스로 이행하는 사례가 늘어나고 있다. 특히, 제조업의 대부분은 우리나라 뿐아니라 해외에도 공장을 두는 등 해외에도 여러 거점을 두고 있다. 해외의 거점마다 각각의 시스템을 독립적으로 구축하면 시스템이 지역이나 나라 별로 분산되고 제품 조달이나 생산, 보안 대응 등에 많은 시간과 비용이 소요된다.

그래서 클라우드 서비스를 통해서 공통 사양으로 시스템의 표준화 및 최적화를 수행함으로써 사업의 신속성을 높이고 운영 비용의 절감을 이룰 수 있다.

한편, 최근에는 국가 간을 넘나드는 데이터 백업 체제를 클라우드 기술을 활용하여 구성하는 추세에 있다. 예를 들어, 우리나라에 메인 사이트를 만들고 해외 거점에 데이터 백업 시스템을 구성함으로써, 지진이나 태풍 등 대규모 자연재해가 발생하는 경우에도 서비스의 연속성을 유지하여 안정적이고 신뢰적인 서비스 수행을 가능하게 하고 있다.

교육 분야에서도 클라우드 기술이 활발하게 적용되고 활용되고 있다.

학교 현장에서 클라우드 서비스를 도입할 경우, 교직원이 서버를 직접 운영하고 관리할 필요가 없기 때문에 서버의 도입 및 운영 비용을 절감할 수 있는 장점이 있다. 또한 클라우드에 안전하게 데이터를 보관하고 관리할 수 있어서 비상시에 업무 수행이 가능하다.

한편, 클라우드를 통해서 보다 스마트한 교육 환경을 만들어 줄 수 있는데, 클라우드 서비스의 가장 큰 장점은 끊김이 없는 '심리스(seamless)한 확장성'으로 볼 수 있다. 이러한 장점을 바탕으로 학교 현장에서는 디지털 교과서 플랫폼으로 수업을 진행할 수 있다.

디지털 교과서 플랫폼은 기존 종이로 만들어진 교과서에 각종 용어 사전은 물론 동영상, 애니메이션 등 다양한 멀티미디어 교육자료가 함께 제공되어서, 학습 효과를 높여 줄 수 있는 플랫폼이다. 이 플랫폼을 이용하면 다양한 교육 콘텐츠를 디바이스에 상관없이 언제 어디서나 이용할 수 있다. 그래서 학생들은 교내 및 교외, 가정 등 장소와 디바이스가 바뀌더라도 언제 어디서나 클라우드에 접속해서 학습할 수 있다는 장점이 있다.

대학에서는 온라인 강의 신청 및 온라인 동영상 강의, 온라인 평가 시스템 등 많은 부분에서 클라우드 서비스가 활용되고 있다. 우리나라 뿐 아니라 전세계 시스템 인프라를 구축해 한 번에 몇 만명씩 접속해도 과부하가 걸리지 않는 교육 인프라를 구성할 수 있는 기반 여건이 되어가고 있다.

한편, 농업 분야에서도 클라우드 기술을 활용하여 농업IT 기술을 선도하고 있다. 이를 농업 클라우드라고 명명하고 있다. 현재 농업 분야에서는 농업 종사자의 고령화가 진행되어 다른 산업과 비교하여 경영 규모와 IT에 투자할 여력이 많지 않다. 그래서 클라우드 기술을 활용하여 농업의 노하우를 서로 공유하고 농사의 효율성 향상을 꾀하려는 시도가 있다.

농업 분야에서 클라우드를 활용한 사례를 구체적으로 살펴보도록 하자. 사과 과수원 농가를 예로 들어 보면, 사과 재배의 생성성과 품질 향상을 이루기 위해 클라우드 기술을 적용할 수 있다. 과수원의 토지에 센서를 설치하여 기온과 토양 온도, 강수량 등의 정보를 수집한다. 수집된 정보를 클라우드에 축척하고 이를 중앙에서 제어하여 사과의 생육 상태와 병충해 발생 상황 등을 중앙에서 상세하게 관리한다. 이렇게 함으로써 사과 과수원에서는 사과의 생육 상태를 체계적으로 관리할 수 있으며, 고품질의 사과 생산 환경을 조성할 수 있다. 그래서 일반 사과보다 더 비씬 가격의 브랜드 사과를 출시할 수 있으며, 이는 곧 수익 증가로 이어진다.

이제까지는 사과 재배를 숙련된 농업 종사자의 직감과 경험에 의존해 왔다. 그러나 클라우드를 활용하면 중앙 집중화된 데이터의 관리와 분석을 통해 적절한 재배 기술이 만들어지고 공유되고, 또한 표준화된 재배 환경이 실행되어 작업 비용 절감과 생산성 향상을 도모할 수 있다.

■ 클라우드 기술의 실제 적용 사례

이제부터는 클라우드 기술의 실제 적용 사례를 중심으로 살펴보자. 첫 번째는 뉴욕타임즈의 적용 사례이다. 2007년 뉴욕타임스는 과거 신문기사 이미지를 PDF 파일로 변환해 홈페이지에서 검색이 가능하도록 하는 뉴스 데이터베이스(DB)의 디지털화 작업을 수행 했다

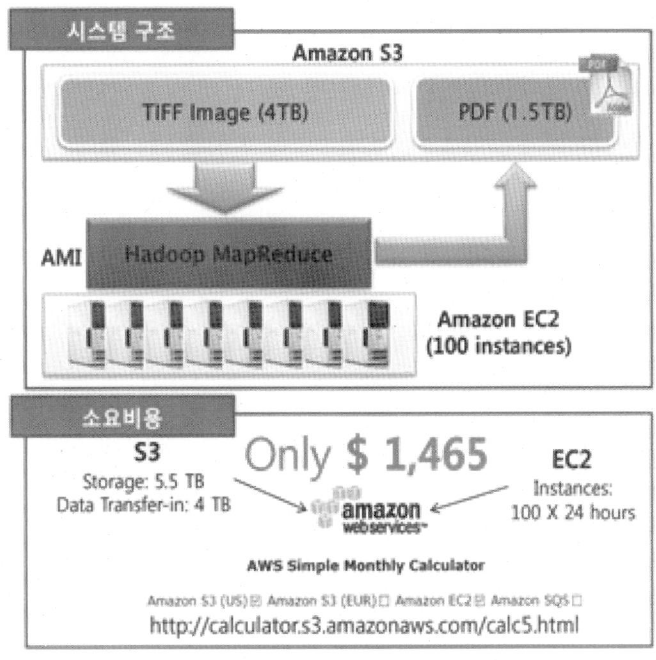

그림 6-6 뉴욕 타임즈의 적용 사례

뉴욕타임즈의 1851년부터 1980년까지 약 130년간의 신문기사와 1100만개의 이미지 파일을 스캐닝한 결과, 데이터 양이 4TB(테라바이트)에 달했다. 뉴욕타임스 자체적으로 이 데이터를 변환해 홈페이지에 저장할 경우 14년이 걸릴 것으로 예상하였고 100만 달러가 넘는 비용이 들어갈 것으로 추정했다. 실제로 이러한 작업을 위해 매년 8만 달러가 소요 되었다.

하지만 아마존의 클라우드 컴퓨팅 서비스를 도입하여, 단 며칠 만에 변환을 완료했고, 변환하는데 소요된 비용은 1,000달러였다. 그리고 관리비용 즉, PDF 파일을 저장하여

서비스하는데 소요되는 비용으로 840달러만을 지불하였기 때문에 매년 수백 달러의 비용을 절감하고 있다.

그리고 뉴욕타임즈는 158년의 역사를 가진 회사로 기사 건수는 세계 1위, 웹사이트 방문자 수는 매년 10억명 이상이다. 웹사이트 방문자가 한꺼번에 들어오면서 겪는 병목(bottleneck) 현상 때문에 매년 어려움을 겪고 있었다. 예를 들어, 오스카상 시상식이 있는 경우엔 3시간에 약 100만명씩 뉴욕타임즈 웹사이트를 방문하곤 했다. 기존에는 IT장비를 추가적으로 구매하고 구축함으로서 이를 해결하였으나, 클라우드를 도입하면서 별도의 서버나 스토리지, 소프트웨어 등을 구매하지 않고도 얼마든지 확장이 가능하여 방문자가 한꺼번에 들어올 때 생기는 병목 현상을 해결했다.

2012년 007 시리즈 23번째 작품인 영화 '007 스카이폴' 개봉에 맞춰 네덜란드 맥주 회사인 하이네켄은 대대적인 글로벌 디지털 마케팅 캠페인을 진행할 목적으로, 마이크로소프트 클라우드 서비스인 애저(Azure)를 활용했다. 이에 대한 사례를 자세히 알아보도록 하겠다.

하이네켄에서 애저를 활용한 이유는 크게 3가지이다. 첫째는 캠페인의 홍보 동영상을 스트리밍(실시간 재생) 서비스로 사용자에게 제공해야 하는데, 하이네켄은 이를 위한 플랫폼과 대규모 IT 자원을 갖고 있지 않기 때문에 클라우드 서비스를 활용하게 되었다. 둘째, 최대 수백만 명에 이를 것으로 예상되는 동시 접속자를 감당할 수 없을 정도만의 IT자원을 갖고 있었다. 마지막으로, 캠페인을 전 세계 동시다발적으로 진행하는 만큼 네트워크 연결이 지연될 수밖에 없었다. 그래서 네트워크 지연 시간을 단축해야 했다.

결국에는 호스팅 비용과 안정적인 디지털 스트리밍 서비스 등을 고려하여, 하이네켄은 북미, 유럽, 아시아 등 전 세계 핵심 지역에 고성능 데이터센터를 둔 마이크로소프트와 손을 잡게 되었고, 마이크로소프트의 애저 클라우드를 활용하여 서버, 저장 장치, 네트워크 장치 등을 탄력적으로 확보함으로써 글로벌 디지털 마케팅 캠페인을 성공적으로 진행했다.

항공기 엔진 제조사로 유명한 롤스로이스는 차세대 인텔리전트 항공기 엔진을 효율적으로 유지, 관리할 수 있는 방법을 모색하기 시작했다. 그 결과 자사의 서비스 솔루션에 마이크로소프트 Azure IoT와 인공지능 Cortana(코타나) Intelligence 플랫폼을 통합하기로 결정하였다. 롤스로이스는 Azure IoT를 이용해 항공기 엔진으로부터 발생하는 다량의 센서 데이터를 실시간으로 수집하고, 인공지능 Cortana Intelligence를 통해 이를 분석할 계획이었다. 이에 대한 궁극적인 목표는 항공기 엔진에서 발생하는 빅데이터(엔진 온도, 기압, 연료 사용량 등)를 클라우드의 계산 자원을 활용하여 분석함으로써 엔진 성능을 개선하고 연비를 향상시키는 것이다.

자동차 회사인 도요타의 클라우드 적용 사례를 살펴보겠다. 도요타는 자사의 전기 자동차와 하이브리드 자동차에 마이크로소프트의 애저 클라우드 서비스를 장착하여 언제 어디서나 차량에서 수집된 데이터를 중앙의 클라우드로 전송하고 분석 결과를 전송받을 수 있는 환경을 구축했다. 클라우드를 통해 자동차의 전력 관리나 배터리 잔량 원

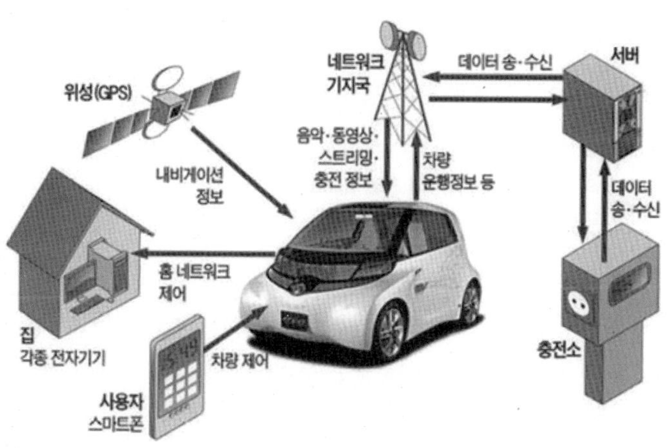

그림 6-7 도요타의 적용 사례

격점검이 가능해 졌으며, 홈네트워크 원격 제어를 통해 가정에 있는 가전 장치를 차 안에서 제어할 수 있는 환경을 제공했다. 따라서 클라우드가 스마트 자동차의 개발을 더욱 촉진시키는 계기가 되었다.

다양한 산업분야에서 클라우드 서비스를 활용하고 있으며, 최근에는 사물인터넷(Internet of Things), 인공지능(Artificial Intelligence) 등과 융합되어 기반 인프라로 클라우드가 활용되고 있는 추세이다. 사물인터넷과 인공지능과 융합된 클라우드를 살펴보면 다음 표와 같다. 클라우드와 사물인터넷을 융합하여 적용한 사례로는 농작물 재배와 관리를 보다 효율적으로 관리할 수 있도록 사물인터넷 기술을 활용한 사례와 이탈리아 타이어 제조업체에서 타이어에 내장된 센서를 통해 제품의 성능 정보를 전달받아 클라우드를 통해 저장 및 분석하는 사례가 있다. 또한 미국 텍사스 주에서는 상수도 모니터링을 통해 계량기의 문제점을 발견하고 클라이드 기반의 계량기를 설치하여 효율적으로 상수도를 관리하는 기술을 적용했다.

표 6-2 클라우드와 서비스 융합 사례

융합기술	상세 소개
클라우드 + 사물인터넷	농작물 재배 및 관리를 보다 효율적인 관리가 가능
	선박 설비 및 운항 등을 통합관제가 가능하도록 시스템 구축
	이탈리아의 타이어 제조업체는 타이어에 내장된 센서를 통해 제품의 성능 정보를 전달받아 클라우드를 통해 저장 및 분석
	미국 텍사스주는 상수도 모니터링을 통해 계량기의 문제점을 발견하고, 클라우드 기반의 계량기를 설치하여 효율적으로 상수도를 관리
클라우드 + 인공지능	캐피탈원은 아마존의 인공지능 서비스인 알렉사(Alexa)와 결합하여 계과정보 확인, 결제, 주식 시세정보 등 기능 제공
	구글의 딥마인드가 개발한 알파고(AlphaGo)는 인공지능 바둑 프로그램
	IBM의 왓슨은 도쿄대와 함께 2천만건의 의학논문을 학습시킨 후, 60대 노인의 희귀 백혈병을 10분만에 알아내고 적절한 치료법을 제시
클라우드 + 사물인터넷 + 인공지능	클라우드 기반의 인공지능인 서비스인 왓슨을 스마트트카와 연결하여 12인승 자율주행 서비스를 출시
	구글의 에코(Echo), SKT의 누구(NUGU) 등 클라우드 기반 인공지능 서비스를 스피커와 결합하여 개인 비서 서비스를 제공하며, 날씨, 뉴스 정보, 사물을 제어하는 기능을 제공

클라우드와 인공지능을 융합한 사례로는 구글의 딥마인드(Deep Mind)가 개발한 알파고(AlphaGo)라는 인공지능 바둑 프로그램에서 거대 계산을 구글의 클라우드 기술을 활용하여 수행한 사례가 있다. 또한 IBM의 왓슨 컴퓨터는 도쿄대와 함께 2천만건의 의학논문을 학습시킨 후 60대 노인의 희귀 백혈병을 10분 만에 알아내고 적절한 치료법을 제시하는 시스템을 개발하였는데, 의학논문의 학습과 분석을 위한 연산처리를 위해 클라우드 기술이 활용되었다.

한편, 클라우드와 사물인터넷, 인공지능까지 융합한 사례로는 클라우드 기반의 인공지능 서비스인 왓슨을 스마트카와 연결하여 12인승 자율주행 서비스를 출시한 사례가 있다. 또한 구글의 에코(Echo), SKT의 누구(NUGU) 등 클라우드 기반 인공지능 서비스를 스피커와 결합하여 개인비서 서비스를 제공하며, 날씨, 뉴스 정보, 사물을 제어하는 기능을 제공하는 사례가 있다.

6.3 클라우드의 미래 전망

이번 절에서는 클라우드의 미래 전망에 대해서 살펴보도록 하겠다. 여기서 소개할 클라우드의 미래 전망은 교재를 집필할 당시 클라우드의 미래 전망이므로 기술적 발전 속도에 따라서 교재의 내용보다 더욱 향상된 모습의 클라우드가 될 가능성이 크다.

■ 클라우드의 지속적 성장

기술조사기관인 포레스터 리서치는 클라우드 시장이 22%의 연평균 성장률(CAGR, Compound Annual Growth Rate)을 지속적으로 이어가며 성장을 계속해 2020년에는 2,360억 달러 수준으로 확대될 것이라 전망했다. 그리고 SaaS 시장보다는 인프라스트럭처, 플랫폼 클라우드 시장, 즉 IaaS와 PaaS에서 보다 두드러진 성장세를 보일 것으로 예상하고 있다.

이러한 클라우드의 지속적인 성장은 최근의 머신러닝(machine learning)과 인공지능(artificial intelligence) 기술의 발전과 활용에 큰 영향을 받았다. 특히, 구글은 오픈소스 머신러닝 플랫폼인 텐서플로우(TensorFlow)를 공개하였으며, 마이크로소프트는 클라우드 기반 머신러닝 플랫폼을, 아마존은 자사 리:인벤트(re:Invent) 컨퍼런스를 통해 3종의 머신러닝 서비스(이미지 인식 서비스인 레코그니션(Recognition), 텍스트의 음성 변환 서비스인 아마존 폴리(Amazon Polly), 대화형 응용기술인 렉스(Lex))를 발표했다. 이렇듯, 각 벤더들은 개발자가 머신러닝과 인공지능 기술을 일상에서 손쉽게 사용할 수 있도록 개발도구를 제공하고 있다. 따라서 개발자들이 클라우드 플랫폼 상에서 개발하는 애플리케이션은 보다 다양한 방식으로 머신러닝과 인공지능을 융합하여 통합적으로 이들을 사용하게 될 것으로 전망된다.

한편, 서버리스 컴퓨팅(serverless computing)이 서서히 트렌드로 자리 잡고 본격적으로 대중화될 전망이다. 서버리스 컴퓨팅이란 인프라스트럭처 자원의 설정 없이 애플리케이션을 개발하고 실행한다는 개념이다. 특히, 사물인터넷과 클라우드와 접목된 기술개발로 이어져 사물인터넷 분야의 다양한 애플리케이션 제작으로 이어질 전망이다.

마지막으로 클라우드 컴퓨팅 시장이 빠르게 성장해 감에 따라서, 클라우드 회사들은 지구 곳곳에 데이터센터를 확충하여 이용자들의 수요와 요구를 충족해 나가고 있다. 데이터센터의 구축을 통해 단순히 클라우드를 확장해 나가는 것이 현재는 단순한 문제가 아니다. 그 이유는 국가마다 데이터 관련법이 강화되어 감에 따라 각 회사들은 지역균형을 고려해 데이터센터를 구축하고 운영해야 하는 것이 또 하나의 과제이다.

■ 클라우드로 인한 미래 변화

이제, 클라우드로 인해 우리의 미래 모습이 어떻게 변할지 살펴보자. 앞서 클라우드에 관해서 전반적인 내용을 배웠기 때문에 클라우드가 우리의 삶을 어떻게 바꾸어 놓을지 한번 생각해 보자.

대다수의 전문가들이 예상한 클라우드로 인한 미래 변화는 많은 사항이 있지만 크게 4가지 정도로 요약된다. 첫째는 그동안 불가능했던 서비스의 등장이다. 고비용 등의 이유로 기존 컴퓨팅 환경에서 불가능했던 서비스들이 클라우드 환경 속에서 속속 등장할 것으로 예상하고 있다. 대표적으로 빅데이터와 관련해서는 그동안 컴퓨팅과 저장 공간의 한계로 빅데이터의 저장, 분석, 처리가 원활하지 않았다. 그러나 클라우드 환경이 구축되면서 빅데이터를 저장하고 그것을 실시간으로 처리, 분석하는 서비스가 등장하고 있으며, 그러한 처리 결과를 스마트폰 등 저사양 디바이스에서 구동이 가능해졌다. 대표적 적용 사례로 모바일 음성인식 서비스인 애플의 '시리(siri)'나 삼성전자의 '빅스비(Bixby)'를 예로 들 수 있다. 음성인식 자체를 스마트폰에서 하는 것이 아니라, 스마트폰은 단순히 음성을 저장만하고 저장된 음성을 클라우드 서버로 전송하여 인공지능 기법을 통해 분석을 한 후 결과를 다시 스마트폰으로 전달하는 방식이다. 이때 음성이 무엇인지를 알아내기 위한 계산과 저장을 위해 클라우드가 활용되는 것이다.

두 번째 변화로는 다양한 형태의 디바이스의 출현이다. 대용량 데이터를 저장하거나 배터리 소모가 많은 서비스들이 클라우드로 분산 처리될 수 있기 때문에 경량화된 다양한 디바이스가 출현할 것으로 예상한다. 이미 웨어러블 디바이스(wearable device), 플렉시블 디바이스(flexible device) 등의 초소형 디바이스가 출현되어 활용되고 있으며, 앞으로도 다양한 형태의 초소형 디바이스가 더욱 많이 출현하여 대중화될 것으로 예상된다.

세 번째는 개인화된 정보 소비이다. 클라우드가 방대한 양의 개인정보를 저장하고 분석해 주어 개인 맞춤형 소비 생활이 가능해 질 것으로 예상된다. 특히, 클라우드가 분석한 나의 생활 패턴이나 로그 정보를 분석하여 '나'를 중심으로 설계된 소비 생활이 더욱 심화될 전망이다. 아울러, 인터넷만 연결되어 있어 있으면 언제 어디서나 업무 수행이 가능한 '스마트워크(smart work)' 환경이 구현되어서 업무의 효율성이 증대할 것으로 예상된다.

마지막으로 새로운 비즈니스 기회의 창출이다. 자동차, 기계, 전자 등 타 산업에 클라우드가 접목되어 이들 산업에서 새로운 가치와 사업 기회가 창출될 것으로 예상된다. 더욱이 제4차 산업혁명시대의 핵심기술인 사물인터넷, 빅데이터, 인공지능 기술과 연계 및 융합이 가속화되어 새로운 가치가 부여된 서비스와 비즈니스 기회 창출로 이어질 것으로 예상된다.

1. 서비스제공 형태로 클라우드 분류

미국국립표준기술연구소인 NIST는 클라우드 서비스를 IaaS(Infrastructure as a Service), PaaS(Platform as a Service), SaaS(Software as a Service)로 분류하였다. 주로 클라우드 제공자가 사용자에게 미리 준비하여 제공하는 IT자원이 어떤 형태인지에 따라 나누어지는 모델이다.

2. IaaS

IaaS는 서비스로서의 인프라 스트럭처를 의미하며, 컴퓨팅 자원을 인터넷을 통해 일종의 서비스 형태로 제공하는 모델로서 사용자에게 서버, 저장장치, 네트워크 등의 컴퓨팅 자원을 가상자원으로 만들어 클라우드 서비스 형태로 제공하는 것이다.

3. PaaS

PaaS는 서비스로서의 플랫폼을 의미하며, 소프트웨어 개발자나 응용 프로그램 개발자에게 응용 프로그램의 개발도구를 서비스로써 제공하는 형태의 클라우드 서비스이다.

4. SaaS

SaaS는 서비스로서의 소프트웨어를 의미하며, 업무에서 활용되는 응용 소프트웨어의 기능을 인터넷을 통해 필요한 만큼 서비스로 이용할 수 있도록 제공하는 형태를 의미한다. 사용자는 자신의 PC에 소프트웨어를 설치할 필요 없이 웹브라우저를 통해 클라우드에서 제공하는 소프트웨어를 실행하여 사용할 수 있다.

5. 배치 형태로 클라우드 분류

클라우드의 배치(전개) 모델은 클라우드의 소유권이나 규모, 접근 방법에 따라 분류한 것으로, 대표적으로 퍼블릭 클라우드(public cloud), 프라이빗 클라우드(private cloud), 하이브리드 클라우드(hybrid cloud)로서 3가지 모델이 있다.

6. 퍼블릿 클라우드

퍼블릿 클라우드는 클라우드 사업자가 시스템을 구축하고, 자신의 클라우드 인프라를 인터넷을 통해서 불특정 일반 대중을 대상으로 서비스를 제공하는 형태이다. 퍼블릿 클라우드 내의 인프라에 대한 관리 및 유지보수는 클라우드 제공자가 책임을 지고 서비스를 제공받는 사용자는 유료 혹은 무료로 클라우드 인프라를 제공받을 수 있다. 사용자 자신의 데이터가 자신이 소요하고 있는 IT자원이 아닌 제3자의 클라우드 환경에 저장된다는 점에서 정보 공개나 개인정보 유출에 대한 우려가 존재한다.

7. 프라이빗 클라우드

프라이빗 클라우드는 특정 기관이나 특정 사용자만을 위해서 자사 전용으로 클라우드 환경을 구축하여 클라우드를 운영하는 형태이다. 클라우드 인프라는 기관 자체적으로 관리하거나 제3의 기관에 위탁하여 운영을 맡길 수도 있다. 또한, 클라우드 인프라의 대부분은 기관 내부에 두고 있으나, 외부에 둘 수도 있다. 하지만, 클라우드 인프라의 소유권은 특정 기관이 소유하고 그 제어 권한을 갖고 있다. 따라서 보안성이 매우 뛰어나다는 장점이 있다.

8. 하이브리드 클라우드

하이브리드 클라우드는 프라이빗과 퍼블릿 클라우드를 병행하여 사용하는 형태이다. 민감한 데이터는 프라이빗 클라우드를 이용하고, 덜 민감한 데이터는 퍼블릿 클라우드를 이용하는 형태이다.

9. 클라우드의 주요 활용 분야

클라우드의 주요 활용 분야를 4가지 분야로 나누면, B to C(Business to Customer) 분야, 엔터프라이즈 분야, 공공 분야, 신사업 분야로 나눌 수 있으며, 그 이외에도 다양한 활용 분야와 사례가 존재한다.

10. 클라우드의 미래 전망

클라우드가 지속적으로 성장하면서 그동안 불가능했던 서비스가 등장할 것으로 예상되며, 다양한 형태의 디바이스가 출현하며 방대한 양의 개인정보를 저장하고 분석해 주어 개인 맞춤형 소비 생활이 가능해질 것으로 예상된다. 아울러, 제4차 산업혁명시대의 핵심기술인 사물인터넷, 빅데이터, 인공지능 기술과 연계 및 융합이 가속화되어 새로운 가치가 부여된 서비스와 비즈니스 기회 창출로 이어질 것으로 예상된다.

연 습 문 제

정오형 문제

1. IaaS는 서버, 저장장치, 네트워크 등의 컴퓨팅 자원을 인터넷을 통해 서비스 형태로 제공하는 클라우드 서비스 모델이다. ( )

2. PaaS는 소프트웨어 개발자나 응용 프로그램 개발자에게 응용 프로그램의 개발도구를 서비스로써 제공하는 형태의 클라우드 서비스 모델이다. ( )

3. SaaS는 웹브라우저를 통해 원하는 소프트웨어를 마우스 클릭만으로 실행할 수 있으며, 사용자가 소프트웨어를 구매 및 설치할 필요 없이 사용할 수 있다는 장점이 있다. ( )

4. 퍼블릿 클라우드는 특정 기관 내의 구성원에게만 서비스를 제공하므로 클라우드 서비스 접근성에 한계가 있으며, 클라우드 제공자와 사용자가 동일하므로 클라우드 운영 비용을 기관에서 부담해야 하는 단점이 있다. ( )

5. 공공기관 시스템의 공통화 추진과 시스템 효율성을 통한 비용 절감, 그리고 공공 서비스 개선을 목적으로 공공 분야에서도 클라우드 서비스가 활용되고 있다. ( )

단답형/선택형 문제

1. 미국국립표준기술연구소인 NIST에서 분류한 3가지 클라우드 서비스에 해당하지 않는 것?

① SaaS ② PaaS
③ QaaS ④ IaaS

2. SaaS 서비스에 해당하지 않은 것?

① 구글 Docs ② 구글 Gmail
③ 아마존 AWS ④ MS Office365

3. 다음 중 클라우드의 배치 모델에 해당하지 않은 것은?

① 퍼블릭 클라우드 ② 프라이빗 클라우드

③ 하이브리드 클라우드 ④ 서버 클라우드

4. 프라이빗 클라우드와 퍼블릭 클라우드의 장점과 단점을 비교한 설명 중에 옳지 않은 것은?

① 프라이빗 클라우드는 특정 기관만을 대상으로 사용자 층이 한정되어 있는 반면, 퍼블릭 클라우드는 불특정 다수가 사용자 층이다.

② 프라이빗 클라우드는 퍼블릭 클라우드에 비해 데이터 보호와 개인정보 보호가 향상된다는 장점이 있다.

③ 퍼블릿 클라우드는 불특정 다수를 대상으로 서비스를 제공하므로 자원 사용량에 대한 예측이 불가능하다는 단점이 있다.

④ 퍼블릿 클라우드는 프라이빗 클라우드에 비해 클라우드 서비스 접근성에 한계가 있으며, 낮은 수준의 보안이 필요하다.

5. 퍼블릭 클라우드에 대한 설명으로 옳지 않은 것은?

① 사용자는 유료 혹은 무료로 자신이 원하는 클라우드 인프라를 제공받을 수 있다.

② 클라우드 사업자가 시스템을 구축하고, 인터넷을 통해서 불특정 일반 대중을 대상으로 서비스를 제공하는 형태이다.

③ 사용자가 원하는 IT자원을 단기간에 고비용으로 제공할 수 있고, 사용자는 운영 관리에 대한 부담이 높다는 단점이 있다.

④ 사용자 데이터가 제3자의 클라우드 환경에 저장된다는 점에서 정보 공개나 개인정보 유출에 대한 우려가 존재한다.

연 습 문 제

6. 대다수의 전문가들이 예상한 클라우드로 인한 미래 변화의 모습에 대한 설명으로 옳지 않은 것은?

   ① 고비용 등의 이유로 기존 컴퓨팅 환경에서 불가능했던 서비스들이 클라우드 환경 속에서 속속 등장할 것이다.

   ② 대용량 데이터를 저장하거나 배터리 소모가 많은 서비스들이 클라우드로 분산 처리될 수 있기 때문에 경량화된 다양한 디바이스가 출현할 것이다.

   ③ 방대한 양의 개인정보를 저장하고 분석하기 때문에 개인정보 침해에 대한 우려로 개인 맞춤형 소비 생활이 위축될 것이다.

   ④ 자동차, 기계, 전자 등 타 산업에 클라우드가 접목되어 새로운 가치와 사업 기회가 창출될 것이다.

주관식 문제

1. 서비스 관점에서 클라우드의 대표적인 3가지 모델을 제시하고 자세히 설명하시오.

2. 배치 관점에서 클라우드의 대표적인 3가지 모델을 제시하고 자세히 설명하시오.

3. 퍼블릿 클라우드와 프라이빗 클라우드를 장점과 단점 위주로 비교하여 설명하시오.

4. 하이브리드 클라우드에 대해서 설명하고 구축 방법에 대해서 기술하시오.

5. 클라우드의 주요 활용 분야로 4가지 분야를 나열하고 이들을 자세히 설명하시오.

CHAPTER

7

빅데이터의 개요

본 장에서는 빅데이터에 대한 이해를 위해 빅데이터의 기본개념, 4차 산업혁명 시대와 빅데이터 시대 도래 배경, 데이터 패러다임의 변천과정, 그리고 데이터사이언스 등에 대하여 살펴본다.

학습목표

- 빅데이터의 기본개념에 대해 설명할 수 있다.
- 4차 산업혁명과 빅데이터 시대 도래배경을 설명할 수 있다.
- 데이터 패러다임의 변화에 대하여 설명할 수 있다.
- 데이터사이언스에 대해 설명할 수 있다.
- 데이터사이언티스트의 역할에 대하여 설명할 수 있다.

구성

7.1 빅데이터 기본 개념

우리가 살고 있는 오늘날의 모습 중 가장 대표되는 모습들중 하나는 카톡 등의 SNS의 일상화와 구글이나 네이버를 통한 정보검색일 것이다. 2012년 기준 하루 30억건 이상 발송되는 카톡메시지 즉 초당 34,000 여건 이상 발송되고 있다. 네이버는 하루 12억건 이상의 페이지뷰, 하루 1.3억건 이상의 검색을 제공하고 있는 실정이다. 이러한 거대한 데이터의 발생과 함께 살아가는 우리들은 그야말로 빅데이터 세상을 실감나게 살고 있는 것이다. 이러한 빅데이터가 도대체 무엇이며 왜 이런 세상이 도래하였는지를 정리하여 보자.

그림 7-1 우리 사는 오늘날의 모습

먼저 빅데이터가 무엇인지 사전적 의미부터 살펴보자.

우리 국어사전에서는 빅데이터를 기존 데이터에 비해 너무 방대해 이전 방법이나 도구로 수집, 저장, 검색, 분석, 시각화 등이 어려운 정형 또는 비정형 데이터 세트라고 설명하고 있다. 또한 네이버사전에서는 "디지털 경제의 확산으로 우리 주변에는 규모를 가늠할 수 없을 정도로 많은 정보와 데이터가 생산되는 '빅데이터(Big Data)' 환경이 도래하고 있다. 빅데이터란 과거 아날로그 환경에서 생성되던 데이터에 비하면 그 규모가 방대하고, 생성 주기도 짧고, 형태도 수치 데이터뿐 아니라 문자와 영상 데이터를 포함하는 대규모 데이터"라고 설명하고 있다. 한편 세계인들이 즐겨찾는 위키백과(WIKIPEDIA)사전에서는 기존 데이터베이스 관리도구로 데이터를 수집, 저장, 관리,

분석할 수 있는 역량을 넘어서는 대량의 정형 또는 비정형 데이터 집합 및 이러한 데이터로부터 가치를 추출하고 결과를 분석하는 기술을 의미한다 라고 설명하고 있다. 이런 빅데이터의 사전적 의미들을 종합하여 보면 규모의 방대함, 다양한 종류, 생성주기의 신속성 등을 발견할 수 있으며 새로운 가치창출의 엔진이라는 의미와 새로운 문제해결 방법으로서의 의미들도 발견할 수 있게 된다.

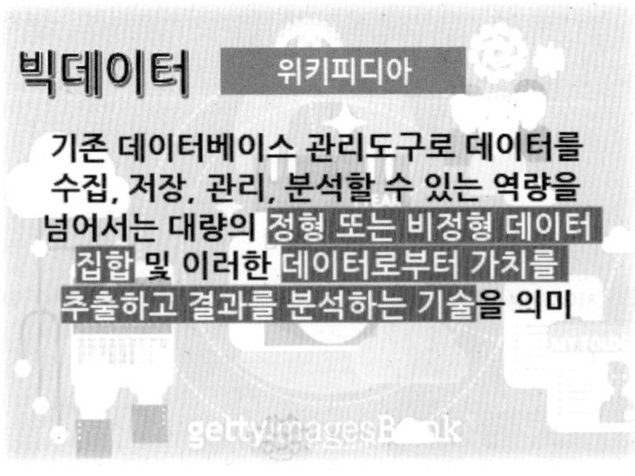

그림 7-2 위키백과(WIKIPEDIA)

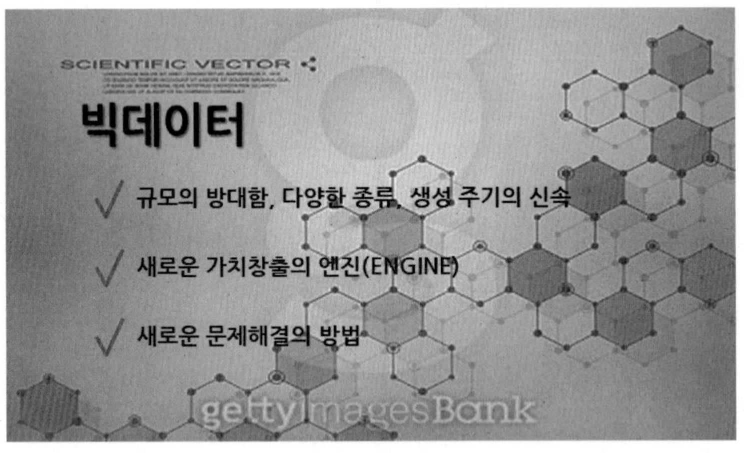

그림 7-3 빅데이터의 사전적 의미 종합

글로벌 컨설팅 전문업체인 Mckinsey는 2011년 5월에 빅데이터를 설명함에 있어서 데이터의 규모에 초점을 맞추어 기존데이터베이스 관리도구의 데이터 수집, 저장, 관리, 분석 역량을 넘어서는 데이터로 정의한 바 있다.

그림 7-4 Mckinsey 홈페이지

IDC(internet data center)는 업무수행방식에 초점을 맞추어 다양한 종류의 대규모 데이터로부터 저렴한 비용으로 가치를 추출하고 데이터의 빠른 수집, 발굴, 분석을 지원할수 있도록 고안된 차세대 기술 및 아키텍쳐로 정의하고 있다.

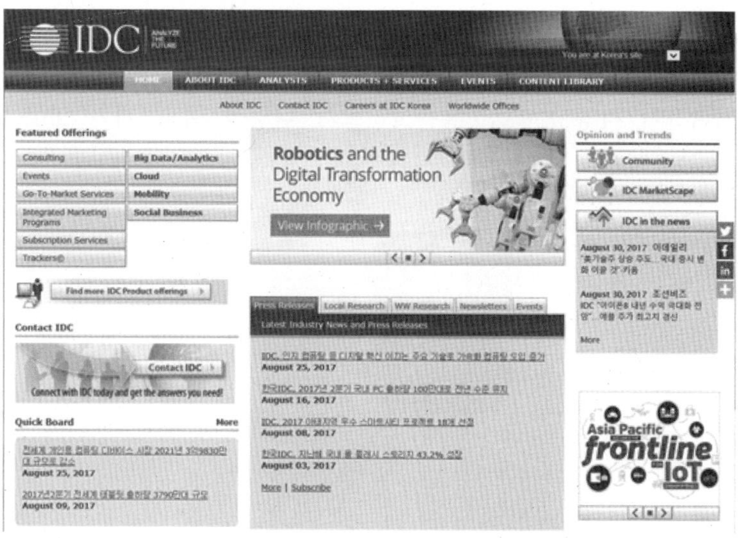

그림 7-5 IDC(Internet Data Centre) 홈페이지

한편 미국 코네티컷주에 본사를 두고 있는 IT분야의 리서치 기업 gartner 는 데이터 크기(volume), 다양성(variety), 속도(velocity) 등의 3가지 관점에서 빅데이터를 정의하고 있다.

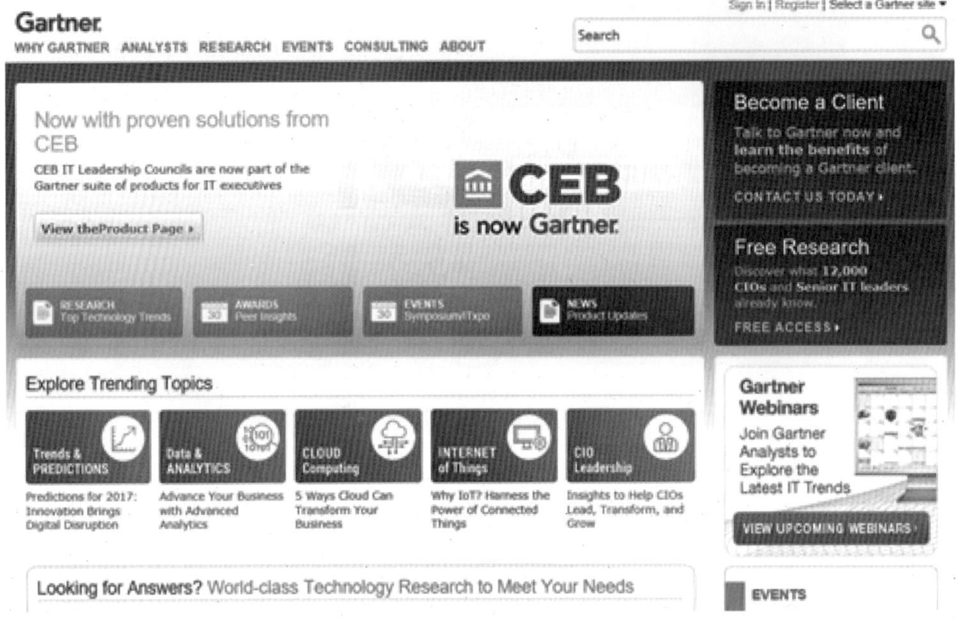

그림 7-6 Gartner 홈페이지

사전적 의미와 글로벌 기업들의 정의를 바탕으로 빅데이터를 정의하여 보면 빅데이터의 특징은 3V(크기, 다양성, 속도) 혹은 4V(크기, 다양성, 속도, 가치(value))로 요약될 수 있다.

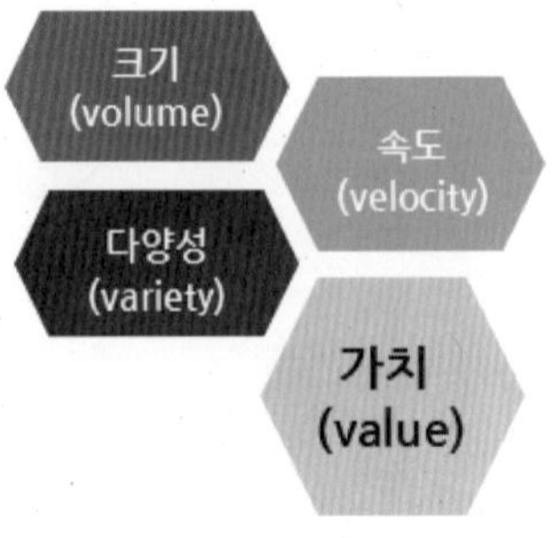

그림 7-7 빅데이터 정의 요약(특징) -3V, 4V

빅데이터의 첫 번째 특징인 크기에 대하여 살펴보자.

요즈음은 컴퓨터의 하드웨어적 발달에 힘입어 웬만한 개인용컴퓨터의 하드디스크 용량은 500gb를 초과하고 있다. gb(giga byte)는 usb의 크기 단위로도 정착되어 64gb 혹은 128gb 용량의 작은 usb를 휴대하고 다니는 실정이다. 그러나 gb의 1024배에 해당되는 tb(tera byte)는 많은 사용자들이 사용하고는 있으나 아직까지 휴대하고 다닐 정도는 아닌 듯 하다.

이런 tb의 1024배에 해당되는 pb(peta byte), pb의 1024배에 해당되는 eb(exa byte), eb의 1024배에 해당되는 zb(zetta byte), zb의 1024배에 해당되는 yb(yotta byte) 까지는 현재를 살고 있는 우리들이 다루어야 할 크기의 용량단위들이다. 엄청 복잡해 보이지만 그다지 복잡하지는 않다.

큰단위의 수를 읽을때에는 세자리 씩 끊어 읽는 습관이 된 우리들에게는 당황할 정도록 혼동스럽지만 네자리씩 끊어 읽어 보면 쉽게 처리할 수 있다. 4자리 단위로 읽을 때의 단위변화는 만,억,조,경,해,자,양,구,간,정,재,극 등이며 극은 48개의 수가 뒤로 이어짐을 의미한다. 참고로 1 yb는 1 2089 2581 9614 6291 7470 6176 바이트 즉

1자2089해2581경9614조6291억7470만6176 바이트에 해당되며 1 pb는 6gb dvd 영화 17만 4천편을 수록할 수 있는 용량이다.

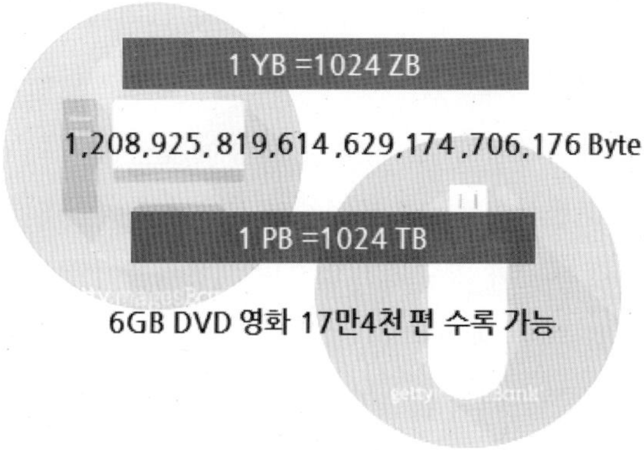

1 YB =1024 ZB

1,208,925, 819,614 ,629,174 ,706,176 Byte

1 PB =1024 TB

6GB DVD 영화 17만4천 편 수록 가능

그림 7-8 크기의 이해(Yottabyte)

두 번째 빅데이터 특징인 다양성에 대하여 살펴보자. 다양하다는 단어에서 알 수 있듯이 빅데이터에는 여러 가지 종류가 있다는 말이다. 사람의 목소리, 혹은 각종의학 영상자료, 문자자료 등과 같이 여러 가지 형태의 데이터들이 우리 주위에 산재한다. 이들 데이터들을 크게 두 가지로 구분하여 하나는 정형 데이터, 다른 하나는 비정형데이터라고 부른다. 정형화된 데이터는 structured data 라고 불리며 그 형태와 구조가 일정한 데이터를 말한다. 예로서 숫자 데이터나 문자 데이터등을 들 수 있다. 비정형데이터는 unstructured data로서 형태와 구조 등이 없는 구조화되어 있지 않은 데이터를 의미한다. 예로서 책이나, 잡지, 음성정보, 영상정보, 사진, 메신저, 통화내용, 그 외 예상할 수 없는 형태의 데이터를 들수 있다.

이와 같이 형태나 구조가 일정한 데이터이든지 형태나 구조가 없는 데이터든지 모두 다 수용할 수 데이터라는 점에서 다양성을 빅데이터의 특징 중의 하나로 고려하는 것이다.

세 번째 빅데이터의 특징은 신속성 즉 속도이다. 우리나라 사람들의 특징은 빨리 빨리로 잘 알려져 있다. 모든 일에는 양면성이 있기 마련이다. 빨리빨리의 우리 국민성도 그러하다. 너무 빨리 해결하려다 실패를 겪기도 했다. 삼풍백화점의 붕괴나 성수대교의 붕괴가 대표적인 부정적인 모습이라면 긍정적인 모습도 발견할 수 있다. 빨리빨리 국민성이 세계 최고의 IT강국을 만들었고 초고속 인터넷을 전국 어디에서나 사용할 수 있게 된 점 등은 좋은 측면의 결과로 해석할 수 있다. 이런 IT초강국의 인프라에 기반하여 빅데이터의 처리와 분석시간도 사용자가 원하는 시간내에 분석결과를 제공할 수 있게 된 것이다. 그야말로 빅데이터 시대에 초스피드로 대량의 정보를 분석하여 실시간으로 제공할 수 있는 시대를 살고 있는 것이다. 오늘날의 디지털데이터는 매우 빠른 속도록 생성되기 때문에 데이터의 수집, 저장, 분석등이 실시간으로 처리되어야 한다. 검색시간이 많이 걸리는 포털사이트는 속도면에서 사용자들이 외면할 수 있으며 SNS 등의 메신저도 실시간으로 빠르게 전달되지 않으면 사용자들이 불편해 할 수 있다. 또한 아무리 중요한 이슈라도 두 세 시간이 아니라 이삼일을 넘겨야 결론 내릴 수 있는 경우라면 사용자들이 그다지 기다리지 않을지도 모른다. 이와 같이 속도라는 특징도 빅데이터의 중요한 요소임을 기억해야 할 것이다.

그림 7-9 [그림 7-9] 속도의 이해(Velocity)

한편 가치의 측면도 무시될 수 없는 중요한 요소이다.

빅데이터 시대에는 새로운 가치들이 많이 등장할 수 있다. 아날로그에서 디지털로의 전환에 따른 가치의 변화뿐만 아니라 패러다임의 변화, 4차 산업혁명시대로의 변화, 사회적 변화 등에 따른 가치의 변화는 빅데이터 시대에서 아주 중요한 역할을 한다. 빅데이터에서 이렇게 가치를 중요 특징으로 여기게 된 것은 앞에서 설명한 바와 같이 빅데이터의 대부분이 비정형적인 텍스트와 이미지 등으로 이루어져 있고, 이러한 데이터들이 시간이 지나면서 매우 빠르게 전파되기 때문인데 이러한 상황에서 데이터 속에 숨어있는 중요한 정보를 파악하고 일정한 패턴을 발견하기가 어렵게 되면서 가치창출의 중요성이 강조되었기 때문이다. 오늘날의 데이터의 홍수 속에서 우리가 결코 관과 해서는 안 될 부분이라고 생각된다.

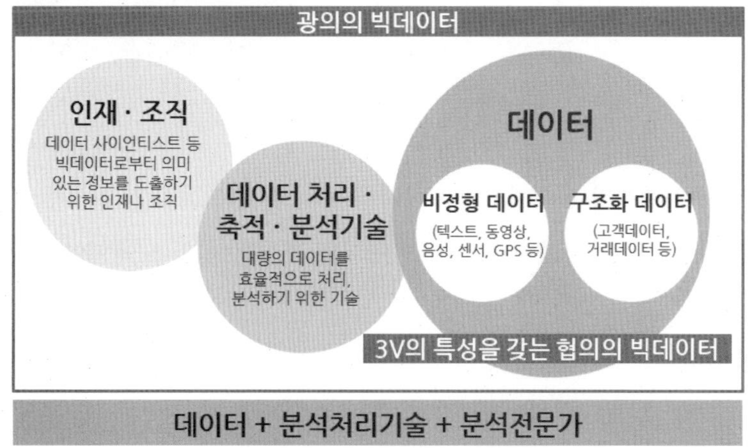

그림 7-10 빅데이터 정의 종합(광의)

넓은 의미에서의 빅데이터란 4v 뿐만아니라 대량의 데이터를 효율적으로 처리, 분석하기 위한 기술과 빅데이터로부터 의미 있는 정보를 도출하기 위한 인재- 데이터사이언티스트나 조직 등을 모두 다 포함하는 의미로 사용될 수 있다. 데이터 축적기술, 데이터분석기술, 데이터 분석 전문가 등과 함께 데이터를 포함하는 광의의 정의가 일반적이라 볼 수 있다.

7.2 제 4차 산업혁명과 빅데이터 시대 도래 배경

이제 제 4차 산업혁명과 빅데이터 시대 도래 배경을 살펴보자. 1장에서 알 수 있었듯이 제4차 산업혁명은 2016년 스위스의 다보스에서 개최된 세계경제포럼의 화두로 등장하여 전 세계로 확산 되고 있는 최근의 이슈에서 빠지지 않고 등장하는 아주 굵직한 내용이다. 인류가 살아온 이래 4번째로 맞이하고 있는 혁명이기에 그리고 지금은 그 4번째 혁명의 시작 시기에 있기 때문에 더 많은 관심과 노력을 기울여도 아깝지 않을 것이다.

그림 7-11 제 4차 산업혁명의 등장

이러한 제 4차 산업혁명 시대에서 빅데이터는 아주 중요한 역할을 하고 있다. 오늘날의 빅데이터시대는 어떤 과정과 어떤 시대적 변화와 흐름을 따라 도래되었는 배경을 살펴보도록 하자.

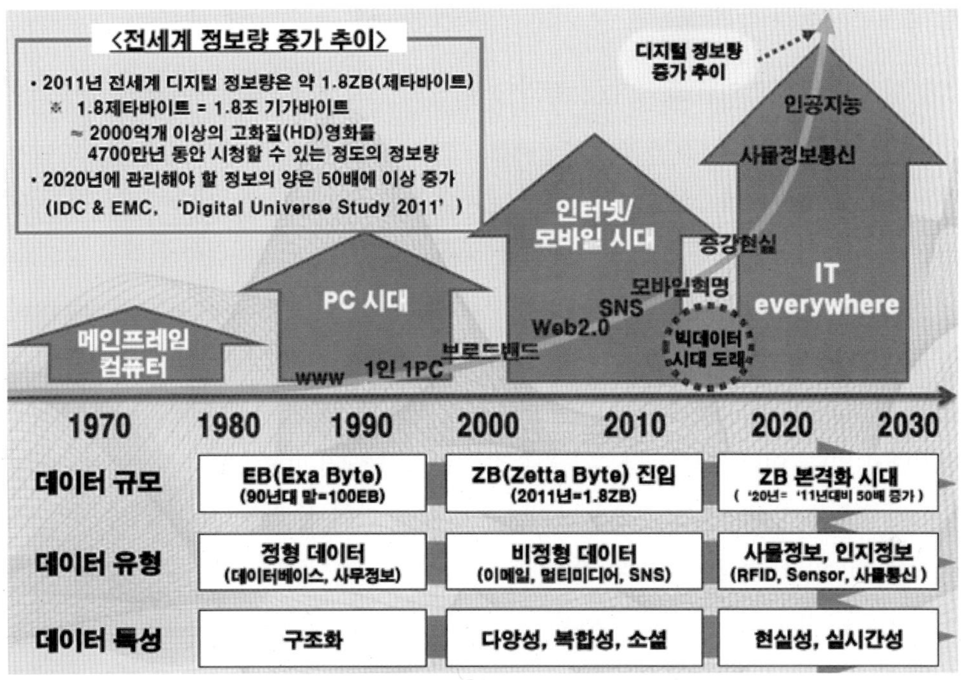

그림 7-12 빅데이터 시대 정보량

첫 번째 배경은 디지털화에 있다고 생각할 수 있다.

우리가 생활하고 있는 2019년 9월 지금은 벌써 이루어진 디지털 혁명과 소셜미디어(social media)의 발전영향으로 데이터가 급증하고 있는 시점이다. 2011년 현재 지금까지 인류로부터 생성된 데이터의 전체 규모 즉 전 세계의 정보량은 약 1.8 zb로서 이는 1.8조 gb 규모에 해당되며 이 정보량은 2000억개 이상의 고화질 영화를 4700만년 동안 시청할 수 있는 엄청난 정도의 량이고 DVD에 저장하면 지구에서 달까지 두 번이나 쌓을 수 있을 만큼 방대한 양이다. 이러한 정보량은 2020년에는 더욱 엄청나게 증가할 것이다.

1985년~2000년 사이의 개인용 컴퓨터(PC)시대를 거치고 2010년까지의 인터넷/모바일 시대를 지나 우리가 지금 맞이하고 있는 오늘날은 가히 모바일혁명의 시대로서 빅데이터 시대가 도래하고 있음을 여러 신문이나 방송 등의 매스 커뮤니케이션을 통하여 확인할 수 있을 것이다. 모바일시대에 따른 SNS의 발달과 이에 따른 데이터의 폭증이 빅데이터 시대를 초래하였다고 해도 틀린 표현은 아닐 것이다.

두 번재는 인공지능, 자율주행, 사물인터넷 등의 확산을 들 수 있다.

2016년 알파고를 기억할 것이다. 사람의 경우 잠도 자지 않고 3000천년 동안 연속적으로 바둑을 두어야 할 만큼의 엄청난 기보를 짧은 시간에 학습한 알파고와 이세돌과의 세기적 대결이 한국에서 열렸고 그 결과 알파고의 승리로 끝났다. 빅데이터를 다룬 대표적 예로서 지구상의 인류는 물론 우리나라의 온 국민에게 빅데이터의 위력을 알릴 수 있었던 좋은 기회였다. 2019년 9월 지금 시점에서는 인공지능(Artificial Intelligence)이 제 4차 산업혁명 시대의 대세를 결정짓고 있다고 보여진다. 인공지능 변호사를 넘어 IBM의 인공지능 의사 왓슨 등을 포함하여 우리 생활 구석구석까지 인공지능의 파고가 넘쳐나고 있다. 이런 추세는 당분간 지속적으로 확산될 것이다. 인공지능과 나란히 또 하나의 화두를 장식하고 있는 오늘날의 자율주행 이슈 역시 데이터의 양을 폭발적으로 증가시키고 있다. 차량에 부착된 각종 센서들로부터 발생되는 실시간 데이터들을 기초로 운영되는 자율주행 시스템은 zb시대를 뛰어넘게 하여 요타바이트 시대 진입을 촉진하게 될 것이다. 또한 사물인터넷의 폭발적 활용 및 사용 증가 등으로 인하여 디지털 정보량은 예측할 수 없을 정도로 큰 폭의 증가 국면을 맞이하게 될 것이다.

세 번째는 데이터 유형과 특성의 변화를 들 수 있다.

데이터 규모의 변화뿐만 아니라 데이터의 유형도 정형에서 비정형으로 그리고 더 나아가서 주파수를 이용하여 id를 식별하는 RFID(Radio Frequency Identification), 센스, 사물통신에 따른 사물정보나 인지정보로 변화하고 있으며 데이터의 특성도 다양성을 넘어 현실성, 실시간성으로 변화하고 있다. 이런 변화들이 더욱 더 많은 데이터를 생성하게끔 구조화 되어가고 있는 실정이다.

■ 빅데이터 생성

IBM 보고서에 따르면 전 세계적으로 매일 2.5 quintillion(10^{18}, 100경)바이트의 데이터가 생성되고, 존재하는 데이터의 90% 이상은 최근 2년 안에 생성되었다고 하며 지금도 계속해서 엄청난 빅뱅(Big Bang)이 계속되고 있는 실정이다. 2010년의 100억개 모바일 기기들이 2018년 7조개의 무선 단말로 연결되는 디바이스 빅뱅이 예상되며 2010년의 800 eb가 2020년 35 zb로 데이터 빅뱅이 이루어질 예정이며 모바일 트래픽은 6300%,

SNS는 연간 47% 이상 확대된다는 전망치들이 쏟아지고 있다. 또한 스마트폰의 확산으로 인한 새로운 앱(APP) 스토어 애플리케이션 증가와 앱 마켓의 급성장이 예상되며 이메일도 2012년 10,411 pb 에서 2015년 44,091 pb로 증가하였고 비정형데이터의 량과 데이터베이스의 양도 계속하여 기하급수적으로 증가하고 있는 실정이다.

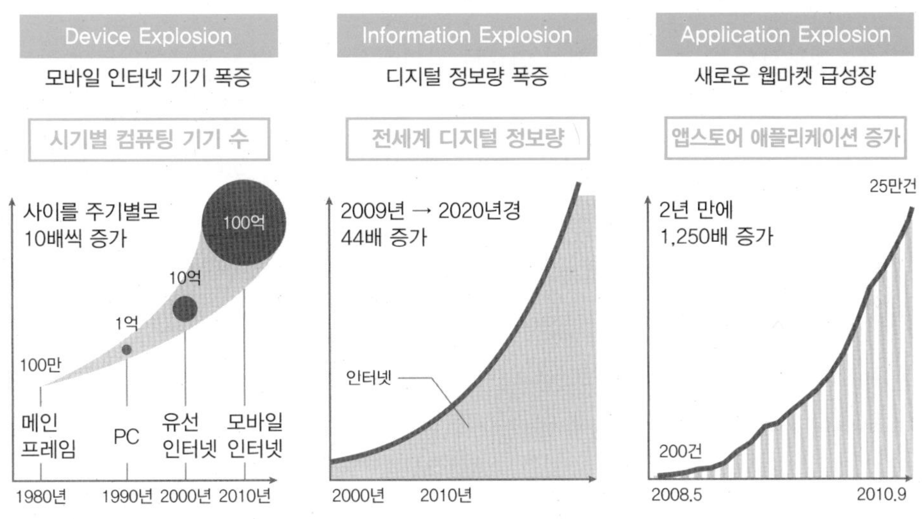

그림 7-13 빅데이터로의 변화 요소 1

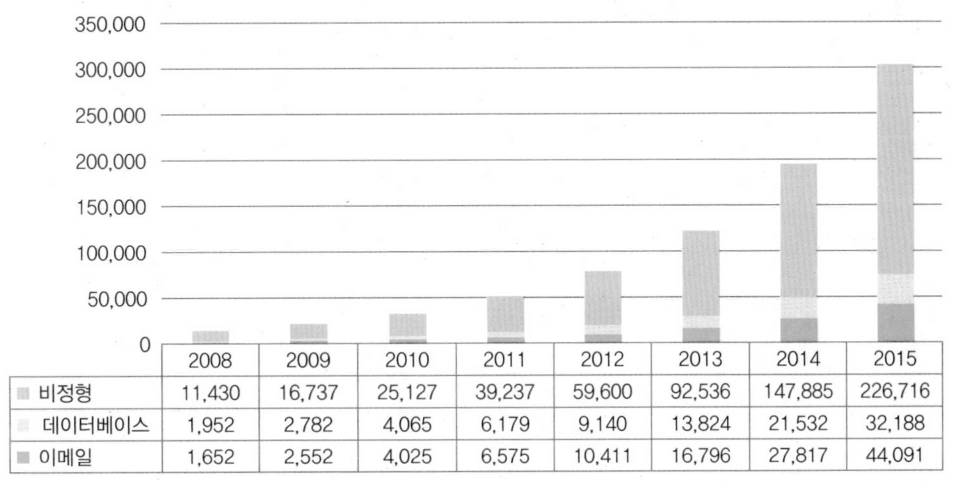

	2008	2009	2010	2011	2012	2013	2014	2015
비정형	11,430	16,737	25,127	39,237	59,600	92,536	147,885	226,716
데이터베이스	1,952	2,782	4,065	6,179	9,140	13,824	21,532	32,188
이메일	1,652	2,552	4,025	6,575	10,411	16,796	27,817	44,091

그림 7-14 빅데이터로의 변화 요소 2

출처: Enterprise Strategy Group, 2010.

■ 데이터의 발전과 패러다임 전환

IT의 일상화가 이루어지고 있는 오늘날의 스마트시대에 소셜(social), 사물(object), 라이프로그(life log) 데이터 등이 결합하여 빅데이터의 영향력이 갈수록 증대되고 있으며 '실시간 연결과 소통의 스마트 혁명'은 데이터 폭증을 발생시키고 있으며 기존의 데이터 저장, 관리, 분석기법은 한계와 도전에 직면하고 있다.

데이터는 정보사회를 움직이는 핵심 연료로 자리매김 되고 있다. 빅데이터로의 환경변화는 정보사회의 패러다임을 견인할 정도의 큰 힘을 발휘하고 있다. 이와 맞물려 이렇게 급증한 대량의 데이터에서 새로운 가치를 뽑아내고 결과를 도출해 낼 수 있는 분석기술이 요구되고 있다. 이름하여 빅데이터 기술이라 부를 수 있을 것이다. 빅데이터의 개념도 더 확장되어 애초 수십에서 수천 tb에 달하는 거대한 데이터 집합 자체만을 지칭하던 양적 개념에서 데이터 급증으로 인한 대용량 데이터를 활용하고 분석하여 가치 있는 정보를 추출하며 생성된 지식을 바탕으로 능동적으로 대응하거나 변화를 예측하기 위한 정보기술 용어로 정착되고 있다.

그림 7-15 시대의 변화와 패러다임의 변화

그림 7-16 주요이슈와 핵심서비스의 변화

■ 빅데이터 시장 급팽창, 신성장동력

데이터를 활용할 수 있게 하는 빅데이터 기술과 관련 서비스, 관련장비 시장도 그 규모가 점증하여 2012년 47억 달러에서 2015년 169억 달러로 성장하였으며 2015년까지 빅데이터와 관련한 정보기술업계에 일자리 440만개가 생겨났으며 앞으로도 계속 성장하여 우리나라 청년실업 해결의 실마리를 제공할 수도 있을 것이다. 이전까지 쓸모없이 쌓아두기만 했던 데이터가 새로운 시장을 창출하는 신성장 동력으로 떠오르고 매일 전 세계에서 기하급수적으로 불어나는 데이터 더미가 이제 '금광', 즉 돈이 되고 있는 실정이다.

낱개로는 전혀 가치가 없던 데이터들이 모여 새로운 의미로 쓰이게 되면서 기업의 생산성 향상과 소비자 마케팅에 적극 활용할 수 있게 되었기 때문에 대부분의 기업들이 빅데이터를 분석하고 해석하는 기법을 배우는 데 열중하고 있으며 빅데이터 활용에 가장 적극적인 곳은 이윤추구의 극대화를 목적으로 둔 기업들이다.

대한민국 정부도 2014년 2월 보도자료를 통하여 우리나라의 미래성장동력의 분야 및 구조를 발표한바 있다. 4대기반산업과 9대전략산업을 공표하면서 빅데이터와 지능형 사물인터넷을 4대 기반산업의 중요한 구성요소로 정한바 있다.

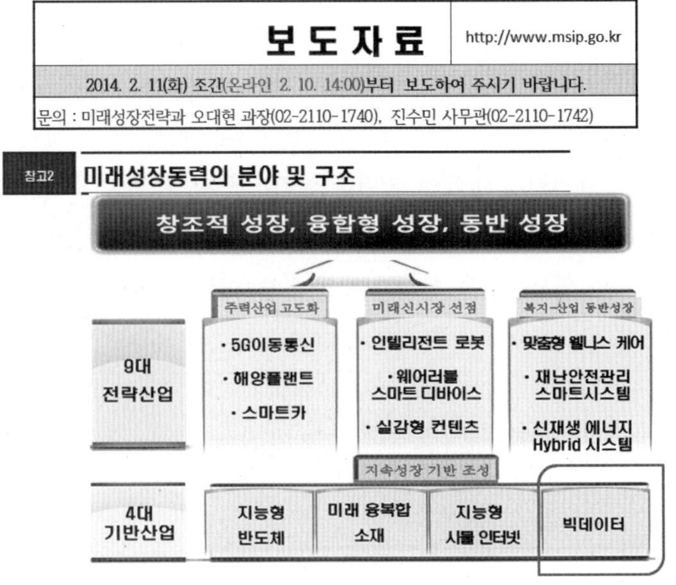

그림 7-17 미래성장동력 분야 및 구조

■ 데이터는 경제적 자산

지능화와 개인화 등으로 대변되는 스마트시대에서, 주요 패러다임을 선도하기 위해서는 빅데이터의 활용이 핵심이며, 그 수준이 경쟁력과 성패를 좌우한다. 빅데이터의 가공과 분석방향에 따라 상황인식이나 문제해결 그리고 미래전망 등이 가능해지고, 데이터가 경제적 자산과 경쟁력의 척도로 부각될 수 있다. 데이터의 폭발적 증가로 인한 혼돈과 잠재적인 가능성이 공존하는 빅데이터(Big Data) 시대가 도래된 것은 새로운 도전을 요구하면서 새로운 기회를 제공해 주는 천군만마와 같은 역할을 할 것이다.

앞으로 우리가 살아야 할 이 세상은 스마트 단말기의 확산, SNS의 활성화, 사물네트워크(M2M, Machine to Machine) 확산, 인공지능의 생활화와 자율주행 등의 사용증가로 데이터폭발이 더욱 가속화 될 것이며며 점차 빅데이터 기반이 확대될 것이 분명하다. 빅데이터를 향한 고급분석 등의 관련 기술은 현재 기술 발생단계(Technology Trigger) 이며 향후 2~5년 후에 성숙될 것으로 평가되고 있다. 이런 잠재적 가능성의 빅데이터 시대에 여러분들은 어떤 생각을 하고 있는지 궁금하다.

분명 시대는 바뀌고 있다. 제타바이트 시대를 넘어 요타바이트 시대로 진입하고 있다. 디지털 정보량의 폭증으로 인하여 사용가능한 저장공간을 초과한지 벌써 10여년이 지났고 2020년에는 엄청난 양의 데이터를 관리할 서버들이 필요할 것으로 많은 전문기관들이 예측하고 있다. 어쩌면 벌써 와버린 빅데이터 시대일 수도 있고 혹은 아직도 계속해서 엄청난 변화와 발전이 거듭될 빅데이터 시대일 수도 있다. 어느 쪽이든 현재로서는 감당하기 어려운 정도의 데이터 폭발이 이루어졌으며 앞으로도 계속 데이터의 폭증은 예견되고 있다. 데이터의 폭증이 두려운 것이 아니라 엄청난 양의 데이터로부터 우리에게 도움이 될, 우리의 삶을 더욱 풍요롭게 해줄 그 무엇을 발견하고 객관적이고 믿을 수 있는 결론이나 의사결정을 제시하는 것이 중요하다고 생각해본다.

7.3 데이터 패러다임의 변화와 통찰력

지금부터는 데이터 패러다임의 변화와 통찰력에 대하여 살펴보자.

우리는 언제부터인가 패러다임이라는 단어를 자주 듣게 되었다. 패러다임(Paradigm)은 “한 시대의 사람들이 견해나 사고를 근본적으로 규정하고 있는 인식의 체계”로 위키백과는 설명하고 있다. 패러다임의 변화는 곧 인식의 체계 변화를 말한다. 오늘날의 빅데이터 시대도 다양한 패러다임의 변화와 함께 진행되었을 것이다. 여러 변화들을 차근차근 하나씩 알아보도록 하자.

먼저 정보통신기술(Information communication technology)의 패러다임 변화다. 개인용 컴퓨터(PC, Personal Computer) 시대를 거치고 인터넷 시대를 지나 모바일 시대를 뒤로하고 스마트 시대를 맞이하고 있는 시대의 패러다임 변화와 함께 정보통신기술의 패러다임 변화도 계속 진행되었다. PC 시대의 디지털화와 전산화를 거치고 인터넷 시대의 온라인화와 정보화를 지나 모바일 시대의 소셜화와 모바일화를 뒤로하고 지금의 스마트 시대의 지능화와 사물정보화의 정보통신 기술 패러다임 변화를 정리해 볼 수 있다. 또한 시대의 패러다임 변화와 함께 주요 이슈들도 PC통신과 데이터베이스를 거치고 초고속 인터넷과 웹서버를 지나 모바일 인터넷과 스마트폰을 뒤로하고 빅데이터와 사물인터넷 시대가 도래하였고 핵심서비스도 패러다임의 변화에서 예외일 수 없었다. PC의 운영체제, 검색엔진, 앱서비스를 지나 개인맞춤형 서비스로 패러다임이 계속 변해 왔다. 글로벌 리더 기업들도 시대의 패러다임변화와 함께 했다. 마이크로소프트와 IBM이 주도하다가 Google과 Naver로 그 중심이 이동되기도 했고 페이스북이나 트위트가 대세인가 싶더니 오늘날의 스마트시대에는 애플인지, 삼성전자인지 혹은 다른 기업인지 이 시대를 지나면 알 수 있게 될 것이다. 중요한 사실은 시대나 정보통신기술의 패러다임 변화와 함께하는 변화들이 항상 동반되었다는 점이다.

또한 우리가 중요시 해야하는 패러다임의 변화는 데이터의 패러다임 변화이다. 데이터의 과거와 현재 그리고 미래를 살펴보면 패러다임의 변화는 더욱 확실하게 발견할 수 있다. 데이터의 축적수준에 머물렀던 과거에는 데이터의 저장이 아주 중요했다. 그래서 눈부시게 데이터베이스가 발달했다. 그러나 축적이 만사가 아니듯 축적된 데이터의 활용이 중요해지면서 검색엔진이 발달하게 되었고 검색기능은 데이터의 저장 패러다임을 변화시켰다. 이에 만족하지 않고 데이터의 확산과 공유가 쟁점화되면서 데이터의 관리 기능과 웹상에서의 공유 패러다임이 인기를 누리다가 지금은 빅데이터의 분석과 추론을 통한 새로운 가치 창출로 그 패러다임이 변화하고 있다.

그림 7-18 데이터의 개념변화

■ 새로운 통찰력의 필요성

시대와 정보통신기술, 그리고 주요이슈와 서비스, 리더기업들의 패러다임변화와 데이터 패러다임 변화 등과 어우러져 최근 유행되고 있는 멋진 단어가 나타났다. 이름하여 통찰력, Insight이다. 한국방송에서도 "명견만리" 프로그램을 통하여 통찰력의 중요성을 강조한 바 있다. 통찰은 한자로 꿰뚫을 통, 살필 찰자로서 예리한 관찰력으로 사물을 꿰뚫어 본다는 의미로서 빅데이터 시대에서 마땅히 지녀야 할 능력으로 여겨진다. 특히 패러다임의 변화로 만들어진 새로운 빅데이터 시대에는 새로운 통찰력이 절대적으로 요구되고 있다. 번뜩이는 아이디어 하나가 평생의 부와 행복을 가져다 줄 수 있듯

꿰뚫을 통 살필 찰(通察)

"예리한 관찰력으로 사물을 꿰뚫어본다"

그림 7-19 통찰력(Insight)

이 빅데이터 시대에는 새로운 통찰력 하나가 개인의 행복뿐만 아니라 국가와 지역사회에 크게 이바지 할수 있는 기회를 제공할 수 있기 때문에 다양한 분야에서의 새로운 통찰력이 필요하다.

■ 데이터의 사회경제적 가치의 제고

앞서 설명하였듯이 데이터는 정보사회를 움직이는 핵심연료이다. 폭증하는 데이터가 경제적 자산이 되고 가치창출의 원천이 되고 있다. 시간이 지남에 따라 지식 성숙도의 변화는 용량과 속도 중심의 하드웨어 중심에서 안정성과 편리성을 추구하는 소프트웨어 중심으로 변화되어 왔고 앞으로는 지식과 예측의 영역인 데이터 중심으로 이동할 것이라고 생각한다. 데이터 중심의 사고방식과 데이터 중심의 의사결정 습관등은 엄청난 경제적 이익을 제공해 줄 것이다.

데이터 중심의 패러다임 변화는 홈페이지 서비스의 변화도 초래하게 될 것이다. 기존의 정보전달 중심의 폐쇄형 홈페이지/게시판에서 참여와 소통 중심의 개방형 블로그를 지나 분석과 예측중심의 지능화/지식제공 웹으로 변화되고 있다.

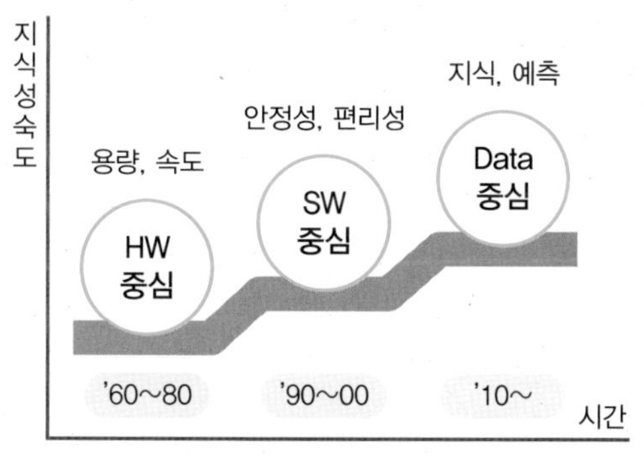

그림 7-20 데이터: 경제적 자산, 가치창출의 원천

또한 산업경제성 측면에서 볼 때 데이터는 자본이나 노동력과 거의 동등한 수준의 경제적 투입자본이고 비즈니스의 새로운 원자재 역할을 할 것으로 기대되며 데이터가 미래 경쟁의 우위를 좌우하는 요소로서 데이터 경제 시대에 대비하여 기업은 정보고립을 경계해야 성공이 가능하다고 가트너는 설명하고 있다. 매킨지는 "빅데이터는 혁신, 경쟁력, 생산성의 핵심요소이며 의료, 공공 행정등의 5대분야에서 6천억불 이상의 가치를 창출"할 것으로 전망한 바 있다.

국가경쟁력의 측면에서도 미국 대통령 과학기술자문위원회는 미국 정부기관들이 데이터를 지식으로, 지식을 행동으로 변환하는 전략에 집중하여야 함을 주장하였고 싱가포르는 데이터를 기반으로 싱가포르를 위협하는 리스크에 대한 평가와 환경변화를 탐지한 바 있다.

표 7-3 데이터의 사회경제적 가치 제고

구분	기관명	주요 내용
산업 경제성	Economist (2010)	• 데이터는 자본이나 노동력과 거의 동등한 레벨의 경제적 투입 자본, 비즈니스의 새로운 원자재 역할
	Gartner (2011)	• 데이터는 21세기 원유, 데이터가 미래 경쟁 우위를 좌우 • 기업은 다가올 '데이터 경제 시대'를 이해하고 정보 고립(Information Silo)을 경계해야 성공 가능
	McKinesey (2011)	• 빅 데이터는 혁신, 경쟁력, 생산성의 핵심 요소 • 의료, 공공행정 등 5대 분야에서 6천억불 이상 가치 창출
국가 경쟁력	美 대통령 과학기술자문위	• 미국 정부기관들이 데이터를 지식으로, 지식을 행동으로 변환하는 전략에 집중해야 함을 주장
	싱가포르	• 데이터를 기반으로 싱가포르를 위협하는 리스크에 대한 평가와 환경변화를 탐지

■ 빅데이터로의 새로운 가능성

이제 빅데이터를 통한 새로운 가능성에 대하여 살펴보자.

계속해서 강조하지만 빅데이터는 새로운 가치창출의 엔진(원동력)이다. 정보통신기술의 패러다임 변화와 데이터의 질적, 양적 팽창을 통하여 빅데이터가 생성되고 빅데이터 시대가 도래함에 따라 데이터의 활용에 있어서 역량과 기술이 필요하게 되었다. 사회적 문제 해결이나 경제적 가치를 창출하고 신산업의 성장을 견인하는 핵심자원으로서 빅데이터는 다양한 새로운 가능성을 제공하고 있다.

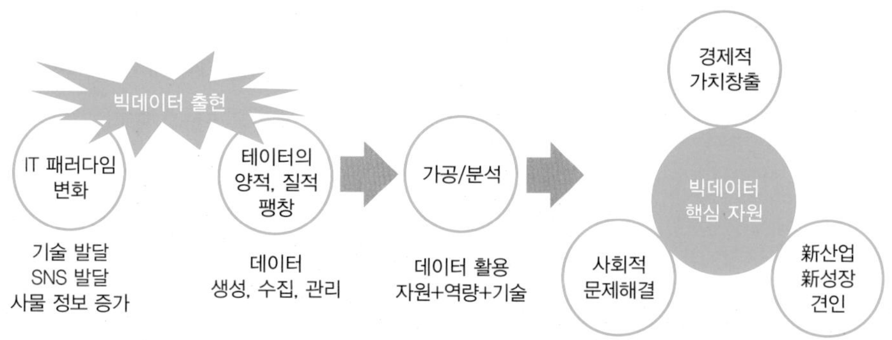

그림 7-21 빅데이터 : 새로운 가치창출의 원동력(엔진)

특히 융합(convergence)은 오늘날 정부나 기관 그리고 대학과 기업 등에서 아주 중요하게 여기고 있는 키워드로서 여러 분야에서 연구되고 있는 뜨거운 토픽이다. 이 융합 현실과 빅데이터의 만남이 또 다른 새로운 가능성을 만들고 있다.

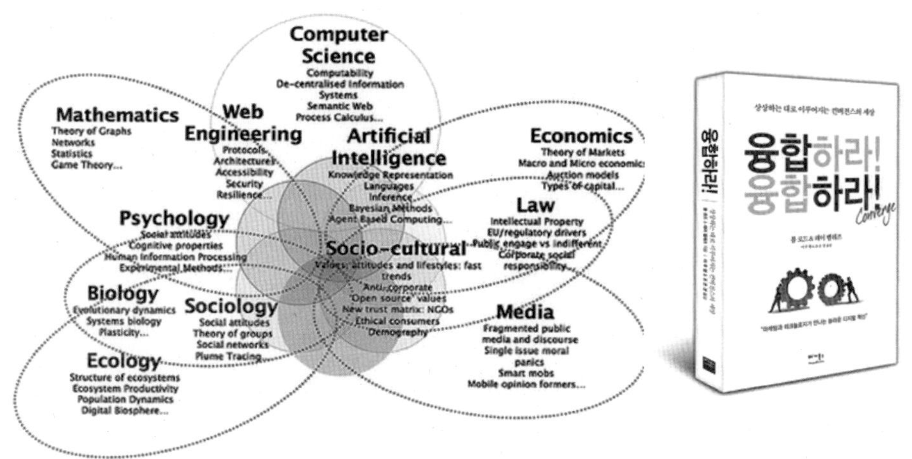

그림 7-22 융합(convergence)

선진국의 경우 다양한 융합산업 테마를 형성하고 있다. 미국의 경우 테러예방감지시스템 산업, 나노 디자인 산업, 두뇌관련 소프트웨어, 하드웨어, 신항공산업, 군사용 무인전투기산업, 가상모의실험 산업등에 큰 관심과 투자를 아끼지 않고 있으며 유럽연합은 언어커뮤니케이션 프로세싱과 인텔리전트 주거, 초전도기술등에 큰 지원을 하고 있으며 이웃 일본도 플렉시블 디스플레이산업, U-러닝, 두뇌인지력 멀티플랫폼 등의 개발에 박차를 가하고 있다. 이들 국가들의 공통점을 살펴보면 바이오디펜스분야, 차세데 에너지 연료산업, 로보틱스산업, 나노바이오의류서비스 산업, 오감형센서, 인공안구 및 장기 사업 등과 같이 미래첨단산업과 연결하여 투자하고 있음을 알 수 있다.

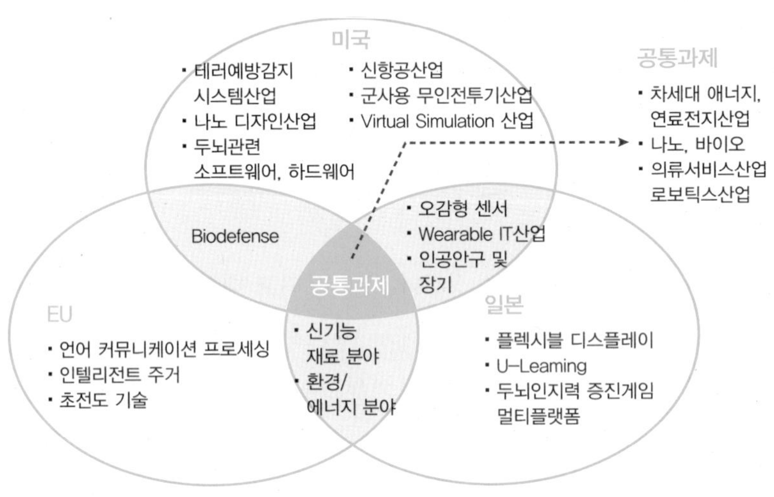

그림 7-23 선진국 융합산업 테마

우리나라도 2014년 미래창조과학부에서 신산업창조 프로젝트 신규과제로 클라우드 서비스(빅데이터)-손가락 pc 활용한 창조교육 플랫폼, 사물인터넷-배터리 교환형 전기버스시스템, 개방형 IOF 플랫폼, 바이오센스-신속고감도 알러지 진단센서, 3D프린팅-체내 이식형 생분해성 의료제제 , 실감형 콘텐츠-심혈관시뮬레이션 등을 선정한 바 있다.

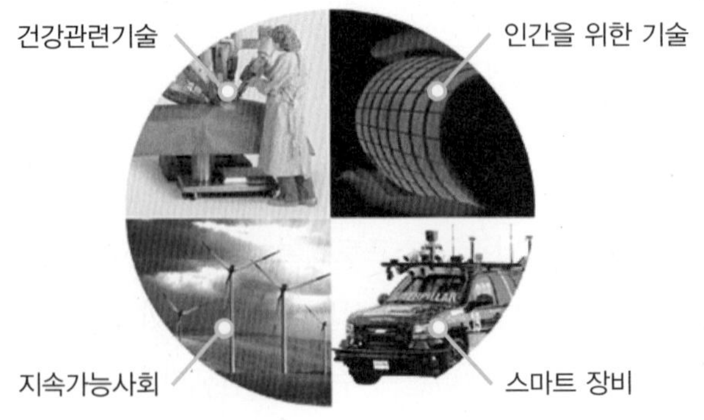

그림 7-24 융합을 통한 인간의 삶의 질 향상

융합을 통한 인간의 삶의 질 향상이 세상 변화의 본질일 것이다. 건강관련기술, 지속가능사회, 인간을 위한 기술, 스마트/안전환경 등을 통하여 빅데이터의 활용은 계속 진행되고 연구될 것이다.

7.4 데이터사이언스의 이해와 데이터사이언티스트의 역할

지금부터는 데이터사이언스와 데이터사이언티스트에 대하여 살펴보도록 하자.

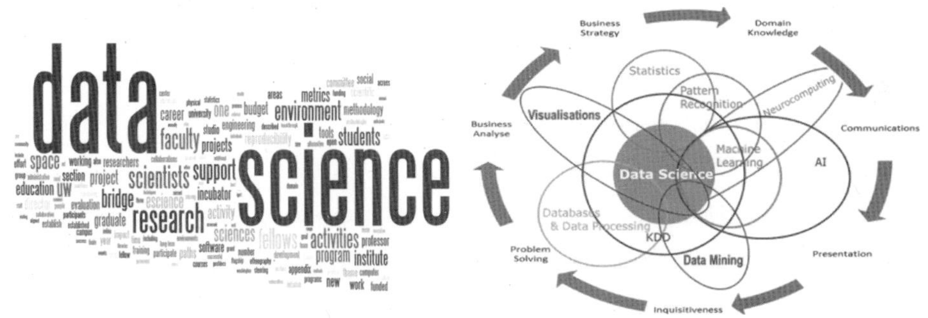

그림 7-25 데이터사이언스: 융합학문

■ 데이터사이언스

먼저 데이터사이언스에 대하여 알아보자. Data science란 무엇인가? 라는 질문에 버클리대학교 홈페이지에서는 다음과 같은 다섯 가지 내용을 통하여 설명하고 있다.

■ 새롭게 등장한 분야

데이터 지식 전문가 수요 증가 | 전문가들의 급격한 급여상승

그림 7-26 데이터사이언티스 수요 증가

첫 번째는 새롭게 등장한 분야(A new field emerges)와 관련한 내용이다. 회사나 공공기관 혹은 비영리 단체 등에서 데이터 지식 전문가들의 수요가 의미 있는 증가를 나타내고 있다. 데이터를 효과적으로 다룰 수 있는 전문가의 공급은 제한적이기 때문에 데이터 과학자, 통계학자, 데이터 분석가 등의 급격한 급여상승에 반영되고 있는 실정이라는 점이다.

맥킨지 보고서를 인용하면서 빅데이터의 대부분을 유의하게 만들고 시급한 도전으로 만들 수 있는 분석적, 관리적 능력의 부족을 지적하고 2018년도까지 요구되는 데이터 분석가의 수를 4백만명에서 5백만명으로 추정하고 있다. 또한 150만명 이상의 수준높은 고급 빅데이터분석가와 관리자가 필요할 것으로 예측하고 있다. 깜짝 놀랄 만한 숫자가 아닐 수 없다.

■ 데이터과학자에 대한 최근 통계

두 번째는 데이터과학자에 대한 2016년 통계(Recent statistics for data scientist) 내용이다. 수요 많은 고소득군 순위 16위, 구인 수 3433명, 평균년봉 105,395 달러, 미국 2016년 구직선호도 1위 등의 통계를 제시하며 데이터사이언티스트에 대한 유의미한 수요증가를 뒷받침하고 있다.

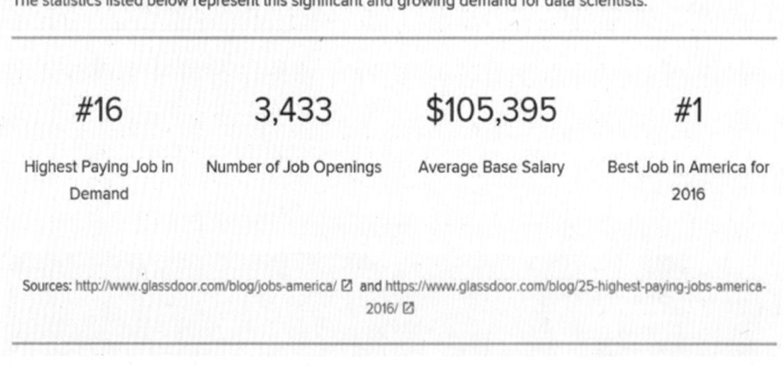

그림 7-27 데이터사이언티스트에 대한 2016년 통계

■ 데이터의 폭발

세 번째는 데이터의 폭발(An explosion of data)과 관련한 내용이다. 수세기 동안 생성되었던 데이터들을 디지털화하고 웹로그나 이동기기들 혹은 여러 가지 센서들로부터 만들어지는 무수히 많은 종류의 데이터들을 수집하고 있으며 지금까지 생성된 모든 데이터들의 90%가 최근 2년안에 만들어 졌다는 IBM 보고서를 설명하면서 데이터는 도처에서 발견될 정도로 폭발적임을 설명하고 있다. 동시에 이러한 데이터 사태를 의미있게 만들고 조직하는 새로운 기술들이 나타나고 있으며 인간의 조건을 개선시키고 상업적, 사회적 가치를 만들어 낼 수 있는 데이터 속에 내재하는 패턴이나 규칙을 식별해 낼 수 있다고 설명하고 있다.

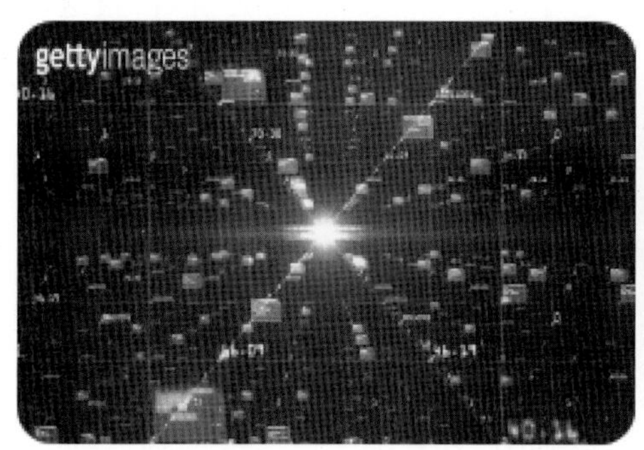

그림 7-28 데이터의 폭발

■ 인정된 도전

네 번째는 인정된 도전(A challenge identified) 관련 내용이다. 사실 오늘날의 경제의 모든 부분들은 10년전에 상상할 수 있었던 것보다 훨씬 더 데이터에 접근하고 있다. 오늘날의 사업은 중요한 정보를 추출하기 위해서 그들이 할 수 있는 역량을 넘어설 정도로 새로운 데이터를 축적시키고 있다. 모든 조직들이 직면하고 있는 문제는 그들이 가진 자료의 사용이 아니라 가용할 만한 관계있는 데이터들을 어떻게 효율적으로 사용할 수 있는가이다.

그림 7-29 데이터의 홍수와 새로운 데이터축적

■ 총체적인 혁신

마지막으로 다섯 번째는 기업으로부터 정부에 이르기까지 산업의 혁명화(Revolutionize industries from business to government)와 관련된 내용이다. 이 뜨거운 새롭게 떠오르는 분야는 기업으로부터 정부에 이르기까지 또 건강관리에서 학계에 이르기까지 망라되는 산업을 혁신시킬 것으로 보인다고 설명하고 있다.

"This hot new field promises to revolutionize industries from business to government, health care to academia."

— *The New York Times*

그림 7-30 뉴욕타임즈 기사

■ 데이터를 통한 통찰력으로의 전환

네트워크로 연결된 글로벌 사회는 누구도 혹은 어느 그룹도 충분히 빠르게 처리할 수 없을 정도의 데이터 홍수를 만들어 내고 있다. 이 데이터 홍수는 지금까지 수행되었던 회사의 사업방식을 바꾸거나 정부나 건강관리 방법등을 변환시킬 잠재적 능력을 가지고 있다. 새롭게 등장하는 데이터사이언스의 규율 등은 잠재가치를 해결할 수 있는 열쇠를 지니고 있으며 대량의 데이터를 분석할 수 있는 자동화 방법을 사용한다. 데이터사이언스는 컴퓨터사이언스와 응용수학 그리고 통계학의 내용들을 혼합하여 구성된다. 정부, 사회적 네트워크 그리고 전자상거래 사이트에서부터 센서, 스마트 기기들, 이동기기들에 이르기까지 데이터들은 전례 없는 규모와 속도로 수집되고 있으며 데이터 사이언스는 이 빅데이터들을 사용한다.

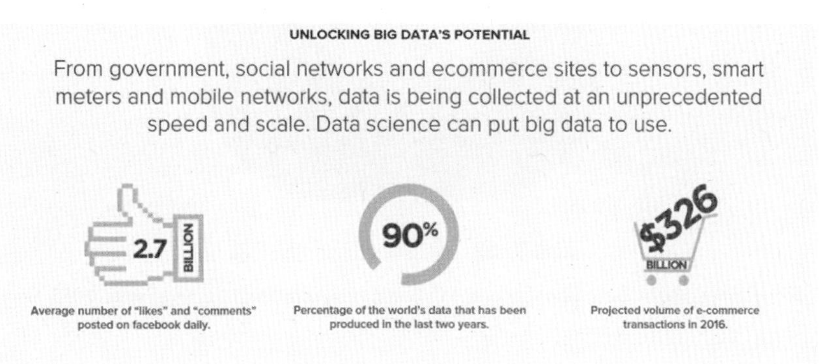

그림 7-31 빅데이터의 잠재력

■ 데이터사이언스의 영역

이제 데이터사이언스에서는 어떤 내용들을 다루는지 살펴보자. 데이터사이언스는 통계학(Statistics), 확률모형(Probability models), 기계학습(Machine learning), 통계적 학습(Statistical learning), 시각화(Visualization), 데이터 공학(Data engineering), 컴퓨터프로그래밍(Computer programming), 신호처리(Signal processing), 불확실성 모형화(Uncertainty modeling), 데이터 저장(Data warehousing), 고성능 컴퓨팅(High performance computing), 패턴인식 학습(Pattern recognition and learning), 인공지능(Artificial intelligence), 데이터베이스(Database), 데이터마이닝(Data mining) 등의 내용을 다룬다.

이들을 조금 큰 차원에서 살펴보면 통계학과 컴퓨터과학의 영역으로 생각할 수 있으며 여러 학문 분야 – 기계학습, 인공지능, 뉴로컴퓨팅, 데이터마이닝, 패턴인식, 통계학, 시각화, 데이터베이스, 데이터 프로세싱 – 들이 융합되어 있는 특징을 보여준다고 설명할 수 있을 것이다.

지식
영역
통계학
데이터
처리
데이터
사이언스
수학
기계
학습
컴퓨터
과학

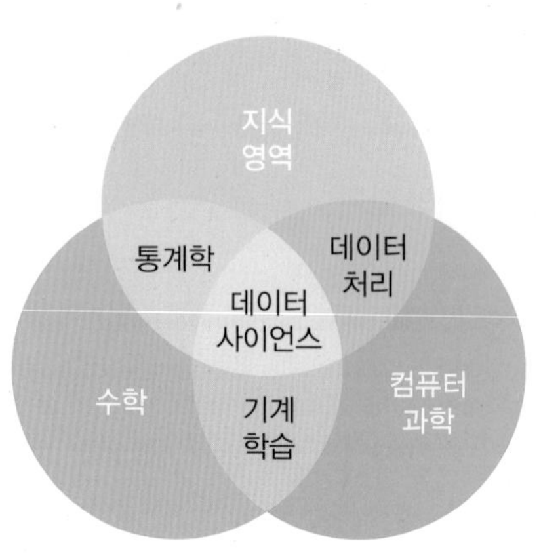

그림 7-32 데이터사이언스 학문영역

출처: Palmer, Shelly. Data Science for the C-Suite. New York: Digital Living Press, 2015. Print.

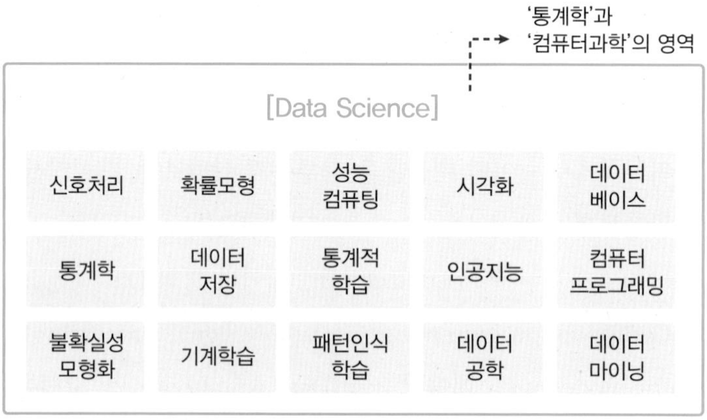

'통계학'과
'컴퓨터과학'의 영역
[Data Science]
신호처리
확률모형
성능
컴퓨팅
시각화
데이터
베이스
통계학
데이터
저장
통계적
학습
인공지능
컴퓨터
프로그래밍
불확실성
모형화
기계학습
패턴인식
학습
데이터
공학
데이터
마이닝

그림 7-33 데이터사이언스 분야

이제 데이터사이언티스트에 대하여 살펴보도록 하자.

데이터사이언티스트(Data Scientist)란 Data Science를 하는 사람 즉 데이터를 수집, 정리, 조사, 분석, 시각화 등을 할 수 있는 전문가를 말한다. 빅데이터(Big Data)의 세계에서 의미 있는 발견을 할 수 있도록 훈련된 전문가를 통칭한다. 유능한 프로그래머이기도 하며 쉽게 통계적 분석을 수행할 수 있는 통계전문가 이기도하면서 수학적 능력이 기본적으로 잘 갖추어진 수학자이면서 사업에 있어서도 두각을 나타낼 수 있는 사람이 데이터사이언티스티인 것이다.

그림 7-34 데이터사이언티스트

구글의 수석 경제학자 할 베리언은 "데이터를 얻는 능력, 이해하는 능력, 처리하는 능력, 가치를 뽑아내는 능력, 시각화하는 능력, 전달하는 능력이야말로 앞으로 10년간 엄청나게 중요한 능력이 될 것이다" 라고 말한바 있다. 이 의미 있는 발언을 기억하면 좋겠다.

"데이터를 얻는 능력, 이해하는 능력,
처리하는 능력, 가치를 뽑아내는 능력,
시각화하는 능력, 전달하는 능력이야말로
앞으로 10년간 엄청나게 중요한 능력이 될 것이다."

그림 7-35 구글 수석 경제학사 할 베리언

■ **데이터사이언티스트의 삶**

데이터사이언티스트는 빅데이터 카우보이라 할 수 있다. 데이터사이언티스트들은 정형이나 비정형과 같은 지저분하고 방대한 데이터들을 만지며 그들이 소지하고 있는 가공할 만한 수학적, 통계적, 프로그래밍 능력을 적용하여 정제하고 주물러고 조직하게 된다. 이후 사업상의 도전을 위하여 알려져 있지 않은 해결방법을 찾기 위하여 그들이 할 수 있는 분석적 힘 – 산업적 지식, 문맥적 이해, 가정의 회의 등–을 적용한다. 데이터사이언티스트의 책임을 나타내는 재미있는 문구를 소개한다. "데이터사이언티스트는 어떤 소프트웨어 공학자보다 통계학능력이 우수해야 하고 어떤 통계학자보다도 유능한 소프트공학자여야 한다."

The Life of a Data Scientist

Data scientists are big data wranglers. They take an enormous mass of messy data points (unstructured and structured) and use their formidable skills in math, statistics and programming to clean, massage and organize them. Then they apply all their analytic powers – industry knowledge, contextual understanding, skepticism of existing assumptions – to uncover hidden solutions to business challenges.

Data Scientist Responsibilities

"A data scientist is someone who is better at statistics than any software engineer and better at software engineering than any statistician."

그림 7-36 데이터사이언티스트의 인생

■ 데이터사이언티스트가 지녀야 할 역량

데이터사이언티스트가 지녀야 할 핵심 8가지 기술은 R과 SQL 등의 기본기술, 기초통계학, 기계학습, 다변량분석기술, 데이터시각화 기술, 데이터 변환기술, 소프트웨어 엔지니어링, 데이터사이언티스트처럼 생각하기 등이다. 데이터사이언티스트의 역량을 다른 차원에서 설명하면 빅데이터에 대한 이론적 지식의 숙지와 빅데이터 분석기술의 숙련

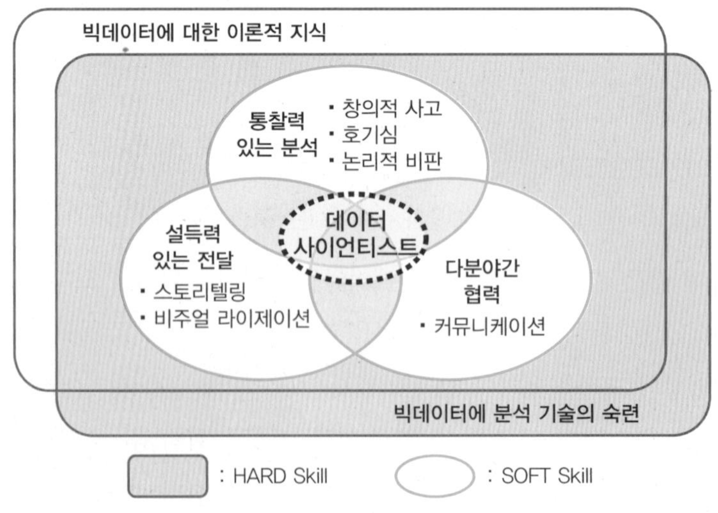

그림 7-37 데이터사이언티스트 역량

으로 요약된다. 설득력있는 전달능력과 통찰력을 동원한 분석 그리고 다분야와의 협업 능력 등이 요구된다고 할 수 있다.

■ 데이터사이언티스트의 수요와 전망

끝으로 데이터사이언티스트의 수요와 전망에 대하여 살펴보자. 많은 언론과 전문가들이 데이터사이언티스의 수요가 급증할 것이라 보도하고 있다. CNN은 2012년 최고 유망 신규 직종으로 데이터사이언티스를 선정하였으며 하버드 비즈니스 리뷰(Harvard Business Review)도 21세기의 '가장 매력적인' 직종으로 데이터사이언티스트를 선정한 바 있다. 맥킨지 보고서에서는 2018년까지 미국에서만 140,000~190,000명의 데이터 분석 전문가가 추가로 필요할 것이고, 1,500,000명의 데이터 분석 기반의 관리자가 필요할 것이라고 분석하고 있음도 설명한 바 있다. 현재 데이터사이언티스트의 역량을 갖춘 인재는 매우 부족한 실정으로 EMC의 글로벌 조사 결과, 향후 5년 동안 데이터사이언티스의 수요가 공급을 뛰어넘어 인재 부족이 심화될 것으로 예측하고 있다. 기업 내에서도 중요한 역할을 담당하는 데이터사이언티스트는 21세기 유망직업 중 하나로 부각되고 있으며 데이터 처리와 분석능력을 갖춘 인력은 IT 분야뿐만 아니라 대부분의 기업과 조직에서 필수적으로 확보해야 할 핵심 인력으로서 EMC의 조사결과에 따르면 데이터사이언스트를 채택할 때 방해가 되는 요인으로 스킬 또는 훈련의 부족이라는 답변이 가장 높았다고 보고하고 있다.

이와 같이 데이터사이언티스트의 수요와 전망에 관한 언급이 많은 이유는 데이터사이언티스트가 쏟아지는 방대한 데이터 속에서 의미를 발굴하고 그것을 비즈니스 가치로 연결하는 사람들이기 때문이라고 생각된다.

1. 빅데이터의 특징

크기, 다양성, 속도(3V) 등과 가치를 추가(4V)하여 요약

2. 빅데이터 시대의 주된 도래배경

디지털화, 인공지능, 자율주행, 사물인터넷 등의 확산
데이터 유형의 패러다임 변화
데이터 특성의 패러다임 변화

3. 데이터의 패러다임의 변화

PC시대, 인터넷시대, 모바일 시대, 스마트 시대등으로 정리
시대별 특징은 전산화, 정보화, 모바일화와 사물정보화등으로 정리

4. 데이터의 사회경제적 가치의 증대

데이터 중심의 사고방식과 데이터 중심의 의사결정의 중요성이 부각
문제해결을 위한 빅데이터의 새로운 가능성이 강조
빅데이터 분석을 통한 경제적 가치창출, 사회적 문제해결과 신산업 신성장견인 등의 새로운 가치창출의 엔진역할 수행.

5. 데이터사이언스의 영역

통계학의 영역과 컴퓨터과학의 영역을 포함하며 인공지능, 기계학습, 시각화 등을 포함

선택형 문제

1. 다음 중 빅데이터(big data)의 특징과 관련이 없는 것은?

① 크기(volume)
② 속도(velocity)
③ 전망(vision)
④ 다양성(variety)

2. 다음 컴퓨터 하드디스크(hard disk) 용량 단위 중 가장 큰 단위는?

① YB(yotta byte)
② ZB(zetta byte)
③ EB(exa byte)
④ PB(peta byte)

3. 다음 데이터 형태 중 비정형데이터(unstructured data)가 아닌 것은?

① 문자 데이터
② cctv 영상 데이터
③ 메신저 데이터
④ 음성 데이터

4. 다음 중 빅데이터 시대 도래 배경과 관련이 먼 것은?

① 디지털화
② 소셜미디어의 발전
③ 자율주행의 확산
④ 개인용 컴퓨터(PC)의 발달

5. 제 4차 산업혁명 시대에서 데이터의 양(빅데이터)을 폭발시키는 요인과 거리가 먼 것은?

① 인공지능의 확산
② 사물인터넷의 확산
③ 자율주행의 확산
④ 스위스 다보스 포럼

6. 데이터의 발전과 패러다임의 전환과 거리가 먼 것은?

① 빅데이터로의 환경변화에 따른 영향력 증가
② 빅데이터로부터 새로운 가치를 추출하는 빅데이터 기술의 요구 증가
③ 빅데이터 기술 및 서비스 관련 장비 시장 규모 급증
④ 빅데이터 플랫폼

7. 데이터 패러다임의 변화와 관련이 먼 것은?

① 데이터 저장기술의 발달

② 검색엔진의 발달로 인한 데이터의 활용증대

③ 웹상에서의 데이터의 관리와 공유기술 발달

④ 통찰력(insight)의 필요성

8. 다음 중 빅데이터의 새로운 가능성과 거리가 먼 내용은?

① 새로운 가치 창출의 엔진 기능 ② 데이터의 질적 양적 팽창

③ 사회적 문제의 해결 방법 ④ 신산업 성장 견인의 핵심자원

9. 우리나라 융합산업(2014년, 미래창조과학부 프로젝트)과제 영역과 관련이 없는 것은?

① 클라우드 서비스 ② 두뇌 인지력 멀티플랫폼

③ 사물인터넷 ④ 바이오 센스

10. "데이터를 얻는 능력, 이해하는 능력, 처리하는 능력, 가치를 뽑아내는 능력, 시각화하는 능력, 전달하는 능력이야말로 앞으로 10년간 엄청나게 중요한 능력이 될것이다" 라고 말한 구글의 수석 경제학자는 누구인가요?

11. 다음 중 데이터 사이언스의 영역과 가장 관련이 먼 것은?

① 통계학 (Statistics) ② PC용 마더보드(Motherboard)

③ 기계학습 (Machine learning) ④ 데이터마이닝 (Data mining)

12. 다음 중 데이터 사이언티스트와 관련이 없는 것은?

① 모바일 기술 능력 ② 통계 분석 능력

③ 소프트웨어 프로그래밍 능력 ④ 빅데이터 수집, 정리 능력

CHAPTER

8

빅데이터 처리/분석기법과 활용사례

이번 장에서는 빅데이터의 처리/분석기법과 활용사례 등에 대하여 살펴본다. 이를 위하여 먼저 빅데이터의 처리기법과 분석기법 각각에 대하여 자세히 살펴 볼 것이다. 그 이후에 빅데이터의 구체적 활용사례 등을 알아본 후 생활 속에서 빅데이터가 어떻게 사용되고 있는지를 이해할 수 있을 것이다.

학습목표

- 빅데이터의 처리기법에 대해 설명할 수 있다.
- 빅데이터의 분석기법에 대해 설명할 수 있다.
- 빅데이터의 활용사례를 통하여 빅데이터의 응용력을 설명할 수 있다.

구성

8.1 통찰력과 새로운 가치창출

7장에서도 잠깐 설명하였듯이 통찰력은 예리한 관찰력으로 사물을 꿰뚫어 보는 능력을 의미한다. 즉 감추어진 내용을 직관적으로 파악하는 능력을 지칭한다는 말이다. 1998년 타임지 선정 20세기 가장 영향력 있는 인물 100명에 선정된 월마트 창업자 샘 월튼(sam walton)은 "부족한 건 돈이 아니라 미래에 대한 통찰력이다"라고 말한 바 있다. 재산이 20조원이 넘는 세계적인 갑부가 통찰력의 중요성을 강조한 것이다.

그림 8-1 통찰력(洞察力)

빅데이터 혹은 빅데이터의 분석영역에도 통찰력은 절대적인 역할을 한다. 빅데이터와 통찰력은 패키지로서 한 세트라 생각해도 좋을 정도이다. 통찰력 없는 빅데이터는 새로운 가치를 창출하기 어렵고 빅데이터 없는 통찰력은 그저 기존의 통찰력에 불과할 것이기 때문이다. 새로운 통찰력은 디지털 데이터에 기초하고 그 데이터 속에 숨어있는 가치 있는 정보를 꿰뚫어 볼수 있는 능력을 말한다.

빅데이터에 새로운 통찰력을 이용하여 새로운 가치를 창출하는 것은 아주 중요하다. 빅데이터 분석을 이용하여 공익적 차원의 사회적 문제를 해결할 수도 있고 신산업과 신성장을 견인하는 신융합 시장의 원동력을 제공할 수도 있으며 지금까지는 없었던 4차 산업혁명 시대의 새로운 가치를 만들어 낼 수도 있다. 때로는 현실 세계의 데이터에 기반하여 여러 가지 패턴을 분석함으로서 미래를 전망할 수도 있으며 환경데이터나 소셜데이터의 분석을 통한 이상 징후를 감지하거나 인공지능 기반의 신규 서비스를 제공할 수도 있으며 국가나 기업경영의 비용을 절감할 수도 있을 것이다.

8.2 빅데이터 처리기법의 이해

이런 내용을 염두에 두면서 이제 빅데이터의 처리기법과 분석기법에 대하여 살펴보도록 하자. 먼저 빅데이터의 처리기법에 대하여 살펴보자. 빅데이터의 처리에 있어서 컴퓨터의 사용은 절대적이다. 이런 점에서 먼저 컴퓨터의 사용과 관련된 기본용어인 플랫폼(platform)에 대하여 알아보도록 하자. 원래 플랫폼은 승객이 열차를 쉽게 타고 내릴 수 있도록 만들어 놓은 평평한 승강장을 일컫는다. 이런 플랫폼이란 단어를 컴퓨터의 영역으로 가져와서 그대로 사용하기 시작했다. 사용자들이 목적에 맞추어 필요한 프로그램들을 쉽게 사용할 수 있도록 컴퓨터시스템에 설치하는 일련의 내용들을 플랫폼이라 부르게 된 것이다.

그림 8-2 빅데이터 플랫폼

일반적으로 플랫폼은 컴퓨터의 아키텍처, 운영 체제(OS), 프로그램 언어, 그리고 관련 런 타임 라이브러리 또는 그래픽 사용자 인터페이스(GUI)를 포함하며 소프트웨어 응용 프로그램들을 구동시키는데 사용되는 하드웨어와 소프트웨어의 결합을 의미한다. 플랫폼은 하나의 운영체제 또는 컴퓨터 아키텍처라고 단순히 말할 수 있으며 그 두 가지를 통칭해서 말할 수도 있다. 컴퓨팅 플랫폼(computing platform)은 소프트웨어가 구동 가능한 하드웨어 아키텍처나 응용 프로그램 프레임워크를 포함하는 소프트웨어 프레임워크의 종류를 설명하는 단어이다. 대중에게 가장 친근한 플랫폼은 x86 아키텍처에서 수행되는 마이크로소프트 윈도일 것이다. 잘 알려진 다른 데스크톱 컴퓨터 플랫폼들은 리눅스와 운영체제 X등이 있다. 빅데이터 플랫폼이란 그야말로 빅데이터를 분석할 수 있게 해주는 필요한 컴퓨터 환경을 의미한다. 빅데이터 플랫폼은 확장성 있는 대용량 처리 능력, 서로 다른 기종의 데이터 수집 및 통합 처리 능력, 빠른 데이터 접근 및 처리 능력, 대량의 데이터를 저장 관리할 수 있는 능력, 대량의 서로 다른 기종의 데이터를 원하는 수준으로 분석할 수 있는 능력 등을 갖추어야 한다. 이런 빅데이터 플랫폼들은 대부분 오픈 소스에 기반하고 있으며 상대적으로 소프트웨어 비용이 저렴하고 개발자들의 커뮤니티가 글로벌 차원에서 형성되고 있는 특징을 띠고 있다. 즉 전 세계적으로 많은 사용자 그룹이 있으며 대부분의 빅데이터 분석 프로그램들이 그 소스 코드가 공개되어 있고 대부분 무료로 다운로드 받을 수 있음을 의미한다.

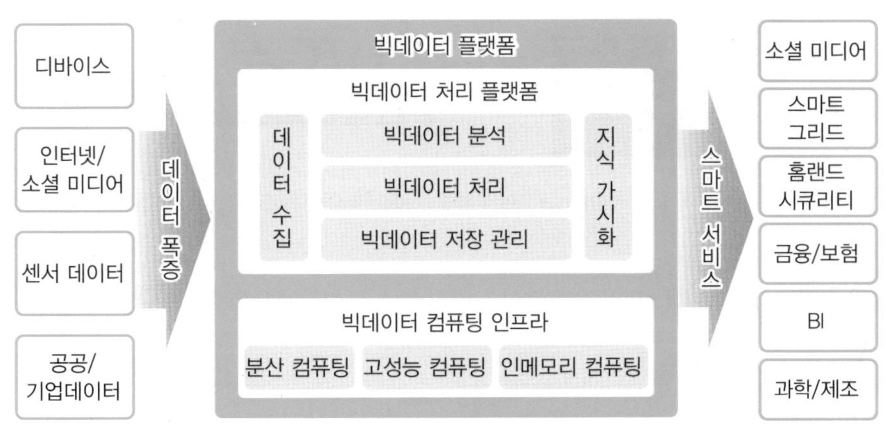

그림 8-3 빅데이터 처리 플랫폼

빅데이터 플랫폼이 장착된 컴퓨터에서 빅데이터 처리가 가능함을 유념하면서 지금부터는 하둡(Hadoop)에 대하여 살펴보자.

하둡은 2006년 더그 커팅(Doug Cutting)과 마이크 캐페렐러(Mike Cafarella)에 개발된 대규모 병렬/분산처리 핵심기술의 이름이다. 데이터의 용량이 워낙 커서 한 대의 컴퓨터에 모두 저장할 수 없는 경우 여러 대의 컴퓨터에 나누어 분산 저장하고 처리하는 기술을 말한다. 맨 처음 하둡이 개발된 후 지금은 아파치(Apache) 재단으로 넘어가 공개 소프트웨어로 개발되고 있다. 하둡은 구글의 분산 파일 시스템(GFS) 논문이 공개된 후, 논문의 내용에 착안하여 그 구조에 대응하는 체계로 개발되었다. 하둡의 로고는 노랑색 아기 코끼리로서 하둡의 개발자인 더그 커팅이 자신의 아이가 가지고 놀던 장난감 코끼리의 이름을 따서 하둡이라는 이름을 붙인 것으로 알려지고 있다. 코끼리는 빅데이터(Big Data)를 상징하는 동물이다. 2011년 오픈 소스 아파치 하둡(Apache Hadoop) 사업을 위해 야후에서 분사한 기업의 이름을 지을 때도, 코끼리가 주인공인 동화에 나오는 코끼리 이름인 호튼(Horton)을 따와서 호튼웍스(Hortonworks)라고 회사명을 지은바 있다.

그림 8-4 더그 커팅과 하둡(HADOOP)

하둡은 분산파일시스템 HDFS 와 분산처리시스템 MAP/REDUCE 로 구성되어 있다.

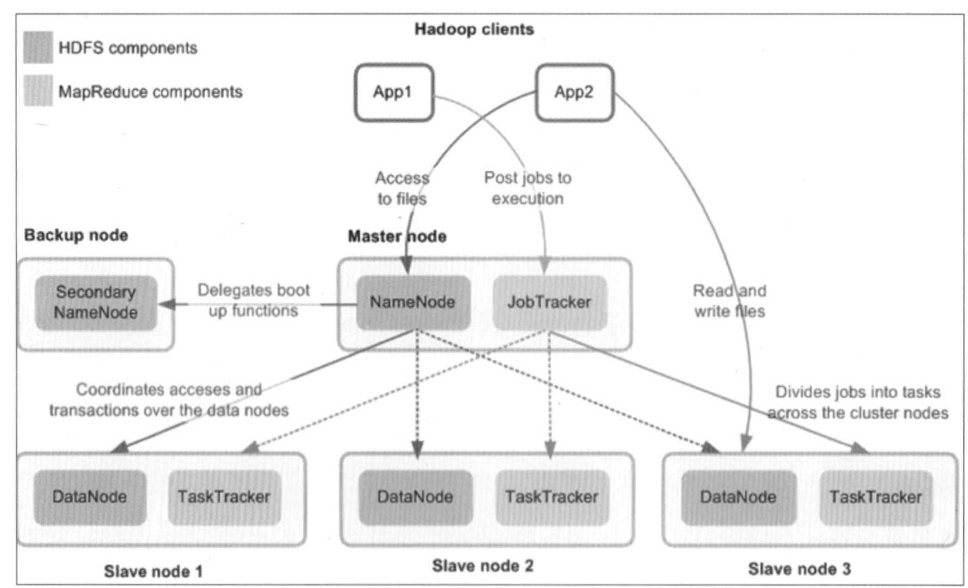

그림 8-5 하둡의 구성

하둡 분산파일시스템(HDFS, hadoop distributed file system)과 분산처리시스템 MAP/REDUCE 는 모두 다 마스터/슬레이브(master/slave) 구조를 띠고 있다.

HDFS에서의 Master는 Name node, Slave는 Data node라 부르고 MAP/REDUCE에서 MASTER는 JobTracker, SLAVE는 TaskTracker라고 부른다.

야후는 50000개의 node로 하둡 네트워크를 구성하고 있으며 500GB 데이터를 59초만에, 100TB 데이터를 173분만에 정렬함으로서 클라우드 컴퓨팅의 역사를 새로 쓰기도 했다.

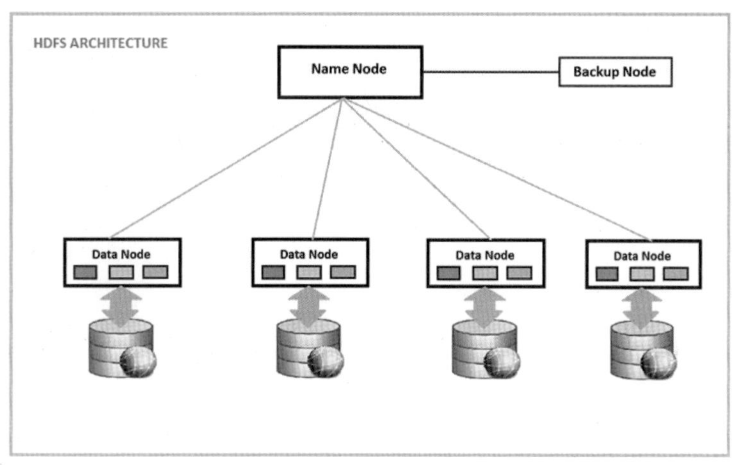

그림 8-6 HDFS 구조

HDFS에서는 Master인 Name node가 파일의 메타(meta) 정보를 관리하고 실제 데이터는 여러 대의 Data node에 분산해서 저장시킨다. 데이터는 기본적으로 64mb 크기(기본 크기 64mb)의 블록단위로 나뉘어 관리된다. 이 블록들을 여러 대의 Data node에 분산 및 복제해서 저장한다. 이렇게 하는 이유는 일부 Data node에 장애가 발생하더라도 전체 시스템에서 데이터를 읽고 쓰는데 문제가 없도록 하기 위함이다. 데이터 파일은 사용자에게는 하나의 파일로 보이나 실제로는 여러 개의 Data node로 나누어져 관리되고 있다.

데이터 노드는 실행될 때마다 노드에 추가되는 스토리지를 관리한다. 네임노드는 파일과 디렉터리의 읽기(open), 닫기(close), 이름 바꾸기(rename) 등, 파일시스템 네임스페이스의 여러 기능을 수행한다. 또한, 데이터 노드와 블록들의 맵핑을 결정하고 데이터 노드는 파일시스템의 클라이언트가 요구하는 읽기(read), 쓰기(write) 기능들을 담당하게 된다. 또한 데이터 노드는 네임노드에서의 생성, 삭제, 복제 등과 같은 기능도 수행한다. 네임노드와 데이터노드는 리눅스 운영체제를 기반으로 하는 상용머신에서 실행되기 위해 디자인된 소프트웨어의 일부이며 HDFS는 자바 언어를 사용하므로 자바가 동작하는 어떠한 컴퓨터에서도 네임노드나 데이터노드 소프트웨어를 실행할 수 있다.

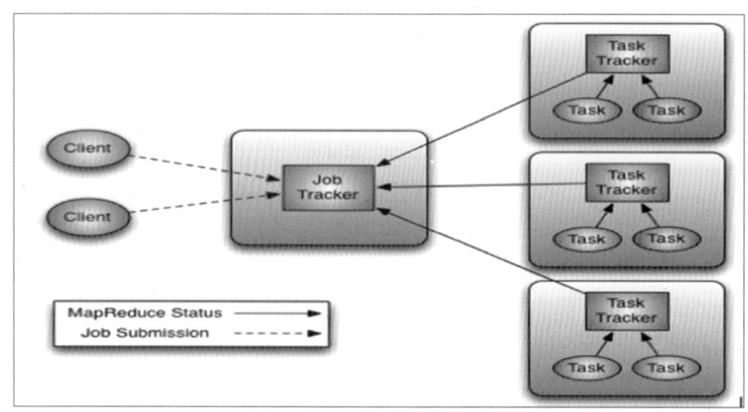

그림 8-7 Map / Reduce 구조

한편 MAP/REDUCE에서는 HDFS에 분산 저장된 파일(데이터)을 이용하여 처리하는 방법을 제공한다. 여러 대의 TaskTracker에서 병렬로 처리함으로써 대용량의 데이터를 빠르게 처리하고자 만들어진 시스템으로서 특히 MAP/REDUCE는 JobTracker에서 TaskTracker의 상태 및 전체 작업의 진행 상황 등을 지속적으로 감시하며 일시적인 장애에 대해서 자동으로 복구하는 기능을 제공하고 있다. 따라서 일부 TaskTracker 장비에 문제가 발생하더라도 전체 작업이 진행되는데 문제가 없도록 설계되었으며 JobTracker가 여러 대의 TaskTracker에게 자동으로 작업을 할당하고 결과를 통합해 주기 때문에 사용자는 전체 작업 흐름 및 세부 사항에 크게 신경 쓰지 않고 데이터처리 논리에만 집중하도록 설계되었다. 이런 개념은 2004년 Google이 발표한 논문에 자세히 나타나 있었다.

■ 하둡의 대용량에의 적합성

모바일 기기가 폭증하는 요즈음 각각의 모바일 기기로부터 생성되는 애플리케이션/트랜잭션 로그 정보는 매우 크기 때문에 대용량 파일을 저장할 수 있는 분산 파일 시스템의 필요가 대두되었고 입출력(I/O) 집중적이면서 CPU도 많이 사용하기 때문에 멀티 노드로 인하여 생기는 부하를 분산시켜 처리할 필요성이 등장했다. 데이터베이스는 하드웨어를 추가하더라도 그 성능 향상이 선형적이지 않지만 하둡에서는 장비를 증가시킬수록 성능이 선형에 가깝게 향상되는 특징이 있으므로 비교적 값이 싼 컴퓨터들을 많이 연결함으로서 대용량 데이터 처리가 가능하도록 구성할 수 있다. 데이터베이스는 소프트웨어와 하드웨어의 가격이 상당히 비싸지만 아파치 하둡은 무료이기 때문에 대용량의 데이터 분산저장과 분산처리에 적합하다고 할 수 있다.

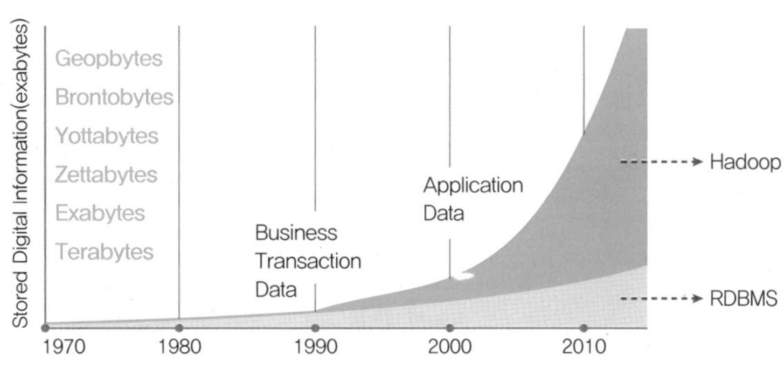

그림 8-8 하둡과 RDBMS

하둡의 창시자 더그 커딩이 2016년 4월 15일 한국을 방문한 바 있다. 하둡 창시 10주년을 기념하는 자리에서 더그 커팅은 컴포넌트가 대체되더라도 '하둡'은 영원할 것이라면서 사물인터넷(IoT) 시대를 맞아 하둡은 더욱 성장할 것을 예견하기도 하면서 열돌을 맞은 하둡에 대하여 회고와 전망을 밝혔다.

하둡의 응용분야는 추출/변환/적재 ETL(Extract, Transform, Load), 데이터 창고 Data Wareghouse, 로그 저장 Storage for Log Aggregator, 분산 데이터 저장 Distributed Data Storage, 스팸 필터링 Spam Filtering, 생명정보학 Bioinformatics, 온라인 최적화 Online Content Optimization, 병렬 이미지 Parallel Image, 영화클립 처리 Movie Clip Processing, 기계학습 Machine Learning, 엔진탐색 Search Engine 등을 들 수 있다.

■ **하둡에코시스템**

하둡 에코시스템이란 HDFS와 MAP/REDUCE를 사용하기 위한 많은 유틸리티를 총칭하는 말이다. 하둡의 오픈소스 소프트웨어를 좀 더 편리하게 사용할 수 있도록 패키지화하여 서비스를 제공하는 유틸리티 프로그램으로서 IBM, 오라클, EMC, SAS 등 다양한 상품들이 개발되어 있다. 하둡에코시스템을 사용하고자 할 때에는 사용자의 컴퓨터 환경과 데이터 규모 등을 고려한 에코시스템 선택이 중요하다.

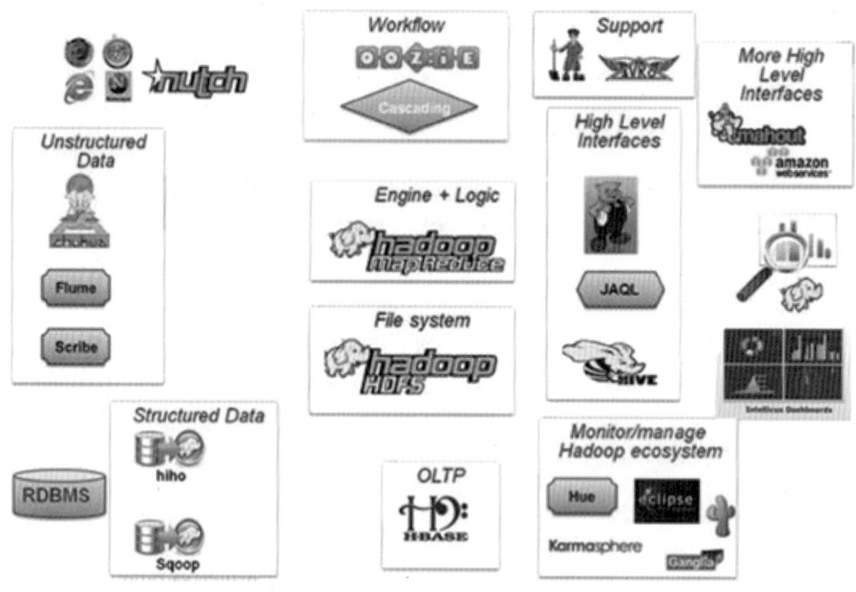

그림 8-9 다양한 하둡 에코시스템(Ecosystem)

8.3 빅데이터 분석 기법의 이해

분석(分析)의 사전적 의미는 복잡한 내용, 많은 내용을 지닌 사물을 정확하게 이해하기 위해 그 내용을 단순한 요소로 나누어 생각함을 뜻한다. 이런 사전적 의미에 내포되어 있는 주요 의미는 복잡성을 명료하게, 보이지 않는 것을 보이게 하는 것 즉 파악하게 하는 것이라고 생각한다.

이런 분석의 사전적 의미를 데이터분석이란 차원으로 확장하면 데이터분석은 데이터 속에 존재하는 보이지 않는 특징을 발견하고 숨어있는 정보를 파악 하는 것이라 할 수 있다.

물론 데이터에 따라 즉 데이터의 속성이나 형태에 따라 다양한 분석방법이 가능할 것이다. 당연히 데이터분석 방법은 데이터에 의존적이지 않을 수 없다. 일반적으로 데이터분석은 통계적 데이터분석 즉 통계분석을 의미한다. 이런 차원에서 데이터분석의 고수는 통계학습의 달인이다라고 해도 지나친 표현은 아닐 것이다. 실제로 데이터분석은 의사결정을 위한 합리적 결과를 도출하고 객관적으로 해석이 가능한 설명적 지식으로서의 과학적 방법인 것이다.

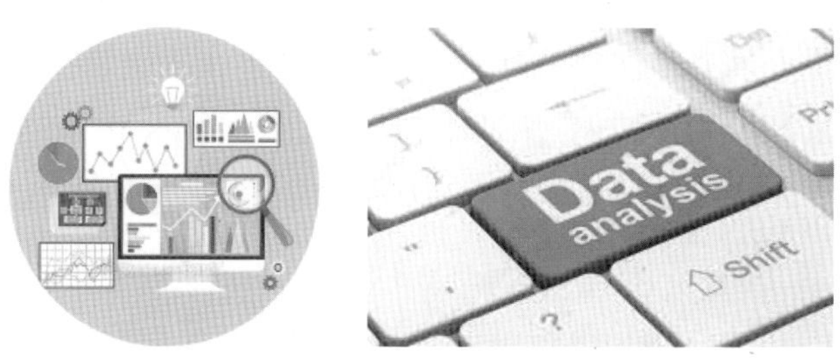

그림 8-10 데이터분석(資料分析, data analysis)

국어사전에는 통계분석에 대하여 다음과 같이 정의하고 있다. 통계분석이란 사회 현상에 관한 자료를 수량적으로 파악하여 통계적으로 수집, 정리하여 실태를 밝히는 일이다 라고 정의하고 있다. 통계분석에는 데이터의 종류나 성격에 따른 다양한 방법이 존재할 뿐 아니라 분석 목적이나 상황에 따라서 아주 많은 방법들이 존재한다. 쉬운 방법에서부터 개념적으로 어렵다고 느낄 만큼의 복잡하고도 다양한 방법들이 존재한다. 통계분석방법의 대표적인 예로서 빈도분석, 교차분석, 신뢰구간, 가설검정, 기술통계, 분산분석, 상관분석, 회귀분석, 로그선형분석, 분류분석, 판별분석, 군집분석, 신경망분석, 요인분석, 대응분석, 최적화 척도분석, 다차원척도분석, 신뢰도분석, 스펙트럼 분석, 자기상관분석, 생존분석, 패턴분석, 품질관리 등이 있으며 이외에도 많은 방법들이 존재한다. 물론 이들 통계분석 방법들은 전문적 수준의 통계 패키지에 의해서 처리된다. 많은 통계 전문 패키지들이 있지만 우리가 자주 사용하고 접할 수 있는 패키지들은 SPSS, SAS, MINITAB, SPLUS, R 등을 들 수 있다.

이제 빅데이터 분석에 대하여 알아보자. 단어자체에서 알 수 있듯이 빅데이터 분석이란 빅데이터를 분석하는 것을 의미한다. 당연히 빅데이터 분석은 빅데이터를 다룰 수 있는 프로그램에 의존될 것이다. 빅데이터에 대해서는 앞선 7장의 내용을 참고하면 좋겠다. 대표적인 빅데이터 분석 도구는 R이다. R은 1993년 뉴질랜드 오클랜드대학의 통계학과 교수 Ross Ihaka와 Robert Gentleman에 의하여 개발 되었으며 1976년 Bell Lab의 John Chambers, Rick Becker, Allan Wilks에 의하여 개발된 S Language에 뿌리를 두고 있다. 두 명의 저자(Robert Gentleman과 Ross Ihaka) 이름 맨 앞 철자 R을 이용하여 R이라 명명되었다. R의 특징은 무료이고 공개되어 있으며 Unix, Window, Mac OS 등 다양한 환경에서 구동이 가능하다는 점과 우수한 도움말 기능과 그래픽 성능을 가지고 있으며 프로그래밍 언어로서 쉽게 사용할 수 있으며 사용자 정의함수를 작성하여 사용할 수도 있고 수많은 세계적인 사용자 그룹에 의해서 쉽게 개발되고 편리하게 사용할 수 있는 프로그램들을 계속 만들고 공유하고 있다는 점이다. 특히 빅데이터 분석을 위해서는 R의 기능과 사용방법을 알고 있어야 하는 것은 필수적 요소라 할 수 있다. 통계분석을 넘어 빅데이터 분석에는 여러 가지 많은 분석 방법들이 존재한다.

그 분석 방법들은 텍스트마이닝(text mining), 데이터마이닝(data mining), 평판분석(opinion mining), 쇼설네트워크 분석(social network analysis), 군집분석, 연관성 분석 – 데이터마이닝 기술, 분류분석 – 데이터마이닝 기술, 예측분석 – 데이터마이닝 기술, 감성분석, 인공지능, 기계학습, 신경망분석과 시각화 방법들이 있다. 참고로 빅데이터 분석 전문가 관련 국가자격증에는 ADP(Advanced Data Analytics Professional)와 ADsP(Advanced Data Analytics semi Professional)이 있다.

이제 각각의 빅데이터 분석 방법들을 자세히 살펴보자.

텍스트마이닝은 자연어처리 기술을 기반으로 비정형 텍스트 데이터에서 의미 있는 정보를 추출하고 다른 정보와의 연계성을 파악하여 텍스트가 가진 카테고리를 찾아내는 기술을 말하며 문서 분류, 문서 클러스터링, 정보 추출 그리고 문서 요약 등을 할 수 있다.

그 대표적 방법으로서 워드클라우드를 들 수 있다. 태그 클라우드(tag cloud) 또는 워드클라우드(word cloud)라 불리우는 이 방법은 메타 데이터에서 얻어진 태그들을 분석하여 중요도나 인기도 등을 고려하여 시각적으로 늘어 놓아 웹 사이트에 표시하는 것으로서 2차원 표와 같은 형태로 태그들이 배치되며 순서는 알파벳/가나다 순으로 배치된다. 시각적인 중요도를 강조하기 위하여 각 태그들은 그 중요도 혹은 인기도에 따라 글자의 색상이나 굵기등 형태가 변하며 사용자는 이렇게 표시된 태그 중 핵심 키워드를 발견하여 정보를 파악할 수 있다. 워드클라우드를 이용한 여러 가지 예를 다음과 같이 확인할 수 있을 것이다. 무척 흥미로운 내용이 될 것이다.

그림 8-11 텍스트마이닝

평판분석은 소셜 미디어 등을 통하여 소비자의 의견들을 수집, 분석하여 제품이나 서비스 등에 대한 정형/비정형 텍스트의 긍정, 부정, 중립의 평판을 추출해 내는 기술로서 텍스트 마이닝, 자연어처리, 비정형 분석, 형태소 분석 등이 여기에 속한다. 분야별 선호지수나 어떤 사회적 문제에 대한 선호지수 등의 예를 들 수 있다.

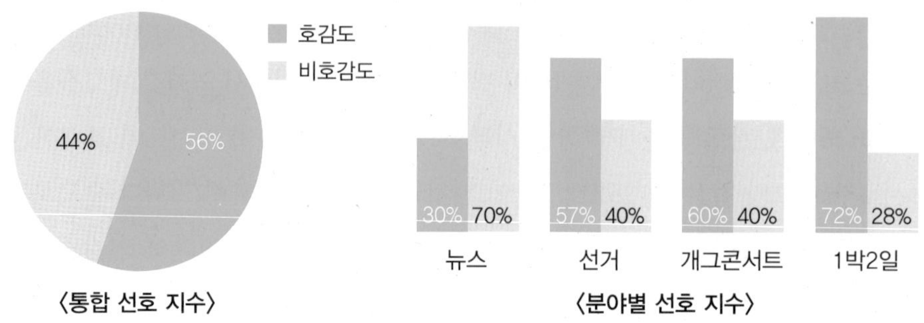

그림 8-12 평판 분석(opinion mining)

소셜네트워크 분석은 수학의 그래프이론에 따라 연결구조와 연결강도 등을 바탕으로 사용자의 영향력을 측정하는 기법으로서 트위트, 페이스북 등에서 주로 사용된다. 각 개인 또는 그룹의 소셜 네트워크 내 영향력, 관심사, 성향, 행동 패턴등을 토대로 허브 역할자를 추정하거나, 연결의 맥락을 파악하는데 아주 유용한 분석방법이다. 정당별 팔로우 네트워크 맵은 소셜네트워크 분석의 좋은 예이다. 특히 전자상거래와 SNS가 연계하여 공동으로 구입하는 group과 coupon의 합성어 그루폰도 좋은 소셜네트워크 예이다. 그루폰은 2008년 미국에서 시작된 소셜 커머스 기업이고 우리나라에서는 2011년 3월 그루폰 코리아가 처음으로 서비스를 시작한 바 있다.

그림 8-13 소셜네트워크

군집분석은 데이터(객체, 개체)간의 유사도(similarity)를 정의하고 유사도에 따라 가까운 것부터 순서대로 데이터들을 합쳐가는 대표적인 통계적 방법이다. 군집분석은 크게 계층적방법과 비계층적 방법으로 구분된다. 계층적(hierarchical) 방법은 데이터들을 유사도에 따라 차례대로 병합하는 방법이고 비계층적(nonhierarchical) 방법인 k 평균 군집방법은 주어진 데이터를 k개의 군집으로 묶는 방법으로서 각 군집과의 거리 차이의 분산을 최소화 하는 방식으로 동작된다.

[그림 8-14]와 같이 군집을 형성하는 방법이 계층적 군집방법이고 계층적 군집방법에도 군집을 형성하는 과정에 따라서 여러 가지 방법으로 세분된다. 군집분석은 그 결과가 덴드로그램(Dendrogram)으로 주어지기 때문에 아주 재미있고 눈으로 결과를 바로 확인할 수 있는 장점 때문에 아주 많이 활용되고 있는 분석방법들 중의 하나이다. [그림 8-15]와 같이 정부신뢰도와 정부이익을 대변하는 가상의 자료에 대한 군집분석결과도 확인할 수 있을 것이다. 어떤 국가들이 같은 군집에 속하게 되는지의 정보는 시사하는 바가 커서 사회적 이슈를 만들어 낼 수 있으므로 민감한 결과를 초래할 수 있는 경우에는 여러 가지 사항들을 고려하여 신중하게 분석하여야 할 것이다.

계층적군집의 개념

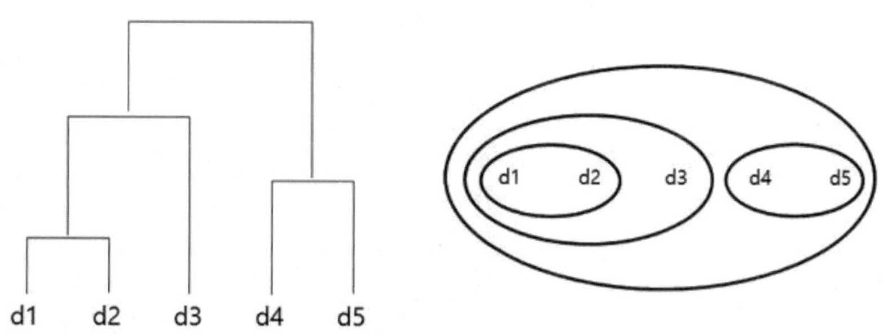

그림 8-14 계층적 군집분석(Hierarchical clustering)

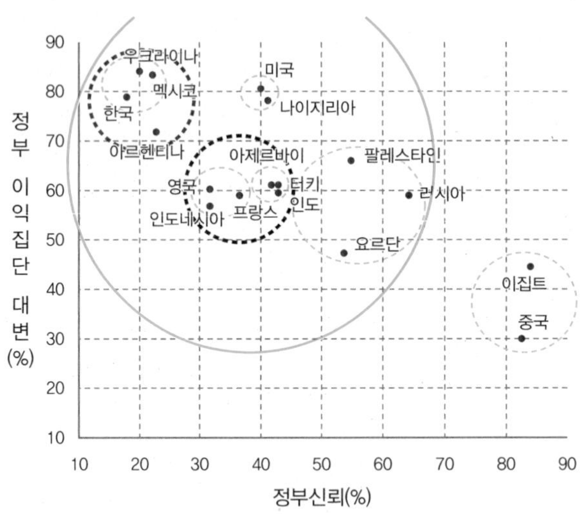

그림 8-15 정부 신뢰도기반 국가별 비계층적 군집분석

지금부터는 데이터마이닝과 관련된 빅데이터 분석방법들을 살펴보도록 하자.

데이터마이닝이란 대규모의 데이터 속에서 체계적이고 자동적인 방법으로 일련의 규칙이나 패턴을 찾아내는 방법으로서 금광에서 금을 캐내는 것과 같이 데이터에서 중요한 정보를 캐내는 데서 유래하였다. 다른 표현으로 데이터속에서의 지식발견(KDD, knowledge discovery in database)라고도 일컫는다.

데이터마이닝과 관련된 빅데이터 분석방법중 첫 번째는 연관성분석이다. 연관성분석은 데이터 안에 존재하는 항목(item)들간의 연관 규칙(Association Rule)을 발견하는 분석방법으로서 경영측면에서 또 사회문제 해결 측면에서 사용될 수 있다. 예로서 마케팅 분석에서 손님의 장바구니에 들어있는 품목간의 관계를 알아본다는 의미에서 장바구니 분석(Market Basket Analysis)이라고 부르기도 한다. 잘 알려진 가장 대표적 사례는 맥주와 기저귀 이야기이다. 매주 수요일 저녁 기저귀와 맥주 매출이 동반 상승되는 현상이 발견된 대형마트에서 이 상관관계를 추적하기 위해 진열대에서 맥주와 기저귀를 가까운 곳으로 바꾼 후 놀랍게도 다음달의 맥주와 기저귀 매출이 5배 증가되는 현상을 목격하게 된다. 실제로 미국 월마트에서 있었던 이 사실이 세상에 알려지면서 유통업계에도 빅데이터에 대한 관심이 급격히 증가하게 되었고 그 분석방업에도 눈을 뜨게 된 것이다. 비슷한 예로서 정장구매고객이 넥타이와 셔츠를 같이 구매하는 점을 이용할 수도 있을 것이다. 이런 분석들이 유용하게 사용되는 이유는 바코드 기술의 도입으로 세일즈 데이터의 저장과 분석이 가능해졌기 때문이다. 명절이 다가오면 무슨 선물을 준비할까 등의 질문에 바로 연상되는 품목들에 대한 빅데이터 분석을 실시하여 정보를 파악하고 준비한다면 매출에 도움이 될 수 있을 것이다.

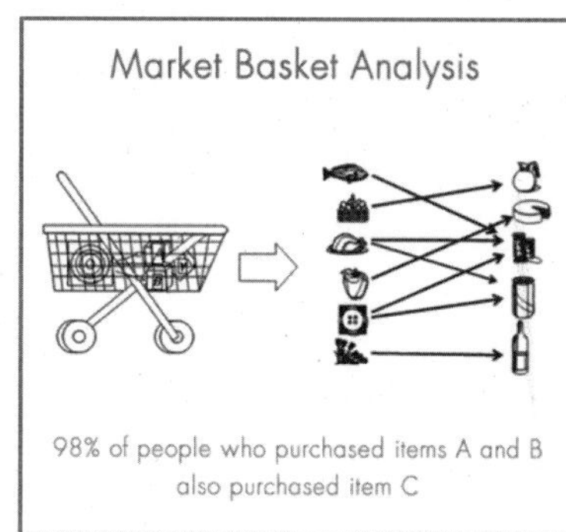

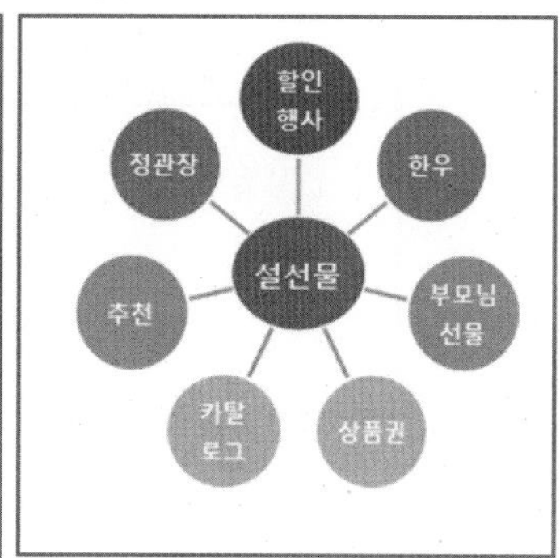

그림 8-16 연관성 분석

데이터마이닝과 관련된 빅데이터 분석방법중 두 번째는 분류분석이다. 분류분석(classification analysis)은 사전에 주어진 데이터 집합(training set of data)으로 부터 각각의 범주(혹은 그룹)에 대한 특성을 알고 있을때에 주어지는 새로운 객체(object)를 정해진 그룹 또는 범주(class, category)로 분류하는 방법이다. 여기서 주로 사용하는 통계적 방법은 로지스틱 회귀, 피셔 선형판별분석, 서포트벡터기계, 커널추정, 의사결정나무(decision trees), 신경망방법 등이 있다. 기계학습(machine learning)의 차원에서 살펴보면 분류분석은 지도학습 혹은 감독학습(supervised learning)의 영역에 속하고 군집분석은 비지도학습(unsupervised learning)의 영역에 속한다. 어느 그룹에 속하는지에 대한 정보가 있고 없고에 따라서 구분되는 것이다.

[그림 8-17]은 보이는 내용이 대표적인 선형분류함수에 의하여 두 그룹으로 분류된 분류분석의 결과이다. 2차원 자료에 대하여 분류함수를 찾아내고 그 분류함수에 따라서 새로운 데이터에 대한 분류를 진행할 수 있을 것이다.

[그림 8-17]은 분류분석을 대출심사에 실질적으로 적용한 결과를 보여주고 있다. 신용등급이 5등급이상인지 그렇지 않은지를 이용하여 대출가능 여부를 결정하고 담보유무

를 또 다른 기준으로 적용하여 대출여부를 결정하는 과정을 보여주고 있다. 이런 분류분석은 그 활용성이 높아 여러분야에 걸쳐서 다양하게 활용되고 있다.

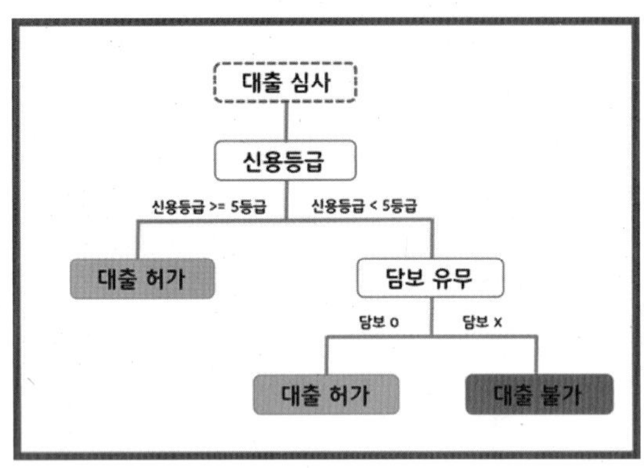

그림 8-17 분류분석

데이터마이닝과 관련된 빅데이터 분석방법중 마지막인 세 번째는 예측분석이다. 예측분석은 기존 데이터나 미래 상황에 대한 가정 혹은 대용량 데이터 내의 패턴을 활용하여 고객이 어떤 제안에 반응을 보이거나 특정 제품을 구매할 확률이나 비즈니스 활동 결과 등을 예측(predict) 하는 것을 말한다. 예측분석과 관련된 통계적 방법은 예측추론영역(predictive inference)과 시간과 관련된 시계열예측(forecasting)으로 구분된다. 예측추론영역에는 회귀분석, 일반화 선형모형, 로지스틱회귀 등의 방법이 있으며 시계열예측영역에는 자기회귀이동평균방법, 벡터자기회귀방법 등이 있다.

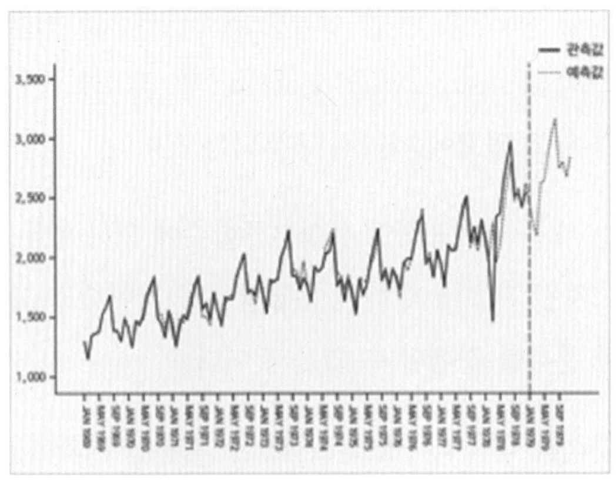

그림 8-18 시계열 분석

[그림 8-18]은 시계열예측을 나타내고 있다. 점선 오른쪽 부분이 예측되는 결과이다. [그림 8-19]는 로지스틱 회귀분석 방법으로 질병에 걸릴 확률을 나타내는 함수를 보여 주고 있다.

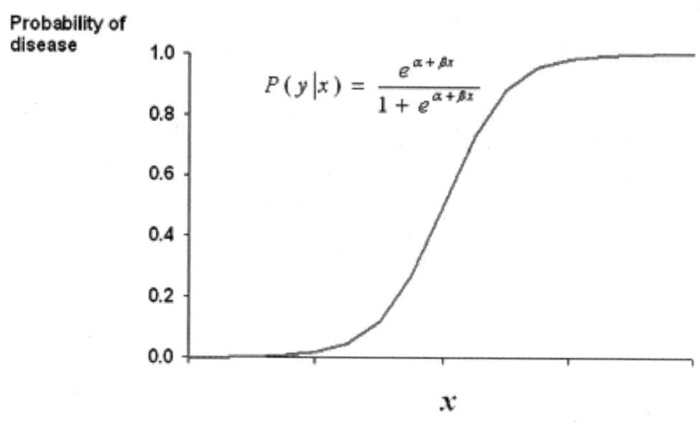

그림 8-19 로지스틱 회귀분석

이제 감성분석에 대하여 살펴보자. 감성분석은 통계분석의 영역에는 없는 방법으로 빅데이터의 영역에서 나타난 방법이다. 감성분석은 소비자의 감성(sentiment)과 관련된 텍스트 정보를 자동으로 추출하는 텍스트 마이닝(Text Mining) 기술의 한 영역으로서 문서를 작성한 사람의 감정을 추출해 내는 기술로 문서의 주제보다 어떠한 감정을 가지고 있는가를 판단하여 분석한다. 주로 온라인 쇼핑몰에서 사용자의 상품평에 대한 분석이 대표적 사례이며 하나의 상품에 대해 사용자의 좋고 나쁨에 대한 감정을 표현한 결과로 해석할 수 있다.

우리나라의 대표적인 SNS 카카오톡에서 가장 빈도가 높은 토픽어 들을 긍정과 부정으로 구분하여 [그림 8-20]에 나타내었다. 세월호 사건 이후의 감성변화 결과가 [그림 8-21]에 나타나 있다. 구호기때의 감성토픽어와 보상금 및 인양논란기의 감성 토픽어들이 변화됨을 한눈에 파악할 수 있을 것이다.

순위	긍정 토픽어	빈도	부정 토픽어	빈도
1	대박	7,201	안돼	5,021
2	해결	7,144	위반	4,473
3	편하게	6,939	불편	4,114
4	행복	4,578	짜증나	3,020
5	당첨	3,733	싫다	2,236
6	고마워	3,260	협박	1,864
7	좋아요	3,208	망할	1,817
8	감사	3,111	가짜	1,739
9	귀여운	3,090	불안	1,515
10	감동	2,934	실망	1,311

그림 8-20 감성 분석의 예

'세월호'이후 물결처럼 요동친 한국인의 마음 –지난 1년간 '세월호'관련 국내 트위터와 블로그에 등록된 7가지 감성 관련 연관어의 흐름.
25개 연관어들의 흐름은 세월호 사태를 바라보는 한국 사회의 마음이 얼마나 복잡하게 얽혀 움직였는지를 보여준다.

바람 슬픔 분노 수치 두려움 사랑 기쁨

연관어 순위	구조기	실종자 수색기	정체기	특별법 단식 농성 이후	특별법 국회 통과 이후	보상금 및 인양 논란
1	바라다	분노	바라다	바라다	분노	힘들다
2	분노	바라다	분노	분노	바라다	슬프다
3	슬픔	슬픔	슬픔	슬픔	분노하다	분노
4	힘들다	미안하다	미안하다	힘들다	힘들다	바라다
5	슬프다	분노하다	분노하다	미안하다	슬픔	눈물나다
6	미안하다	무섭다	힘들다	슬프다	사랑하다	슬픔
7	바람	슬프다	슬프다	부끄럽다	미안하다	싫다
8	무섭다	힘들다	두렵다	분노하다	슬프다	짜증나다
9	죄송하다	부끄럽다	바람	사랑하다	바람	두렵다
10	분노하다	바람	부끄럽다	두렵다	죄송하다	분노하다
11	마음 아프다	사랑하다	무섭다	바람	부끄럽다	죄송하다
12	사랑하다	죄송하다	사랑하다	무섭다	사랑	미안하다
13	부끄럽다	두렵다	사랑	사랑	무섭다	부끄럽다
14	사랑	기대하다	눈물나다	기대하다	두렵다	무섭다
15	불안하다	화나다	기대하다	싫다	싫다	사랑하다
16	눈물나다	사랑	죄송하다	죄송하다	눈물나다	바람
17	싫다	싫다	싫다	눈물나다	화나다	마음 아프다
18	화나다	마음 아프다	두려움	마음 아프다	기대하다	사랑
19	우울하다	눈물나다	불안하다	화나다	마음 아프다	즐겁다
20	두렵다	불안하다	마음 아프다	존경하다	신나다	화나다
21	기대하다	우울하다	걱정되다	즐겁다	존경하다	기대하다
22	즐겁다	즐겁다	존경하다	희망하다	희망하다	존경하다
23	신나다	신나다	화나다	불안하다	즐겁다	불안하다
24	두려움	걱정되다	즐겁다	기쁨	불안하다	희망하다
25	희망하다	괴롭다	기쁘다	기쁘다	짜증나다	속상하다

그림 8-21 세월호 사건 이후 감성 변화

마지막으로 데이터시각화 분석기법을 살펴보자.

데이터 시각화란 광범위하게 분산된 방대한 양의 자료를 분석해 한눈에 볼 수 있도록 다양한 도표나 차트 등으로 정리하는 것을 말한다. 일반자료로부터 정보를 습득하는 시간보다도 시각화된 자료로부터 정보를 파악하는 경우 상당한 시간을 줄일 수 있다.

시각화는 시간 절감으로 즉각적인 상황 판단이 가능하게 되고 자료를 습득하는 사람들의 흥미를 유발하고 정보의 빠른 확산을 촉진할 수 있으며 자료를 기억하는 데에도 큰 도움이 될 수 있다. 우리 속담에도 사람의 몸이 천냥이면 눈은 구백냥의 가치가 있다고 했다. 선조들도 시각화의 중요성과 효과를 잘 파악하고 있었든 것 같다.

데이터의 시각화는 정보, 지식, 과학, 디자인, 통계 등 끝이 보이지 않는 다양한 방식으로 구성되어 빅데이터 사회를 표현하고 수용할 수 있는 힘이 되고 있다.

[그림 8-22]는 국가별 기대수명과 GDP(Gross Domestic Product, 국내총생산)의 관계를 1950년과 2011년을 비교하면서 시각화 기법을 이용하여 보여주고 있다. 많은 의미와 정보를 파악할 수 있을 것이다.

[그림 8-23]은 미국지역에서 지진, 허리케인, 토네이도나 우박을 포함한 심각한 폭풍우, 산불과 화산 분출 등의 재난에 대한 위험도를 시각적으로 보여주고 있다.

이러한 데이터의 시각화를 제공해주는 많은 프로그램들이 있다. 파이썬(PYTHON), R 등을 이용하여 쉽게 시각화를 실습해 볼 수 있다.

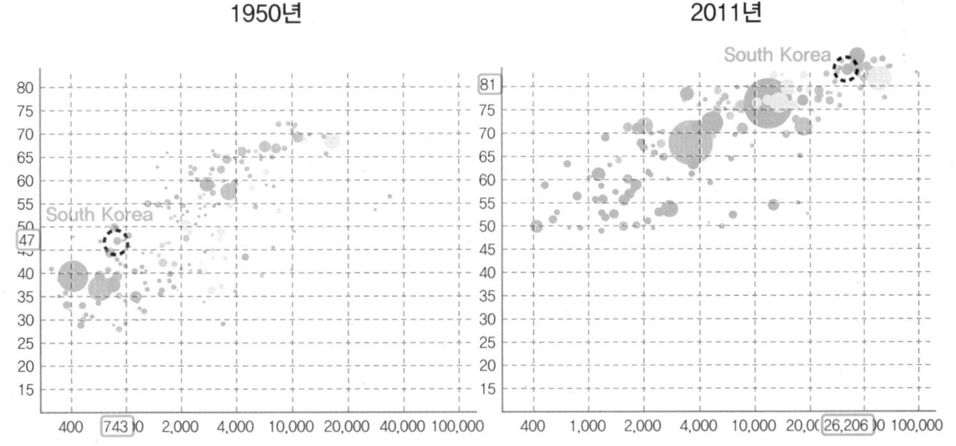

그림 8-22 국가별 기대수명과 GDP

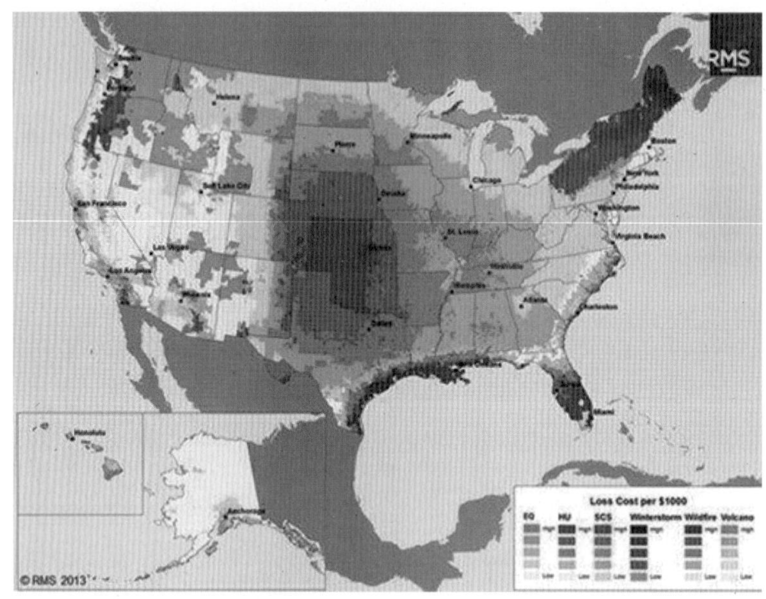

그림 8-23 시각와 열 지도(heat map)

8.4 빅데이터 활용사례

빅데이터의 활용사례는 아주 많다. 여러 분야에서 또 여러 나라에서 다양하게 활용되었으며 앞으로도 계속 많은 활용이 이어질 것으로 예상할 수 있다. 대표적인 사례들로만 구성해서 이들을 살펴보고 빅데이터의 활용과 관련한 이해를 돕도록 하겠다.

빅데이터 활용사례로서 먼저 구글의 독감경보 예측시스템을 살펴보자.

2009년 신종 인플루엔자가 전 세계를 강타했다. 전 세계적으로 8만명 이상의 환자가 발생했던 대형 사건이었다. 그러므로 효과적 방역이 필수적이었고, 이를 위해서 이러한 질병의 진행상황을 실시간으로 효율적으로 모니터링 하는 것이 필요했다. 하지만 이러한 일반적인 질병의 전파속도는 매우 빠른 반면, 정부당국의 모니터링은 실시간으로 이루어지기 힘들어서 대부분의 보건기구들이 일주일에 한번정도 예상수치를 업데이트 함으로서 실제 진행상황과는 상당한 차이를 보이게 된다. 그런데 이러한 상황에서 구글이 미국 각주의 독감 진행상황을 실시간으로 알려주는 방법을 고안해낸 것이다. 오늘날 Google 독감 트렌드 경보 기존의 시스템을 보완하여 18개 국가를 대상으로 매일 업데이트되고 있다.

구글의 예측방법은 빅데이터를 매우 잘 활용한 것으로서, 사람들이 인터넷을 검색하는 독감 관련된 특정 검색어들이 독감이 유행될 때 검색순위에서 상위를 차지할 것이라는 통찰력에 기반을 두고 있다. 이러한 독감 관련 검색어들을 찾아내기 위해서 구글은 먼저 2003년부터 2008년 사이의 검색 순위를 바탕으로 해서 상위 5천만 개의 검색어를 먼저 뽑고 그 5천만개의 검색어 중 독감지역에서 그 당시 검색순위 상위였던 검색어를 다시 추리고 이 검색어들의 빈도수를 바탕으로 예측모형을 만들었다. 사실 이러한 시도는 예전에도 있었지만 구글처럼 엄청난 양의 자료와 처리능력, 그리고 분석기술을 가질 수 없었기 때문에 성공할 수 없었던 것이다. 하지만 구글이 뛰어난 기술로 빅데이터를 적절히 활용해 현재 구글 독감예측은 세계 많은 나라로 확대되어 시행되고 있다. 그야말로 새로운 통찰력을 적용한 대표적 예로 여겨질 수 있을 것이다.

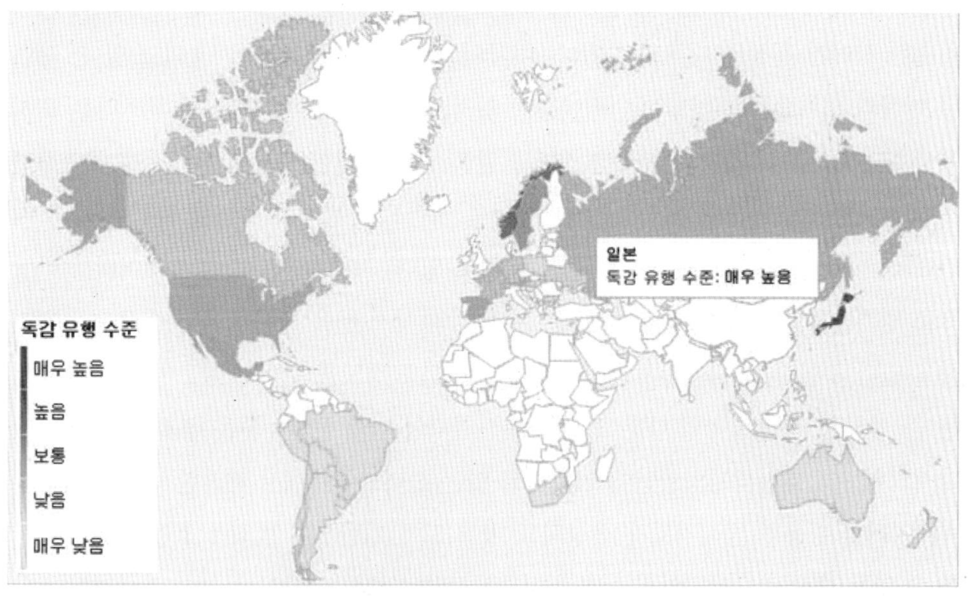

그림 8-24 구글 독감경보 1

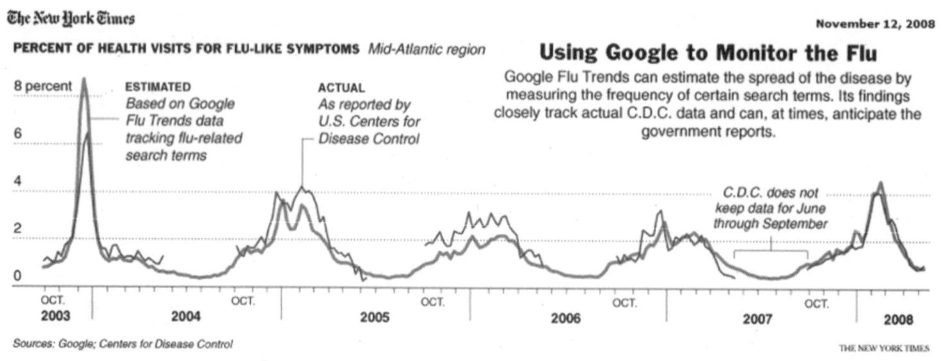

그림 8-25 구글 독감경보 2

두 번째 빅데이터 활용사례로 범죄예방 및 치안분야의 활용을 들 수 있다. 2002년 7월 개봉된 영화 마이너리티 리포트(Minority Report)는 범죄가 발생하기 전 범죄를 예측해 미래의 범죄자를 찾아내는 내용이다. 최첨단 컴퓨터 시스템과 미래의 예언가가 연결된 치안시스템으로 범죄가 일어날 시간과 장소, 그리고 범행을 저지를 사람까지 예측하고 이를 바탕으로 특수 경찰이 미래의 범죄자를 체포하는 내용을 담고 있다. 그런데 이와 비슷한 사례가 현실로 대두되고 있다. 미국의 주요도시에서 이미 적용되고 있다. 제안된 예산과 인력으로는 대도시 범죄예방이 쉽지 않기 때문에 미국 산타크루즈라는 도시에서는 2011년부터 차량도난, 주거침입과 같은 범죄에 대한 시간대와 장소를 예측하면서 범죄예방에 효과를 보고 있다. 빅데이터를 기반으로 범죄가 일어날 확률이 높은 시간대와 지역을 선정해 중점적으로 순찰을 하고 있다. 지난 8년간의 범죄 데이터를 바탕으로 범죄발생 가능성이 높게 예측되는 우범지역(핫스팟)을 뽑아내고 집중적으로 관리하고 있다고 한다. 범죄예측시스템의 정확도는 71% 정도를 보이고 있으며 이 예측방법은 큰 성공을 거둬 미국의 다른 도시로도 전파되어 범죄예방에 좋은 성과를 보이고 있다. [그림 8-26]은 태평양연안에 위치하고 있는 산타크루즈에서 제작한 범죄지도이다. 빅데이터를 활용한 범죄지도가 작성되고 이 지도에 기반하여 범죄를 효율적으로 예방할 수 있는 세상이 도래되었으니 빅데이터가 정말로 세상을 바꾸고 있다고 생각된다.

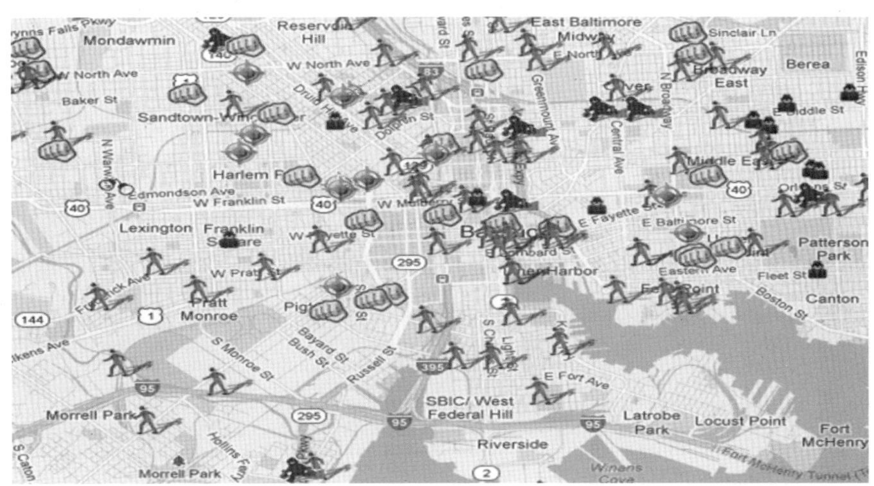

그림 8-26 범죄 지도

세 번째 빅데이터 활용사례로 유전자 색인 시스템을 살펴보자. 여러분들 모두 FBI를 잘 알고 있을텐데 FBI는 Federal Bureau of Investigation의 약자로서 미국연방 수사국을 통칭한다. 미국 법무부 산하의 수사기관이자 정보기관으로서 범죄수사와 미국내의 정보수집 업무를 담당하고 있다. FBI는 범죄발생 1시간 내에 범인 DNA 분석을 위한 주정부 데이터 연계 및 빅데이터 실시간 분석 솔루션을 확보하였고 내장된 DNA 분석정보를 활용하여 2007년 45500건의 범인 DNA를 적중시킨 바 있다. DNA 빅데이터 자료를 효율적으로 활용한 좋은 예로 생각된다.

그림 8-27 FBI 유전자 색인 시스템

네번째 빅데이터 활용사례는 탈세방지 시스템구축이다.

미국 국세는 납세와 관련된 다양한 정부데이터와 소셜데이터를 연동시켜 종합적으로 분석함으로서 빅데이터 기반 통합형 탈세(정부사기 방지)시스템을 통해 연간 3450억 달러 규모의 탈세를 적발하여 수입으로 변화시키고 있다. 세금 탈루 등 사기 행동의 패턴화 및 대조, 감시 체계 확충 및 사기범죄의 미연 방지등에 아주 효과적으로 활용되고 있는 좋은 예로서 탈세방지 시스템을 통한 국가재정강화에 큰 도움을 제공하고 있다.

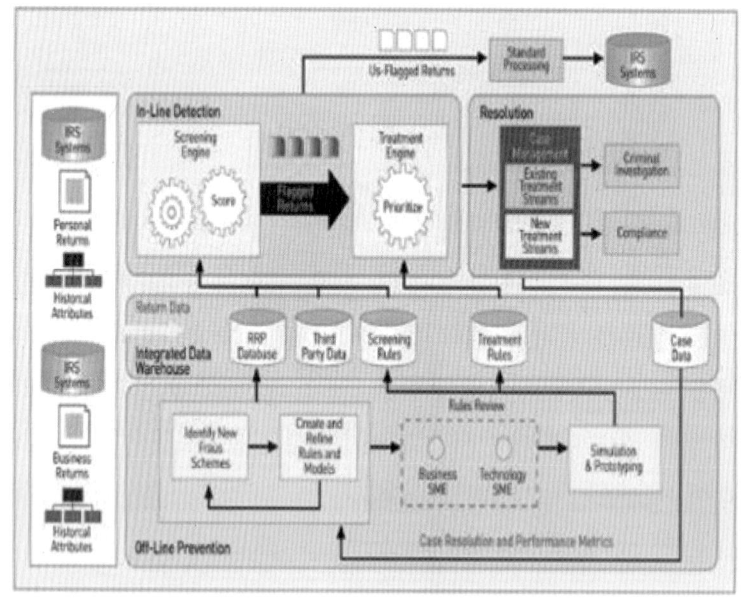

그림 8-28 탈세방지 시스템-미국

다섯번째 빅데이터 활용사례는 의료기술 관련 내용이다. 미국 정부는 유전자 데이터 공유를 통한 질병치료 체계를 마련하여 국립보건원과 75개 기업 및 기관들로부터 1000 유전체 프로젝트를 수행하여 난치병 치료 및 신약개발에 박차를 가하고 있다. 약 검색 서비스를 통한 다양한 질병에 대한 통계데이터 활용하여 질병의 분포 및 추세를 예측하고 의약품 정보서비스 "Pillbox"를 통해 수집된 빅데이터를 활용하여 후천성면역결핍증 등 관리대상 주요질병 분포, 연도별 증가 등에 대한 통계를 확보하고 있다.

[그림8-29]는 미국 국립보건원의 전경과 1000 유전체 프로젝트의 간단한 역사를 보여주고 있다.

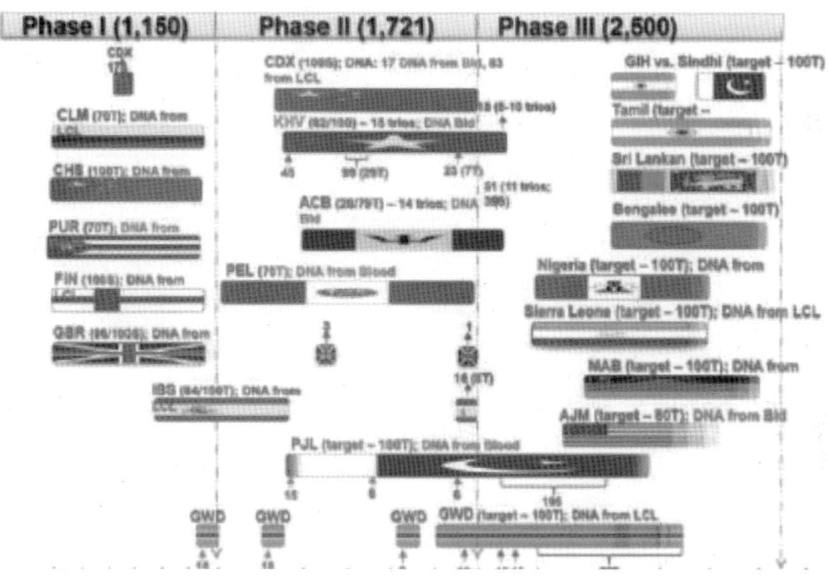

그림 8-29 미국 국립보건원 전경과 1000유전체 프로젝트트 간단역사

이외에도 공공정책의 수립을 위한 데이터 수집이나 데이터 공유를 위한 선진국들의 노력이 끊임없이 이루어지고 있다. 미국은 홈페이지 http://data.gov를 운영하면서 데이터의 공유와 참여 그리고 고용을 권유하고 있다. 영국도 http://data.gov.uk를 같은 맥락에서 운영하고 있으며 호주도 http://data.gov.au 를 운영하고 있다.

여섯번째 빅데이터 활용사례는 우리나라 국민 모두가 잘 알고있는 알파고와 관련된 인공지능 사례이다. 인공지능 슈퍼컴퓨터로 인류의 창조성과 혁신을 촉진시키고 의료, 금융 등의 분야에서 활용되어 인류의 건강사회의 큰 역할을 하고있으며 금융등의 분야에서는 큰 수익을 기대할 수 있을 정도로 광범위하게 활용되고 있다. 특히 인공지능 알파고가 이세돌 9단과의 대결에서 승리할 수 있었던 것은 딥러닝 기술에 기초했기 때문이다. 딥러닝은 다층구조 형태의 신경망을 기반으로 하는 기계학습의 한분야로서 비선형 변환기법의 조합을 통해 대량의 데이터나 복잡한 데이터들 속에서 핵심적인 내용 또는 기능을 요약하는 방법이다. 요즈음의 인공지능은 딥러닝 기반에서 이루어지고 있다.

쉬어가기

기계학습
컴퓨터가 스스로 학습할 수 있도록 하는 알고리즘과 기술을 개발하는 분야

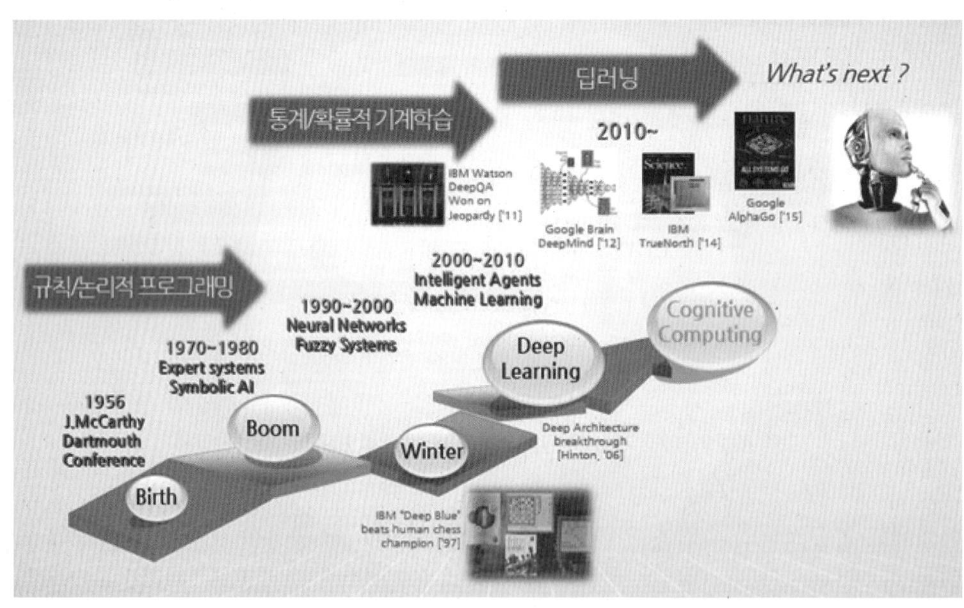

그림 8-30 Deep learning

일곱번째 빅데이터 활용사례는 구인, 구직에 활용하는 사례이다. 빅데이터를 이용하여 원하는 직종, 원하는 급여수준, 근무형태, 근무장소, 필요인원, 채용분야, 기본자격 조건 등의 구체적이고도 정확한 구인자와 구직자의 빅데이터들을 종합하여 눈으로 볼수 있게 비쥬얼 구직, 구인 지도를 작성하고 안내하는 예이다. 이렇게 제공되는 비쥬얼 맵

을 이용하여 보다 쉽고 보다 정확하게 그리고 보다 편리하게 취업하게 함으로서 사회적, 경제적으로 아주 큰 문제인 실업률을 극복할 수 있게 될 것이다. 창의적, 실용적 차원의 통찰력들이 이용될 수 있는 좋은 사례로 생각해 본다.

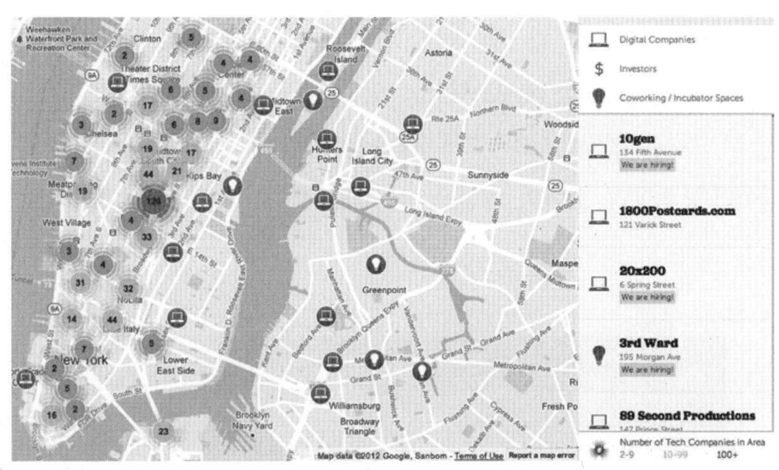

그림 8-31 visual 고용, 구직

여덟번째 빅데이터 활용사례는 프랑스의 소음지도이다. 참여자의 스마트폰 마이크로부터 얻은 소음정보를 종합하여 소음지도를 제작한 사례이다. 소음지도제작에는 마이크 정보와 위성위치확인시스템(GPS, Global Positioning System) 정보가 이용되었고 소음지도를 작성하게 된 것이다. 이런 사례를 응용하여 요즈음 우리의 관심을 끌고있는 미세먼지와 관련된 빅데이터를 이용하여 미세먼지 분포도나 농도, 계절별 지역별 변화등을 나타내는 여러 가지 형태의 지도를 제공함으로서 국민의 건강을 도모하고 삶의 질을 높일 수도 있을 것이다. 여러 가지 가능성을 고려해 볼수 있으리라 생각된다.

아홉 번째 빅데이터 활용사례는 우리나라와 미국의 선거에의 활용이다.

2014년 6월 4일 전국동시 지방선거에서 빅데이터 분석으로 선거 당선자를 예측하였다. 이를 통하여 빅데이터의 활용가능성을 확인할 수 있었다. 사실은 이보다 앞서서 2012년의 미국대선에서 오바마 대통령이 빅데이터를 활용한 선거전략을 통하여 재선된 좋은 예가 있었다. 오바마대통령이 사용한 전략으로서 페이스북을 이용한 전략이었다. 2012년 선거당시 미국페이스북 사용자수는 1억 6천만명 이상이었고, 오바마 페이스북

친구의 숫자가 무려 2500만명 정도였다고 한다. 미국 투표등록자수가 2억 천만명인 점을 고려한다면 엄청난 숫자이다. 오바마 선거캠프에는 100명이상의 데이터사이언티스트들이 있었다. 이들은 주로 통계학자, 데이터마이닝전문가, 수학자, 인터넷 광고 전문가들이었다. 이들은 페이스북을 이용한 효율적인 선거 전략을 수립하게 된다. 당시 오바마 캠프가 갖고 있던 또 다른 1억 9천만 명의 데이터베이스 즉, 투표기록, 나이, 직업 등이 기록된 데이터베이스를 페이스북 자료와 매치한 후에 페이스북에서 왕성한 활동을 하고 있는 그룹을 선정하고 이 그룹을 대상으로 집중적으로 선거캠페인을 펼쳤다. 이는 빅데이터를 활용해 오바마 대선을 이끈 대표적인 선거전략 성공사례로 여겨지고 있다.

그림 8-32 빅데이터의 선거에의 활용

1. **빅데이터 분석영역의 통찰력 중요성**

   빅데이터와 통찰력은 한조의 패키지
   통찰력 없는 빅데이터는 새로운 가치를 창출 어려움
   빅데이터 없는 통찰력은 그저 기존의 통찰력에 불과함.
   빅데이터 분석을 이용하여 공익적 차원의 사회적 문제를 해결가능
   4차 산업혁명 시대의 새로운 가치 창출가능

2. **빅데이터 플랫폼**

   확장성 있는 대용량 처리, 서로 다른 기종의 데이터 수집 및 통합 처리,
   빠른 데이터 접근 및 처리, 대량의 데이터를 저장 관리
   서로 다른 기종의 데이터를 원하는 수준으로 분석할 수 있는 플랫폼
   대부분 오픈 소스에 기반하고, 상대적으로 소프트웨어 비용이 저렴
   개발자들의 커뮤니티가 글로벌 차원에서 형성됨

3. **하둡**

   2006년 더그 커팅과 마이크 케페렐러에 개발
   대규모 병렬/분산처리 핵심기술
   대용량 데이터를 여러대의 컴퓨터에 나누어 분산/저장하고 처리하는 기술
   분산파일시스템 HDFS 와 분산처리시스템 MAP/REDUCE로 구성
   MAP/REDUCE 모두 다 마스터/슬레이브(master/slave) 구조

4. **텍스트마이닝**

   자연어처리 기술을 기반으로 텍스트에서 의미 있는 정보 추출 방법
   문서 분류, 문서 클러스터링, 정보 추출 그리고 문서 요약 가능

5. **군집분석**

   데이터간의 유유사도에 따라 가까운 것부터 합쳐가는 대표적인 통계적 방법
   계층적방법과 비계층적 방법으로 구분

6. **데이터마이닝**

   대규모의 데이터 속에서 체계적이고 자동적인 방법으로 일련의 규칙이나 패턴을 찾아내는 방법
   금광에서 금을 캐내는 것과 같이 데이터에서 중요한 정보를 캐내는 데서 유래

연 습 문 제

선택형 문제

1. 빅데이터 플랫폼의 특징과 거리가 먼 것은?

① 대량의 데이터 저장 관리 능력 ② 빠른 데이터 접근 및 처리능력

③ 서로 다른 기종의 데이터는 처리 불가 ④ 확장성 있는 대용량 처리능력

2. 빅데이터 플랫폼의 장점과 거리가 먼 것은?

① 공개 소스 ② 글로벌 개발자 커뮤니티 형성

③ 고가 소프트웨어 ④ 무료 다운로드

3. 다음 중 빅데이터를 상징하는 동물은?

① 고양이 ② 사자

③ 코끼리 ④ 호랑이

4. 다음 중 빅데이터 분석에 대표적으로 이용되고 있는 R 프로그램에 대한 설명과 거리가 먼 것은?

① 1993년 뉴질랜드 오클랜드 대학 통계학과 교수 2명에 의해 만들어짐

② R은 무료이고 공개되어 있음

③ 다양한 운영체제 환경에 적용할 수 없음

④ 강력한 그래픽 성능을 제공할 수 있음

5. 자연어처리 기술을 기반으로 비정형 텍스트 데이터에서 의미 있는 정보를 추출하고 다른 정보와의 연계성을 파악하여 텍스트가 가진 카테고리를 찾아내는 기술을 말하며 문서 분류, 문서 군집화, 정보 추출 그리고 문서 요약 등을 할 수 있는 분석 방법은?

① 군집분석(cluster analysis) ② 분류분석(classification analysis)

③ 텍스트마이닝(text mining) ④ 데이터 시각화(data visualization)

6. 다음 중 군집분석(cluster analysis)과 관계가 먼 것은?

① 계층적 방법(hierarchical method)

② 비계층적 방법(non–hierarchical method)

③ k – 평균 군집방법(k–means clustering)

④ 기초통계분석(Basic statistical analysis)

7. 다음 중 데이터마이닝과 관련된 분석과 거리가 먼 것은?

① 연관성분석(association analysis)　② 분류분석(classification analysis)

③ 예측분석(prediction analysis)　④ 데이터시각화(data visualization)

주관식 문제

1. 데이터의 용량이 너무 커서 한 대의 컴퓨터에 저장할 수 없는 경우 여러 대의 컴퓨터에 나누어 분산 저장하는 병렬, 분산처리 시스템 하둡(Hadoop)을 개발한 두 사람은 누구입니까?

(　　　　　　　　　　)와 (　　　　　　　　　　)

CHAPTER

9

인공지능의 개요

본 장에서는 인공지능에 대한 이해를 위해 인공지능의 개념과 역사에 대해 소개하고, 최초로 인공지능의 상업적 가치를 보여줬던 전문가시스템의 개념, 지식표현 방법, 구성 요소에 대해 다룬다. 또한 불확실성을 다룰 수 있는 확률적 전문가 시스템에 대해서도 기술한다.

학습목표

- 인공지능의 정의와 역사에 대해 설명할 수 있다.
- 규칙기반 전문가 시스템의 정의와 지식표현 기법에 대해 설명할 수 있다.
- 전문가 시스템의 구성 요소에 대해 설명할 수 있다.
- 확률적 전문가 시스템에 대해 설명할 수 있다.

구성

9.1 인공지능의 기본 개념과 역사

몇 년 전 구글의 알파고와 바둑기사 이세돌과의 명승부가 있었고, 이를 계기로 인공지능에 관한 관심이 많이 증가했다. 그러면 이 알파고를 인간에 버금가는 인공지능으로 평가할 수 있을까.

9.1.1 인공지능의 개념

인공지능은 강한 인공지능과 약한 인공지능으로 나눌 수 있다. 강한 인공지능은 지능을 가지고 생각할 수 있는 컴퓨터를 말한다. 단순한 컴퓨터가 아니라, 영화 터미네이터에 나오던 로봇들을 떠올릴 수 있는데, 명령을 받지 않아도 스스로 생각해서 일을 수행할 수 있으며, 자신이 생각했을 때 불합리한 명령은 수행을 거부할 수도 있다. 즉, 자신만의 자아를 가지고 있는 인공지능이다.

이에 반해 약한 인공지능은 특정 영역에 대한 문제만을 풀 수 있는 인공지능 기술을 말한다. 이미 약한 인공지능은 의료, 경영, 교육, 서비스 등에서 활발하게 이용되고 있다. 사람처럼 자아를 가질 수 있는 강한 인공지능과는 다르게 인간의 인지적 능력 중 일부분만 사고할 수 있다는 한계가 있다. 이렇게 스스로 사고를 할 수 없다는 특징 때문에 약한 인공지능은 '진정한 인공지능' 이 아니라는 주장도 있다.

인공지능이 무엇인지 따지기 전에, 지능이란 무엇인가에 대해 먼저 생각해 보자. 콜린스 사전에 의하면 지능의 첫번째 정의로 "누군가의 지능은 무엇인가를 이해하고 배우는 능력이다"라고 되어 있다. 두 번째 정의에서는, "지능은 본능적으로 또는 자동으로 일을 하는 대신 생각하고 이해하는 능력이다."라고 되어 있다. 그러면 '생각'이라는 단어의 사전적 의미에 대해 살펴 보자. 콜린스 사전에 의하면 "생각은 문제를 고려하거나 아이디어를 만들기 위해 두뇌를 사용하는 활동이다."라고 정의되어 있다.

이러한 내용들로부터 지능이란 "배우고 이해하고 문제를 해결하며 결정을 내릴 수 있는 능력"이라고 말할 수 있겠다. 이 정의에 의하면 구글의 알파고는 바둑 경기에서 이기기 위하여 바둑을 어떻게 두는지를 배우고 이해하였고, 바둑경기에서는 한 수 한 수

마다 바둑돌을 어디에 놓을건지를 결정하는 능력을 가졌으므로 지능을 가졌다고 말할 수 있겠다. 물론 바둑이라는 특정 영역에서만 지능을 가졌다고 말해야 정확한 표현이 된다.

인공지능은 인간의 지능과 비교되는 관점에서, 기계가 보여주는 지능을 의미한다. 기계나 컴퓨터가 인간의 지능을 가진 것처럼 동작하면 그것을 인공지능이라고 할 수 있다. 위에서 "배우고 이해하고 문제를 해결하며 결정을 내릴 수 있는 능력"이라고 했는데, 이런 능력을 가진 기계나 컴퓨터를 인공지능이라고 부르기도 한다.

컴퓨터가 지능적일 수 있는지에 대한 질문은 인공지능 학문의 초기부터 있어온 질문이다. 인공지능이라는 학문이 추구하는 목표는 인간이 머리를 써서 해야 할 일을 기계가 하도록 만드는 것이다. 따라서 어떤 기계가 지능을 가지고 있는냐는 질문에 대해 그 기계가 생각을 할 수 있는가에 대한 대답이 매우 중요하겠다. 물론 그 기계에 대한 분석만을 가지고 이 질문에 대한 대답을 "예"나 "아니오"처럼 쉽게 결정 내릴 수 있는 것은 아니다.

"기계가 생각을 할 수 있는가"라는 질문을 대신하여 "기계(컴퓨터)가 지능을 측정하는 행동 테스트를 통과할 수 있는가"라는 질문으로 "기계가 지능을 가지고 있는 가"에 대해 판단을 하자고 1950년에 앨런 튜링이 제안하였다. 현재까지도 기계가 지능을 가지고 있는지 테스트하기 위하여 이 방법을 사용하고 있다. 이 방법의 이름은 튜링 모방 게임 또는 튜링테스트라고 한다.

튜링 모방 게임에서 인간의 질문에 대한 답변을 보고 답변자가 인간인지 기계인지 구별하지 못한다면, 기계는 테스트를 통과한 것으로 판단하는 것이다. 즉, 기계(컴퓨터)의 지능적 행동을 인지적으로 인간 수준의 성능을 낼 수 있는 능력으로 정의하고, 이 튜링 모방 게임은 두 개의 단계로 테스트를 진행하고 있다.

튜링 모방 게임의 첫 번째 단계에서 질문자, 남자, 여자 한 명이 각각 독립된 방에 들어가게 된다. 그리고 세 사람은 원격 터미널과 같은 중립 매체를 통해서만 통신할 수 있다. 질문자의 목적은 상대방에게 질문하면서 누가 남자고 누가 여자인지 알아내야 하는 것이다. 남자는 자신이 여자인 것처럼 질문자를 속여야 하고, 여자는 질문자에게 자신이 여자라는 확신을 심어줘야 하는 것이 게임의 규칙이다.

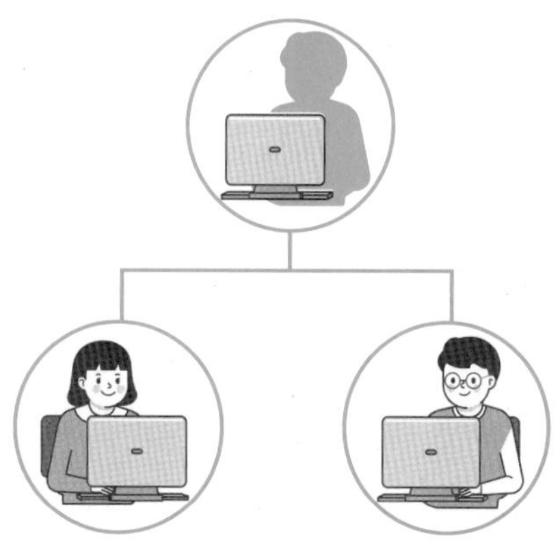

그림 9-1 튜링 모방 게임 : 단계 1

튜링 모방 게임의 두 번째 단계에서는 남자 대신 질문자를 속이도록 프로그래밍한 컴퓨터를 두게 된다. 물론 질문자는 이 사실을 몰라야 한다. 이 컴퓨터에는 질문자와 대화를 하면서 심지어 실수를 저지르고 인간이 하는 방식으로 애매한 답변을 제공하도록 프로그래밍 될 수도 있습니다. 만약 이 컴퓨터가 사람처럼 자주 질문자를 속일 수 있다면 이 컴퓨터가 튜링 모방 게임을 통과했다고 말할 수 있다.

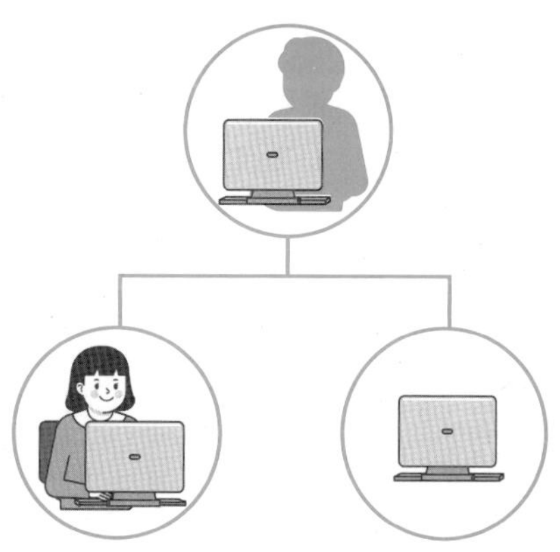

그림 9-2 튜링 모방 게임 : 단계 2

튜링 모방 게임은 지능에 대한 객관적인 시각을 제공할 수 있도록 하였다. 사람의 물리적인 특성은 지능을 판단할 때 중요한 요소가 아니다. 튜링 테스트에서 질문자는 컴퓨터를 보거나 만지거나 듣지 못하므로 외부 모습과 소리에 영향을 받지 않는다. 만약 외부 모습이 사람처럼 생기지 않았다는 것을 안다면, 질문자는 대상이 지능을 가졌다고 판단하지 않을 수 있다는 것이다.

질문자는 컴퓨터가 인간보다 더 빠르게 정답을 제공할 것을 기대하면서 인간과 기계 모두에게 복잡한 수학 계산을 하게 할 수도 있다. 그러므로 컴퓨터는 언제 실수를 할지, 언제 답변을 지연해야 할지를 알아야 한다. 질문자는 인간의 감정적인 본성을 찾으려 컴퓨터와 인간에게 인문학적인 작품까지 살펴보게 할 수 있다. 이때 컴퓨터는 이 작품을 감상하는 인간의 감정 상태를 흉내 낼 수 있어야 한다.

튜링 모방 게임의 두번째 특징으로는 실험의 형식과 테스트 자체와는 관련이 없다는 것이다. 실험의 형식을 변형하여, 질문자가 남자와 컴퓨터 둘 중 하나와만 대화를 나눌 수도 있다. 또한, 질문자는 모든 분야에 대해 질문하고, 제공되는 답의 내용에만 집중할 수 있다는 특징이 있다.

이 튜링 테스트는 강한 인공지능을 검증하기 위한 방법으로만 사용할 수 있으며, 아직까지 이 튜링 테스트를 완벽하게 통과한 컴퓨터는 없다. 하지만, 제한을 많이 준 경우에 이 튜링 테스트를 통과했다는 뉴스 기사가 가끔 나타나고 있다. 현재 의료, 경영, 교육, 서비스와 같은 여러 응용에서 활약하고 있는 약한 인공지능의 성능을 테스트할 수 있는 방법으로는 각 분야 전문가와의 비교를 사용하고 있다. 그 분야의 전문가만큼 약한 인공지능이 성능을 발휘할 수 있다면 그 인공지능은 활용가능성이 있는 것이다.

9.1.2 인공지능의 역사

이제 인공지능 기술이 어떻게 발전되어 왔는지 그 역사에 대해 알자. 이 그림은 인공지능의 탄생과 발전단계를 시간의 흐름과 함께 보여주고 있다.

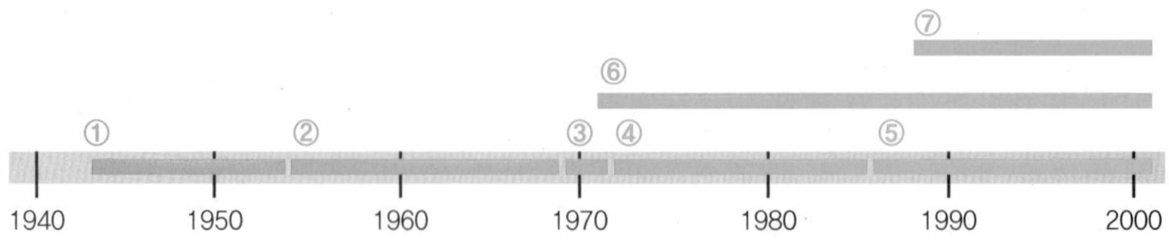

그림 9-3 인공지능의 탄생과 발전 시기

① 인공지능은 1943년에 워렌 맥클록과 월터 피츠가 인공지능 분야로 인정받은 최초 연구를 소개하면서 시작되었다. 인공지능의 첫 번째 논문 "뇌의 뉴런 모델"이 발표된 것이다.

1950년에 클라우드 섀넌은 일반 체스게임이 10^{120}번의 이동횟수를 포함한다는 점을 지적하는 체스게임 기계에 관한 논문 발표하였다. 이 논문에서 섀넌은 해를 찾을 때 휴리스틱을 사용해야 한다는 사실을 증명하였다.

1956년에 존 맥카시는 기계 지능, 인공신경망, 오토마타 이론에 관심 있는 연구자를 모아 다모쓰 대학교에서 여름 워크샵을 열 수 있도록 도와주었다. 이 워크샵의 참석자는 10명 밖에 되지 않았지만, 결국 이 다모쓰 워크샵에서 인공지능이라는 새로운 과학 분야가 탄생하게 되었다. 이때를 인공지능의 암흑기 또는 인공지능의 태동기라고 한다.

② 인공지능의 태동 후 인공지능은 '엄청난 열광', '대단한 아이디어', '매우 제한된 성공'으로 특징지을 수 있다. 반복적인 수학 계산을 위해 컴퓨터를 개발하였으나, 당시의 인공지능 연구자는 컴퓨터가 그보다 훨씬 많은 일을 할 수 있음을 보여 주었다.

존 맥카시를 비롯한 인공지능 분야에 매력을 느낀 위대한 과학자들이 지식 표현, 학습 알고리즘, 신경 컴퓨팅, 단어계산과 같은 분야에 새롭고 중요한 아이디어를 제안하고, 유망해 보이는 많은 연구결과들을 발표하였다. 곧 인공지능이 모든 문제들을 해결할 수 있는 것처럼 보였다. 이때가 1956년부터 1960년까지이다.

③ 몇몇 인공지능 프로그램은 하나 또는 두 개의 장난감 문제에서 어느 정도의 인공지능을 보여줄 수 있지만, 인공지능 프로젝트는 더 광범위한 작업 또는 보다 어려운 실제 문제를 처리할 수 없었다. 인공지능 연구자들은 광범위한 종류의 문제에 대한 일반적인 방법을 개발하고 있었기 때문에 초기 프로그램에는 문제 영역에 대한 지식이 거의 또는 전혀 포함되지 않았다. 인공지능으로 풀려고 한 많은 문제는 범위가 넓고 풀기도 어려운 것들이었다. 실적이 부진해지자, 인공지능에 대한 지원이 중단되기에 이르렀다. 인공지능에 대해 많은 지원을 하던 미국 정부와 영국 정부가 인공지능 연구에 대한 지원을 끊어 버렸다. 인공지능 분야에 또 다른 암흑기가 찾아 왔다.

④ 1970년대에 접어 들면서 인공지능 연구자들은 지능형 기계에 대한 문제 영역을 충분히 제한해야 한다는 사실을 깨달았다. 이전에는 인공지능 연구자들이 일반적인 인간과 같은 문제 해결 방법을 모방하기 위해 영리한 검색 알고리즘과 추론 기법이 발명될 수 있다고 믿었다. 그러나 이 방법이 실패했을 때, 연구자들은 많은 추론 단계를 수행하고 좁은 전문 분야의 전형적인 사례를 해결하는 것이 실질적인 결과를 제공할 수 있는 유일한 방법임을 깨달았다.

DENDRAL, MYCIN, PROSPECTOR 같은 많은 전문가시스템이 개발되었으며, 이러한 전문가 시스템을 성공적으로 응용한 사례가 증가하면서 연구소에 머물러있던 인공지능 기술이 상업적인 환경으로 성공적으로 전이하게 되었다.

⑤ 전문가가 지식을 전수해 줘야하는 전문가시스템과는 달리, 신경망은 기계가 학습을 할 수 있는 길을 열어 주었다. 사실, 1960년대 후반까지 신경 컴퓨팅에 필요한 대부분의 기본 아이디어와 개념은 이미 공식화되었지만, 1980년대 중반에 와서야 겨우 해법이 나타났다. 1960년대와는 달리 1980년대에 컴퓨터 기술이 발전하고, 신경 과학이 진보하면서 신경망 분야가 드라마 같이 부활하게 되었다. 특히 신경망을 훈련시키는 역전파 학습 알고리즘은 신경망의 부활에 가장 큰 공헌을 하였다.

컴퓨터 기술이 발전하면서 더 많은 데이터로 더 크고 더 복잡한 신경망을 훈련시킬 수 있게 되었고, 그 결과 딥러닝이라는 기법까지 개발되었다. 이 딥러닝 기법을 활용한 것이 그 유명한 구글의 알파고이다. 딥러닝은 이미지 인식, 음성인식 등에 우수한 성능을 보여주고 있으며, 상업적으로도 서비스되고 있다.

⑥ 이와는 별도로 유전알고리즘, 진화전략, 유전프로그래밍 등의 진화 연산 알고리즘들이 개발되면서, 이전에 풀리지 않았던 고도로 복잡한 비선형 탐색 및 최적화 문제에 대해 올바른 해를 제시할 수 있게 되었다.

유전 프로그래밍은 구체적으로 프로그래밍하지 않고도 컴퓨터가 문제를 풀게 하는, 컴퓨터 과학의 주요 도전과제에 대한 해법을 제시하고 있다.

유전 알고리즘, 진화 전략, 유전 프로그래밍은 인공지능 분야에서 빠르게 성장하고 있는 영역이며 발전 가능성이 무한하다고 할 수 있다.

⑦ 1970년대에 개발된 고전적인 전문가시스템은 특히 정확한 입력과 논리 출력을 갖춘 폐쇄 시스템 응용 분야에 적합하다. 그 때의 전문가시스템은 규칙의 형태로 전문 지식을 사용하며, 필요한 경우 사용자와 상호 작용하여 특정 사실을 확립할 수 있었다. 가장 큰 단점은 인간 전문가가 모든 지식을 규칙으로 표현하는 것이 불가능하였으며, 자신이 추론해 가는 과정을 설명할 수 없는 경우도 있었다는 것이다.

1980년대에 재탄생된 신경망은 심벌 추론 기반 시스템보다 실세계와 자연스럽게 상호 작용을 할 수 있다. 신경망은 규칙을 알 수 없는 상황에서 학습하고, 문제 환경의 변화에 적응하며, 패턴을 설정하며, 애매하고 불완전한 정보를 처리할 수 있다. 그러나 설명 기능이 없으며 일반적으로 블랙 박스 역할을 한다. 그리고, 그때 기술로 신경망을 훈련시키는 과정은 느리고, 재훈련이 빈번해지면 심각한 어려움이 발생할 수 있었다.

이러한 신경망 기술과 전문가 시스템을 보완하기 위해 단어를 사용해서 계산을 하는 기술이 개발되었다. 이 '단어 계산'은 불완전한 지식을 다루면서, 결론에 대한 설명이 가능한다. 특히 퍼지논리는 모호하고 부정확하며 불확실한 지식과 데이터를 다루는 중요한 기술 중 하나이다.

고전적인 전문가 시스템에서는 부정확함을 다루기 위하여 확률 개념에 기반을 두고 있다. 하지만 진짜 전문가는 보통 확률 값으로 생각하지 않고 '종종', '일반적으로', '가끔', '자주', '드물게'와 같은 용어를 사용한다.

이것을 모방하여 퍼지 논리는 단어의 의미를 얻고 추론과 결정을 내리기 위해 '종종', '일반적으로', '가끔', '자주', '드물게'와 같은 용어의 값을 적용한 퍼지 값을 사용한다.

이러한 퍼지 논리는 서구에서 무시되어진 반면에, 일본에서는 1987년부터 일본식 식기 세척기, 세탁기, 에어컨, TV, 복사기 및 심지어 자동차에서 성공적으로 사용되었다. 지식기반 결정지원 시스템에서의 퍼지 논리 모델을 사용했을 때의 이점은 빠른 계산 능력, 향상된 인지 모델링, 여러 전문가 의견을 표현하는 능력 등이 있다. 이러한 장점에 반해 퍼지 시스템의 한계로는 퍼지 시스템이 전문가 지식을 자연스럽게 표현한다고 해도 여전히 전문가에게 얻은 규칙에 의존한다는 점이며, 따라서 전문가의 지식에 따라 시스템 성능이 달라지게 된다.

9.2 규칙기반 전문가 시스템

규칙기반 전문가 시스템은 인공지능에서 사용하고 있는 기술 중에서 가장 간단하게 인공지능 시스템을 구성할 수 있는 기법이다.

9.2.1 지식표현 기법

먼저 지식이란 무엇인가에 대해 생각해 보자. 지식은 주제 또는 영역에 대한 이론적 또는 실제적 이해라고 할 수 있다. 지식은 또한 현재 알려진 것의 총합이며, 어떤 지식은 힘이 될 수도 있다. 우리는 지식을 가진 사람들을 전문가라고 하며, 그들은 그들의 조직에서 가장 강력하고 중요한 사람이다.

전문가는 특정 분야에 해박한 지식과 풍부한 경험을 쌓은 사람이지만, 분야의 범위는 제한적이기도 한다. 예를 들면 전기 기계 전문가는 모터에 대해서는 해박한 지식을 가지고 있지만, 변압기에 관해서는 보통 정도만 알고 있을 것이다. 생명 보험 마케팅 전문가는 생명 보험 상품에 대해서는 많이 알고 있지만, 부동산 보험에 대해서는 그리 많이 알고 있지 않다. 일반적으로 전문가는 다른 사람이 할 수 없는 일을 해낼 수 있는 숙련된 사람이다.

전문가가 어떻게 사고를 하는지 알아보려고 많은 노력을 하였지만, 인간의 정신 작용은 내면적이고, 알고리즘으로 표현하기에는 너무 복잡하였다. 대부분의 전문가는 자신의 지식을 문제 풀이에 관한 규칙 형식으로 표현하는 데 능숙하다. 그래서, 전문가에게 규칙을 만들어 달라고 하였다.

만약 여러분이 자율주행 자동차를 만들기 위하여 신호등을 보았을 때 자율주행 자동차가 어떻게 해야하는지 규칙을 알려줘야 한다고 생각해 보자. 자율주행 자동차에게 신호등이 녹색일 때는 주행을 계속하고, 신호등이 빨간색일 때는 주행을 멈추고 기다려야 한다고 설명할 때 우리는 이 그림과 같은 문장 형태로 나타낼 수 있다.

```
IF      '신호등'이 '녹색'이다.
THEN    주행을 계속한다.

IF      '신호등'이 '빨간색'이다.
THEN    주행을 멈추고 기다린다.
```

이 IF-THEN 형식으로 표현한 문장을 생성 규칙 또는 줄여서 규칙이라고 한다. 인공지능에서 '규칙'은 지식을 표현하는 가장 일반적이고 간단한 방법이다. IF 부분에는 주어진 정보나 사실을 나타내고, THEN 부분에는 어떤 행동을 적는다. 이런 모양의 규칙은 문제를 어떻게 풀 것인지에 대한 설명을 제공할 수 있다. 이런 규칙은 비교적 만들기 쉽고 이해하기도 쉽다.

그러면 이러한 규칙의 문법에 대해 정의해 보겠다. 규칙은 두 부분으로 구성된다고 했는데, IF 부분은 전제 또는 조건이라고도 하고, THEN 부분은 결론 또는 행동이라고도 한다. 이 두 부분이 포함된 규칙의 기본 문법은 그림에서 보는 것처럼 나타낼 수 있다.

```
IF      <조건>
THEN    <결론>
```

하나의 규칙에는 AND나 OR 같은 논리연산을 조합한 여러 조건이 있을 수 있다. 하지만, 가능하면 같은 규칙 안에서는 AND와 OR를 섞어 쓰지 않는 편이 좋다. 규칙의 결론에도 여러 절이 들어갈 수 있다.

```
IF      <조건 1>              IF      <조건>
THEN    <조건 2>              THEN    <결론 1>
          ⋮                           <결론 2>
OR      <조건 n>                        ⋮
THEN    <결론>                        <결론 m>
```

규칙의 조건에서는 객체와 값이 들어간다. 조건의 연산자는 객체를 판별하고 값을 비교한다. '무엇무엇이다', '무엇 무엇이 아니다'와 같은 연산자는 심벌 값을 언어객체에 대입하려고 사용하는 것이다. 그리고, 수학 연산자를 사용해서 객체를 숫자로 정의하거나 수치를 비교할 수도 있다. 그림의 예에서는 '현재 속도'라는 객체와 60이라는 숫자를 비교하고 있다. '제한속도'와 50이라는 숫자도 비교하고 있다. 이 규칙에서는 두 조건을 AND 연산자로 조합해서 동시에 사용하고 있다.

```
IF      '현재 속도' > 시속 60km
AND     '제한 속도' = 시속 50km
THENS   브레이크를 작동시킨다
```

결론도 조건처럼 연산자가 객체와 값을 연결하게 된다. 아래의 '=' 연산자는 값을 언어객체에 대입하고 있다. 이 규칙에서는 '현재 연비'를 계산하기 위하여 '평균 연비'에 0.8을 곱하는 연산을 하고 있다.

```
IF      '현재 속도' > 시속 100km
THEN    '현재 연비' = '평균 연비' × 0.8
```

이런 형태의 규칙은 관계, 추천, 지시, 전략, 휴리스틱 같은 것들을 표현할 수 있다. 이 규칙은 휴대폰의 충전량이 0%라는 사실과 휴대폰이 꺼진다는 사실 사이의 관계를 나타내고 있다.

```
IF      '휴대폰 충전량' = 0%
THEN    휴대폰이 꺼진다
```

이 규칙은 휴대폰 충전량이 16% 미만이면 휴대폰을 충전하라고 조언을 하고 있다. 일종의 추천을 표현하고 있는 것이다.

```
IF      '휴대폰 충전량' < 16%
THEN    조언은 '휴대폰을 충전하라'는 것이다
```

이 규칙은 휴대폰이 꺼졌고, 휴대폰 충전량이 0%라면 휴대폰을 충전하라는 지시 사항을 담고 있다.

```
IF      휴대폰이 꺼졌다
AND     '휴대폰 충전량' = 0%
THEN    '휴대폰을 충전하라'
```

이러한 지시는 좀 더 복잡한 형태의 전략으로 표현될 수도 있다. 이 규칙은 1단계와 2단계로 나누어져 있는데, 1단계를 완료해야 2단계로 넘어 갈 수 있다.

```
IF      휴대폰이 꺼졌다
AND     '휴대폰 충전량' = 0%
THEN    '휴대폰을 충전하라';
        1단계를 완료했다

IF      1단계를 완료했다
AND     '휴대폰 충전량' > 15%
THEN    '전원 스위치를 켜라';
        2단계를 완료했다
```

이 규칙은 휴리스틱을 나타내고 있다. 휴리스틱이란 시간이나 정보가 부족해서 정확한 판단을 할 수 없을 때, 제한된 정보만으로 즉흥적이거나 직관적으로 어림짐작하는 기술이다. 이 규칙에서 주어진 조건을 만족한다면 휴대폰 배터리가 고장났다고 판단하고 있다. 하지만, 그 휴대폰 배터리가 고장이 아닐 수도 있다. 충전기가 고장났을 수도 있는 것이다. 하지만 대체적으로는 이 규칙 잘 적용될 수 있을 것이다.

```
IF      휴대폰이 충전되지 않는다
AND     휴대폰이 오래 되었다
THEN    휴대폰 배터리가 고장났다
```

9.2.2 전문가 시스템의 특징

그러면 이러한 규칙들을 가지고 동작하는 규칙기반 전문가 시스템의 특징에 대해 알아보자. 전문가 시스템은 좁은 전문 영역에서 인간 전문가 수준에서 수행하도록 구축되고 있다. 따라서 전문가 시스템의 가장 중요한 특징은 고품질 성능이다. 시스템이 문제를 빨리 해결할 수 있더라도 결과가 잘못되면 사용자가 만족하지 않는다. 물론 솔루션에 도달하는 속도도 매우 중요하다. 예를 들어, 기중기가 넘어지거나 자동차가 충돌할 때의 응급 상황처럼, 가장 정확한 결정이나 진단조차도 적용하기에 너무 늦으면 유용하지 않을 수 있다. 전문가들은 실질적인 경험과 문제에 대한 이해를 바탕으로 솔루션의 지름길을 찾는다. 전문가는 경험 법칙 또는 경험적 규칙을 사용한다. 인간 전문가와 마찬가지로 전문가 시스템은 휴리스틱을 적용하여 추론을 잘 진행시키고 솔루션의 검색 영역을 줄여야 한다.

해설 능력은 전문가 시스템의 독특한 특징이다. 해설을 통해 전문가 시스템은 자신의 추론을 재검토하고, 결론을 설명할 수 있다. 해설 능력은 실제 전문가 시스템에서 문제를 푸는 동안 사용된 규칙을 추적하는 것이다. 해설을 통해서 왜 그런 결론이 나오게 되었는지 알 수 있다. 이러한 해설을 만들기 위해서 기반지식에 저장된 각 규칙마다 해당 분야의 적당한 기초적인 원칙을 텍스트로 표현하여 덧붙여 둘 수 있다.

전문가 시스템은 문제를 해결할 때 수치적인 계산이 아니라, 심벌 추론을 사용한다. 심벌은 사실, 개념 및 규칙과 같은 다양한 유형의 지식을 나타내는 데 사용된다. 수치 데이터 처리용으로 작성된 기존 프로그램과 달리, 전문가 시스템은 지식 처리용으로 구축되었으며 정성적 데이터를 쉽게 처리할 수 있다.

전통적인 프로그램은 알고리즘 같은 잘 정의된 단계적 연산을 이용하여 데이터를 처리한다. 알고리즘은 항상 같은 순서로 같은 연산을 수행하며, 늘 정확한 해답을 제공하므로 전통적인 프로그램은 실수를 하지 않다. 다만, 그 프로그램을 작성하는 프로그래머는 실수를 할 수 있다. 전통적인 프로그램은 데이터가 완전하고 정확할 때에만 문제를 다룰 수 있다. 데이터가 불완전하거나 약간의 에러를 포함하고 있으면 전통적인 프로그램은 아무런 해답도 제공하지 못할 뿐만 아니라 틀린 해답을 제공할 수도 있다.

반면 전문가 시스템은 사용할 정보가 불완전하거나 모호한 상황에서도 동작할 수 있으며, 대부분 합리적인 결론에 도달할 수 있다. 전문가 시스템은 미리 기술된 단계의 순서를 따르지 않기 때문에 정확하지 않은 추론을 허용하고, 불완전하고 불확실하며 모호한 데이터를 다룰 수 있다.

이러한 전문가 시스템은 완벽하다고 생각할 수 있을까. 훌륭한 전문가라 할지라도 인간인 이상, 실수할 수도 있다. 따라서 전문가 수준으로 동작하는 전문가 시스템의 실수도 허용해야 한다. 전문가들의 판단이 가끔 틀릴 수 있다는 것을 알면서도 여전히 전문가를 신뢰하는 것처럼, 대부분의 경우에는 전문가 시스템이 제공한 해답을 신뢰할 수 있지만, 실수할 가능성도 있다는 점도 알고 있어야 한다.

9.2.3 전문가 시스템의 구성

앞에서 살펴 본 것처럼 전문가 시스템은 좁은 문제 영역에서 전문가 수준으로 동작할 수 있는 유능한 컴퓨터 프로그램을 말한다. 여러 가지 기술들이 있지만 가상 인기 있는 전문가 시스템은 규칙기반 전문가 시스템이다. 규칙의 형식으로 전문가의 지식을 표현하고, 이 규칙들을 활용하여 전문가 시스템이 동작하는 것이다. 그러면, 이 규칙들만 갈아 끼우면 또 다른 전문가 시스템이 될 수 있지 않을까? 그런 개념에서 나온 것인 전문가 시스템 틀이다.

전문가 시스템 틀은 지식을 추가하지 않은, 비어 있는 전문가 시스템이다. 이 비어 있는 전문가 시스템에 사용자가 지식을 규칙 형식으로 추가하고, 문제를 푸는 데 필요한 데이터를 입력해서 새로운 전문가 시스템을 만드는 것이다.

전문가 시스템을 개발하기 위한 전문가 시스템 개발팀은 주제 전문가, 지식 공학자, 프로그래머, 프로젝트 관리자, 최종 사용자까지 총 5명으로 구성된다. 전문가 시스템의 성공 여부는 각 구성원이 얼마나 잘 협업하는지에 달려 있다고 할 수 있다. 그러면 이 개발팀을 구성하고 있는 구성원에 대해 알아보겠다.

주제 전문가는 특정 영역이나 도메인에서 문제를 해결할 수 있는 지식이 풍부하고 숙련된 사람이다. 이 사람은 주어진 특정 영역에서 가장 많은 전문 지식을 가지고 있다. 이 전문 지식은 전문가 시스템에서 저장된다. 따라서 전문가는 자신의 지식을 전달하고 전문가 시스템 개발에 기꺼이 참여하고 프로젝트에 상당한 시간을 투자할 수 있어야 한다. 주제 전문가는 전문가 시스템 개발 팀에서 가장 중요한 사람이다.

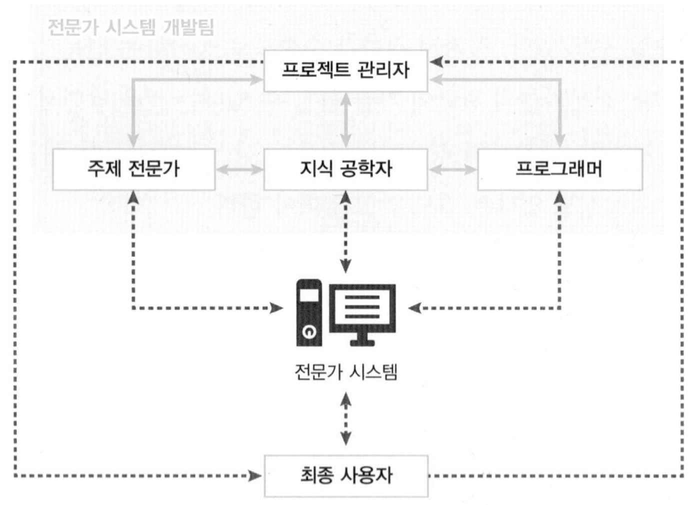

그림 9-4 전문가 시스템 개발팀의 주요 구성원들

지식 공학자는 전문가 시스템을 설계, 구축 및 테스트할 수 있는 사람이다. 이 사람은 전문가 시스템에 적합한 작업을 선택해야 한다. 주제 전문가와 인터뷰하여 특정 문제가 어떻게 해결되는지 알아보고, 전문가와의 상호 작용을 통해 전문가가 사실과 규칙을 처리하기 위해 사용하는 추론 방법을 설정하고 전문가 시스템에서 이를 설명하는 방법을 결정한다. 그런 다음 지식 공학자는 일부 개발 소프트웨어 또는 전문가 시스템 틀을 선택하거나 지식을 인코딩하기 위한 프로그래밍 언어를 고려한다. 마지막으로, 지식 공학자는 전문가 시스템을 테스트하고 수정하여 작업장에 통합할 책임이 있다. 따라서 지식 공학자는 초기 설계 단계부터 전문가 시스템의 최종 제공까지 프로젝트에 전념하고 프로젝트가 완료된 후에도 시스템 유지에 관여할 수 있다.

프로그래머는 실제 프로그래밍을 담당하는 사람으로 컴퓨터가 이해할 수있는 용어로 특정 영역의 지식을 표현한다. 프로그래머는 LISP, Prolog 및 OPS5와 같은 인공지능 언어의 기호 프로그래밍 기술과 다양한 유형의 전문가 시스템 틀 적용에 대한 경험이 있어야 한다. 또한 프로그래머는 C, Java, Python과 같은 일반적인 프로그래밍 언어를 알아야 한다. 전문가 시스템 틀을 사용하는 경우 지식 공학자는 지식을 전문가 시스템에 쉽게 표형할 수 있으므로, 프로그래머가 필요하지 않을 수도 있다. 그러나 틀을 사용할 수 없는 경우 프로그래머는 지식 및 데이터 표시 구조 (지식 기반 및 데이터베이스), 제어 구조 (추론 엔진) 및 대화 구조 (사용자 인터페이스)를 개발해야 한다. 프로그래머는 전문가 시스템의 테스트에 관여 할 수도 있다.

프로젝트 관리자는 전문가 시스템 개발팀의 리더로서 프로젝트를 제대로 진행할 책임이 있다. 그는 모든 결과물과 일정이 충족되는지 확인하고, 전문가, 지식 공학자, 프로그래머 및 최종 사용자와 상호 작용한다.

최종 사용자는 개발한 전문가 시스템을 사용하는 사람을 말한다.

개발하고자 하는 전문가 시스템의 규모와 개발에 사용하는 도구에 따라 전문가 시스템 개발팀의 구성원들은 변동이 있을 수 있다. 전문가 시스템 틀을 사용한다면 프로그래머와 지식 공학자가 필요 없을 수도 있다. 작은 규모의 전문가 시스템을 개발한다면 한 사람이 모든 구성원의 역할을 모두 담당할 수도 있다.

그러면 전문가 시스템 개발팀이 만든 규칙기반 전문가 시스템의 구성요소에 대해 알아보겠다. 이 그림에서 규칙기반 전문가 시스템의 필수 구성요소들을 볼 수 있다.

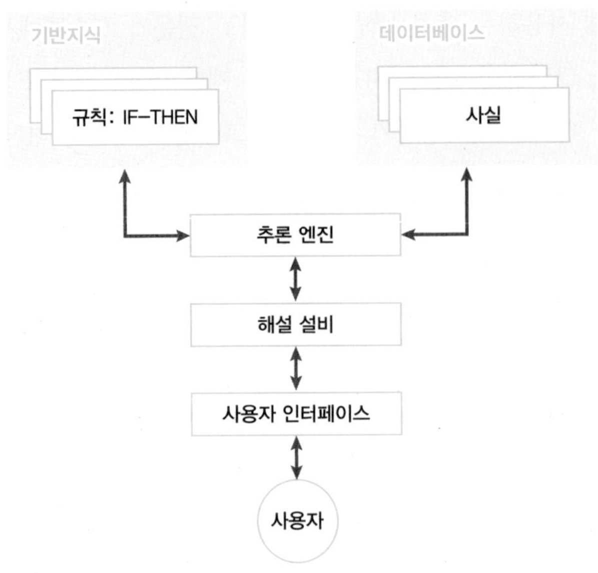

그림 9-5 규칙기반 전문가 시스템의 기본 구조

기반지식에는 문제 해결에 유용한 특정 분야에 대한 지식이 포함되어 있다. 규칙 기반 전문가 시스템에서 지식은 일련의 규칙으로 표시된다. 각 규칙은 관계, 추천, 지시, 전략 또는 휴리스틱을 지정하며 IF (조건) THEN (동작) 구조를 갖는다. 규칙의 조건 부분이 충족되면 규칙이 점화되고 작업 부분이 실행된다.

데이터베이스에는 기반지식에 저장된 규칙의 IF (조건) 부분과 일치시키는 데 사용되는 사실의 집합이 포함된다. 데이터베이스에 저장된 사실들은 수시로 그 내용이 변할 수 있다. 그리고 규칙의 점화에 의해 데이터베이스의 내용이 변화할 수도 있다.

추론 엔진은 전문가 시스템이 해답을 구할 수 있도록 추론 역할을 담당하며, 기반지식에 주어진 규칙들을 데이터베이스에 있는 사실과 연결해서 새로운 사실들을 밝혀 낼 수도 있다.

해설 설비는 사용자에게 전문가 시스템이 어떻게 특정 결론에 이르렀는지, 왜 특정 사실이 필요한지 설명해 주는 기능을 가지고 있다. 따라서 전문가 시스템은 추론을 설명하고 조언, 분석 또는 결론의 타당성을 밝힐 수 있어야 한다. 이 해설 내용을 가지고 타당한 결론에 이르렀는지, 또는 왜 결론에 이르러지 못했는지를 분석할 수 있다.

사용자 인터페이스는 문제의 답을 찾고 싶어 하는 사용자가 전문가 시스템을 사용하는 수단이 된다. 이 인터페이스는 가능한 한 사용하기 편리해야 한다.

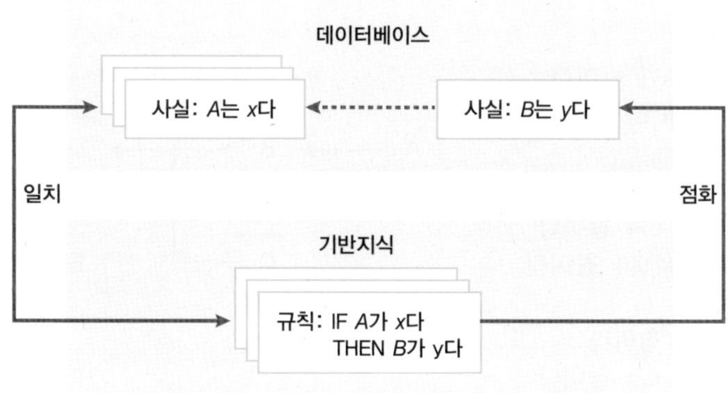

그림 9-6 일치-점화를 통한 추론 엔진 사이클

이제 이러한 규칙기반 전문가 시스템이 내부적으로는 어떤 방식으로 동작하는지 알아보겠다. 이 그림은 규칙기반 전문가 시스템에 포함되어 있는 추론 엔진이 동작하는 추론 엔진 사이클을 보여주고 있다. 추론 엔진은 기반지식에 저장된 각각의 규칙을 데이터베이스에 있는 사실과 비교한다. IF 부분이 사실과 일치하면 그 규칙은 점화되고, THEN 부분을 수행한다. 규칙의 IF 부분과 사실과의 일치는 추론 사슬을 생성하게 되고, 이 추론 사슬은 전문가 시스템이 결론에 이르기 위해 규칙을 어떻게 적용했는지를 나타내게 된다.

그러면 규칙기반 전문가 시스템의 예와 함께 추론 엔진이 어떻게 동작하는지 알아보자. 이 그림의 전문가 시스템의 기반지식에는 3개의 규칙이 포함되어 있다.

A가 참이라고 데이터베이스에 저장되어 있다면, 이 사실과 규칙 1번의 조건이 일치하므로 규칙 1번이 점화하게 된다. 그러면 새롭게 B가 참이라는 사실을 알게 되고, 이 사실은 다시 데이터베이스에 저장이 된다. 만약 원래부터 C가 참이라는 사실이 데이터베이스에 저장되어 있다면 규칙 2번이 점화될 수 있다. 반대로, C가 참이라는 사실이 데이터베이스에 없다면, 규칙 2번은 점화되지 않는다. 계속 예를 살펴보기 위해서, C가 참이라는 사실이 데이터베이스에 저장되어 있다고 가정한다. 그 결과 규칙 2번이 점화되고, D가 참이라는 새로운 사실이 발생하여 데이터베이스에 저장된다. 마지막으로 E

와 F가 참이라는 사실의 여부에 따라 규칙 3번이 점화될 수도 있고, 점화가 안 될 수도 있다. 규칙 3번이 점화된다면 G가 참이라는 새로운 사실을 알게 된다. 이렇게 나타나는 새로운 사실이 규칙기반 전문가 시스템의 결론이 될 수 있다.

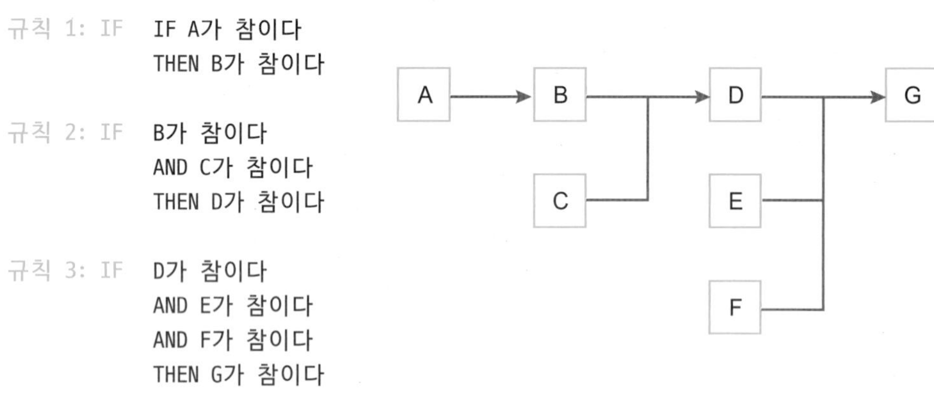

그림 9-7 추론 사슬의 예

지금까지 추론 엔진이 어떻게 규칙을 적용해 가는지 간단하게 살펴봤다. 이러한 추론은 규칙의 적용 방향에 따라 순방향 연결과 역방향 연결, 두 가지로 나눌 수 있다. 순방향 연결은 데이터 지향 추론으로, 알려진 사실에서 추론을 시작하여 순방향으로 진행해 나간다. 한 번에 가장 좋은 규칙 하나만 실행되며, 규칙이 점화되면 그 규칙은 데이터베이스에 새로운 사실을 추가할 수 있다. 어떤 규칙이라도 한 번만 수행되어야 한다. 그렇지 않으면 무한 반복이 발생할 수도 있기 때문이다. 일치-점화 사이클은 더 이상 점화할 수 있는 규칙이 없으면 중단하게 되고, 중단했을 때 데이터베이스의 내용이 결론이 된다.

반대로, 역방향 연결은 목표 지향 추론으로, 전문가 시스템이 목표를 정하고, 추론엔진은 이를 증명하기 위해 증거 찾기를 시도한다. 목표는 어떤 규칙의 THEN 부분에 반드시 있어야 한다. 목표로 한 규칙에 대해서 IF 부분이 데이터베이스에 있는 사실과 일치한다면, 규칙은 점화되고 목표는 증명된 것이다. 실제는 이렇게 간단하지는 않다. 실제는 몇 개의 규칙이 연속적으로 점화되면서 증거를 찾게 된다.

이 두가지 방법 중에 무엇을 선택하는가 하는 것은 주제 전문가가 문제를 어떻게 푸는

가에 달려 있다. 만일 전문가가 먼저 정보를 수집한 후 그로부터 무엇인가를 추론하려 한다면, 순방향 연결 추론 엔진을 선택하면 된다. 그러나 반대로 전문가가 가정 해에서 시작해 이를 증명하기 위해 어떤 사실을 찾으려 한다면 역방향 연결 추론 엔진을 선택하면 된다.

이제 마지막으로 규칙기반 전문가 시스템의 장점과 단점을 알아보겠다. 자연스러운 지식 표현은 규칙기반 전문가 시스템의 큰 장점이다. 전문가는 문제 풀이 과정을 '이런 상황에서, 나는 이렇게 한다.'와 같은 식으로 설명한다. 이런 표현은 IF-THEN생성 규칙으로 아주 자연스럽게 표현할 수 있다. 다음으로 통일된 구조도 규칙기반 전문가 시스템의 장점으로 들 수 있다. 생성 규칙은 모두 통일된 IF-THEN 구조를 가지고 있다. 각각의 규칙은 독립적인 지식 조각에 해당한다. 생성 규칙의 문법이 체계적이기 때문에 별다른 설명이 없이 규칙을 쉽게 이해할 수 있다. 지식과 처리과정이 분리된 규칙기반 전문가 시스템의 구조는 기반지식과 추론 엔진을 효율적으로 분리하여, 똑같은 전문가 시스템 틀로 서로 다른 응용 시스템을 개발할 수 있도록 하였다. 또한, 전문가 시스템을 우아하고 손쉽게 확장할 수 있도록 도와 준다. 시스템을 더욱 영리하게 만들려면, 지식 공학자가 제어 구조에 방해가 되지 않는 범위 내에서, 기반지식에 약간의 규칙을 추가하면 된다. 규칙기반 전문가 시스템은 불완전하고 불확실한 지식을 표현하고 추론할 수 있다는 장점도 가지고 있다.

규칙 간의 불분명한 관계는 규칙기반 전문가 시스템의 단점에 해당한다. 개별적인 생성 규칙이 상대적으로 간단하고 이해하기 쉽다고 하더라도, 많은 규칙으로 이루어진 규칙 집합 안에서는 규칙의 논리적인 상호관계가 확실하지 않을 수 있다. 서로 모순되는 규칙들이 포함될 수도 있다. 그리고 규칙기반 시스템에서는 개별적인 규칙이 전체 전략에 어떻게 기여하는가를 관찰하기 어렵다는 점도 있다. 쓸데없는 규칙도 있을 수 있다. 이 문제는 규칙기반 전문가 시스템에서 계층적인 지식 표현이 부족하기 때문에 생기는 현상이다.

비효율적인 탐색 전략을 사용하는 추론 엔진은 각각의 주기 동안 모든 생성 규칙을 철저하게 탐색한다. 규칙이 많은 규칙기반 전문가 시스템은 느릴 수 있으므로 큰 규칙 기반 시스템은 실시간 응용 프로그램에 적합하지 않을 수 있다.

경험을 통해 학습할 수 없다는 것은 규칙기반 전문가 시스템의 가장 큰 단점이다. '기존 규칙을 깨고 새로운 규칙을 만들 시기'를 알고 있는 인간 전문가와 달리 전문가 시스템은 기반지식을 자동으로 수정하거나 기존 규칙을 조정하거나 새로운 규칙을 추가할 수 없다. 지식공학자가 여전히 시스템 수정 및 유지 관리를 담당해야 한다.

9.2.4 확률적 전문가 시스템

앞에서 기술된 규칙기반 전문가 시스템은 대부분의 경우에 잘 동작하는 매우 널리 사용되는 기법이다. 그 시스템 내에서는 정보와 규칙이 정확하게 맞아 떨어져야 한다. 하지만, 실세계는 그렇지 않다.

다음은 오늘이 휴일인지 평일인지를 보고 교통 상황을 예측하는 규칙이다. 여기에서 보는 것처럼 오늘이 휴일이면 도로가 많이 막힐까. 오늘 휴일이면 도로가 한산할까. 이 두 규칙은 각각 맞을 수도 있고 아닐 수도 있다. 여기에는 어떤 불확실성이 존재한다.

```
IF      '오늘'은 '휴일'이다.
THEN    '도로'가 많이 막힐 것이다.

IF      '오늘'은 '휴일'이다.
THEN    '도로'가 한산할 것이다.
```

이번에는 규칙기반 전문가 시스템에서 불확실성을 어떻게 처리하는지를 살펴보자. 인간 전문가가 이용할 수 있는 정보의 공통적인 특징 중 하나는 완전하지 않다는 점이다. 정보가 불완전하거나 일관성이 없거나 불확실하거나 세 가지 모두가 될 수 있다. 어떤 정보는 종종 문제를 해결하기에 적합하지 않다. 그러나 전문가는 이러한 결함에 대처할 수 있으며 일반적으로 올바른 판단과 올바른 결정을 내릴 수 있다. 전문가 시스템 또한 불확실성을 처리하고 유효한 결론을 도출할 수 있어야 한다.

불확실성이란 "확실하고 믿을 만한 결론에 도달하기 위한 정확한 정보의 부족"으로 정의할 수 있다.

고전 논리학에서는 정확한 추론만을 허용한다. 이 논리에서 완벽한 지식은 항상 존재하고, 흑백논리가 모든 것에 적용될 수 있다고 가정한다. 이 예는 고전논리학의 대표적인 예이다. 참인 것은 거짓이 아니며, 거짓인 것은 참이 아닌 것이다.

```
IF      A는 참이다
THEN    A는 거짓이 아니다

IF      B는 거짓이다
THEN    B는 참이 아니다
```

참과 거짓이 명확하게 구분된다. 하지만, 전문가 시스템을 사용할 수 있는 대부분의 실제 문제는 그러한 명확한 지식을 제공하지 않는다. 사용 가능한 정보에는 종종 부정확하거나 불완전하거나 측정할 수 없는 데이터가 포함된다. 전문가 시스템에서 불확실한 지식이 필요한 이유는 무엇일까?

■ 상관관계가 취약한 함축

규칙기반 전문가 시스템은 가끔 약한 함축과 모호한 연관성으로 오류를 일으키기도 한다. 특정 분야 전문가와 지식 공학자는 규칙의 IF (조건) 부분과 THEN (행동) 부분 사이에 구체적인 상관 관계를 설정해야 한다. 따라서 전문가 시스템은 상관 정도를 수치적 확실성 요소로 받아 들이는 방법으로 모호한 연관성을 처리할 수 있어야 한다.

■ 부정확한 언어

한국어나 영어와 같은 자연언어는 본질적으로 모호하고 부정확하다. 일반 지식들은 종종, 때때로, 자주, 거의 하지 않는 등과 같은 단어로 빈도를 표현하고 있다. 결과적으로 정확한 IF-THEN 형식의 생산 규칙으로 지식을 표현하기가 어려울 수 있다. 그러나 사실의 의미가 정량화되면 전문가 시스템에서 사용할 수 있다.

■ 알려지지 않은 데이터

데이터가 불완전하거나 누락된 경우의 유일한 해결책은 '알 수 없음' 값을 인정하고 이 값에 대한 대략적인 추론을 진행하는 것이다.

■ 여러 전문가의 관점 통합

일반적으로 대규모 전문가 시스템에는 수많은 전문가의 지식과 경험이 통합되어 있다. 전문가들은 좀처럼 동일한 결론을 얻지 못하며 대개 모순된 견해와 충돌하는 규칙을 만들어 낼 수도 있다. 지식 공학자는 이 문제를 해결하기 위해 각 전문가에게 가중치를 준 후 통합된 결론을 계산해야 한다. 그러나 주제 전문가들도 해당 주제에 대해 경험한 수준이 서로 다르며, 가중치를 얻는 체계적인 방법도 전혀 없다.

대규모 전문가 시스템은 일반적으로 여러 전문가의 지식과 전문 지식을 통합해서 사용한다. 하지만, 일반적으로 여러 전문가들은 서로 모순되는 의견을 가지고 있으며 상충되는 규칙을 만든다. 이러한 불일치를 해결하기 위해 지식 공학자는 각 전문가에게 가중치를 부여한 다음 복합적인 결론을 계산해야 한다. 그러나 특정영역 전문가조차도 특정영역 전체에서 동일한 수준의 전문 지식을 가지고 있지 않으며, 이 가중치를 얻는 체계적인 방법도 없다.

실제 시스템에는 정확한 지식이 없고 불완전하거나 일관성이 없거나 누락된 데이터에 대처해야 하므로 전문가 시스템은 불확실성을 관리할 수 있어야 한다. 규칙 기반 전문가 시스템의 불확실성을 처리하기 위해 수많은 수치적/비수치적 방법이 개발되었다.

베이즈 추론에서는 기반 지식에 있는 모든 규칙을 다음 그림과 같은 형태로 표현할 수 있다.

```
IF      E는 참이다
THEN    H는 {확률 p로} 참이다
```

이 규칙은 사건 E가 발생하였을 때 사건 H가 발생할 확률이 p임을 뜻한다. 전문가 시스템에서 H는 보통 가설을 나타내고, E는 가설을 지지하는 증거를 의미한다. 그리고 규칙에 포함되는 확률값은 실제 데이터에서 계산해서 얻게 된다.

불확실성을 다루는 또 다른 방법인 확신도를 사용하는 방법에 대해 알아보겠다. 확신도를 사용하는 전문가 시스템에서 기반지식은 다음과 같은 규칙으로 이루어 진다.

```
IF      <증거>
THEN    <가설> {cf}
```

여기서 *cf*는 증거 E가 발생했다고 할 때 가설 H에 대한 신뢰를 나타낸다. 확신도 이론은 신뢰의 정도와 불신의 정도를 나타내는 두 함수에 기초하고 있다.

베이지안 접근 방식과 확신도는 서로 다르지만, 개인적이고 주관적이며 정성적 정보를 정량화할 수 있는 전문가를 찾아야 한다는 공통의 문제를 가지고 있다. 인간은 편향되기 쉬우므로 불확실성 관리 기술의 선택은 기존 전문가에 크게 좌우된다.

신뢰할 수 있는 통계 데이터가 존재하고, 지식 공학자와 전문가가 심각한 의사 결정 분석 대화를 할 수 있는 경우 베이지안 방법이 가장 적합하다. 필요한 조건이 하나라도 없는 경우에는 베이지안 접근 방식이 너무 임의적일 수도 있고 편향되어서 의미없는 결과를 생성할 수도 있다.

확신도 기술은 수학적 공식에 의한 기반이 없음에도 불구하고 전문가 시스템의 불확실성을 처리하기 위한 간단한 접근 방식을 제공하며 많은 응용 분야에서 수용 가능한 결과를 제공하였다.

1. 인공지능

인공지능은 인간의 지능과 비교되는 관점에서, 기계가 보여주는 지능을 의미한다. 기계나 컴퓨터가 인간의 지능을 가진 것처럼 동작하면 그것을 인공지능이라고 할 수 있다. 위에서 "지능은 문제를 풀고 결정을 내리기 위해 배우고 이해하는 능력"라고 했는데, 니런 능력을 가진 기계나 컴퓨터를 인공지능이라고 부르기도 한다.
인공지능은 강한 인공지능과 약한 인공지능으로 나눌 수 있다.

2. 규칙기반 전문가시스템

규칙의 형식으로 전문가의 지식을 표현하고, 이 규칙들을 활용하여 시스템이 동작하는 것을 규칙기반 전문가시스템이라고 한다. IF-THEN 형식으로 표현한 문장을 생성 규칙 또는 줄여서 규칙이라고 한다. 인공지능에서 '규칙'은 지식을 표현하는 가장 일반적이고 간단한 방법이다. IF 부분에는 주어진 정보나 사실을 나타내고, THEN 부분에는 어떤 행동을 적는다.

3. 전문가시스템의 개발팀

전문가 시스템을 개발하기 위한 전문가 시스템 개발팀은 주제 전문가, 지식 공학자, 프로그래머, 프로젝트 관리자, 최종 사용자까지 총 5명으로 구성된다. 전문가 시스템의 성공 여부는 각 구성원이 얼마나 잘 협업하는지에 달려 있다고 할 수 있다.

4. 추론엔진의 동작 방식

추론 엔진은 기반지식에 저장된 각각의 규칙을 데이터베이스에 있는 사실과 비교한다. IF 부분이 사실과 일치하면 그 규칙은 점화되고, THEN 부분을 수행한다. 규칙의 IF 부분과 사실과의 일치는 추론 사슬을 생성하게 되고, 이 추론 사슬은 전문가 시스템이 결론에 이르기 위해 규칙을 어떻게 적용했는지를 나타내게 된다.

선택형 문제

1. 다음 중 지능의 정의에 해당하는 것을 모두 고르시오.

   ① 무언가를 이해하고 배우는 능력 ② 알고리즘에 따라 문제를 푸는 능력
   ③ 생각하고 이해하는 능력 ④ 빠르게 연산하는 능력

2. 전문가 시스템을 개발하는 개발팀의 주요 구성원이 아닌 것은

   ① 주제 전문가 ② 지식 공학자
   ③ 시스템 감리자 ④ 프로그래머
   ⑤ 프로젝트 관리자

3. 다음 중에서 규칙기반 전문가 시스템의 장점이 아닌 것을 고르시오.

   ① 통일된 구조 ② 지식과 과정의 분리
   ③ 불완전하고 불확실한 지식 다루기 ④ 자연스러운 지식 표현
   ⑤ 대량의 지식을 학습

주관식 문제

1. 전문가 시스템에서 사용하는 규칙은 아래와 같은 지식을 표현할 수 있다. 빈칸에 알맞은 단어를 적으시오.

   관계, 추천, 지시, (   ), 휴리스틱

2. 규칙기반 전문가 시스템의 구조에서 생성규칙과 사실을 연결하여 이로부터 결론을 이끌어 내는 구성요소를 무엇이라 하는가?

3. 확실하고 믿을 만한 결론에 도달하기 위한 정확한 정보의 부족의 무엇이라고 하는가?

연 습 문 제

정오형 문제

1. 전문가 시스템에서는 지식을 표현하기 위하여 아래와 같은 형식의 규칙을 사용한다.

```
IF      <조건>
THEN    <결론>
( Yes / False )
```

2. 튜링이 제안한 튜링 모방 게임(Turing Imitation Game)을 사용하면 기계가 생각할 수 있는지 판단할 수 있다.

   (Yes / False)

3. 인공지능은 그 탄생부터 현재까지 지속적으로 낙관적인 기대감을 주고 있다.

   (Yes / False)

4. 규칙기반 전문가 시스템은 절대로 실수를 하지 않는다.

   (Yes / False)

CHAPTER

10

인공지능 기술 I

본 장에서는 인공지능을 구현하는데 사용되는 기술의 한 종류인 퍼지 전문가 시스템과 그에 대한 기반 이론에 대해 소개한다. 그리고, 유전알고리즘, 유전프로그래밍을 포함하는 진화연산에 대해서도 기술한다.

학습목표

- 퍼지 전문가 시스템과 그의 기반 이론에 대해 설명할 수 있다.
- 진화연산과 그에 속하는 유전알고리즘, 유전프로그래밍에 대해 설명할 수 있다.

구성

10.1 퍼지 전문가 시스템

퍼지 전문가 시스템은 퍼지 규칙을 활용하여 만든 전문가 시스템이다, 그리고 퍼지 규칙은 퍼지 집합을 기반으로 만든 규칙의 형태이다. 퍼지 전문가 시스템을 위한 기반 이론에 대해 살펴 보자.

10.1.1 퍼지 논리

퍼지 논리는 영어 단어 퍼지가 뜻하는 것처럼 모호한 논리가 아니라, 모호한 대상을 다루는 논리이다. 퍼지 논리는 퍼지 집합, 즉 모호한 정도를 조절할 수 있는 집합에 대한 이론이다. 퍼지 논리는 만물에는 어떤 정도를 나타낼 여지가 있다는 생각에서 시작하고 있다.

빠르기, 가격, 거리, 온도, 밝기 모두 경계가 불분명한 척도를 나타내고 있다. "자동차가 정말 빠르게 달린다", "그 셔츠는 가격이 비싸다" 처럼 사용되고 있다.

경계가 불분명한 척도로는 어떤 등급에 속하는 것과 그렇지 않은 것을 구분하기가 모호하다. 기온이 얼마나 높으면 열대기후가 될까? 같은 질문처럼...

퍼지 논리가 나타나기 전에 전통적인 논리로 불 논리가 있다. 불 논리에서는 참과 거짓이 확실하게 구분된다. 어떤 등급에 속하는 것과 그렇지 않은 것 사이에 선을 긋는 것과 같다. 하지만, 불 논리에는 사용하기에 불합리한 측면이 있다. 예를 들어, 빠르기가 시속 100km 이상이면 과속, 아니면 과속이 아니라고 가정하자. 만약, 내 차가 시속 101km로 달렸다면 과속이라고 할 수 있다. 빠르기가 시속 99km로 달린 친구의 차는 과속이 아니다. 그런데, 친구의 차가 정말 과속이 아닐까? 아니면 우리가 임의로 줄을 그었기 때문에 생기는 결과일 뿐일까?

퍼지 논리를 사용하면 불 논리의 불합리를 피할 수 있다. 퍼지 논리는 사람들의 생각을 반영한다. 퍼지논리는 우리의 말의 의미, 의사 결정 및 상식을 모델링하려고 시도하였고, 그 결과, 보다 인간적이고 지능적인 새로운 시스템을 개발할 수 있었다.

퍼지 논리는 로트피 자데가 이전의 퍼지 집합에 대한 연구를 바탕으로 발전적으로 연구한 분야이다. 1965년 버클리에 있는 캘리포니아 대학교 전기공학부 교수이자 학장인 로트피 자데는 유명한 논문인「퍼지 집합」을 발표하였다. 자데는 사실상 퍼지성을 재발견하였으며, 이를 증명하고 탐구하였다. 자데의 업적은 가능성 이론에 대한 연구를 수학 논리의 형식 체계로 확장했고, 무엇보다 중요한 것은 자연어 용어를 적용하기 위해 새로운 개념을 도입했다는 점이다. 퍼지 용어를 표현하고 조작하기 위한 새로운 논리를 퍼지 논리라고 정의했다.

1965년 버클리에있는 캘리포니아 대학의 전기공학과 교수이자 학장인 로트피 자데는 유명한 논문 '퍼지 집합'을 발표하였다. 실제로 자데는 퍼지성을 재발견하고, 그것을 증명하고 탐구했으며, 그것을 홍보하였다. 자데는 가능성 이론에 대한 연구를 공식적인 수학적 논리시스템으로 확장했으며, 더 중요한 것은 자연언어 용어를 적용하는 새로운 개념을 도입한 것이다. 그리고, 퍼지 용어를 표현하고 조작하는 이 새로운 논리를 퍼지 논리라고 정의하였다.

퍼지라는 단어 자체는 부정적인 의미를 담고 있었으나, 퍼지라는 용어는 구체적이고 직접적이며 설명적이어서 무엇을 의미하는지 쉽게 이해할 수 있었다.

모호성은 그 이전부터 있던 퍼지 집합론에 항상 존재하고, 퍼지 논리는 이 이론의 일부분일 뿐이었다. 그러나 자데는 퍼지 논리라는 용어를 좀 더 넓은 뜻으로 사용했다. 퍼지 논리를 고전 이진 논리(binary logic)처럼 소속을 분명히 하는 것이 아니라, 어느 정도 속하는 지를 바탕으로 지식을 표현하는 일련의 수학 원칙으로 정의하였다.

2치 논리인 불 논리와 달리 퍼지 논리는 여러 개의 값을 가지는 다치 논리이다. 퍼지 논리는 소속도와 진리도를 다룬다. 이러한 소속도와 진리도는 여러 개의 값을 가질 수 있다.

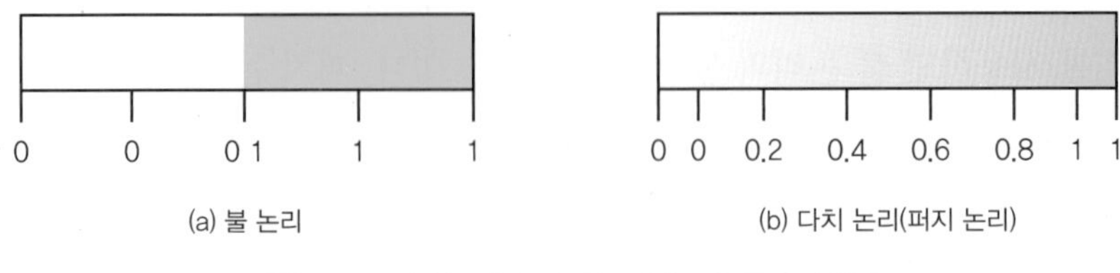

그림 10-1 불 논리와 퍼지 논리에서 논리값의 범위

퍼지 논리는 완전한 거짓인 0과 완전한 참인 1 사이에 있는 연속된 논리값을 사용한다. 퍼지 논리는 검정과 하양만 다루는 대신 다양한 회색을 사용한다고 볼 수 있다. 즉 어떤 대상이 동시에 참이면서도 거짓인 경우를 허용한다. 이 그림에서 볼 수 있듯이 퍼지 논리는 불 논리에 논리값 범위를 더한 것이다. 고전적인 이진 논리는 다치 퍼지 논리의 특수한 경우로 볼 수 있다.

10.1.2 퍼지 집합

그러면 먼저, 퍼지 논리에 사용되는 집합론에 대해 알아보자. 우리가 쓰는 자연어는 집합의 궁극적인 표현이다. 예를 들면, 휴대폰은 휴대폰의 집합을 말한다. 그리고, 휴대폰 한 대라는 말은 휴대폰 집합의 원소 하나를 의미한다.

퍼지 집합과 대비해서 고전적인 집합을 크리스프 집합이라고 한다. X를 고전적인 크리스프 집합이고, x를 원소라 가정하자. 그러면 원소 x는 X에 속하거나, X에 속하지 않거나 둘 중 하나가 된다. 고전적인 집합론에서는 이 집합의 경계에 명확하게 경계를 긋고, 이 집합의 원소에는 1 대입하고, 원소가 아닌 것에는 0을 대입한다. 그래서 크리스프 집합은 이분법 원리가 된다.

퍼지 집합은 경계가 모호한 집합이라고 할 수 있다. 크리스프 집합과는 달리 원소가 퍼지 집합에 어느 정도 속한다는 것이 퍼지 집합의 기본 발상이다. 명제는 참 또는 거짓이 아니라 어느 정도는 부분적으로 참이거나 부분적으로 거짓으로 나타낼 수 있다. 여기서 사용되는 정도는 보통 [0,1] 범위의 실수값으로 나타난다.

퍼지 집합의 고전적인 예를 보도록 하자. 퍼지 집합 '키가 큰 남자'의 원소는 모든 남자를 포함하며, 각 원소의 소속도는 이 표와 같이 키에 따라 다르다. 키가 205cm인 마크는 소속도 1이고, 키가 152cm인 피터는 소속도 0으로 지정되어 있다. 그 키 사이에 있는 사람들은 그 사이에 있는 소속도 값을 가진다. 어떤 사람을 보고 키가 크다고 할지는 사람마다 기준이 다를 수 있다. 그러나 키가 큰 남자 퍼지 집합에 들어가는 원소에게는 이 표와 같은 소속도 값으로 판단할 수 있을 것이다.

표 10-1 '키가 큰 남자'에 대한 소속도

이름	키(cm)	소속도	
		크리스프	퍼지
크리스	208	1	1.00
마크	205	1	1.00
존	198	1	0.98
톰	181	1	0.82
데이비드	179	0	0.78
마이크	172	0	0.24
밥	167	0	0.15
스티븐	158	0	0.06
빌	155	0	0.01
피터	152	0	0.00

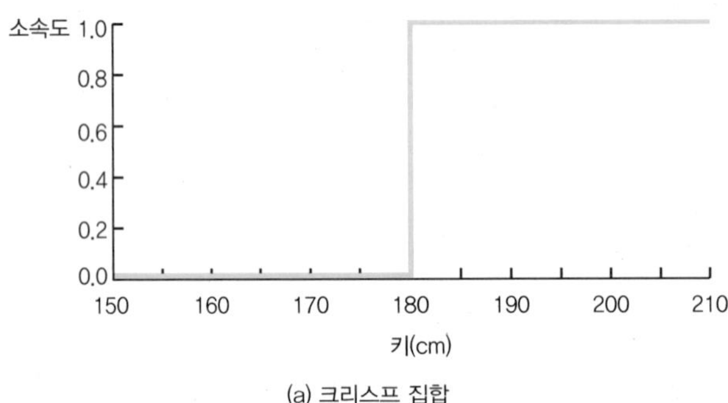

(a) 크리스프 집합

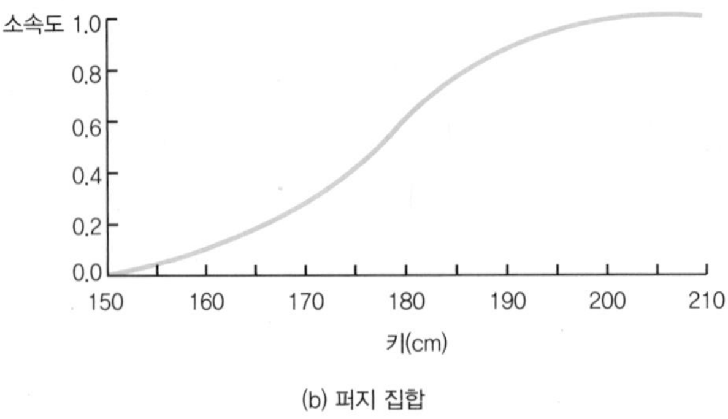

(b) 퍼지 집합

그림 10-2 키가 큰 남자에 대한 크리스프 집합과 퍼지 집합

'이 남자는 키가 클까?'라는 질문이 주어졌을 때 크리스프 집합, 퍼지 집합, 이 두 집합에서 어떻게 계산을 하는지 살펴보자. 크리스프 집합을 사용한다면,'이 남자는 키가 클까?'라고 질문에 대해, 먼저 180cm 같은 기준선을 긋게 된다. 키가 큰 남자는 180cm 이상, 키가 작은 남자는 180cm 미만으로 나누게 된다. 톰의 키는 181cm이므로 톰은 키가 큰 남자가 되고, 빌은 155cm이므로 키가 큰 남자가 아니다.

퍼지 집합을 사용한다면 이 질문에 대한 답변은 퍼지 집합의 부분적인 소속도가 된다. 톰의 키가 181cm이면, 톰은 키가 큰 남자의 집합에 0.82만큼 속하게 된다.

위 그림과 같이 퍼지 집합은 경계를 넘을 때 점진적으로 전이하게 된다. 키가 크지 않은 남자, 키가 보통인 남자, 키가 조금 큰 남자, 키가 큰 남자 같은 집합도 생각해 볼 수 있다.

이 그림에서 가로축은 영역, 즉 선택한 변수에 적용할 수 있는 모든 값의 범위를 나타낸다. 이 예에서 변수는 사람의 키가 된다.

이 그림의 세로축은 퍼지 집합에 대한 소속도 값을 나타낸다. '키가 큰 남자'에 대한 퍼지 집합은 키 값을 관련 소속도 값에 대응시키게 된다. 그림을 보면 키가 179cm인 데이비드는 톰보다 2cm 작을 뿐이다. 크리스프 집합에서는 데이비드부터 갑자기 더 이상 키가 큰 남자가 될 수 없는데 퍼지 집합에서는 데이비드가 그렇게 되지는 않는다. 퍼지 집합에서는 데이비드와 그 외의 남자들이 키가 작아질수록 점점 '키가 큰 남자' 집합에서 멀어지게 될 뿐이다.

그러면 이제 수학적으로 크리스프 집합과 퍼지 집합을 정의해 보자. 먼저 크리스프 집합에 대해 살펴 보자.

대문자 X를 영역, 소문자 x를 이 영역의 원소라 하자. 고전적인 집합론에서 X상의 크리스프 집합 A는 A에 대한 특성 함수 $f_A(x)$를 사용해서 정의한다. 크리스프 집합에서 특성함수 $f_A(x)$는 다음과 같은 값을 가진다. 즉, 크리스프 집합은 영역 X를 두 원소로 이루어진 집합에 대응시킨다. 영역 X의 특정 원소 x가 있을 때, 특성함수 $f_A(x)$는 x가 A의 원소이면 1이고, x가 A의 원소가 아니면 0이 된다.

$$f_A(x) : X \rightarrow [0,1]$$

$$f_A(x) = \begin{cases} 1, & \text{if } x \in A \\ 0, & \text{if } x \notin A \end{cases} \tag{4.1}$$

이제 퍼지 집합을 살펴 보자. 퍼지 이론에서 영역 X에 속한 퍼지 집합 A는 함수 $\mu_A(x)$를 써서 정의하고 있다. 이 함수가 집합 A에 대한 소속 함수라면, $\mu_A(x)$는 이 식과 같은 값을 가진다. 원소 x가 완전히 집합 A에 속하는 경우에는 1이라는 소속도를 가지며, 반대로 원소 x가 완전히 집합 A에 속하지 않는 경우에는 0이라는 소속도를 가진다. 영역 X의 특정 원소 x가 있을 때, 소속함수 $\mu_A(x)$는 x가 집합A에 속하는 정도라고 볼 수 있다. 이는 0에서 1 사이의 값으로 소속도를 나타내며, 집합 A에서 원소 x의 소속값이라고도 한다.

$$\mu_A(x) : X \rightarrow [0,1]$$

$$\begin{array}{ll} \mu_A(x) = 1 & x\text{가 완전히 } A\text{에 속한 경우} \\ \mu_A(x) = 0 & x\text{가 완전히 } A\text{에 속하지 않는 경우} \\ 0 < \mu_A(x) < 1 & x\text{가 부분적으로 } A\text{에 속한 경우} \end{array} \tag{4.2}$$

퍼지 집합에서 소속 함수의 결정은 매우 중요하다. 이 소속 함수를 어떻게 결정할 수 있는지, 그 방법들을 보자. 퍼지 집합을 구성하는 가장 실용적인 방법 중 하나는 전문가의 지식을 이용하는 방법이다. 전문가에게 다양한 요소가 주어진 집합에 어떤 원소가 속하는지 여부에 대한 의견을 물어보면 된다. 또 다른 유용한 방법은 여러 전문가로부터 지식을 얻는 것이다. 퍼지 집합을 형성하는 새로운 기술은 인공 신경망을 기반으로 사용 가능한 시스템 연산 데이터를 학습한 후 퍼지 집합을 자동으로 도출하는 방법이다.

'키가 큰 남자' 예를 사용하여, 컴퓨터에서 퍼지 집합을 나타내는 방법에 대해 살펴보자. 남자의 키에 따른 크리스프 집합과 퍼지 집합을 이 그림에서 볼 수 있다. 이 집합들의 X축 영역인 남자의 키는 키가 작은 남자, 키가 보통인 남자, 키가 큰 남자라는 세 집합으로 이루어진다. 크리스프 집합에서는 170cm보다 작으면 키가 작은 집합에 속하게

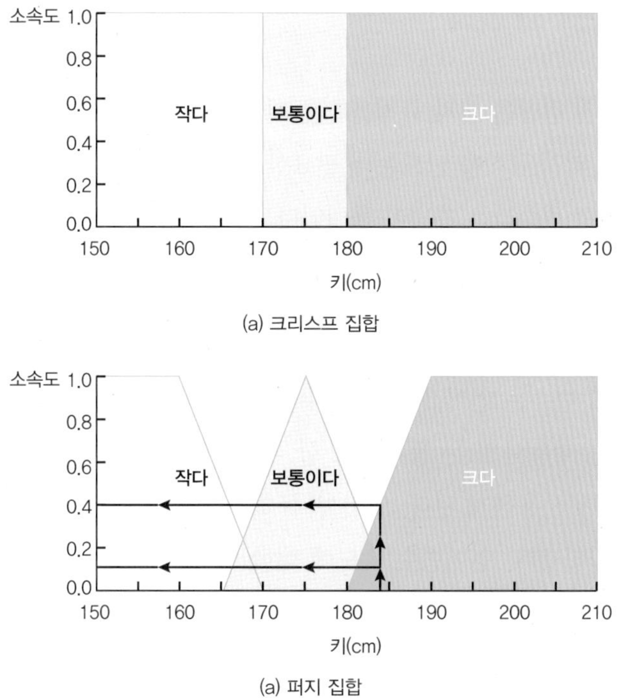

그림 10-3 키가 작은 남자, 키가 보통인 남자, 키가 큰 남자에 대한 크리스프 집합과 퍼지 집합

된다. 180cm가 넘으면 키가 큰 집합에 속한다. 그러면 179cm는 어느 집합에 속하게 될까? 180cm에서 1cm가 부족하여 키가 보통인 남자 집합에 속하게 된다. 이 예와 같이 크리스프 집합에서는 그 경계가 엄밀하게 정해져 있고, 그 경계보다 큰 값을 가지느냐, 작은 값을 가지느냐에 따라 속하는 집합이 달라진다.

이에 반해, 퍼지 논리에서는 키가 184cm인 남자는 키가 보통인 남자 집합의 구성원으로 소속도가 0.1이고, 동시에 키가 큰 남자 집합의 구성원으로서 소속도가 0.4가 된다. 이는 키가 184cm인 남자가 여러 집합에 부분적으로 소속되어 있음을 뜻한다.

10.1.3 언어 변수와 헤지

앞에서 기술한 퍼지 집합은 퍼지 규칙을 만들기 위한 기반 지식으로 사용된다. 그러면, 퍼지 집합과 함께 퍼지 규칙을 만드는데 필요한 또 다른 개념들을 살펴보자. 퍼지 집합론의 뿌리에는 언어 변수라는 개념이 들어있다. 언어 변수는 퍼지 변수(fuzzy variable)라고 할 수 있는데, 예를 들어 '존은 크다'라는 문장은 언어 변수 존이 언어 값 '크다'를 취한다는 뜻이다.

정리해 보면, 언어 변수는 언어값을 가질 수 있는 단어 변수이고, 언어값은 언어 변수에 지정될 수 있는 형용사 또는 동사라고 할 수 있다. 퍼지 전문가 시스템에서는 언어 변수를 퍼지 규칙에 사용하게 된다. 언어 변수 하나에 할당되는 값의 범위는 해당 변수에 대한 영역을 나타낸다. 언어변수 속도에 대한 영역은 0km/h~220km/h까지고, '매우 느리다', '느리다', '보통이다', '빠르다', '매우 빠르다' 같은 퍼지 부분 집합을 포함할 수 있다. 각 퍼지 부분 집합 역시 대응하는 언어 변수에 대한 언어 값을 나타내게 된다.

다음으로 헤지에 대해 알아보자. 언어 변수는 헤지라고 하는 퍼지 집합 한정사의 개념을 수반한다. 헤지는 퍼지 집합의 모양을 바꾸는 용어가 된다. 따라서 헤지는 '매우', '얼마간', '꽤', '다소', '조금' 같은 부사를 포함한다. 이 헤지는 동사, 형용사, 부사, 심지어 전체 문장의 의미를 변경할 수 있다. 헤지는 다음과 같이 사용될 수 있다. 범용 수식어로써 '매우', '꽤', '몹시' 같은 부사가 사용될 수 있고, 진리값과 함께 '거의 참이다', '대개 거짓이다' 등과 같이 사용될 수 있다. 확률을 의미하는 '~일 것이다', '~일 것 같지 않다' 처럼 사용되거나, 한정사로써 '대부분', '몇몇', '거의 없는' 같은 용어가 사용될 수 있다. 가능성을 표현하는 '거의 불가능하다', '꽤 있음직하다' 같은 형태로도 사용된다.

헤지 자신은 연산자처럼 작동하기 때문에 '매우'는 집중 연산을 수행하고 새로운 집합을 만들게 된다. 따라서 '키가 큰 남자 집합'에서 헤지 '매우'는 '매우 키가 큰 남자'라는 부분 집합을 만들게 된다. 헤지 '몹시'는 같은 효과를 좀 더 크게 만드는 역할도 한다. 집중과 반대되는 연산으로 확장이 있다. 확장 연산은 집합을 확장하게 된다. 헤지 '다소'도 확장 연산을 수행한다. '다소 키가 큰 남자' 라는 집합은 '키가 큰 남자'의 집합보다 범위가 넓다.

헤지는 연산으로도 사용할 수 있지만, 연속체를 퍼지 구간으로 끊을 수도 있다. '매우 춥다', '적당히 춥다', '조금 춥다', '춥지도 덥지도 않다', '조금 덥다', '적당히 덥다', '매우 덥다' 같은 헤지는 온도를 설명하는 데 사용되고 있다. 분명히 이들 퍼지 집합은 서로 겹친다.

헤지를 사용하면 인간의 사고를 반영할 수 있는데, 이는 사람들은 보통 '조금 덥다'와 '적당히 덥다'를 구분하지 못하기 때문이다.

헤지를 사용하게 되면 기존의 퍼지 집합과는 또 다른 퍼지 집합이 생기게 된다. '적다'라는 퍼지 집합에서 '매우'라는 헤지가 붙으면 '매우 적다'라는 새로운 퍼지 집합이 생기게 된다.

헤지의 효과에 의해 나타나는 새로운 퍼지 집합의 모양들을 살펴보자.

표 10-2 퍼지 논리에서 헤지를 나타내는 방법

헤지	수식 표현	그래프 표현
약간	$[\mu_A(x)]^{1.3}$	
조금	$[\mu_A(x)]^{1.7}$	
매우	$[\mu_A(x)]^{2}$	
몹시	$[\mu_A(x)]^{3}$	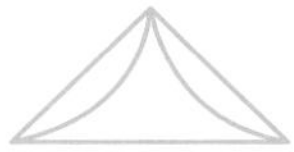
매우매우	$[\mu_A(x)]^{4}$	
다소	$\sqrt{\mu_A(x)}$	

헤지	수식 표현	그래프 표현
얼마간	$\sqrt{\mu_A(x)}$	
확실히	$2[\mu_A(x)]^2 \quad \text{if } 0 \le \mu_A \le 0.5$ $1-2[1-\mu_A(x)]^2 \quad \text{if } 0.5 < \mu_A \le 1$	

'매우'는 집중 연산이다. '매우'는 집합의 범위를 좁히고 퍼지 원소의 소속도를 낮추게 된다. 이 연산은 수학의 제곱 연산으로 구현된다. 데이비드가 '키가 큰 남자 집합'에 0.78만큼 속한다면, '매우 키가 큰 남자 집합'에는 0.78의 제곱인 0.6084만큼 속하게 된다.

'몹시'는 '매우'와 비슷한 효과가 있는데, 그 정도가 더 크다. 이 연산은 $\mu_A(x)$를 세제곱한 것과 같다. 데이비드가 '키가 큰 남자 집합'에 0.78만큼 속한다면, '매우 키가 큰 남자 집합'에는 0.7396만큼 속하고, '몹시 키가 큰 남자 집합'에는 0.78의 세제곱인 0.4746만큼 속하게 된다.

'매우매우'는 집중 연산을 단순히 확장한 것이다. 이 연산은 집중 연산을 제곱한 것이다. '키가 큰 남자 집합'에 0.78만큼, '매우 키가 큰 남자 집합'에는 0.6084만큼 속하는 데이비드는 '매우매우키가 큰 남자 집합'에는 0.6084의 제곱인 0.3702만큼 속하게 된다.

'다소'는 확장 연산이다. 집합을 확장함으로써 퍼지 원소들의 소속도를 높이게 된다. 만약 데이비드가 '키가 큰 남자 집합'에 0.78만큼 속한다면 '다소 키가 큰 남자 집합'에는 이 식의 계산대로 0.8832만큼 속하게 된다.

'확실히'는 강화 연산이다. 모든 문장의 의미를 강화한다. 소속도가 0.5이상이면 소속도를 더 높이고, 0.5보다 낮은 경우에는 더 낮추는 역할을 한다. 만약 데이비드가 '키가 큰 남자 집합'에 0.78만큼 속한다면 '확실히 키가 큰 남자 집합'에는 0.9032 만큼 속하게 된다. 반대로 '키가 큰 남자 집합'에 0.06만큼 속하는 스티븐은 '확실히 키가 큰 남자 집합'에는 0.0072 만큼 속하게 된다. '키가 큰 남자 집합'에 속하는 정도가 낮은 만큼, '확실히 키가 큰 남자 집합'에 속하게 되는 정도는 더 낮아지게 된다.

10.1.4 퍼지규칙

퍼지 규칙은 퍼지 집합을 이용한 규칙이다. 1973년에 자데는 두 번째로 유명한 논문을 발표했는데, 여기서 인간의 지식을 퍼지 규칙으로 표현할 것을 제안한다.

퍼지 규칙은 이 그림과 같은 형태로 된 조건문으로 정의할 수 있다.

여기서 x와 y는 언어변수고, A와 B는 각각 영역 X와 Y의 퍼지 집합에서 결정된 언어값이 된다.

```
IF      x가 A
THEN    y는 B
```

그러면, 고전적인 규칙과 퍼지 규칙의 차이점에 대해 알아 보자. 예를 들어 판매량 규칙이란 것을 고전적인 IF-THEN 규칙으로 만들어 보자.

```
규칙 1
IF      가격 > 1000원
THEN    판매량이 적다

규칙 2
IF      가격 < 500원
THEN    판매량이 많다
```

여기서는 이진 논리가 적용된다. 이 규칙에서 변수 가격은 0원에서 2000원 사이에 있는 값이 된다. 언어 변수 판매량은 '많다' 또는 '적다' 두 가지 값 중 하나만 가질 수 있다. 고전적인 규칙은 불 논리의 흑백이 뚜렷한 언어로 표현된다.

이에 대비해서 정지거리 규칙을 퍼지 형식으로 표현해 보자.

```
규칙 1
IF      가격이 비싸다
THEN    판매량이 적다

규칙 2
IF      가격이 싸다
THEN    판매량이 많다
```

이 규칙에서 언어 변수 가격은 0원에서 2000원 범위에 있다. 그러나 이 범위는 '싸다', '보통이다', '비싸다' 같은 퍼지 집합을 포함한다. 언어 변수 판매량의 영역은 0개에서 100개 사이에 있을 수 있고, '적다', '보통이다', '많다' 같은 퍼지 집합을 포함할 수 있다. 따라서 퍼지 규칙은 퍼지 집합과 연관되어 있다. 퍼지 전문가 시스템은 고전적인 규칙들을 통합하고, 고전적인 규칙 중 최소한 90%를 제거할 수 있다.

10.1.5 퍼지 전문가 시스템

지금까지 배운 퍼지 규칙을 활용하여 퍼지 전문가 시스템을 개발하는 절차는 이 그림과 같다.

첫 번째 단계에서는 문제를 명확히 하고 언어 변수를 정의한다. 전문가 시스템을 개발하는 첫 번째 단계이면서, 개발 방향을 결정하는 가장 중요한 단계로, 문제를 명확히 인식하는 단계이다. 그리고 문제의 입출력 변수와 그 범위를 결정한다.

두 번째 단계에서는 시스템에서 사용할 퍼지 집합을 결정한다. 퍼지 집합은 다양한 모양의 그래프로 표현될 수 있다. 삼각형이나 사다리꼴은 전문 지식을 나타내기에 적절하고 계산 과정이 간단하다.

세 번째 단계에서는 퍼지 규칙을 구성하고 도출한다. 이를 위해 전문가는 앞에서 정의한 퍼지 언어 변수를 사용하여 문제를 어떻게 해결하는지 설명해야 한다. 필요한 지식은 책, 컴퓨터 데이터베이스, 흐름도, 인간 행동 관찰 등 여러 출처를 통해 수집할 수 있다.

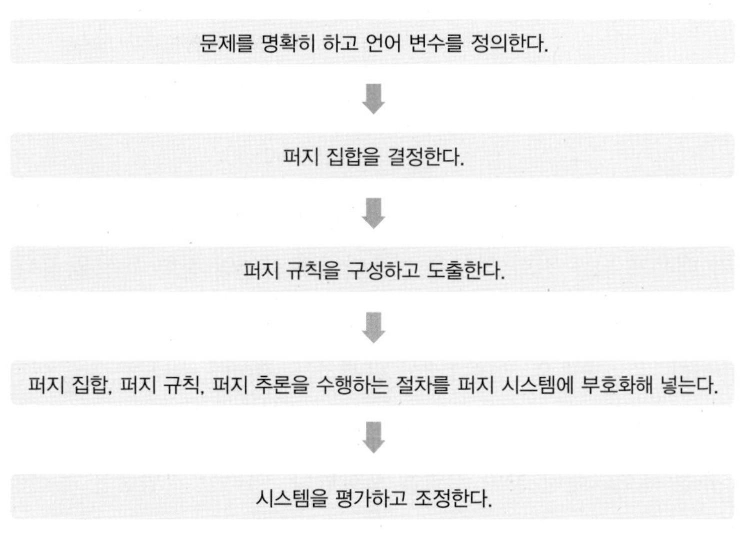

그림 10-4 퍼지 전문가 시스템 개발 절차

네 번째 단계에서는 퍼지 집합, 퍼지 규칙, 퍼지 추론을 수행하는 절차를 퍼지 시스템에 부호화해 넣는다. 이 단계가 실제 퍼지 전문가 시스템을 구축하는 단계이다. 이 작업을 수행하기 위해 C 또는 자바와 같은 프로그래밍 언어를 사용하여 직접 시스템을 구축하거나, MathWorks의 MATLAB Fuzzy Logic Toolbox 또는 Fuzzy의 Fuzzy Knowledge BuilderTM와 같은 퍼지 논리 개발 도구를 적용하는 두 가지 옵션 중 하나를 선택할 수 있다. 시스템 개발 경험이 많은 퍼지 시스템 개발자는 유연성이 뛰어난 C / C ++ 같은 프로그래밍 언어를 선호한다. 그러나 퍼지 전문가 시스템을 신속하게 개발하고 원형을 만들려면 퍼지 논리 개발 도구를 사용하는 것이 가장 좋다. 이러한 도구는 일반적으로 퍼지 시스템을 구축하고 테스트하기 위한 완벽한 환경을 제공한다.

마지막 단계에서는 시스템을 평가하고 조정한다. 시스템을 평가하고 조정하는 단계는 수행하기 번거로운 단계이다. 퍼지 시스템이 최초로 제시한 요구 사항을 만족하는지 정확하게 확인해야 한다. 시스템의 입출력 변수를 재검토하고, 필요하면 범위를 재조정한다. 시스템에 사용된 퍼지 집합을 재검토하고, 필요하면 영역에 새로운 집합을 추가할 수도 있다. 범위가 넓은 퍼지 집합을 쓰면 퍼지 시스템이 세밀하지 않게 작동할 수 있으니 주의해야 한다. 이렇게 제작된 퍼지 전문가 시스템은 기존의 전문가 시스템보다 좀 더 유연하게 동작할 수 있다.

10.2 진화연산

모든 생물은 진화의 산물이다. 진화를 거듭할수록 환경에 더 잘 적응된 생명체가 탄생한다. 우리가 배우게 되는 진화 연산은 컴퓨터에서 자연의 진화 특성을 흉내 내는 것이다. 컴퓨터에서 진화 연산을 하면서 얻게 되는 결과는 어떤 문제의 해결책을 위한 최적화 알고리즘이다. 즉, 새로운 프로그램이 탄생하는 것이다. 기계학습에 의한 진화론적 방법은 자연 선택과 유전학 계산 모델에 근거하고 있다. 진화 연산은 유전 알고리즘, 진화 전략, 유전 프로그래밍 등의 기법을 포함한다. 이러한 기법들은 유전에서 나타나는 선택, 변이, 재생산을 이용하여 진화를 흉내 낸다.

자연의 진화는 찰스 다윈의 진화론에 그 바탕을 두고 있다. 신다윈주의는 재생산, 진화 경쟁, 선택 과정 등이 제일 중요한 개념이다. '재생산' 능력은 생명의 본질적인 특성이고, '변이' 능력은 어떤 생명체든 끊임없이 변화하는 환경 속에서 자기 자신을 재생산할 수 있게 해 준다. '경쟁'과 '선택'은 여러 생물 종의 개체군 확장을 제한하는 자연계에서 일상적으로 일어나는 일이다.

진화는 특정 환경에서 집단이 생존하고 재생산하는 능력을 유지·향상하게 시키는 과정이라고 할 수 있다. 이렇게 생존하고 재생산하는 능력을 진화 적합성이라 한다. 적합성을 직접 측정할 수는 없지만, 생태학이나 유기체에 관한 기능 형태학을 바탕으로 추정할 수는 있다.

적합도를 나타내기 위하여 적응형 위상 개념을 사용한다. 적응형 위상은 연속 함수로, 환경, 즉 자연의 위상이 정적이지 않다는 사실을 흉내 낸다. 위상의 형태는 시간에 따라 변하고, 모든 종은 끊임없이 선택받게 된다.

진화의 목표는 적합도가 증가하는 개체 집단을 생성하는 것이다. 진화의 예로 빠른 토기 얘기를 해 보자.

"다른 토끼보다 '발이 빠른 토끼'는 여우를 피하여 살아남아 번식할 확률이 높으므로 적합도가 높다고 할 수 있다. 물론 느린 토끼도 몇 마리 살아남을 수 있다. 그 결과, 몇몇 느린 토끼는 빠른 토끼와 새끼를 낳고, 몇몇 빠른 토끼는 다른 빠른 토끼와 새끼를 낳고, 몇몇 느린 토끼는 다른 느린 토끼와 새끼를 낳게 된다. 즉 번식을 통해 토끼의 유전자가 섞이게 된다. 두 부모의 적합도가 모두 높으면 적합도가 더 높은 자식을 낳을 가능성이 크니, 시간이 지나면서, 전체 토끼 집단은 여우와 우연히 마주치는 환경에 대처하기 위해 점점 더 빨라지게 된다. 환경조건은 변할 수 있다. 예를 들어, 뚱뚱하지만 영리한 토끼에 유리하게 변할 수 있다. 생존을 위해 최적화하려면 토끼 집단의 유전 구조도 이에 따라 변할 것이다. 마찬가지로 더 빠르고 영리하게 태어난 토끼는 더 빠르고 영리한 여우를 태어나게 한다. 이렇게, 자연의 진화 과정은 연속적이며, 절대 끝나지 않는다."

컴퓨터에서 사용하는 진화 방법에서는 먼저 개체 집단을 만들고, 그 집단의 적합도를 평가하며, 유전 연산자를 써서 새로운 집단을 만든다. 그리고 이 과정을 여러 번 반복함으로써 자연의 진화를 흉내 낼 수 있다.

10.2.1 유전알고리즘

컴퓨터에서 자연의 진화를 흉내 내는 방법 중 대표적인 것이 유전 알고리즘이다. 존 홀랜드가 유전 알고리즘 개념을 창안했다. 홀랜드의 유전 알고리즘은 인공적인 염색체로 이루어진 한 해집단에서 다른 해집단으로 넘어가는 일련의 절차적인 단계로 나타낼 수 있다.

1 유전알고리즘의 정의

유전 알고리즘의 구성으로는 이렇게 네 가지를 얘기할 수 있다. 유전 알고리즘은 자연선택과 유전학에서 영감을 얻은 교차와 변이 연산을 사용한다. 염색체는 '유전자(gene)' 여러 개로 이루어지는데, 각 유전자는 아래 그림과 같이 0이나 1로 나타낸다. 유전 알고리즘은 무엇을 할지 가르쳐 주지 않아도 적응하고 학습하는 능력으로, 인코딩과 평가가 유전 알고리즘을 풀려는 문제와 연결된다. 인코딩은 염색체를 1과 0으로 된 문자열로 나타내는 것이다.

그림 10-5 16비트 이진 문자열로 인코딩한 인공적인 염색체

평가함수는 풀려는 문제에 대한 염색체의 성능, 즉 적합도를 측정하는데 사용한다. 유전 알고리즘은 염색체를 재생산할 때 평가함수에서 측정한 개별 염색체의 적합도 값을 사용한다. 재생산이 일어나면 교차 연산자는 두 염색체 일부를 교환하고, 변이 연산자는 염색체에서 임의로 선택한 몇몇 자리에 있는 유전자의 값을 바꾼다. 그 결과, 재생산이 여러 번 연속해서 일어난 후에는 적합도가 낮은 염색체는 소멸하고, 살아남은 염색체가 점차 해집단을 차지하게 된다.

이 그림은 일반적인 유전 알고리즘에 대한 흐름도이다. 유전 알고리즘의 주요 단계는 총 10단계로 구성되어 있는데, 1단계에서는 문제 변수 영역을 고정된 길이의 염색체로 나타내고, 해집단 크기 N, 교차율 p_c, 변이율 p_m을 정한다.

2단계에서는 문제 영역에서 개별 염색체의 적합도를 재는 적합도 함수를 정의한다. 적합도 함수는 재생산 과정에서 교차연산과 변이연산에 사용할 염색체를 선택하는 근거가 된다.

3단계에서 염색체 N개로 이루어진 초기 해집단을 임의로 생성한다.

4단계에서는 2단계에서 정한 적합도 함수를 사용하여 염색체 각각의 적합도를 계산한다.

5단계에서 현재 해집단에서 짝지을 염색체 한 쌍을 선택한다. 적합도에 따라 확률적으로 부모 염색체를 선택하는데, 적합도가 높은 염색체는 적합도가 낮은 염색체보다 선택될 확률이 높다.

6단계에서는 유전 연산자인 교차와 변이를 적용하여 자식 염색체 한 쌍을 만든다.

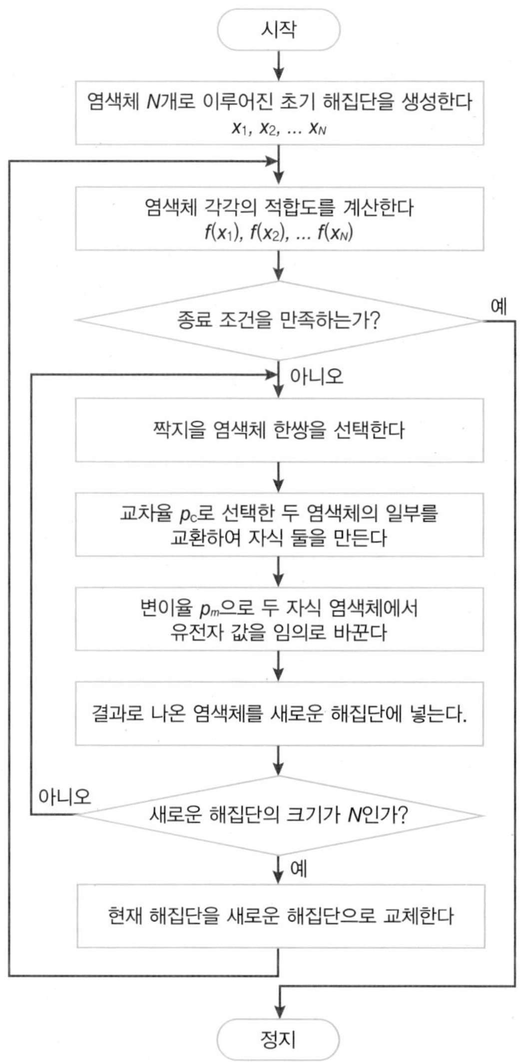

그림 10-6 일반적인 유전 알고리즘

7단계에서는 만들어진 자식 염색체를 새로운 해집단에 넣는다.

8단계에서는 새로운 해집단의 크기가 초기 해집단 크기인 N이 될 때까지 5단계부터 반복한다.

9단계에서 초기 부모 해집단을 새로운 자식 해집단으로 교체한다.

10단계에서는 4단계로 가서 종료 조건을 만족할 때까지 이 과정을 반복한다.

이런 유전 알고리즘의 종료 조건은 유전 알고리즘이 언제 끝나야 하는지를 결정하는데, 두 가지 방법이 있다. 전형적인 종료 조건으로는 만족할 만한 해를 찾을 때까지 계속해서 해를 구한다. 유전 알고리즘은 통계적 탐색 기법을 쓰기 때문에 더 좋은 염색체가 나타나기 전까지 몇 세대 동안은 해집단의 적합도가 정체될 수 있다. 적응적 종료 조건에서는 보통 정해진 세대수가 되면 유전 알고리즘을 종료하고 해집단에서 가장 좋은 염색체를 찾는다. 만족스러운 해를 발견하지 못하면 유전 알고리즘을 다시 시작할 수도 있다.

2 유전알고리즘의 작동 원리

유전 알고리즘의 핵심은 교차와 변이 과정이다. 이러한 교차와 변이를 하기 위하여 염색체를 선택해야 하는데, 일반적으로 룰렛 휠 선택 방법을 많이 사용한다. 이 방법은 해집단의 크기를 일정하게 유지하면서 평균 적합도를 높이는 방법이다.

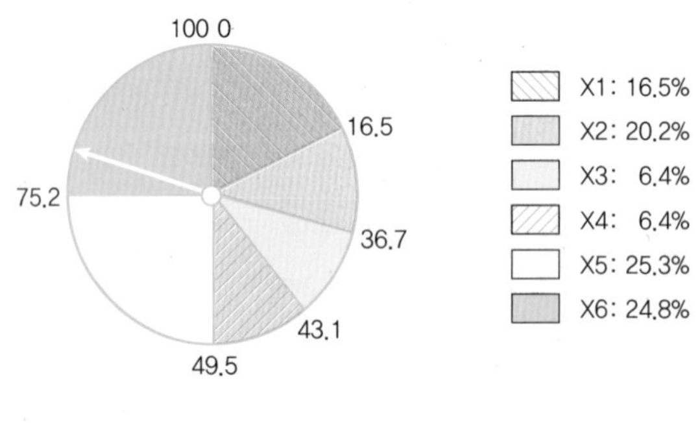

그림 10-7 룰렛 휠 선택

이 그림처럼 염색체 각각은 원형 룰렛 휠 조각을 하나씩 할당받는다. 염색체가 6개라면 룰렛 휠의 조각도 6개가 필요하다. 여기서 X1부터 X6까지의 기호는 염색체의 이름을 나타낸다. 휠에서 조각의 넓이는 염색체의 적합도 비율과 같다. 어떤 염색체의 적합도가 크면 그에 비례해서 넓은 조각을 받게 된다. 이는 해당 염색체가 선택받을 가능성을 크게 해 준다.

짝을 지을 염색체를 선택하려면 [0, 100]에서 난수를 만들고 난수가 걸쳐있는 구간에 있는 염색체를 선택한다. 이는 모든 염색체가 적합도에 비례하여 공간을 차지하고 있는 룰렛 휠을 돌리는 것과 같다. 룰렛 휠을 돌린 후 화살표가 멈춘 구획의 염색체가 선택된다. 초기 해집단이 염색체 여섯 개로 이루어져 있다면, 다음 세대에서도 같은 규모의 염색체를 유지하기 위하여 룰렛 휠을 여섯 번 돌려서 여섯 개의 염색체를 선택해야 한다. 이렇게 선택된 염색체는 교차 연산과 변이 과정을 거치게 된다.

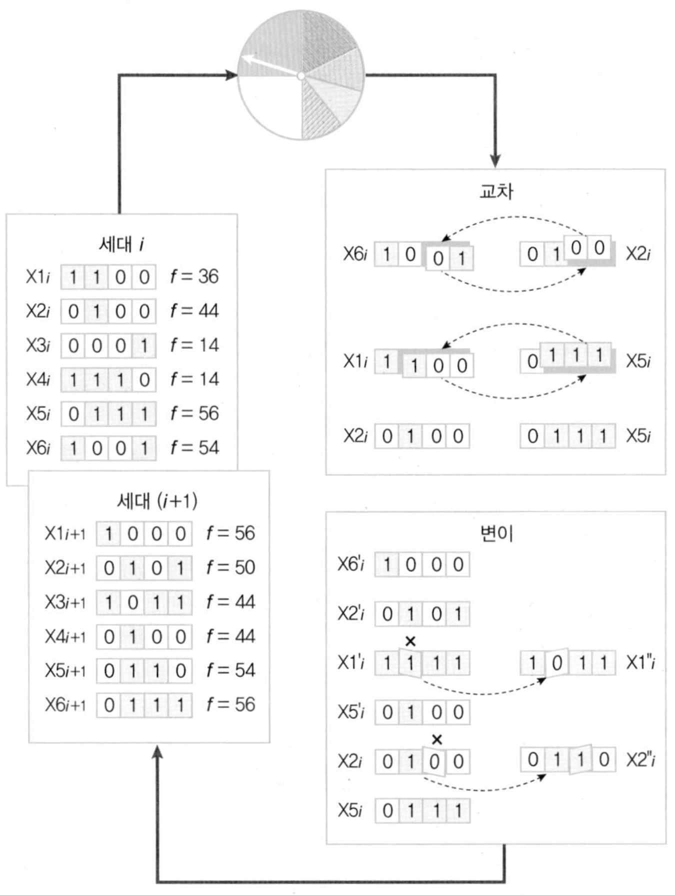

그림 10-8 유전 알고리즘의 한 주기

교차 연산자는 선택된 부모 염색체 두 개에 대해서 '끊어지는' 교차점을 임의로 선택하고 염색체에서 이 지점보다 뒤쪽에 있는 부분을 교환하게 된다. 이 결과 새로운 자식 염색체 두 개가 만들어진다. 교차율에 따라 염색체 쌍이 교차하지 않을 수도 있는데, 이때는 염색체 복제가 이루어져 부모 염색체와 동일하게 복사해서 자식 염색체를 만든다. 일반적으로 교차율 값이 0.7일 때 좋은 결과를 만들어 낸다고 알려져 있다.

이 그림에서 보는 것처럼 선택된 유전자 X6과 X2는 후반부 유전자 2개에 대해 교차가 일어났다. 선택된 유전자 X2와 X5에 대해서는 염색체 교차가 일어나지 않았고, X2와 X5 염색체가 그대로 변화 없이 후세대에 전해지게 된다.

변이는 유전자가 서로 바뀌는 것을 나타내며, 자연계에서는 드물게 일어난다. 변이는 때때로 상당히 바람직하지 않은 적합도를 만드는 경우가 많다. 하지만 변이를 사용하는 이유는 변이가 탐색 알고리즘이 지역 최적점에 갇히지 않도록 보장하는 역할을 하기 때문이다. 선택과 교차 연산만 적용하다 보면 동질적인 해집단에서 정체될 수 있다. 그런 경우에는 모든 염색체가 동일하기 때문에 해집단의 평균 적합도가 향상되지 않는다. 변이는 임의 탐색과 동등하며 유전적 다양성을 잃지 않도록 도와준다. 변이 연산자는 염색체에서 임의로 선택한 유전자를 뒤집게 된다.

위 그림에서 염색체 X1의 두 번째 유전자에 변이가 생겨 1에서 0으로 변경되었다. 염색체 X2에서는 세 번째 유전자가 변이되어 0이 1로 변경되었다. 변이는 염색체의 모든 유전자에 일정한 확률로 일어날 수 있다. 변이율은 자연계에서도 꽤 낮고 유전 알고리즘에서도 0.001~0.01 사이의 범위로 발생확률이 낮다.

이러한 유전 알고리즘에 의해서 생성되는 염색체는 주어진 문제에 대한 완벽한 최적의 해답은 아니지만, 일반적으로 사용할 수 있는 해답이 될 수 있다.

10.2.2 진화전략

다음으로 유전 알고리즘과 유사한 진화전략에 대해 간략하게 알아보자. 유전알고리즘이 해집합을 구하는 것처럼, 진화전략도 해집합을 구하고 그 해집합을 평가하는 단계를 반복적으로 수행한다.

진화 전략의 특징으로는 새로운 해집합을 생성할 때 그 해집합의 모든 원소가 동시에 변한다는 점이다. 이러한 진화 전략은 염색체의 본성을 반영할 수 있다. 한 유전자가 유기체의 여러 특징에 동시에 영향을 수도 있고, 여러 유전자가 동시에 상호 작용하여 개체 특성 하나를 결정할 수도 있다. 자연 선택은 유전자 하나에 독립으로 작용하지 않고 집단에 작용하고 있다. 진화 전략의 해결 범위로는 제약 조건이 있는 것과 없는 것을 모두 포함한 광범위한 비선형 최적화 문제를 풀 수 있다는 것이다.

유전 알고리즘과 진화 전략의 차이는 유전 알고리즘이 교차와 변이를 사용하는 반면, 진화 전략은 변이만 사용한다는 점이다. 그리고, 유전 알고리즘은 해를 염색체라는 인코딩된 형태로 나타내야 하지만, 진화 전략은 해를 인코딩된 형태로 나타낼 필요가 없다.

10.2.3 유전프로그래밍

유전 프로그래밍은 진화 연산 중에서 최근에 발전한 분야이다. 1990년대 존 코자가 크게 발전시켰다. 컴퓨터 과학 분야의 가장 큰 문제이면서 희망이라면 프로그램을 구체적으로 제시하지 않은 채, 컴퓨터가 문제를 푸는 방법을 찾는 것이다. 어떤 문제에 대해 컴퓨터가 자동으로 해결하면 좋겠다는 말이다.

유전 프로그래밍은 자연 선택 방법으로 컴퓨터 프로그램을 진화시킴으로써 컴퓨터 과학 분야의 문제를 해결하겠다는 특징을 가지고 있다. 유전 프로그래밍은 기존 유전 알고리즘을 확장한 것이다. 유전 알고리즘은 해를 나타내는 이진 문자열을 만드는 반면, 유전 프로그래밍은 해로서 컴퓨터 프로그램을 만든다는 차이점이 있다.

유전 프로그래밍의 목표는 어떤 문제의 이진 문자열 표현을 진화시키는 게 아니라 문제를 푸는 컴퓨터 코드를 진화시키는 것이다. 컴퓨터가 자동으로 프로그램을 작성한다고 보면 되겠다.

유전 프로그래밍의 연산 및 고려사항을 살펴보자. 유전 프로그래밍은 컴퓨터 프로그램 공간에서 당장 문제를 풀기에 적합한 프로그램을 찾는 것이다. 모든 컴퓨터 프로그램은 값에 적용되는 연산자의 순서열이라고 볼 수 있다. 프로그래밍 언어마다 사용하는 구문, 연산자, 문법 제약이 모두 다르다는 것은 큰 문제이다. 유전 프로그래밍은 유전 연산자를 적용하여 프로그램을 조작하기 때문에, 프로그래밍 언어가 컴퓨터 프로그램을 데이터로 조작하고, 새롭게 만든 데이터를 프로그램으로 실행할 수 있어야 한다.

그러면 유전 프로그래밍 실행에 앞서, 적합도 계산 방법을 미리 정의해 두자. 이 준비 단계는 5개의 단계로 이루어진다. 1단계에서는 말단 집합을 정한다. 이 말단 집합은 발견한 컴퓨터 프로그램의 입력에 대응한다. 일반 이진 연산이라면 입력 두 개 a와 b가 필요하다.

2단계에서 기본 함수의 집합을 선택한다. 함수는 산술 연산자, 프로그래밍 연산자, 수학 함수, 논리 함수, 영역에 특화된 함수가 될 수 있다.

3단계에서는 적합도 함수를 정의한다. 적합도 함수는 특정 컴퓨터 프로그램이 얼마나 문제를 잘 풀 수 있는지를 평가하는 역할을 한다. 적합도 함수는 각 문제에 따라 크게 달라질 수 있다. 일반적으로 컴퓨터 프로그램의 적합도를 프로그램의 실제 결과와 적합도 예제로 주어진 결과 사이의 오차로 측정할 수 있다. 오차는 적합도 예제 하나만 가지고 재는 것이 아니라, 여러 적합도 예제에 대한 오차의 절대 값의 합으로 계산한다. 이 오차가 0에 가까울수록 훌륭한 컴퓨터 프로그램이 된다.

4단계에서는 실행을 제어할 인자를 결정한다. 실행을 제어하려면 유전 알고리즘에서 사용하는 기본 인자처럼 해집합의 크기와 반복 회수 등을 사용해야 한다.

마지막 5단계에서는 실행의 결과를 나타낼 방법을 선정한다. 이때, 실행의 결과로 생성된 프로그램 중 가장 적합도가 높은 것을 선정한다. 이와 같이 5단계의 준비 단계를 모두 마치게 되면 유전 프로그래밍을 실행할 수 있다. 이때 컴퓨터 프로그램으로 이루어진 초기 해집단을 임의로 생성하여 실행을 시작한다.

유전 프로그래밍을 이용하여 컴퓨터 프로그램을 만드는 방법은 여섯 단계로 나누어서 생각해 볼 수 있다.

1단계에서는 유전 프로그래밍에서 사용할 파라미터들을 정한다. 실행할 최대 세대수, 복제율, 교차율, 변이율을 정하면 된다. 여기서 복제율, 교차율, 변이율을 모두 더하면 1이 되어야 한다.

2단계에서는 선택한 기본 함수와 그 입력값을 임의로 결합하여 컴퓨터 프로그램 N개로 이루어진 초기 해집단을 생성한다.

3단계에서는 해집단의 컴퓨터 프로그램을 각각 실행하고, 적합도 함수를 적용하여 적합도를 계산한다. 그 중에서 적합도가 가장 높은 개체를 실행 결과로 선정한다.

4단계에서는 정해진 확률대로 유전 연산자를 선택하여 복제, 교차, 변이를 수행한다.

5단계에서는 복제 연산자가 선택되면, 현재 프로그램 해집단에서 컴퓨터 프로그램을 하나 선택하여 새로운 해집단에 그대로 복사해 넣는다. 교차 연산자가 선택되면, 현재 해집단에서 컴퓨터 프로그램 두 개를 선택하여 교차 연산을 수행한다. 이렇게 만들어진 자식 프로그램 쌍을 새로운 해집단에 넣는다. 변이 연산자가 선택되면, 현재 해집단에서 컴퓨터 프로그램 하나를 선택하고 변이를 수행하여 변이된 것을 새로운 해집단에 넣는다. 이때 모든 프로그램을 적합도에 근거한 확률에 따라 선택해야 한다.

6단계에서는 5단계에서 미리 정해진 크기의 해집단이 완성되면, 이 해집단으로 기존의 해집단을 교체하고, 종료 조건이 만족될 때까지 3단계부 터 반복한다.

그러면 마지막으로 유전 프로그래밍의 특징에 대해 살펴 보자. 유전 알고리즘은 유전 프로그래밍의 기본이 되는 기법이다. 그래서, 유전 프로그래밍은 유전 알고리즘과 동일한 진화 방법을 적용한다.

유전 프로그래밍은 이진 문자열을 다루지 않고, 특정 문제를 푸는 완전한 컴퓨터 프로그램으로 해를 나타낸다. 유전 프로그래밍은 길이가 변하는 고차 빌딩 블록을 사용한다. 그 크기와 복잡도는 프로그램 수행 중에 변할 수 있다. 그래서, 유전 프로그래밍은 매우 다양한 문제를 잘 해결하고 있고, 앞으로도 다양하게 응용할 수 있다.

유전 프로그래밍의 단점을 살펴보면, 유전 프로그래밍은 이미 여러 차례 응용에 성공했지만, 아직 대형 컴퓨터 프로그램이 필요할 정도로 복잡한 문제를 다룰 수 있다는 사실은 증명하지 못했다. 그리고, 대형 컴퓨터 프로그램을 다룰 수 있다고 해도 수행 시간이 무척 길 것으로 예측할 수 있다.

1. 퍼지

퍼지 논리는 모호한 대상을 다루는 논리이다. 퍼지 논리는 퍼지 집합, 즉 모호한 정도를 조절할 수 있는 집합에 대한 이론이다. 퍼지 전문가 시스템은 퍼지 규칙을 활용하여 만든 전문가 시스템이다, 그리고 퍼지 규칙은 퍼지 집합을 기반으로 만든 규칙의 형태이다.

2. 진화연산

진화 연산은 유전 알고리즘, 진화 전략, 유전 프로그래밍 등의 기법을 포함한다. 이러한 기법들은 유전에서 나타나는 선택, 변이, 재생산을 이용하여 진화를 흉내 낸다.

3. 유전 알고리즘

유전 알고리즘은 자연선택과 유전학에서 영감을 얻은 교차와 변이 연산을 사용한다. 염색체는 '유전자(gene)' 여러 개로 이루어지는데, 각 유전자는 0이나 1로 나타낸다. 인코딩과 평가가 유전 알고리즘을 풀려는 문제와 연결된다. 인코딩은 염색체를 1과 0으로 된 문자열로 나타내는 것이다. 평가함수는 풀려는 문제에 대한 염색체의 성능, 즉 적합도를 재는 데 사용한다. 유전 알고리즘은 재생산할 때 평가함수에서 측정한 개별 염색체의 적합도 값을 사용한다. 재생산이 일어나면 교차 연산자는 두 염색체 일부를 교환하고, 변이 연산자는 염색체에서 임의로 선택한 몇몇 자리에 있는 유전자의 값을 바꾼다. 그 결과, 재생산이 여러 번 연속해서 일어난 후에는 적합도가 낮은 염색체는 소멸하고, 살아남은 염색체가 점차 해집단을 지배하게 된다.

4. 유전프로그래밍

유전 프로그래밍은 프로그램을 구체적으로 제시하지 않은 채, 컴퓨터가 문제를 푸는 방법을 찾는 것이다. 유전 프로그래밍은 자연 선택 방법으로 컴퓨터 프로그램을 진화시킨다. 유전 프로그래밍은 기존 유전 알고리즘을 확장한 것이다. 유전 알고리즘은 해를 나타내는 이진 문자열을 만드는 반면, 유전 프로그래밍은 해로서 컴퓨터 프로그램을 만든다는 차이점이 있다.

선택형 문제

1. 다음 중에 유전 프로그래밍의 목표를 고르시오.

① 유전자를 분석하는 프로그램을 짜는 것

② 어떤 문제의 이진 문자열 표현을 진화시키는 것

③ 문제를 푸는 컴퓨터 코드를 진화시키는 것

④ 인공 신경망의 유전자를 만드는 것

2. 다음 중 진화 연산에 포함되지 않는 것은?

① 유전 알고리즘 ② 인공 신경망

③ 진화 전략 ④ 유전 프로그래밍

3. 다음 중 퍼지 규칙을 고르시오.

①
```
규칙 1
IF      속도 > 100
THEN    정지거리는 길다

규칙 2
IF      속도 < 40
THEN    정지거리는 짧다
```

②
```
규칙 1
IF      속도가 빠르다
THEN    정지거리는 길다

규칙 2
IF      속도가 느리다
THEN    정지거리는 짧다
```

주관식 문제

1. 다음은 무엇에 대한 설명인가?

- 모호한 대상을 다루는 논리
- 고전 불 논리(boolean logic)처럼 소속을 분명히 하는 것이 아니라, 어느 정도 속하는 지를 바탕으로 지식을 표현하는 일련의 수학 원칙

2. 다음은 퍼지 전문가 시스템을 개발하는 절차를 순서없이 나열한 것이다. 개발하는 절차 순서대로 기호를 적으시오.

A 퍼지 집합을 결정한다.

B 퍼지 집합, 퍼지 규칙, 퍼지 추론을 수행하는 절차를 퍼지 시스템에 부호화해 넣는다.

C 문제를 명확히 하고 언어 변수를 정의한다.

D 퍼지 규칙을 구성하고 도출한다.

E 시스템을 평가하고 조정한다.

3. 유전 알고리즘에서 염색체에 변화를 주기 위하여 사용하는 두 가지 연산은 무엇인가?

4. 다음 그림은 유전 알고리즘의 한 주기를 나타내고 있다. 이 주기에서 연산에 사용될 염색체를 선택하기 위하여 사용하는 기법의 이름은 무엇인가?

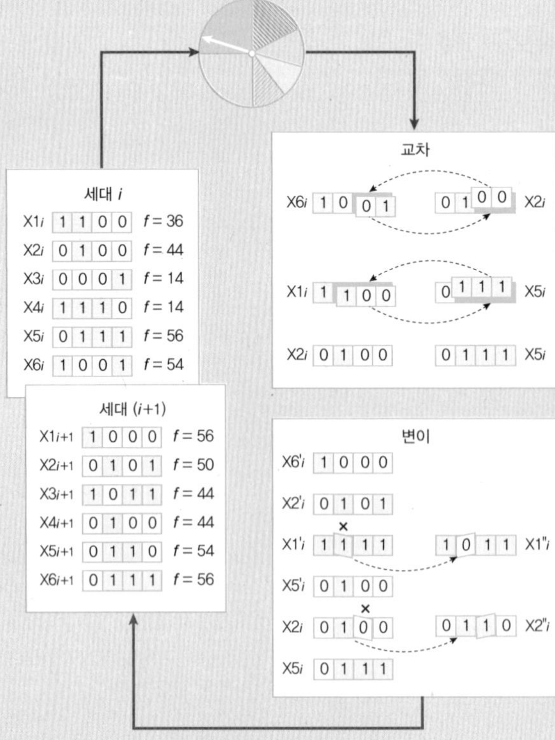

정오형 문제

1. 크리스프 집합은 경계가 모호한 집합이다.

   (Yes / False)

2. 퍼지집합에서 어떤 한 원소의 소속도는 절대로 1을 넘지 못한다.

   (Yes / False)

3. 유전 알고리즘에서는 풀고자 하는 문제의 해를 유전자로 형태로 정의하고, 이 문제에 가장 적합한 해를 찾기 위하여 유전자를 변형한다.

   (Yes / False)

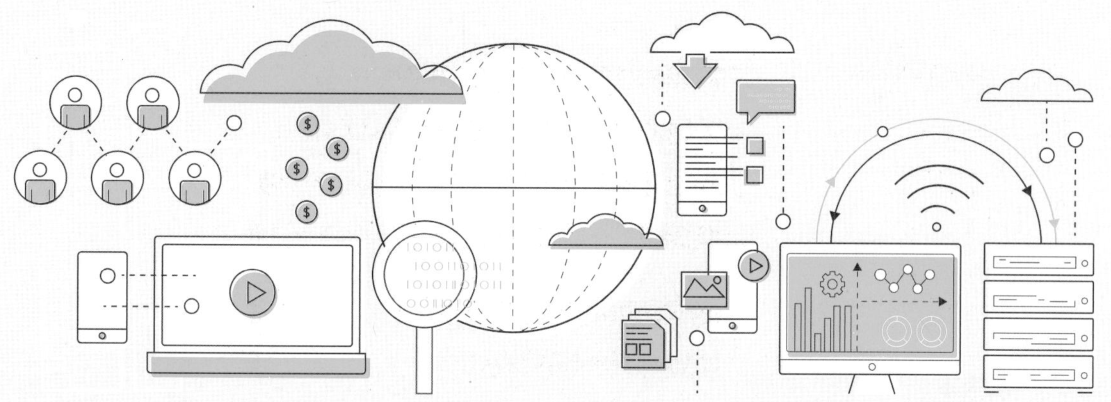

CHAPTER

11

인공지능 기술 II

본 장에서는 인공지능을 구현하는데 사용되는 기술의 한 종류인 인공신경망과 그에 대한 기반 이론에 대해 소개한다. 그리고, 신경망전문가 시스템, 뉴로-퍼지 시스템 진화신경망, 퍼지 진화 시스템 등을 포함하는 하이브리드 지능시스템에 대해서도 기술한다.

학습목표

- 인공신경망의 정의와 종류에 대해 설명할 수 있다.
- 다층신경망의 학습 방법에 대해 설명할 수 있다.
- 다양한 하이브리드 지능시스템의 종류와 특징에 대해 설명할 수 있다.

구성

11.1 인공신경망

인공신경망은 앞에서 본 다른 인공지능 기술과는 다르게 학습이 가능하다. 그러면 먼저 학습에 대해 살펴보자. 인간의 학습과는 달리 컴퓨터가 학습하는 것을 특별히 기계학습이라고 한다. 기계학습은 컴퓨터가 경험, 예, 유추를 통해 학습할 수 있게 하는 적응 메커니즘이다. 학습 능력은 시간이 흐르면서 지능형 시스템의 성능을 개선하게 되고, 이러한 학습은 적응형 시스템의 기초를 형성하고 있다.

기계학습의 예로는 바둑을 들 수 있다. 2016년 구글의 자회자인 딥마인드에서 만든 알파고는 대한민국의 이세돌 기사와 바둑시합을 펼쳤다. 이 알파고는 기존의 바둑경기 내용을 보고 바둑 두는 법에 대해 학습을 하였다. 컴퓨터의 학습은 인간의 학습과는 다르게, 지치지 않고 대량의 데이터를 학습할 수 있다. 이 결과로 이세돌은 알파고에게 4 대 1로 지게 되었다.

11.1.1 인공신경망의 개념

이렇게 기계를 학습시키기 위하여 연구자들은 인간의 뇌를 연구하기 시작하였다. 인간의 뇌는 이 그림과 같은 뉴런으로 이루어져 있다. 뉴런은 기본적인 정보처리 단위이다.

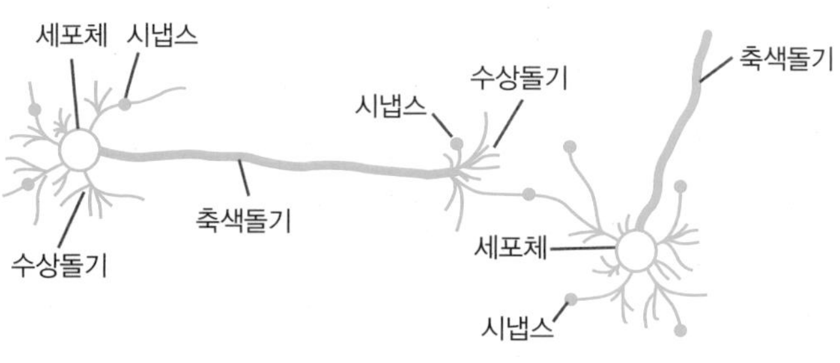

그림 11-1 생물학적인 신경망

인간의 뇌는 100억개의 뉴런과 각 뉴런을 연결하는 6조 개의 시냅스의 결합으로 이루어져 있다. 그래서, 인간의 뇌는 현존하는 어떤 컴퓨터보다 빠르게 기능을 수행할 수 있다. 인간의 뇌는 매우 복잡하고, 비선형적이며, 병렬적인 정보처리 시스템으로 생각할 수 있다. 적응성에 따라 '틀린 답'으로 이끄는 뉴런들 사이의 연결은 약화되고, '정답'으로 이끄는 연결은 강화된다.

이러한 인간의 뇌를 모델링하여 인공 신경망을 만들었다. 인공 신경망은 인간의 뇌를 모델링하여 만든 많은 종류의 인공 신경망을 총칭하는 용어이다. 인간 뇌의 적응성을 활용하여 이 인공 신경망에 '학습 능력'을 구현하였다. 하지만 아직 인공 신경망은 아직 인간의 뇌를 완벽하게 흉내내기에는 미흡한 것이 사실이다.

인공 신경망은 퍼셉트론이라는 아주 단순하지만 내부적으로 매우 복합하게 연결된 프로세스들로 이루어져 있다. 퍼셉트론은 인간의 뉴런을 모델로 만들어졌기 때문에 인공지능 분야에서는 그냥 뉴런이라고 부르기도 한다. 뉴런은 가중치 있는 링크들로 서로 연결되어 있다. 이 링크들은 인간의 두뇌에 있는 시냅스와 같은 역할을 한다. 각각의 뉴런은 연결을 통해 여려 입력 신호를 받지만 출력 신호는 오직 하나만 만들 수 있다.

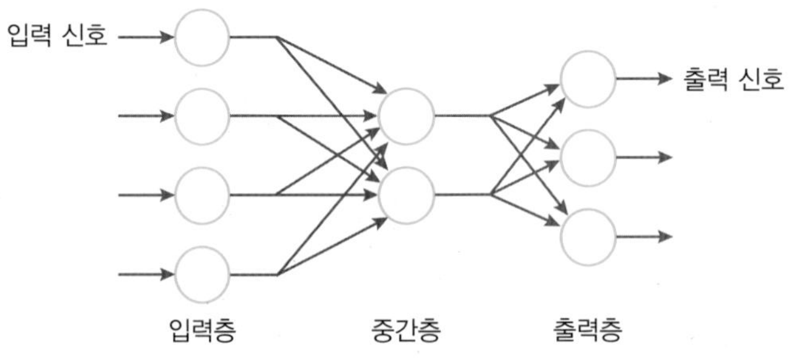

그림 11-2 전형적인 인공 신경망의 구조

이 그림은 몇 개의 뉴런이 이어져 있는 인공 신경망의 구조이다. 여기서 동그라미는 뉴런을 나타내고 뉴런 사이에 이어져 있는 화살표는 뉴런 사이의 링크이다. 이 인공신경망의 입력은 4개이고, 출력은 3개이다. 인공신경망의 구조는 아주 다양한데, 여기서는 입력층, 중간층, 출력층, 이렇게 3개의 계층으로 이루어져 있다.

11.1.2 퍼셉트론

이러한 인공신경망을 구현하기 위하여 가장 기본적인 단위인 퍼셉트론을 고안했다. 이 표는 생물학적인 신경망과 퍼셉트론을 비교해 놓은 표이다. 세포체는 뉴런과 동일하며, 수상돌기는 입력에 해당한다. 축색돌기는 출력에 해당하며, 시냅스는 두 뉴런 사이의 가중치에 해당한다.

표 11-1 생물학적인 신경망과 인공 신경망 사이의 유사점

생물학적인 신경망	인공 신경망
세포체	뉴런
수상돌기	입력
축색돌기	출력
시냅스	가중치

인공 신경망의 학습은 가중치를 반복적으로 조정하는 것을 의미한다. 뉴런은 링크로 연결되어 있고, 각 링크에는 그와 연관된 수치적인 가중치가 있다. 가중치는 장기 기억을 위한 기본적인 수단으로, 각 입력의 입력 강도, 즉 중요도를 표현하고 있다.

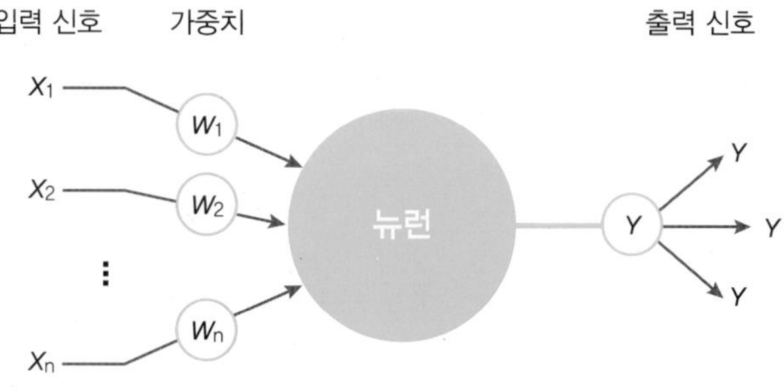

그림 11-3 뉴런의 도식

$$X = \sum_{i=1}^{n} x_i w_i$$

$$Y = \begin{cases} +1 & \text{if } X \geq \theta \\ -1 & \text{if } X < \theta \end{cases} \qquad (11.1)$$

뉴런의 가중치를 조정하기 위하여 먼저 신경망의 가중치를 초기화하고, 훈련 데이터를 사용해서 반복적으로 각각 가중치를 갱신하게 된다. 이를 위하여 신경망의 구조를 먼저 선택하고, 어떤 학습 알고리즘을 사용할 것인지 결정한 후, 신경망을 훈련시킨다.

뉴런은 자신의 입력 링크에서 여러 신호를 받아서 새로운 활성화 수준을 계산하고, 출력 링크로 출력 신호를 내보내게 된다. 여기서 뉴런의 입력 신호로는 외부로부터의 데이터 또는 다른 뉴런의 출력값이 들어올 수 있고, 뉴런의 출력 신호는 전체 인공신경망의 최종 결과가 되거나 다른 뉴런의 입력으로 들어갈 수도 있다.

이러한 뉴런의 출력은 활성화 함수를 사용하게 되는데, 가장 널리 사용되는 활성화 함수인 부호 함수는 이 식과 같다.

$$Y = sign\left[\sum_{i=1}^{n} x_i w_i - \theta\right] \tag{11.2}$$

먼저 뉴런은 입력 신호의 가중치 합을 계산하여 임계값 θ와 비교한다. 이 가중치 합이 임계값보다 작으면 뉴런의 출력은 '–1'이고, 이 가중치 합이 임계값과 같거나 크면 뉴런은 활성화되고, 뉴런의 출력은 '+1'이 된다.

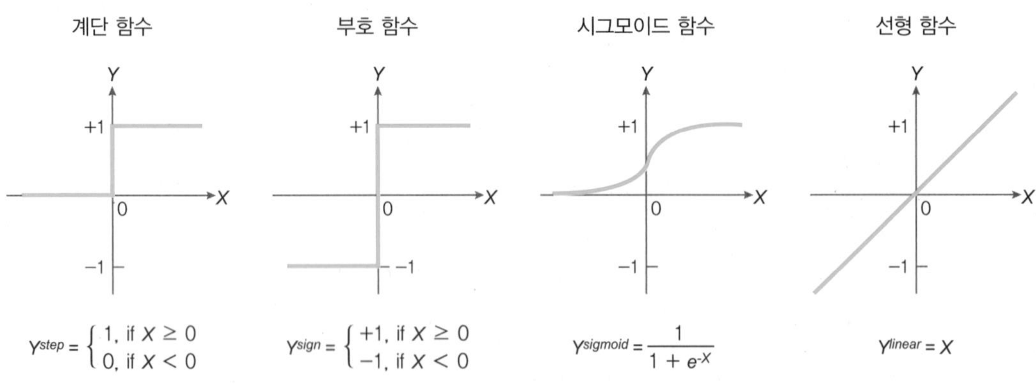

그림 11-4 뉴런의 활성화 함수들

뉴런에서 사용되는 가장 일반적인 활성화 함수로는 계단함수, 부호함수, 선형함수, 시그모이드 함수가 있다. 가중치 합에서 임계값을 뺀 후의 값을 이 활성화 함수에 적용하여 출력 값을 결정한다.

계단과 부호 활성화 함수는 분류와 패턴인식 작업에서 결정을 내리는 뉴런에 주로 사용된다. 시그모이드 함수는 양과 음의 무한대 사이에 있는 입력값을 0과 1사이에 있는 적당한 값으로 바꿔 준다. 선형 활성화 함수는 뉴런의 입력에 가중치가 적용된 것과 같은 값을 출력으로 내놓는다. 선형 함수를 사용하는 뉴런은 선형 근사에 주로 사용된다. 이런 뉴런의 학습은 뉴런을 구성하고 있는 가중치와 임계 값의 조정으로 이루어진다.

이것은 로젠블랫이 간단한 인공 신경망을 훈련시키기 위한 알고리즘인 퍼셉트론을 소개할 때 사용한 그림이다. 퍼셉트론은 신경망의 가장 간단한 형태로써 조정 가능한 시냅스 가중치와 하드리미터를 포함한 단일 뉴런으로 구성된다. 이 퍼셉트론은 입력의 가중치 합을 하드리미터에 입력하고, 임계값을 뺀 결과가 양이면 '+1', 음이면 '−1'을 출력한다.

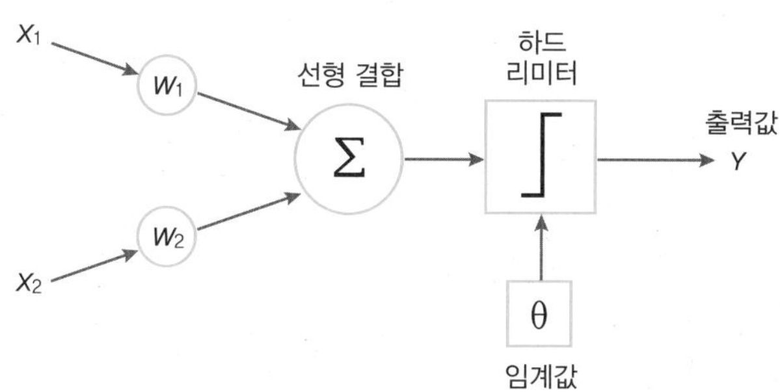

그림 11-5 두 개의 입력 노드가 있는 단층 퍼셉트론

기본적인 퍼셉트론의 경우, 초평면을 사용하여 n차원 공간을 두 개의 결정 영역으로 나누게 된다. 초평면은 이 식과 같은 선형 분리 함수를 정의한 것과 같다.

$$\sum_{i=1}^{n} x_i w_i - \theta = 0 \tag{11.3}$$

입력이 x_1과 x_2 두 개면 2차원 평면상에서 하나의 직선으로 평면이 나누어진다. 왼쪽 그림에서 굵은 선이 경계를 나타낸다. 이 경계의 오른편에 있는 점1은 클래스 A_1에 속하고 왼편에 있는 점 2는 클래스 A_2에 속하게 된다. 임계값 θ는 경계선을 옮기는데 사용된다. 입력값이 3개일 때는 오른쪽 그림처럼 그릴 수 있다. 3차원 상에 하나의 평면으로 경계가 나타난다.

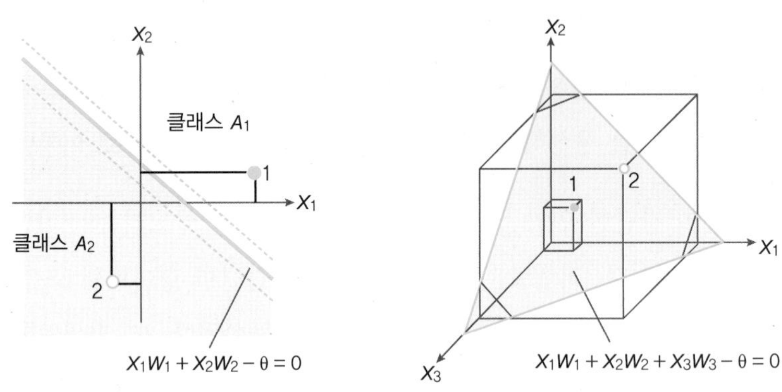

그림 11-6 퍼셉트론에서의 선형 분리성

이러한 퍼셉트론이 잘 동작한다면 주어진 입력에 대해서 예상하는 결과가 출력되어야 한다. 만약 이 퍼셉트론이 잘 동작하지 않는다면 출력되는 결과는 예상하는 결과와 차이가 생기고, 에러가 발생하게 된다. 퍼셉트론의 가중치를 조절하여 실제 출력과 목표 출력 간의 차이를 줄일 수 있도록 하는 것이 학습의 기본이다. 보통 −0.5에서 0.5사이의 범위에서 초기 가중치를 임의로 할당한 후 훈련 예제와 일치하는 출력을 얻도록 가중치를 갱신하게 된다. 일반적으로 사용하는 오차 계산식은 다음과 같다.

$$e(p) = Y_d(p) - Y(p) \qquad p = 1, 2, 3, \ldots \tag{11.4}$$

퍼셉트론에 주어진 p번째 훈련 예제에서 실제 출력이 $Y(p)$이고, 목표 출력 $Y_d(p)$라면 그 차이가 오차 $e(p)$로 계산된다. 오차 $e(p)$가 양이면 퍼셉트론의 출력 $Y(p)$를 증가시켜야 하고, 그 값이 음이면 $Y(p)$를 감소시켜야 한다.

각 퍼셉트론 입력에 대해 가중치가 곱해진 값이 총합 $X(p)$에 기여한다는 것을 고려하면, $x_i(p)$가 양일 때 가중치 $w_i(p)$가 커지면 $Y(p)$도 커진다. 반대로, $x_i(p)$가 음일 때 가중치 $w_i(p)$가 커지면 $Y(p)$가 줄어든다. 이것을 고려해서 나온 가중치의 학습 규칙식이 이 그림과 같다.

$$w_i(p + 1) = w_i(p) + \alpha \times x_i(p) \times e(p) \tag{11.5}$$

여기서 α는 학습률이고, 1보다 작아야 한다. 퍼셉트론의 기본 학습 방법을 활용하여 퍼셉트론을 학습해 보겠다. 이 퍼셉트론의 입력의 개수는 n개로 가정하겠다.

1단계는 초기화 단계이다. 각각의 입력에 적용되는 모든 가중치에 초기 가중치로 −0.5에서 0.5사이 구간의 임의의 값으로 설정한다. 임계값 θ에도 −0.5에서 0.5사이 구간의 임의의 값으로 설정한다.

2단계는 활성화 단계이다. 각 입력 값과 목표 출력 $Y_d(p)$를 적용하여 퍼셉트론을 활성화한다. 여기서 p는 반복 횟수 번호이고, step은 계단 활성화함수를 의미한다.

$$Y(p) = step\left[\sum_{i=1}^{n} x_i(p)w_i(p) - \theta\right] \tag{11.6}$$

3단계는 가중치 학습단계로써, 퍼셉트론의 가중치를 갱신한다. $w_i(p)$는 p번째 반복했을 때의 가중치 보정값이며 델타 규칙으로 계산한다.

$$w_i(p + 1) = w_i(p) + \Delta w_i(p) \tag{11.7}$$

4단계는 반복이다. 반복 횟수 p값을 1 증가시키고, 2단계로 돌아가서 수렴할 때까지 과정을 반복한다.

이러한 단층 퍼셉트론의 한계로는 단층 퍼셉트론은 선형 분리 가능한 함수만 학습할 수 있다는 점이다. 선행 분리 가능한 함수들이 많지 않다는 점을 고려해 볼 때 큰 단점으로 보인다. 단층 퍼셉트론의 계산적 한계는 민스키와 페퍼트가 저술한 『Perceptrons』에서 수학적으로 분석하여 로젠블랫 퍼셉트론이 전체적인 일반화를 할 수 없다는 것을 증명하였다.

단층 퍼셉트론의 한계를 극복하기 위하여 다층 신경망이 개발되었다. 역전파 알고리즘으로 학습한 다층 신경망처럼 발전된 형태의 신경망을 사용하면 로젠블랫 퍼셉트론의 한계를 극복할 수 있다는 것이 증명되었다.

11.1.3 다층신경망

아래 그림처럼 하나 혹은 그 이상의 은닉층이 있는 피드포워드(feed forward) 신경망을 다층 신경망이라고 한다. 이 그림에서 동그라미 하나는 퍼셉트론 하나를 의미한다. 뉴런 여러 개를 연결하여 이렇게 다층 신경망을 만드는 것이다.

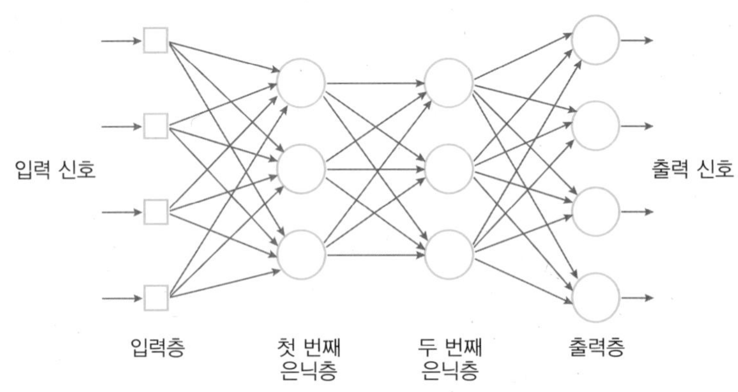

그림 11-7 두 개의 은닉층이 있는 다층 신경망

여기서 다층이란 의미는 여러 개의 층으로 이루어져 있다는 의미인데, 일반적으로 이 신경망은 공급 뉴런으로 이루어진 입력층 하나, 계산 뉴런들로 이루어진 하나 이상의 은닉층, 계산 뉴런들로 이루어진 출력층 하나로 이루어져 있다. 입력 신호는 이 화살표를 따라 한 층씩 순방향으로 전파된다. 그래서 피드포워드 신경망이라는 단어를 사용하기도 한다.

다층 신경망의 구조에 대해 좀 더 자세하게 공부해 보겠다. 다층 신경망에는 입력층, 출력층, 은닉층이 있다고 했는데, 각 층에는 입력으로부터 출력을 계산하기 위해 각각 자신만의 특정 함수를 포함하고 있다.

입력층의 각 뉴런들은 외부에서 받아들인 입력 신호를 은닉층의 모든 뉴런으로 보내는 역할을 한다. 이 층에는 계산을 위한 뉴런은 들어있지 않다.

출력층의 각 뉴런은 은닉층의 출력 신호를 입력으로 받아들여서, 전체 신경망의 출력값을 결정하게 된다.

은닉층은 입력 값의 특성을 파악한다. 뉴런의 가중치는 입력 값에 숨겨져 있는 특성을 반영하도록 조정이 되어있어야 한다. 은닉층의 각 뉴런은 목표 출력을 '숨기고' 있다. 즉, 은닉층의 목표 출력은 해당 층에서 자체적으로 결정되는 것이며, 외부에서 주어지는 것이 아니다. 신경망에는 은닉층이 두 개 이상 들어갈 수도 있다. 기존의 상업적인 신경망은 한두개의 은닉층을 포함해서 3개에서 4개의 층으로 구성되는 경우도 있으며, 각 층에는 10개에서 1000개의 뉴런이 들어갈 수도 있다. 현재는 컴퓨터 기술의 발전으로 연산의 속도가 빨라져서 은닉츠의 개수를 수십 개에서 수백 개까지 사용하는 경우도 있다.

11.1.4 다층신경망의 학습: 역전파 학습

그러면 이런 다층 신경망은 어떻게 학습을 할까? 다층 신경망의 학습은 퍼셉트론과 유사하게 진행된다. 신경망은 입력에 대해 출력 값을 계산하고, 실제 출력과 목표 출력 간에 차이가 있다면 이 오차를 줄이도록 가중치를 조정한다. 다층 신경망에서는 가중치가 여러 개인데, 하나의 가중치를 조정하게 되면 두 개 이상의 뉴런에 영향을 미치게 된다. 따라서 다층 신경망의 가중치 조정은 간단하지 않으며, 수십년 동안 인공 신경망의 활용을 어렵게 만들었다. 이전부터 있던 역전파 방법이 1980년대 중반에 역전파 알고리즘으로 재조명 받으면서 다층 신경망이 널리 쓰이게 되었다.

역전파 학습 알고리즘은 간단하게 두 단계로 나누어 볼 수 있다. 첫 번째 단계에서는 훈련 입력 값을 신경망의 입력층에 입력으로 전달한다. 이 입력 값은 은닉층과 출력층의 계산을 거쳐 출력 값으로 출력된다. 두 번째 단계에서는 실제 출력 값과 목표 출력 값을 비교한다. 그 차이에 대한 오차를 계산한 후 이 오차를 출력층에서 입력층까지 신경망을 거꾸로 전파한다. 이 전파되는 오차에 따라 각 뉴런의 가중치를 수정한다.

일반적인 피드포워드 신경망이 아니라, 다른 종류의 신경망을 사용하는 경우에는 뉴런 간의 연결 형태, 뉴런에 사용되는 활성화 함수, 가중치 조절 절차 등에 의해 역전파 알고리즘이 조금씩 변형될 수 있다.

그러면 간단하게 3개 계층을 가지는 다층 신경망에서 어떻게 역전파 학습이 이루어 지는지 알아보겠다. 이 그림에서는 입력층과 은닉층, 출력층, 이렇게 3개의 층이 있다. 각각 층에 포함되는 뉴런의 갯수는 서로 다를 수 있는데, 이 예제에서는 입력층의 뉴런 갯수를 n개, 은닉층의 뉴런 갯수는 m개, 출력층의 뉴런 갯수는 l개라고 가정하겠다. 그리고, 각 계층별로 계산을 진행할 때 뉴런 하나하나씩 다루어야 하는데, 이때 사용하는 인덱스는 각각 계층별로 i, j, k를 사용하겠다.

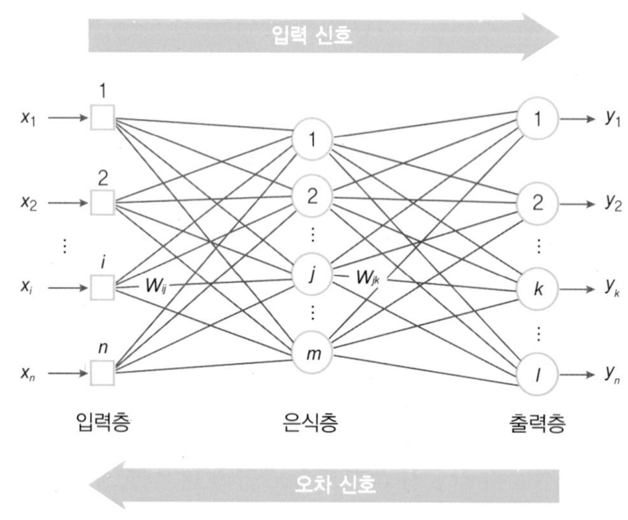

그림 11-8 세 개의 층이 있는 다층 신경망

$$e_k(p) = y_{d,k}(p) - y_k(p) \tag{11.8}$$

이 그림에서 보는 것처럼 입력층에 주어진 n개의 값은 은닉층을 거쳐 출력층으로 전달된다. 이 방향이 입력신호라는 이름의 화살표로 표시되어 있다. 이렇게 전달되면 출력층의 k번째 뉴런의 계산 결과 $y_k(p)$가 나타난다. 여기서 p는 몇 번째 반복인지를 나타낸다. 이 계산 결과 $y_k(p)$와 목표 출력인 $y_{d,k}(p)$ 사이의 차이를 구하면 p번째 반복에서 뉴런 k의 출력에 대한 오차 신호를 알 수 있다. 이런 오차 신호는 이 그림의 아래에 보이는 것처럼 출력층에서 은닉층을 거쳐 입력층으로 전달된다. 이 과정이 역전파 과정이다. 이 과정 중에 전달되는 오차 신호에 따라, 각 뉴런의 가중치가 수정된다.

이 역전파 학습 기법을 응용한 전체적인 역전파 학습 알고리즘을 설명하겠다. 역전파 학습 알고리즘은 총 4개의 단계로 이루어 진다.

1단계는 초기화 단계로 모든 가중치와 임계값에 대해 초기치를 넣어 준다. 이러한 가중치 초기화는 모든 층에 대해 각 뉴런별로 이루어진다. 일반적으로는 다층 신경망의 모든 가중치와 임계 값은 좁은 범위 안에서 균등 분포를 따라 임의의 수로 할당을 한다.

2단계는 활성화 단계이다. 다층 신경망의 입력에 입력 패턴을 적용하여 은닉층에 있는 뉴런의 실제 출력을 계산한다. 은닉층 뉴런의 출력값은 출력층 뉴런의 입력으로 들어오게 되고, 출력층의 계산을 거치게 되면 출력층에 있는 뉴런의 실제 출력을 계산할 수 있다.

3단계는 가중치 학습 단계이다. 출력 뉴런과 연관된 오차를 역방향으로 전파시키면서 역전파 신경망의 가중치를 갱신해 나간다. 먼저 출력층의 뉴런에 대해서 오차를 줄일 수 있도록 가중치를 수정한다. 다음으로 은닉층에 대해서 오차를 계산하고 그 오차를 줄일 수 있도록 가중치를 수정한다.

4단계는 반복이다. 가중치 학습단계에서의 가중치와 임계값의 수정은 다층 신경망의 성능을 조금씩 개선하게 된다. 따라서 주어진 훈련 데이터를 반복적으로 사용하여 역전파 학습을 계속 적용하면 다층 신경망의 성능이 더욱 향상될 것이라고 예상할 수 있다. 반복 횟수 p값을 1 증가시키고, 역전파 학습 알고리즘의 2단계로 돌아가서 다시 활성화 단계를 거친다. 이때 알고리즘 수행 이전에 미리 선택한 오차 기준을 만족하면 학습 알고리즘을 종료하게 되고, 오차 기준보다 오차가 많으면 3단계로 가서 다시 가중치를 조정하게 된다. 결국에는 미리 선택한 오차 기준보다 작은 결과를 출력하는 다층 신경망을 결과물로 얻게 된다.

이러한 역전파 학습 알고리즘을 반복 실행할 때 종료 조건으로 오차 기준을 사용하지 않고, 미리 반복 횟수를 정하고, 그 반복 횟수만큼만 반복 학습하는 경우도 있다.

그러면 이런 역전파 학습은 모든 문제에 대한 해답을 제시할 수 있을까. 역전파 학습은 널리 쓰이고 있지만, 문제에 대한 면역성이 없다. 미리 학습에 참여한 데이터와 다른 데이터가 주어 진다면 그 결과를 100% 보장할 수 없다는 의미이다. 그래서 역전파 학습 알고리즘을 이용하여 학습할 때는 많은 양의 학습 데이터를 사용하고 있다. 많은 양의 데이터는 다양한 문제를 반영하고 있다고 할 수 있으며, 학습 데이터와 조금 다른 데이터가 입력으로 들어오더라도 비슷한 결과를 예상할 수 있다.

역전파 알고리즘은 실제적으로 계산량이 방대하여서 학습이 아주 느리게 된다. 이는 다층 신경망을 사용하는 시스템의 빠른 적응성을 방해하는 원인이 되기도 한다. 실제로 다층 신경망을 역전파 학습 알고리즘으로 학습시키기 위하여 몇 시간 이상 또는 몇 달을 학습시키기도 한다.

다층 신경망의 구성요소가 되는 뉴런은 인간 두뇌의 뉴런을 모방하여 만들어졌지만, 이에 대한 훈련 기법인 역전파 학습은 인간 두뇌에서 사용하는 학습 방법을 흉내 낸 과정이라 보기 어렵다. 인간 두뇌의 학습에 사용되는 방법은 아직 잘 규명되어 있지 않다.

단순하게 한 방향으로 신호가 흐르는 피드포워드 신경망과는 다른 형태의 신경망도 있다. 다층 신경망의 응용 형태인 홉필드 신경망은 존 홉필드가 제안한 순환 신경망이다. 순환 신경망은 피드포워드 신경망과는 다르게, 출력으로부터 입력까지 피드백 루프가 있다. 이러한 피드백 루프는 입력 데이터에 대한 출력을 계산할 때, 순환적으로 데이터의 계산 값을 반영하게 된다.

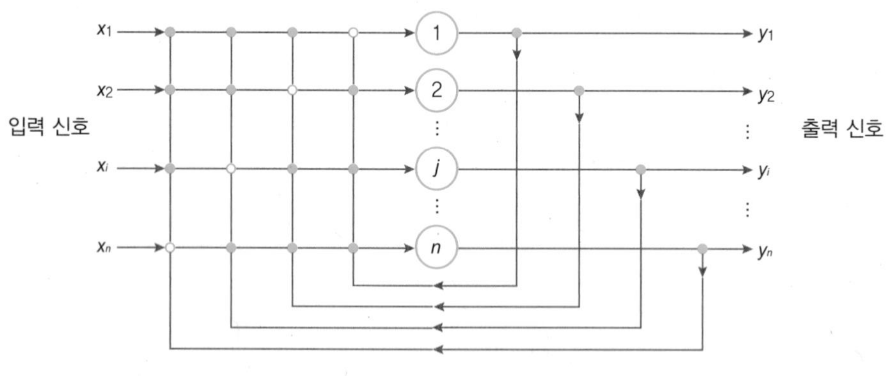

그림 11-9 단층 n-뉴런 홉필드 신경망

이 그림은 단층 n-뉴런 홉필드 신경망을 보여주고 있다. 이 그림에서 신경망의 왼쪽이 입력이고, 가운데에 n개의 뉴런이 있다. 오른쪽이 출력인데, 이 출력의 출력 신호가 다시 뉴런들의 입력 신호로 들어오게 된다.

이렇게 돌아오는 피드백 신호는 출력을 계산하는데 다시 사용된다.

11.1.5 응용 시스템 사례

이 그림은 피드포워드 다층 신경망의 활용 사례를 보여주고 있다. 이 다층 신경망은 입력으로 들어 온 그림 패턴을 보고 알파벳 대문자 26개 중에 어떤 문자의 패턴인지 구분하는 신경망이다. 이 그림에서 사각형으로 표시된 것들은 뉴런이다. 각 층별 뉴런들은 선들로 이어져 있다. 현재 이 그림에서는 왼쪽 입력층에 대문자 Z가 입력으로 제시되고 있다. 이 입력에 대한 출력으로 Z에 해당하는 뉴런의 출력만 회색으로 표시가 되고 있다. 이 다층 신경망의 입력층은 신경망의 왼쪽에 있는데 총 35개의 뉴런으로 이루어져 있다. 이 35개의 뉴런에 알파벳 대문자와 닮은 패턴들이 입력으로 제시된다.

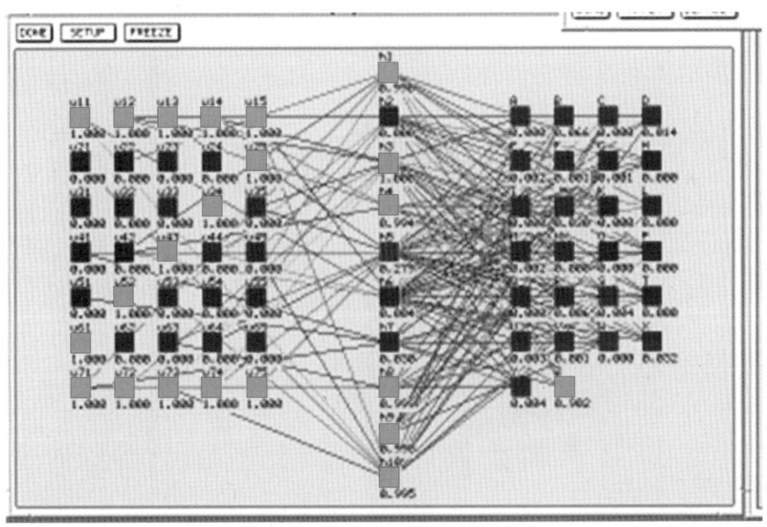

그림 11-10 다층신경망 활용 사례

이 35개의 입력층 뉴런들은 가운데의 은닉층 뉴런들과 이어져 있다. 이렇게 이어져 있는 각 선들은 색깔이 모두 다른데, 이 색깔은 두 뉴런 사이의 가중치를 의미한다. 이 가중치에 의해 입력층의 패턴은 은닉층에서 가중치 합으로 계산되어 진다. 이 값들은 은닉층의 각 뉴런에 색깔로 표시되어 있다. 회색이 높은 값이고 검정색인 낮은 값이다.

현재 은닉층의 뉴런은 10개로 이루어져 있으며, 이 개수는 문제의 난이도에 따라 달라질 수 있다. 어려운 문제에서는 은닉층을 이루는 뉴런의 개수가 많아야 하고, 쉬운 문제에서는 은닉층 뉴런의 개수가 적어도 된다. 이러한 은닉층 뉴런의 값들은 단순하게 계산되어진 값이며, 어떤 의미를 가지지는 않다.

이 은닉층 뉴런들의 값들은 모두 저마다의 가중치를 통해 출력층의 뉴런으로 전달이 된다. 이렇게 전달된 값들에 따라 출력층 뉴런들의 출력 값들이 정해진다. 이 사례에서는 입력된 문자 패턴에 대해 26개의 대문자 알파벳 중에 하나를 구분하는 것이기 때문에 출력층의 뉴런 갯수가 26개이다. 그리고, 출력층의 각 뉴런들은 각 대문자 알파벳을 의미한다. 만약 A에 대한 입력 패턴이 주어진다면 출력층 뉴런 중에 첫 번째 뉴런만이 계산값이 높아야 한다. 하지만 실제는 오차때문에 꼭 그렇게 출력이 나타나지는 않는다. 이 그림은 대문자 Z의 패턴에 대해 출력층에서 Z가 인식되는 것을 볼 수 있다.

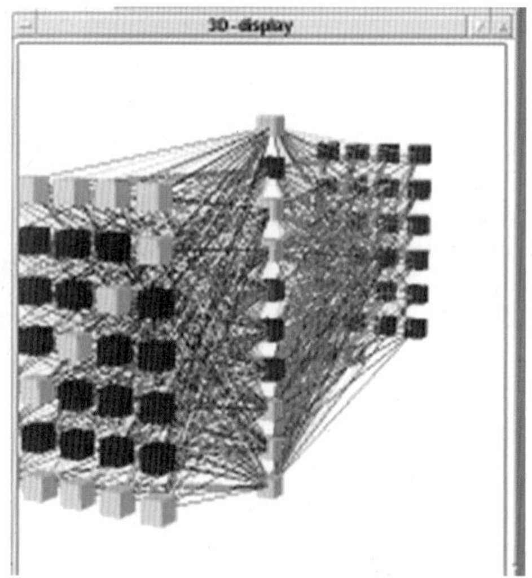

그림 11-11 다층신경망 활용사례

이 그림은 3차원으로 이 예제의 다층 신경망을 표현한 것이다. 입력층의 모든 뉴런들은 은닉층의 모든 뉴런들과 연결된다. 같은 방법으로 은닉층의 모든 뉴런들은 출력층의 모든 뉴런들과 연결된다. 따라서 이 연결 갯수만큼 가중치가 존재하며, 이 모든 가중치에 대해 학습을 해야한다. 이것이 역전파 학습 알고리즘의 계산량이 많은 이유가 된다.

11.2 하이브리드 지능시스템

하이브리드 지능시스템은 두 가지 이상의 지능 기술을 결합한 시스템을 말한다. 이 그림처럼 각 지능 시스템은 여러가지 측면에서 장단점을 가지고 있다. 여기서 각 장점만을 모을 수 있으면 더 좋은 지능시스템을 만들 수 있을 것이다. 이런 목표를 가지고 하이브리드 지능시스템을 만들게 되었다. 여기 있는 모든 지능기술들을 모으면 완벽한 하이브리드 지능 시스템이 나올 것으로 예상할 수 있겠지만, 어떤 결합으로 하이브리드 지능 시스템을 구성하느냐에 따라 성능이 유용할 수도 있고, 나쁠 수도 있다. 즉, 장점만을 모으기 위해 만든 시스템이, 단점만을 모은 경우가 될 수도 있다.

표 11-2 전문가 시스템, 퍼지 시스템, 인공 신경망, 유전 알고리즘 비교

	전문가 시스템	퍼지 시스템	인공 신경망	유전 알고리즘
지식 표현	○	●	□	■
불확실성 허용	○	●	●	●
부정확성 허용	□	●	●	●
적응성	□	■	●	●
학습 능력	□	□	●	●
설명 능력	●	●	□	■
지식 발견과 데이터 마이닝	□	■	●	○
유지 보수성	□	○	●	○

● : 좋음 ○: 약간좋음 ■: 약간나쁨 □: 나쁨

그럼, 여기 있는 지능 기술들을 결합한 하이브리드 지능 시스템의 대표적인 시스템, 몇 가지에 대해 알아보겠다.

11.2.1 신경망전문가 시스템

인공 신경망과 규칙기반 전문가 시스템을 결합한 하이브리드 시스템을 '신경망 전문가 시스템'이라고 한다.

이 그림은 일반적인 신경망 전문가 시스템의 구조를 보여주고 있다. 규칙기반 전문가 시스템과는 달리 신경망 전문가 시스템의 기반지식은 훈련된 신경망으로 나타낼 수 있다. 신경망 전문가 시스템은 인공 신경망에서 IF-THEN 규칙을 추출할 수 있기 때문에 결론을 정당화하고 설명할 수 있다. 신경망 전문가 시스템의 핵심은 추론 엔진인데, 추론 엔진은 시스템의 정보 흐름을 제어하고, 신경망 기반지식을 활용하여 추론을 주도한다.

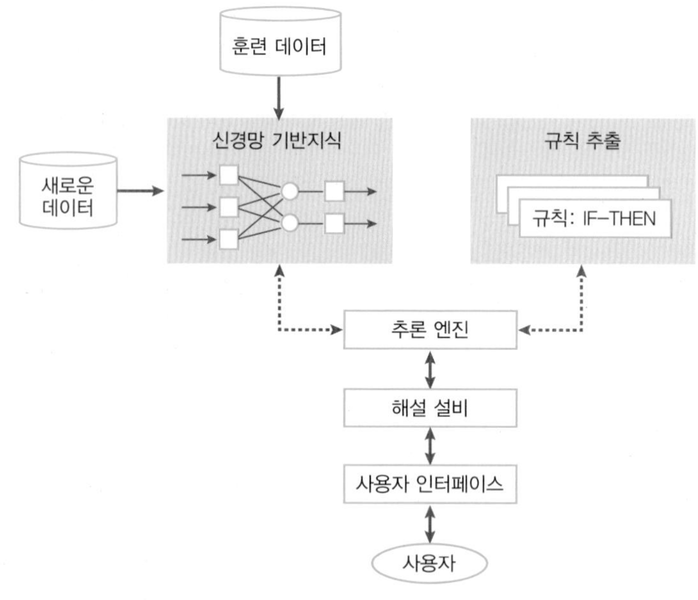

그림 11-12 신경망 전문가 시스템의 기본 구조

신경망 전문가 시스템은 오차가 있거나 불완전한 데이터를 다룰 수 있는 데, 이런 능력을 근사추론이라 한다. 이를 위하여 신경망 전문가 시스템은 훈련된 인공 신경망을 기반지식으로 사용한다. 그래서, 새로 입력한 데이터가 신경망 학습에서 사용한 데이터와 정확히 일치하지 않아도 그 성능을 발휘할 수 있다.

신경망 전문가 시스템은 두 지능 기술의 결합을 통해 규칙기반 전문가 시스템의 특성과 인공 신경망의 특성을 반영하고 있다. 하지만, 신경망 전문가 시스템은 여전히 불 논리의 한계를 벗어나지 못하고 있다. 또한 연속된 입력 변수는 어떻게 표현하든 규칙 개수가 무한히 늘어나게 된다. 이는 신경망 전문가 시스템의 응용 분야를 크게 제한하는 이유가 된다.

11.2.2 뉴로-퍼지 시스템

뉴로-퍼지 시스템은 인공 신경망의 병렬 연산과 학습능력, 퍼지 시스템의 인간적인 지식 표현 및 설명능력을 결합하였다. 인공 신경망과 퍼지 논리는 지능시스템을 구축하는 도구로서 자연스럽게 서로를 보완할 수 있다. 뉴로-퍼지 시스템은 퍼지 추론 모델과 동일한 기능을 가지는 인공 신경망이다. 이 시스템 내에서 IF-THEN 퍼지규칙을 개발하고, 시스템의 입출력 변수에 관한 소속함수를 결정하도록 학습시킬 수 있다.

뉴로-퍼지 시스템은 다층형 인공 신경망과 비슷한 구조로 되어 있다. 일반적으로 뉴로-퍼지 시스템에는 입력층 1개, 출력층 1개, 은닉층 3개로 구성되는데, 입력층, 출력층, 은닉층을 활용하여 소속 함수와 퍼지 규칙을 나타낸다.

이 그림은 특정 응용에 사용되는 뉴로-퍼지 시스템의 구조이다. 왼쪽이 입력층이고, 가운데에 은닉층 3개가 보인다. 오른쪽 끝은 출력층이다.

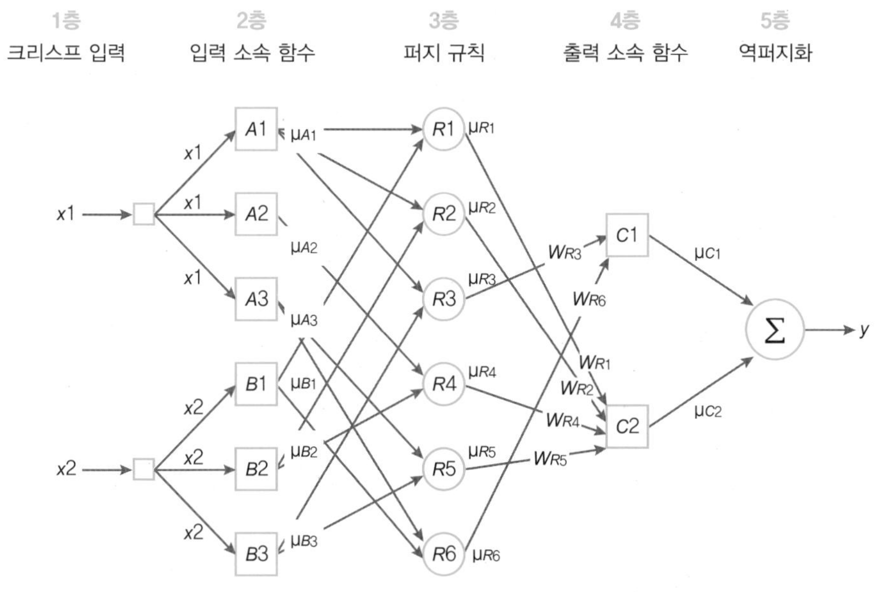

그림 11-13 뉴로-퍼지 시스템의 구성 예

뉴로-퍼지 시스템은 본질적으로 다층 인공 신경망이기 때문에 역전파 알고리즘같이 인공 신경망용으로 개발된 표준 학습 알고리즘을 사용할 수 있다. 시스템에 훈련용 입출력 예제가 들어오면 역전파 알고리즘이 시스템의 출력을 계산하고, 그 결과를 훈련 예제에서 원하는 출력과 비교한다. 그 차이로 나타나는 오차는 신경망을 통해 출력층에서 입력층으로 거꾸로 전파된다. 이 오차가 전파되면서 뉴런 활성화 함수가 수정된다.

11.2.3 진화신경망

진화 신경망은 유전 알고리즘과 인공 신경망을 결합한 알고리즘이다. 인공 신경망의 가중치 연결 위상에 대해 유전알고리즘을 활용하여 최적의 연결 위상을 구하겠다는 전략을 가지고 있다.

뉴런에서:		1	2	3	4	5	6
뉴런으로:	1	0	0	0	0	0	0
	2	0	0	0	0	0	0
	3	1	1	0	0	0	0
	4	1	0	0	0	0	0
	5	0	1	0	0	0	0
	6	0	1	1	1	1	0

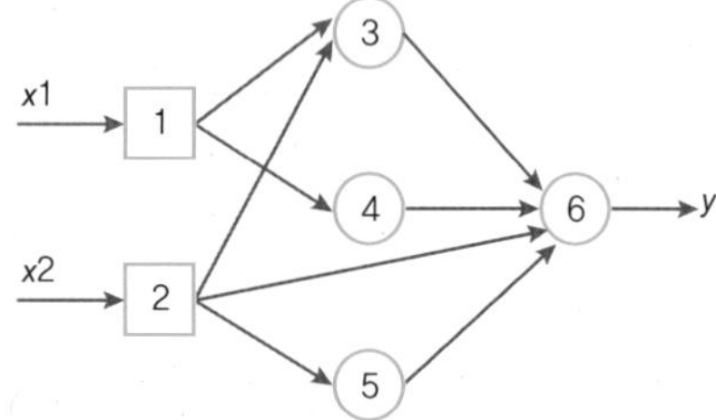

0	0	0	0	0	0	0	0	0	0	0	0	1	1	0	0	0	0	1	0	0	0	0	0	0	1	0	0	0	0	0	1	1	1	1	0

그림 11-14 신경망 위상의 직접 인코딩

이 그림에서는 간단한 진화 신경망의 모습을 보여주고 있다. 인공 신경망의 연결 위상은 이 그림의 왼쪽과 같이 정사각 연결행렬로 나타낼 수 있다. 연결행렬을 염색체로 변환하려면 이 그림의 아래쪽과 같이 행렬의 행을 함께 묶기만 하면 된다. 이 염색체에 대해서 유전알고리즘을 사용하여 최적의 연결위상을 구할 수 있다. 물론, 이 염색체에 대한 적합도 함수와 같은 것도 미리 구해두어야 한다.

진화 연산은 인공 신경망을 훈련하고 위상을 선택하거나 전달 함수를 최적화하고, 적절한 입력 변수를 선택하는 데에도 사용될 수 있다. 복잡하거나 미지의 함수 관계가 있는 입력 변수를 대량으로 받아서 임계 입력의 집합을 진화시키는 일은 진화 신경망에서 발전 가능성이 높은 최신 연구 분야이다.

11.2.4 퍼지진화 시스템

퍼지 진화 시스템에서 진화 연산은 퍼지 시스템을 설계할 때, 특히 퍼지 규칙을 생성하고 퍼지 집합의 소속 함수를 조정하는 데 쓰이고 있다. 퍼지 시스템을 구축할 때 다중 퍼지 규칙표를 사용하면 완전한 IF-THEN 퍼지 규칙 집합을 수치 데이터에서 생성할 수 있다. 하지만, 분류 능력이 높은 퍼지 규칙을 비교적 적게 선택하려면 유전 알고리즘을 사용하는 것이 좋다.

이상으로 두 가지 이상의 지능기술을 결합하여 하이브리드 지능 시스템을 만드는 방법에 대해 간단하게 알아보았다.

11.3 인공지능의 미래

인공지능을 만들기 위해 개발된 여러 지능 기술들은 각자 장점을 드러낼 수 있는 분야에서, 많은 응용시스템을 개발하는데, 사용되고 있다. 지금까지와는 다르게 이러한 인공지능의 개발 속도는 더욱더 빨라 질 것으로 예상되고, 그 응용 분야도 지속적으로 넓어질 것으로 생각된다. 인공지능 기술은 이제 조금씩 우리의 생활에 영향을 주기 시작하고 있다. 더 편리하게, 더 빠르게, 내가 원하는 것을 알아서 자동으로 처리해주는 서비스가 늘어나고 있다.

영국의 스티븐 호킹 박사는 이러한 인공지능의 발전이 인간에게 무해할 수만은 없다고 말했다. 더불어 인공지능이 악용되지 않도록, 그에 대한 대책을 마련해야 한다고 말하고 있다. 기술 자체는 가치 중립적이다. 하지만 그 기술을 사용하는 인간의 마음은 다양할 것이다.

이렇게 발전되는 인공지능 기술들이 인간에게 유용하게 사용될 수 있도록 윤리적, 정책적 대책이 필요할 것으로 보인다.

1. 기계학습

인간의 학습과는 달리 컴퓨터가 학습하는 것을 특별히 기계학습이라고 한다. 기계학습은 컴퓨터가 경험, 예, 유추를 통해 학습할 수 있게 하는 적응 메커니즘이다.

2. 인공신경망

인공 신경망은 인간의 뇌를 모델링하여 만든 많은 종류의 인공 신경망을 총칭하는 용어이다. 인간 뇌의 적응성을 활용하여 이 인공 신경망에 '학습 능력'을 구현하였다.

3. 인공신경망의 훈련

뉴런의 가중치를 조정하기 위하여 신경망의 가중치를 초기화하고 훈련 예제들의 집합에서 각각 가중치를 갱신하게 된다. 이를 위하여 신경망의 구조를 먼저 선택하고, 어떤 학습 알고리즘을 사용할 것인지 결정한 후, 신경망을 훈련시킨다.

4. 다층신경망

하나 혹은 그 이상의 은닉층이 있는 피드포워드(feed forward) 신경망을 다층 신경망이라고 한다.

5. 역전파 학습 알고리즘

역전파 학습 알고리즘은 간단하게 두 단계로 나누어 볼 수 있다. 첫 번째 단계에서는 훈련 입력 패턴을 신경망의 입력층에 입력으로 전달한다. 이 입력 패턴은 은닉층과 출력층의 계산을 거쳐 출력 패턴으로 출력된다. 두 번째 단계에서는 실제 출력 패턴과 목표 출력 패턴을 비교한다. 그 차이에 대한 오차를 계산한 후 이 오차를 출력층에서 입력층까지 신경망을 거꾸로 전파한다. 이 전파되는 오차에 따라 각 뉴런의 가중치를 수정한다.

6. 하이브리드 지능시스템

하이브리드 지능시스템은 두 가지 이상의 지능 기술을 결합한 시스템을 말한다. 신경망전문가 시스템, 뉴로-퍼지 시스템, 진화신경망, 퍼지진화 시스템 등이 포함된다.

선택형 문제

1. 다음 중 단일 뉴런이 해결할 수 없는 문제는 무엇인가?

① AND ② NOT
③ XOR ④ OR

정오형 문제

1. 인간의 뇌를 모델링한 인공 신경망의 학습은 각 뉴런의 가중치를 조정하는 것이다.

(Yes / False)

2. 인공 신경망의 가중치 조정을 위하여 많은 양의 훈련 예제들이 필요하다.

(Yes / False)

3. 단층 퍼셉트론의 한계를 극복하기 위하여 선형분리 가능 문제만 해결하는 다층 신경망이 나타났다.

(Yes / False)

4. 인공 신경망과 규칙기반 전문가 시스템을 결합한 하이브리드 시스템을 '신경망 전문가 시스템'이라고 한다.

(Yes / False)

연 습 문 제

주관식 문제

1. 컴퓨터가 경험, 예, 유추를 통해 학습할 수 있게 하는 적응 메커니즘을 무엇이라 하는가?

2. 인간의 뇌에서 기본적인 정보처리 단위를 무엇이라 하는가?

3. 다음은 퍼셉트론의 학습 단계를 순서없이 나열한 것이다. 학습 순서대로 기호를 적으시오.

A 활성화	B 초기화
C 반복	D 가중치 학습

4. 다층신경망의 학습을 위하여 사용하고 있는 학습 알고리즘의 이름은 무엇인가?

5. 유전 알고리즘과 인공 신경망을 결합한 알고리즘을 무엇이라 하는가?

CHAPTER

12

플랫폼의 이해

학습목표

- 4차 산업혁명과 플랫폼의 관계를 이해한다.
- 플랫폼(platform)의 기초 개념과 모바일 서비스 분야에 적용한 대표적인 국내외 모바일 플랫폼을 이해한다.

구성

12.1 플랫폼의 의미와 유형

1 플랫폼이란 무엇인가?

먼저 플랫폼(platform)의 어원을 살펴볼까요? 플랫폼은 프랑스어의 plateforme에서 어원을 가지고 있다. 이 단어는 영어의 '평평하다'라는 의미의 PLAT와 '형성하다'라는 의미의 FORME의 합성어이다.

사전전 의미로는 '주변보다 높은 평평한 장소, 강단, 연단, 발판 등'의 의미를 가진다. 표준국어대사전에서 '발판'은 어떤 곳을 오르내리거나 건너다닐 때 발을 디디기 위해 설치해 놓은 장치, 또는 다른 곳으로 진출하기 위해 이용하는 수단을 비유적으로 표현하고 있다.

이러한 플랫폼의 확장된 개념으로써 그림에서 보시는 바와 같이 다양한 분야에서 '발판', '기반', '매개' 등의 의미로 사용하고 있다.

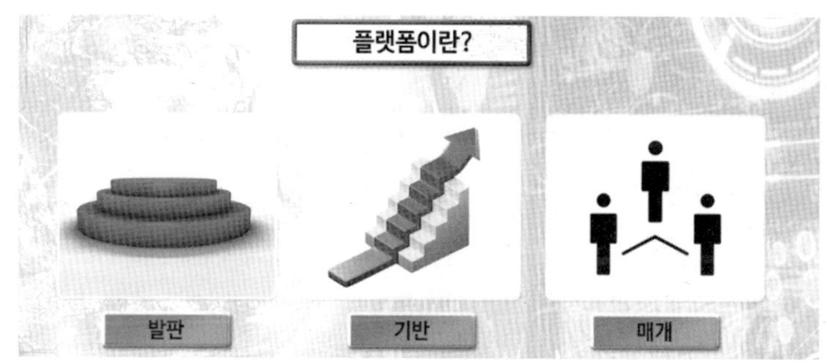

그림 12-1 플랫폼의 개념

그림에서 보시는 바와 같이 현실 세계에서 흔히 볼 수 있는 기차역의 플랫폼(또는 승강장)은 다수의 승객이 타고 내리는 장소로서 자신이 원하는 장소로 갈 수 있는 많은 사람들이 모여드는 공간을 말하고 있다.

또 현실에서의 또 다른 사례를 들어보자. 컴퓨터 업계 또는 정보기술(IT) 분야에서는 플랫폼의 개념을 컴퓨터 시스템의 기반이 되는 하드웨어(hardware) 또는 소프트웨어(software)를 의미한다.

그림 12-2 현실 세계에서의 플랫폼

즉, PC에 탑재된 중앙처리장치인 CPU(central Processing Unit), 스마트폰에 탑재된 애플리케이션 프로세서(AP:Application Processor), Microsoft Windows, Mac OS, Android, iOS 등 각종 운영체제(Operating System)를 말한다.

그림에서는 일반인들이 일상생활 속에서 사용하고 있는 다양한 중앙처리장치와 운영체제를 보여주고 있다. 현실에서의 또 다른 사례를 들어보자.

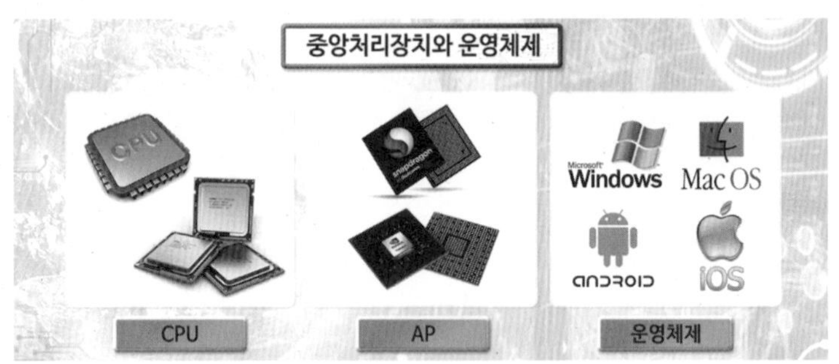

그림 12-3 컴퓨터 분야에서의 플랫폼의 종류

인터넷 업계에서는 플랫폼의 개념을 인터넷 상에서 사용자들이 서로 만나 상호작용이 일어나는 공간, 즉, 판매자와 구매자가 만나 거래가 이루어지고 가치가 창출되는 공간의 의미로써 '매개'개념을 가지고 있다. 여러분들이 즐겨 사용하고 있는 다양한 소셜 네트워크 서비스인 페이스북, 트위커, 링크드인 등이 해당된다. 또한, 전자상거래의 대표적인 온라인 쇼핑 사이트에 해당하는 외국의 이베이, 아마존이나 국내의 11번가와 같은 서비스들이 해당된다.

그림 12-4 인터넷에서의 다양한 플랫폼의 종류

2 플랫폼의 구분

그럼, 이와 같은 다양한 플랫폼을 어떻게 구분할 수 있을까요. 먼저 외형에 따라서 플랫폼을 크게 현실계 플랫폼, 하드웨어 플랫폼, 소프트웨어 플랫폼 및 인터넷 플랫폼으로 구분할 수 있다.

먼저, 현실계 플랫폼은 사진에서 볼 수 있듯이 백화점, 재래시장, 온라인-오프라인 은행, 부동산 중개업소, 건설 인력시장 등 실생활에서 많은 비즈니스 형태에 존재하고 있으며, 여러분의 일상생활에서 쉽게 찾아볼 수 있다.

그림 12-5 일상생활 속에서 존재하는 현실계 플랫폼

하드웨어 플랫폼은 부품 또는 완제품의 실물형태의 IT 제품으로 확인할 수 있다. 여기에는 '기반'으로서의 플랫폼인 중앙처리장치(CPU), 모바일 응용 프로세서(AP) 등이 해당된다. 또한, '매개'로서의 플랫폼으써 콘솔 게임기나 전자책 전용 단말기 등이 해당된다.

사진의 좌측 그림은 인텔사 계열의 중앙처리장치나, 삼성전자의 모바일 응용프로세스인 '기반으로서의' 블랭크 플랫폼을 보여주고 있으며, 우측 그림은 매개로서의 플랫폼으로써 아마존사의 일종의 전자책 전용 단말기인 킨들과 마이크로소프트사의 콘솔 게임기인 X-BOX이다.

그림 12-6 외형에 따른 구분 : 기반과 매개로서의 플랫폼

소프트웨어 플랫폼은 계층 구조에 따라서 크게 응용프로그램, 미들웨어, 운영체제 등으로 구성되어 있다. 먼저 제일 상위에 위치하는 응용프로그램(application)은 응용프로그램을 만드는 개발환경과 응용프로그램을 실행하는 구동환경을 제공하고 있는 소프트웨어이다.

중간에 위치한 미들웨어는 어도브사의 플래쉬(Adobe Flash), 오라클 데이터베이스(Oracle DB) 등'기반'으로서의 성격을 가진 소프트웨어이다. 또한, 아래쪽에 위치한 운영체제는 Microsoft Windows, Android, iOS와 같이 상위 응용프로그램과 가장 아래쪽인 하드웨어를 중재하는 기반으로서의 소프트웨어에 해당된다.

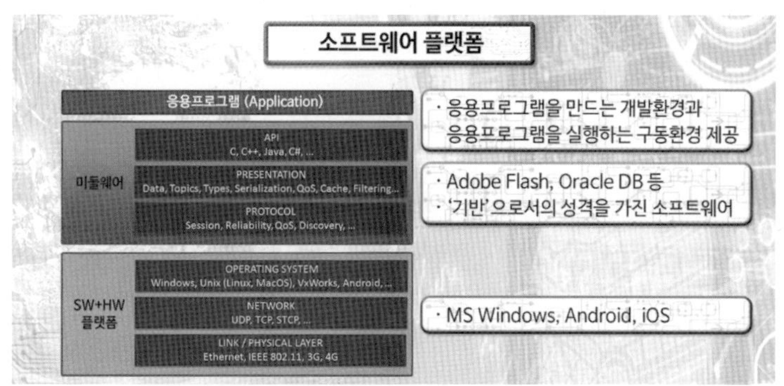

그림 12-7 외형에 따른 구분 : 소프트웨어 플랫폼

인터넷 서비스 플랫폼은 인터넷 사용자들을 인터넷 상에서 매개하는 인터넷 서비스를 의미한다. 즉, 네이버 또는 다음과 같은 포털 서비스, 페이스북 또는 카카오 스토리와 같은 소셜 네트워크 서비스, 이베이 또는 11번가와 같은 커머스 서비스 등이 매개 공간의 성격을 가지는 인터넷 서비스들에 해당된다.

인터넷 서비스 플랫폼은 소프트웨어로 만들어진 가상공간에 존재한다는 점에서 소프트웨어 플랫폼과 유사하게 느껴질 수 있지만, 소프트웨어 플랫폼은 응용프로그램을 개발하는 개발환경 및 운영체제를 제공하는 소프트웨어라는 점에서 차이가 있다.

또 다른 구분방법으로써 플랫폼을 역할에 따라 구분할 수 있다. 즉, '기반'과 '매개'라는 플랫폼의 개념을 바탕으로 유형화 할 수 있다. 여기에는 기반형 플랫폼, 매개형 플랫폼 및 복합형 플랫폼이 존재한다.

3 기반형 플랫폼

운영체제가 플랫폼으로서의 지위를 갖는 이유는 여러 가지가 있다. 여러분이 모두 아시다 시피, 운영체제 없이는 컴퓨터 시스템이 작동될 수 없다. 또한, 운영체제는 소프트웨어 개발도구(SDK: Software Development Kit)를 통해 애플리케이션을 만들어 확장성을 제공한다. 따라서, 운영체제는 이러한 선순환 매커니즘 구축을 통해 플랫폼의 지속성을 확보하고 있다.

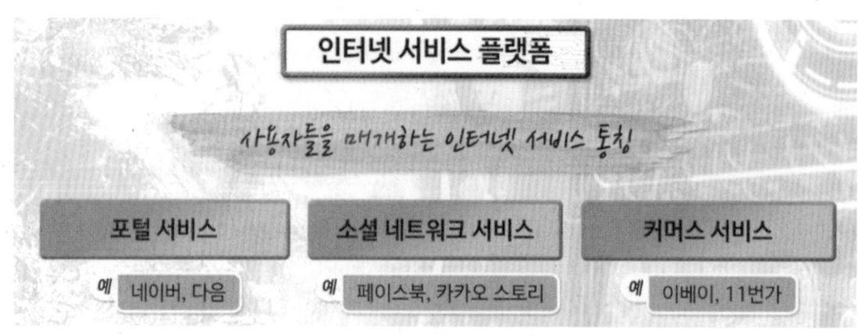

그림 12-8 외형에 따른 구분 : 인터넷 서비스 플랫폼

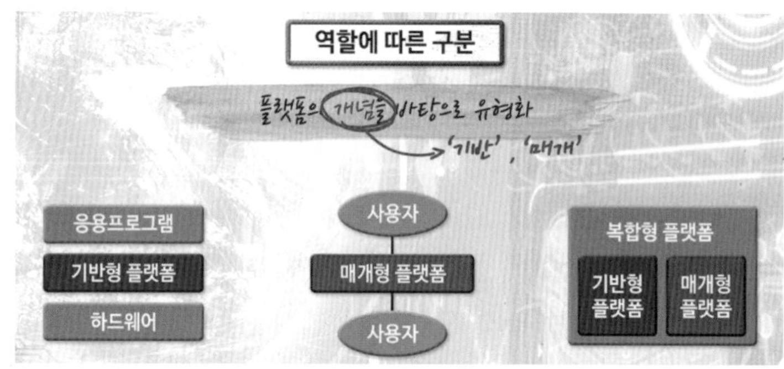

그림 12-9 역할에 따른 플랫폼의 구분

현재 여러 경우에서, 기반형 플랫폼인 운영체제가 복합형 플랫폼으로 진화 중인 것을 알 수 있다. 예를 들자면, 애플의 운영체제인 iOS는 아이튠즈 스토어나 앱 스토어, 페이스타임과 같은 매개형 서비스를 포함하여 진화하고 있다. 또한, 마이크로소프트사는 윈도우즈8부터 윈도우 스토어를 포함하여 다양한 앱과 서비스를 사용자들에게 매개함으로써 복합형 플랫폼으로 변화하고 있는 것이다.

그림 12-10 기반형 플랫폼에서 복합형으로 진화하는 운영체제

■ 사례: 운영체제(OS)

기반형 플랫폼은 사용자가 요구하는 기능을 구현하는 기반으로서의 플랫폼이다. 앞서 언급하였듯이 윈도우즈나 안드로이드 같은 운영체제, 중앙처리장치 또는 모바일 응용 프로세서 등이 이해하기 쉬운 사례이다.

대표적 기반형 플랫폼인 운영체제는 해당 운영체제에 최적화된 개발도구를 제공하고, 외부 개발자들은 개발도구를 이용하여 다양한 응용프로그램을 만들 수 있도록 한다.

외형적으로 운영체제는 소프트웨어이고, 중앙처리장치는 하드웨어이지만 역할 관점에서는 모두가 기반형 플랫폼인 것이다. 즉, 외형과 관계 없이 다른 제품에 자신의 기능을 제공하는 기반으로서의 역할을 한다면 기반형 플랫폼이 되는 것이다.

4 매개형 플랫폼

매개형 플랫폼은 사용자들을 매개하여 상호작용을 창출하는 공간으로서의 플랫폼이다. 페이스북, 카카오스토리, G마켓 같은 오픈마켓이 해당된다.

점차 인터넷 기반의 매개형 플랫폼의 주요성은 점차 증대하고 있다. 즉, 사용자들을 상호 연결하여 콘텐츠를 생산하며 생성된 콘텐츠를 매개로 새로운 커뮤니케이션을 생성함으로써 사용자들의 소비행위를 창출하고 있다. 이것은 결과적으로 매개형 플랫폼 사업자에게 커다란 수익을 가져다 줄 수 있어 그 중요성이 더욱 커지고 있다.

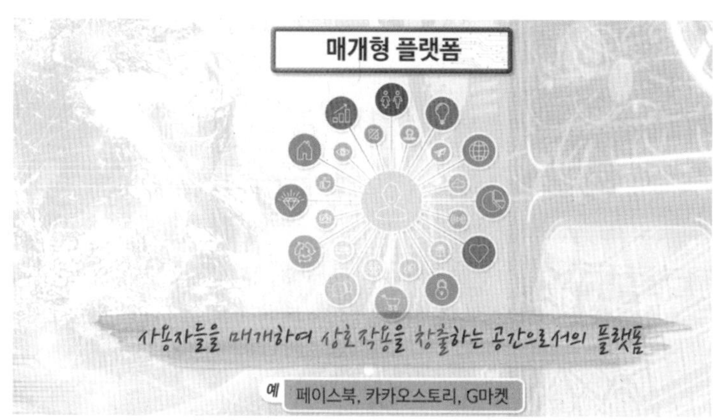

그림 12-11 매개형 플랫폼

■ 사례: 오픈마켓(Open Market)

다음은 매개형 플랫폼의 일종인 오픈마켓의 사례를 살펴보겠다. 오픈마켓은 다수의 판매자와 저렴한 가격이 가장 큰 장점이라 할 수 있으며, 인터넷 최고의 비즈니스 모델(BM)로 간주된다. 이처럼 오픈마켓이 다수의 판매자와 저렴한 가격을 유지할 수 있는 비즈니스 모델을 살펴본다. 오픈마켓에서는 한 건의 거래가 한 건의 수수료 수익을 창출하는 수익구조이다.

판매자는 다른 유통채널보다 저렴한 수수료로 인한 저렴한 판매 가격을 유지할 수 있다. 이러한 판매자의 저렴한 가격 때문에 구매자가 몰리게 되며, 많은 구매자가 물건을 사기 때문에 판매자는 마진을 줄여 판매 금액을 더 낮출 수 있다. 더 저렴해진 가격으로 인해 더 많은 구매자가 몰리게 되며, 간혹 이벤트, 쿠폰 등을 통해 더많은 판매자와 구매자를 불러 모으는 선순환 매커니즘 덕분에 사업의 지속성을 유지하고 있다.

■ 사례: 소셜커머스

소셜커머스란 소셜미디어(social media)를 활용하는 커머스(commerce), 즉 상거래 행위를 말한다. 소셜커머스는 초기에는 지역 상점의 상품 또는 서비스를 반짝 세일(flash sale)하는 쇼핑몰과 같은 그루폰(Groupon) 비즈니스 모델을 모방하였다.

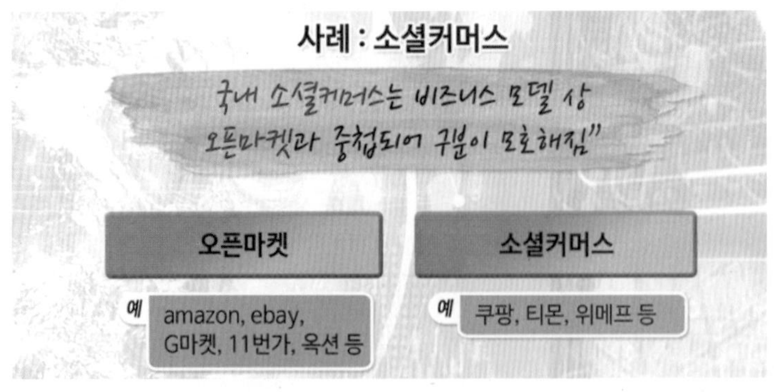

그림 12-12 매개형 플랫폼으로서의 다양한 소셜 커머스

국내 소셜커머스는 비즈니스 모델 상 오픈마켓과 중첩되어 구분이 모호해지고 있다만, 이 또한 변화의 흐름이라고 볼 수 있다. 외국의 대표적인 오픈마켓으로 아마존, 이베이가 있으며 국내에는 G마켓, 11번가, 옥션 등이 해당된다. 또한 국내의 대표적인 소셜커머스로는 쿠팡, 티몬, 위메프 등을 들 수 있다.

5 복합형 플랫폼

복합형 플랫폼은 기반형 플랫폼과 매개형 플랫폼의 성격을 복합적으로 갖고 있는 플랫폼이다. 복합형 플랫폼의 궁극적인 지향점은 기반형 플랫폼으로서 애플리케이션 생태계를 장악하고, 매개형 플랫폼으로서 서비스를 통해 지속적인 수익을 창출하는 것이다.

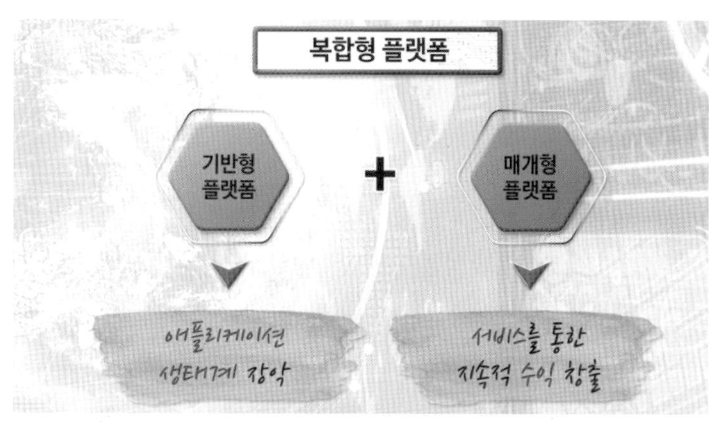

그림 12-13 복합형 플랫폼

따라서, 복합형 플랫폼이 등장해 가는 유형을 보면, 첫째, 기반형으로 시작하여 매개형의 성격을 갖추어 복합형으로 진화하는 것이다. 이 유형에는 마이크로소프트 윈도우즈 운영체제인 Windows 8에는 Window Store를 내장하여 매개형 성격을 추가하고 있다.

둘째, 매개형으로 시작하여 기반형의 성격을 갖추어 복합형으로 진화하는 유형이다. 페이스북은 페이스북 애플리케이션 개발 환경을 공개하며 다양한 응용서비스를 개발할 수 있도록 기반형 플랫폼의 성격을 추가하고 있는 경우이다.

셋째, 처음부터 기반형과 매개형의 성격을 갖추어 복합형으로 시작하는 유형으로써 안드로이드와 같이 처음부터 Android 1.0 운영체제에 안드로이드 마켓 즉, 현재의 구글 플레이를 통합한 경우에 해당된다.

12.2 플랫폼의 중요성과 미래가치

1 글로벌 브랜드 2016

'인터브랜드(Interbrand)'에서 2016년도 베스트 글로벌 브랜드 Top100을 발표했다. 인터브랜드는 매년 베스트 글로벌 브랜드(Best Global Brands, BGB)를 통해 전 세계에서 가장 성공적인 브랜드들을 발표하고 있다. 베스트 글로벌 브랜드 랭킹은 매년 최고의 글로벌 기업 CEO들이 꼭 참고해야 할 지표로서 발표와 동시에 많은 언론에 회자되며 지속적인 관심을 받고 있다.

다음 그림은 100개의 베스트 글로벌 브랜드 중 상위 24개 베스트 글로벌 브랜드의 순위를 보여주고 있다. 1위인 애플에서부터 4위인 마이크로소프트까지는 2015년도와 마찬가지로 순위의 변화가 없다. 삼성전자 또한 2015년도와 마찬가지로 7위의 브랜드 인지도를 가지고 있다.

그림 12-14 글로벌 브랜드 2016 (출처: Interbrand)

주목할 점은 페이스북은 2015년 23위에서 2016년도에는 15위로 대폭 상승하였다. 페이스북이 2016년 매출 250억 달러로 역대 최고의 매출 성장세를 보이며, 2016년 초 페이스북 라이브 기능을 출시했고 페이스북 라이브 이후 동영상 콘텐츠는 빠르게 마케팅 트렌드로 자리 잡았다.

본 그림에서 알 수 있듯이 전체 글로벌 기업 24개 중에서 플랫폼 기업의 강세가 두드러짐을 알 수 있다. 상위 글로벌 기업 브랜드 24개 중에서 플랫폼 기업이 무려 11개나 차지하고 있다. 이것은 플랫폼 기반의 글로벌 기업의 세계적인 영향력이 점차 커지고 있음을 암시하고 있다.

2 글로벌 경제 vs. 플랫폼 경제

글로벌 경제 규모와 플랫폼 경제규모를 상호 비교해 볼까요? 다음 슬라이드는 대륙별 글로벌 경제규모와 플랫폼 경제규모를 가시적으로 표현하고 있다.

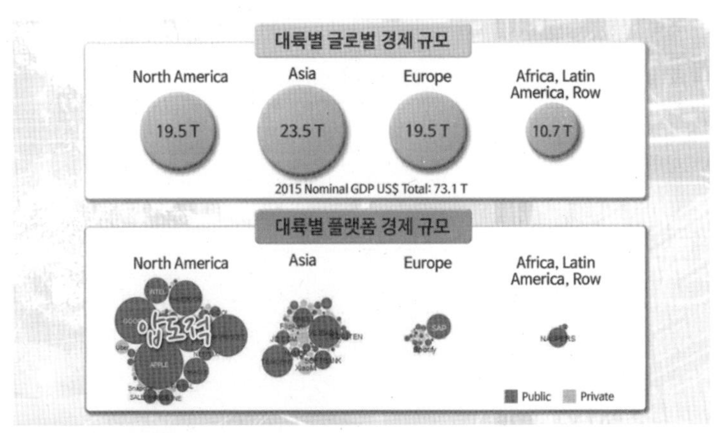

그림 12-15 대륙별 글로벌 경제 규모 및 플랫폼 경제 규모

대륙별 글로벌 경제규모는 비교적 대륙 간 편차가 작지만, 플랫폼 경제규모는 많은 차이가 있음을 알 수 있다, 특히 미국을 중심으로 북미지역의 플랫폼 경제 규모가 압도적으로 많은 것을 알 수 있다. 이것은 세계적 수준의 플랫폼 기업들이 북미지역에 집중되어 있고 경제적 영향력 또한 비례해서 커지고 있다.

최근 들어, 중국의 경제성장에 힘입어 중국 중심의 플랫폼 기업들, 즉 텐센트, 알리바바, 바이두. 샤오미 등의 성장이 두드러 지고 있다. 정도의 차이는 있지만 플랫폼 비즈니스는 전 세계 곳곳에서 경제적으로 큰 비중을 차지하고 있으며 앞으로도 계속 그 비중이 늘어날 것이다. 따라서 빠른 속도로 성장하는 세계적인 브랜드들이 플랫폼 기업이라는 사실은 당연해 보인다.

3 산업별 대표적 플랫폼 기업

다음 그림은 다양한 산업별로 대표적인 플랫폼 기업을 요약하고 있다. 농업 분야, 통신 및 네트워킹 서비스 분야, 소비재 분야, 교육 분야, 금융 분야, 건강 분야, 수송 분야 등 대표적인 플랫폼 기업들을 알 수 있다. 애플 등 정보기술(IT)분야뿐만 아니라 이제는 거대 기업인 월마트(Walmart)와 나이키(Nike)에서 대형 농기계 생산업체인 존 디어(john Deer)와 디즈니(Disney)에 이르기까지 모두 자신들의 비즈니스에 플랫폼 방식을 도입하기 위하여 사력을 다하고 있다.

매개형 플랫폼

INDUSTRY	EXAMPLES
Agriculture	John Deere, Intuit Fasal
Communication and Networking	LinkedIn, Facebook, Twitter, Tinder, Instagram, Snapchat, WeChat
Consumer Goods	Nike, Philips, McCormick Foods FlavorPrint
Education	Udemy, Skillshare, Coursera, edX, Duolingo
Energy and Heavy Industry	Nest, Tesla PowerWall, General Electric, Enernoc
Finance	Bitcoin, Lending Club, Kickstarter
Healthcare	Cohealo, SimplyInsured, Kaiser Permanante
Gaming	Xbox, Nintendo, PlayStation
Labor and Professional Services	Upwork, Fiverr, 99designs, Sittercity, LegalZoom
Local Services	Yelp, Foursquare, Groupon, Angie's List
Logistics and Delivery	Munchery, Foodpanda, Haier Group
Media	Medium, Viki, YouTube, Wikipedia, Huffington Post, Kindle Publishing
Operating Systems	iOS, Android, MacOS, Microsoft Windows
Retail	Amazon, Alibaba, Walgreens, Burberry, Shopkick
Transportation	Uber, Waze, BlaBlaCar, GrabTaxi, OlaCabs
Travel	Airbnb, TripAdvisor

그림 12-16 산업별 대표적 플랫폼 기업

4 시대 변화의 동력

기업은 현재 및 미래 시대에 대응하고 발전하기 위하여 시대 변화의 동력을 알아야 한다. 새로운 기업으로 변모하기 위하여 기업은 네트워크의 시대, 데이터의 시대, 플랫폼의 시대를 잘 이해하고 부합하는 대응 전략과 능력을 갖출 필요가 있다. 네트워크의 시대에서, 네트워크는 물리적 공간과 디지털 정보 및 사회적 관계를 상호 연결한다. 또한, 거대한 양의 데이터 생겨나는 시대에서 이러한 빅데이터에서 의미있는 정보를 정확히 추출하고 관리할 수 있는 능력이 필요하다.

마지막으로, 플랫폼의 시대에서 네트워크와 인공지능을 지렛대로 삼아 가치를 창출할 수 있는 새로운 비즈니스 모델을 수립해야 한다. 농업 분야, 통신 및 네트워킹 서비스 분야, 교육 분야, 금융 분야, 건강 분야, 수송 분야 등 대표적인 플랫폼 기업들을 알 수 있다.

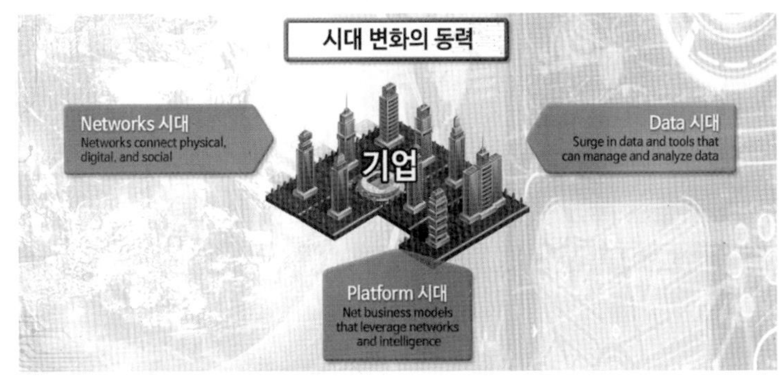

그림 12-17 시대 변화의 3대 동력

5 선형 파이프 모델 대 삼각 플랫폼 모델

기업들이 전반적으로 채택하고 있는 전통적인 시스템을 '파이프라인'이라고 말한다. 파이프라인은 가치의 창출과 이동이 단계적으로 일어나며, 이 때 파이프라인의 한쪽 끝에는 생산자가, 반대편에는 소비자가 있다.

회사는 먼저 제품이나 서비스를 디자인하고, 그런 다음 제품을 제조해서 판매하거나 서비스를 제공하기 위한 시스템이 작동한다. 마지막 단계에서 고객이 등장해서 제품이나 서비스를 구매한다. 이러한 간단한 일직선 형태로 인해 파이프라인 비즈니스를 '선형적 가치사슬'이라고 말하기도 한다. 최근 몇 년간 많은 기업들이 파이프라인 구조에서 플랫폼 구조로 전환하고 있다.

플랫폼 세계에서 다른 종류의 이용자들이 서로 만나고 상호작용을 일으키면서 플랫폼이 제공하는 자원을 이용하며 이러한 과정속에서 가치를 창출한다. 즉, 가치는 생산자에서 소비자로 일직선으로 흘러가지 않고, 사람들에 의해 다양한 장소에서 다양한 방식으로 만들어지고 변경되며 교환되고 소비가 된다.

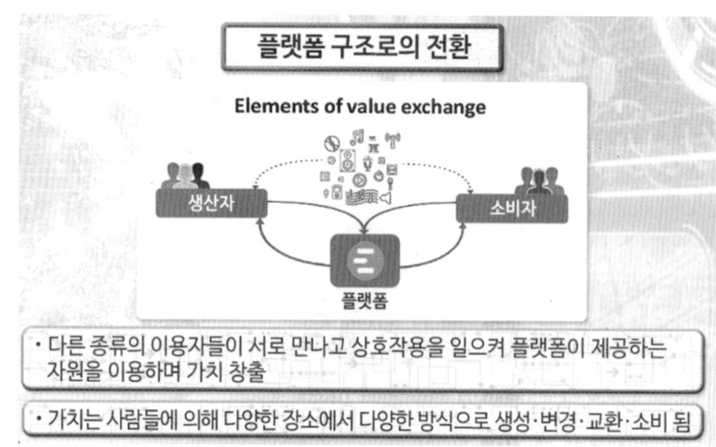

그림 12-18 삼각 플랫폼 모델로의 전환

■ 애플(Apple)

애플의 강점은 하드웨어, 소프트웨어, 콘텐츠를 융합한 플랫폼 전략을 가지는 것에 있다. 먼저 소프트웨어로써 2001년 1월에 아이튠즈(iTunes) 1.0을 출시하고 당시 아이튠즈는 단순히 미디어 재생 기능만을 제공하였다. 이후 2003년에 아이튠즈 스토어(iTunes Store)를 개시하며 음원 판매 서비스를 시작하게 된다.

운영체제 소프트웨어의 경우에는 2001년에 맥OS X를 출시하여 이것은 MAC 컴퓨터의 운영체제이자 현재 아이폰(iPhone)의 운영체제인 iOS의 기반이 된다. 또한 애플은 Appple Retail Store 라는 오프라인 매장을 직접 운영하기도 한다. 애플은 하드웨어 제품으로써 2007년에 아이폰(iPhone)을 출시 하여 스마트폰 산업에 큰 변화를 이끌게 된다. 이처럼, 애플은 소프트웨어, 하드웨어 및 콘텐츠를 융합한 플랫폼 전략을 지금까지도 충실히 잘 해오고 있다.

애플이 강한 기업인 이유는 또 무엇이 있을까? 애플 제품에 강한 애착을 보이는 풍부한 고객층을 보유하고 있다. 이러한 고객들은 애플에 대한 강한 충성도(loyalty)를 가지는 특징이 있다. 또한 애플은 신생창업기업(Startup)과 같은 강한 집중력을 발휘하는 조직문화를 가지고 있다. 즉, 사업 구조를 단순하게 만들어, 마치 신생기업처럼 소수의 핵심 프로젝트에만 역량을 집중시켜 탁월한 결과물을 창출하는 방식을 취하고 있다. 또한 디자이너와 DEST불리는 엔지니어 그룹 중심의 개발자 위주의 우대 문화가 한 몫을 하고 있다.

■ 구글(Google)

다음은 또 다른 대표적인 플랫폼 기업인 구글에 대하여 알아보자. 구글(Google)이 검색엔진 분야에서 강자인 이유는 검색 품질의 우수성과 대표적인 매개형 플랫폼으로서의 수익모델의 창출 능력일 것이다. 이러한 수익 창출에는 '프리미엄(freemium) 전략'이 존재한다. 여기서 프리미엄(freemium)이란 공짜(Free)와 고급(Premium)의 결합된 의미를 가지고 있다. 즉, 어떤 제품이나 서비스를 무료로 제공하면서 추가적인 기능, 가상의 상품, 또는 기타 방법으로 수익을 내는 전략을 말한다.

안드로이드와 유튜브를 인수한 구글은 독특한 기업문화를 가지고 있다. 예를 들어, 자유와 공유를 추구하는 조직문화뿐만 아니라 까다로운 직원 채용 단계로도 유명한다. 또한 20퍼센트의 시간(20 percent time) 제도를 운영하여 일주일 중 하루를 본업 외에 자신이 관심있는 분야의 프로젝트를 수행하는 것을 권장한다. 또한, 실패를 장려하는 회사 문화는 실패 없이는 새로운 것을 얻을 수 없다는 철학을 나타내고 있다.

6 양면 네트워크 효과(Two-sided Network Effect)

양면 네트워크 효과는 그림과 같이 다양한 사업 분야에서 일어나고 있음을 알 수 있다. 공유 운송 서비스인 우버(Uber)의 경우, 탑승객이 운전자를 끌어들이고, 운전자는 탑승객을 끌어들인다. 구글의 안드로이드 앱 개발자들은 소비자들을 끌어들이고, 소비자들은 앱 개발자들을 끌어들인다.

온라인 간편결제 시스템인 Paypal은 판매자가 구매자를 끌어들이고, 구매자는 판매자를 끌어 들인다. 공유 숙박 서비스인 약 BnB는 집주인(호스트)이 손님(게스트)을 끌어들이고, 손님은 집주인들을 끄어들이는 효과를 불러일으킨다. 이러한 모든 비즈니스가 긍정적인 피드백과 함께 양면 네트워크 효과를 불러일으키고 있다.

다시 말하면, 플래폼은 네트워크 효과를 충분히 이용하여, 더 많은 사용자는 더 많은 가치를 창출하고, 다시 더 많은 사용자를 유입시키는 순환 구조를 가지게 하는 힘이 있는 것이다.

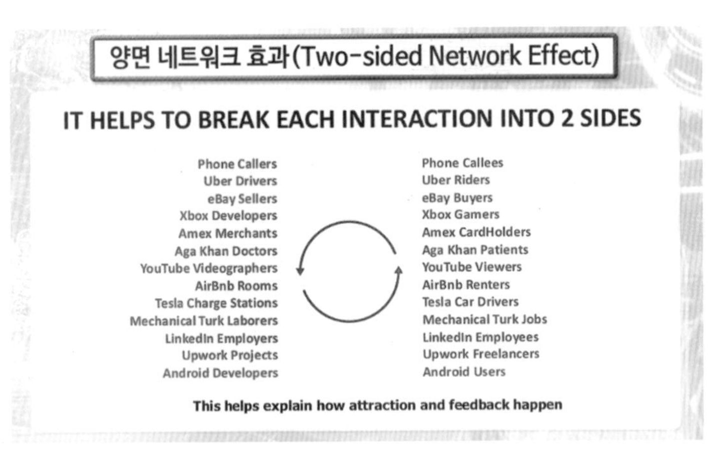

그림 12-19 양면 네트워크 효과

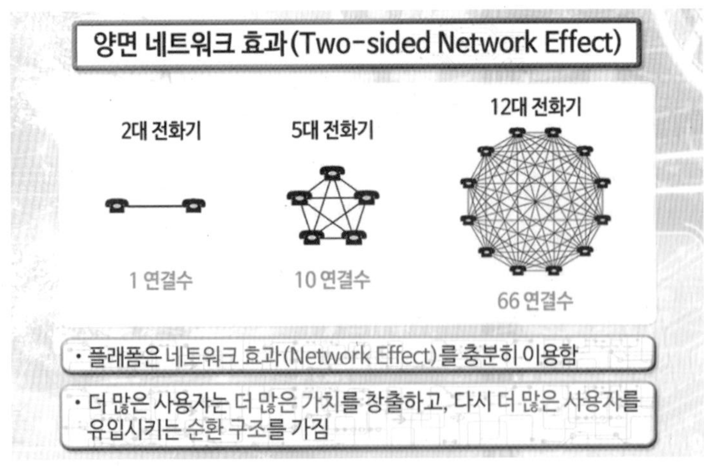

그림 12-20 플랫폼의 네트워크 효과

7 플랫폼의 성공 요소

여기에서 우리는 플랫폼이 성공하기 위해 갖추어야 할 요건 3가지를 알아보자. 3가지 요건은 킬러앱(Killer App), 네트워크 효과, 로열티 즉, 충성도를 말한다.

첫째, 킬러앱은 킬러 애플리케이션의 줄임말로써 '특정 플랫폼을 반드시 이용하게 만들 정도로 강력한 역할을 하는 그야말로 끝내주는 응용프로그램'을 말한다. 예를 들어 안드로이드 운영체제의 대표적인 국내 킬러앱은 카카오톡이 될 것이다.

둘째, 네트워크 효과란 앞에서도 언급하였듯이 특정 상품이나 서비스에 대한 어떤 사용자에 대한 수요가 다른 사용자들에 의해 영향을 받는 것을 뜻한다. 예를 들어, 스마트폰이 보급되던 초기에, 스마트폰에 대하여 잘 모르는 사람들도 오로지 카카오톡을 사용하기 위하여 스마트폰을 구입하는 경우에 해당된다. 친구들이 카카오톡으로 서로 대화를 나누는 상황에서 자신도 참여하기 위하여 스마트폰을 구입하는 것이 좋은 사례이다.

셋째, 충성도 또는 로열티는 사용자가 자신이 선택한 상품이나 서비스에 많은 애착을 가지고 있는 것을 말한다. 이 경우 경쟁사의 어떠한 마케팅 노력에도 불구하고 경쟁사의 상품이나 서비스로 변경하지 않을 정도의 깊은 애착 상태를 말한다.

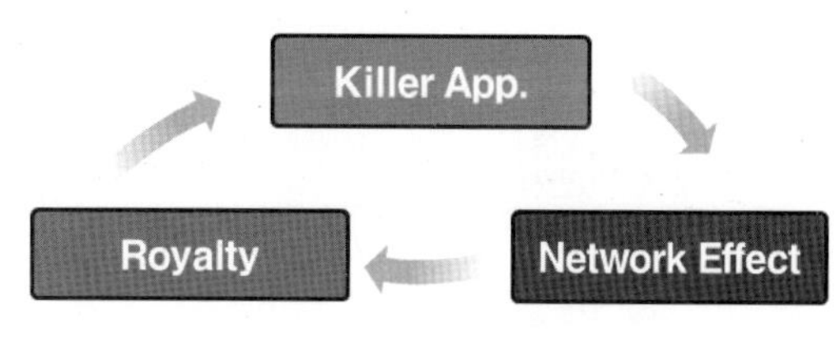

그림 12-21 플랫폼의 성공 요소

12.3 스마트 디바이스와 플랫폼

1 스마트 디바이스 개발 플랫폼: Open Source HW Platform

이번에는 오픈소스 하드웨어의 개념을 정의하고, 주요 오픈 소스 하드웨어 플랫폼과 활용 제품 및 각종 관련 활동 등을 살펴 보자.

오픈 소스 하드웨어(OSHW)는 SW의 소스 코드에 해당되는 설계와 디자인을 공개하고 관련 정보를 공유하는 일련의 과정을 통해 더욱 혁신적이고 참신한 제품 개발을 촉진하는데 그 목적이 있다. 이러한 오픈 소스 하드웨어의 확산은 전문 엔지니어나 전자기기 공학 관련 매니아를 비롯한 일반인들의 하드웨어 제작 대중화를 견인하는 동시에 대기업 및 중소기업의 제품과 서비스 관련 연구개발 활동을 촉진함으로써 이른바 제3의 산업 혁명을 일으키는 주된 동인으로까지 주목받아 왔다.

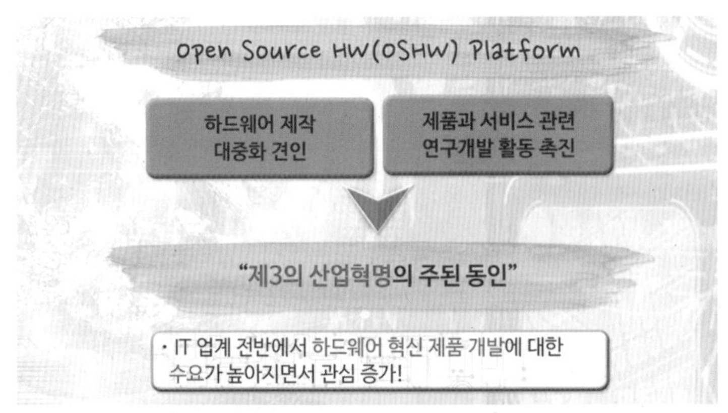

그림 12-22 플랫폼의 성공 요소

오픈 소스 하드웨어는 전자공학 분야의 전문 개발자뿐만 아니라 최근 들어 IT 업계 전반에서 하드웨어 혁신 제품 개발에 대한 수요가 높아지면서 오픈 소스 하드웨어에 대한 관심이 커져왔다.

오픈 소스 하드웨어는 개발자의 개발기간을 단축키고 생산비용을 절약하는 큰 장점을 가지고 있다. 오픈 소스 하드웨어의 가장 큰 특징은 기술에 대한 특허 라이선스가 없고 제품 개발에 필요한 리소스가 공개되어 있다는 점이다. 부품을 직접 구매해 조립하기 때문에 완성형 또는 표준형 제품에 비해 가격도 저렴하며, 형태 변경을 통해 전혀 새로운 형태의 커넥티드 기기를 탄생시킬 수도 있다. 제어나 조작에 필요한 소프트웨어 역시 주로 오픈소스 형태로 공개되어 용도에 맞춰 직접 프로그래밍도 가능하다.

오픈 소스 하드웨어를 이용하여 다양한 웨어러블 기기나 사물 인터넷(IoT) 용 소형가전, 장난감 등 다양하게 적용할 수 있다. 현재 대표적인 오픈소스 하드웨어로는 아두이노, 라즈베리 파이, 비글보드가 있다.

■ 아두이노(Arduino)

2005년 이탈리아에서 탄생한 아두이노는 현재 가장 유명하고 널리 활용되는 오픈소스 하드웨어 플랫폼이다. AVR을 사용하는 오픈소스 마이크로컨트롤러 보드로서 임베디드 개발 경험이 전혀 없는 이용자들도 쉽게 활용할 수 있도록 개발툴이나 회도로 등을 오픈소스 형태로 제공하고 있다. 특히 아두이노 보드에 쉽게 펌웨어 프로그램을 만들어 탑재할 수 있는 아두이노 개발툴과 PC에서 아두이노 그래픽 요소로 데이터 송수신이 가능한 프로세싱 툴은 아두이노 열풍의 핵심 요소이기도 하다.

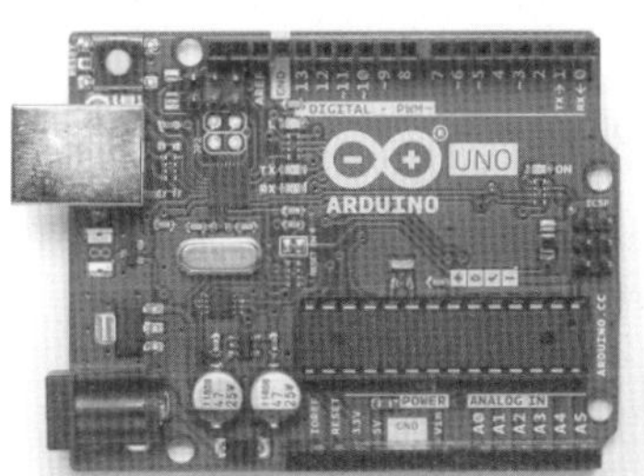

그림 12-23 아두이노 우노(Arduino Uno)

아두이노는 센서(sensor)와 액츄에이터(actuator)를 이용할 수 있는 여러 개의 디지털 핀(pin)과 아날로그 핀이 있다. 이를 통해 조도, 온도, 습도 등을 측정하는 다양한 센서는 물론 스피커, LED, 모터 등의 다양한 액츄에이터를 연결하는데 적합한다. 여기에 GSM, 와이파이(Wi-Fi), 이더넷(Ethernet) 등의 통신 연결 모듈인 쉴드(shield)나 LCD 스크린, USB 어댑터 등의 엑세서리를 결합시키면 아두이노의 활용도는 더욱 높아진다.

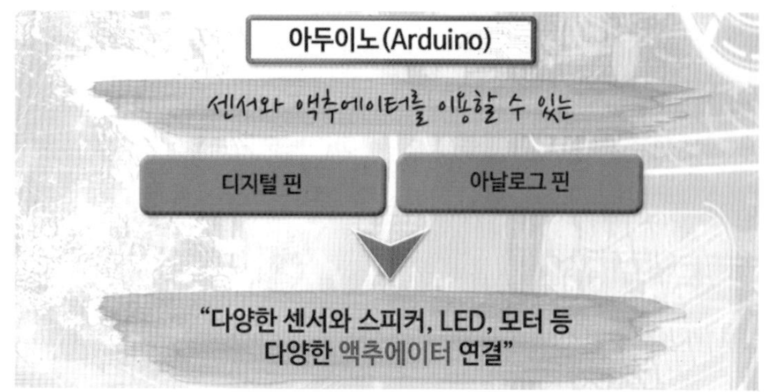

그림 12-24 아두이노(Arduino)의 센서 및 엑추에이터 연결

가격은 비교적 저렴하며 윈도우(Windows), MAC OS, Linux 등의 다양한 운영체제도 지원한다. 다양한 활용 사례가 커뮤니티를 통해 공개되어 있는데, 회로 연결에 대한 내용이나 펌웨어 개발 소스 코드, PC 및 모바일 단말 전용 소스 코드 등이 포함되어 있다. 따라서 아두이노를 이용하면 맞춤형 시계나 조명 시스템, 애완견과 놀아주는 장난감, 화재경보기, 웨어러블 컴퓨터(wearable computer) 등 다채로운 제품을 저렴한 가격으로 간단하게 제작 가능하다.

그림 12-25 Arduino IDE(통합개발환경)

현재 아두이노의 HW 버전은 아두이노 듀이를 비롯해 디시밀라, 듀이밀라노브, 우노, 레오나르도, 메가, 나노, 미니, 릴리패드) 등 다양하게 분화되어 있다. 다른 오픈 소스 하드웨어에 비해 모델의 종류가 월등히 많으며, 그 사이즈도 매우 다양하기 때문에 여러 형태 및 규모의 제품 개발에 적용이 유리하다.

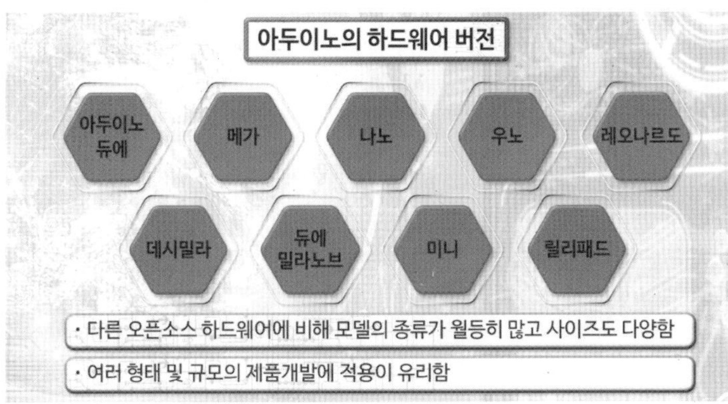

그림 12-26 Arduino의 다양한 종류

또한 아두이노는 임베디드 시스템(embedded system) 중의 하나로 쉽게 개발할 수 있는 통합개발환경(IDE)을 제공하고 있다. 아두이노의 통합개발 환경에는 편집기, 컴파일러, 업로드 기능, 라이브러리 관리 기능이 제공된다.

■ 라즈베리 파이(Raspberry Pi)

라즈베리 파이(Raspberry Pi)는 영국 잉글랜드의 라즈베리 파이 재단이 학교와 개발도상국에서 기초 컴퓨터 과학의 교육을 증진시키기 위해 개발한 신용카드 크기의 초소형 싱글 보드 컴퓨터로서 기존의 데스크탑 PC와 유사하게 키보드, 모니터 등의 주변기기와 연결해 사용이 가능하다. 2012년 2월 정식 발매 전까지 수 차례의 모델 개선을 거쳐 2012년 2월에 정식으로 발매 되었다. 발매 초반에는 영국을 중심으로 판매되었지만 점차 북미와 유럽 전역으로 퍼져나가 현재는 아시아, 오세아니아 지역에서도 인기를 누리고 있다.

이것은 리눅스 커널 기반 운영 체제를 사용하고 있다. Raspbian 이라는 라즈베리 파이에 최적화된 데비안 계열의 자유 운영 체제를 사용한다. 주요 프로그래밍 언어로 파이썬(python)의 사용을 촉진하고, BBC 베이직을 지원하며, C, C++, 자바, 펄, 루비, 스퀵 스몰토크 등의 프로그래밍 언어를 사용할 수 있다.

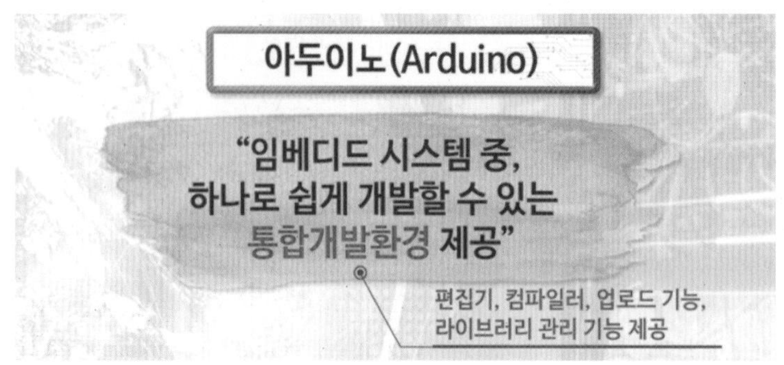

그림 12-27 아두이노 통합개발환경(Arduino IDE)

그림 12-28 라즈베리 파이

아두이노와 마찬가지로 다양한 센서와 액추에이터를 연결해 다양한 기능을 구현할 수 있는 가운데, 2013년 5월에는 전용 카메라 모듈도 발매하는 등 그 활용성을 점차 향상시켜왔다. 현재는 교육용 목적은 물론 다양한 부문에서 연구개발 목적으로 활용되고

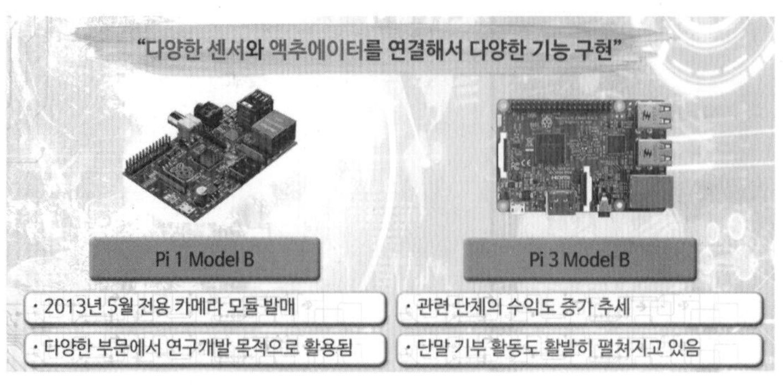

그림 12-29 라즈베리 파이

있어 단체의 수익도 증가 추세를 이어가고 있으나, 자선 단체로서 초기의 설립 및 단말 개발 목적을 달성하기 위한 활동의 일환으로 단말 기부 활동도 활발히 펼치고 있다. 그림에서 보는 바와 같이 다양한 종류의 플랫폼을 제공한다.

■ 비글 보드(Beagle Board)

비글보드는 라즈베리 파이와 유사한 소형 단일 보드 컴퓨터의 일종으로서, 칩 제조 회사인 텍사스 인스트루먼트가 OMAP 3530이라는 시스템온칩(SoC) 프로세서를 기반으로 2008년 7월에 처음 출시했다.

저전력 오픈 스 하드웨어 및 오픈소스 소프트웨어 개발을 고려하여 교육용으로 전 세계 대학에서 오픈소스 하드웨어와 오픈 소스 소프트웨어 역량을 키우기위해 소규모 팀에서 개발되었다. 보드의 크기는 대략 가로, 세로 각 75mm 정도 크기이고 간단한 컴퓨터의 모든 기능을 가지고 있다.

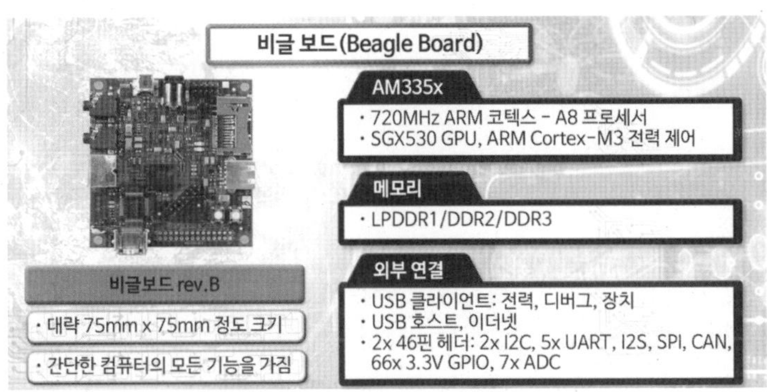

그림 12-30 비글 보드

12.4 창업지원 플랫폼

1 창업 생태계

플랫폼의 관점에서 보면 생태계는 플랫폼 사업자의 개입 없이도 원하는 바를 달성하기 위해 플랫폼 참여 그룹 간에 알아서 흥정, 거래하고 가치교환이 가능하도록 구축된 시스템이다. 따라서, 창업생태계는 창업자, 대학 등 창업지원 기관, 투자자 등이 유기적으로 상호작용하여 지속적으로 창업이 활성화되는 환경으로 정의할 수 있다.

창업 생태계는 기반요소와 핵심요소 및 외부요소로 구성되어 상호 긴밀한 협력을 통하여 창업 생태계가 꾸려지고 유지되어 진다.창업생태계는 그림과 같이 창업기업, 벤처캐피털, 회수시장으로 이루어진 핵심요소를 중심으로 구성되어 있다. 창업생태계의 주체이자 부가가치 창출의 원천으로 생태계를 구성하는데 주도적인 역할을 하는 창업기업과 창업기업에 투자하는 역할을 담당하는 벤처캐피털, 벤처기업과 벤처캐피털에 축적되어 온 무형의 가치를 유형화하는 회수시장이 핵심적인 역할을 수행하고 있다. 이외에도 핵심요소의 원활한 상호작용과 성장을 지원하는 요소로 법률, 대학, 연구소, 엔젤, 벤처보육센터, 대기업, 법률회사, 컨설팅사 등의 기반요소와 정부, 해외 벤처를 포함하는 외부요소가 창업생태계를 구성하고 있다.

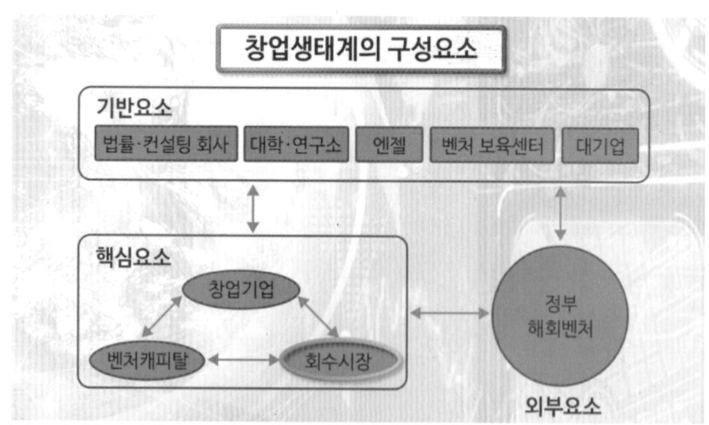

그림 12-31 창업 생태계의 구성요소

이상적인 창업생태계를 위해서는 구성요소의 상호경쟁과 협력을 바탕으로 한 상생관계 형성을 통해 긴밀한 정보교환 및 상호지원이 가능해짐으로써 활발한 성장, 진화, 융합, 분화가 이루어져야 한다.

2 창업 생태계의 주요 플랫폼

창업기업의 성장과정에는 보육, 자금, 혁신과 같은 창업생태계의 기능별 주요 플랫폼이 존재한다. 그림에서 보는 바와 같이, 보육기능을 지원하기 위하여 엑셀러레이터와 인큐베이터와 같은 플랫폼이 존재한다. 또한 창업기업에게 자금지원을 하기 위한 크라우드 펀딩(crowd funding) 플랫폼과 같은 대중(mass)에 의한 자금조달 플랫폼이 존재한다.

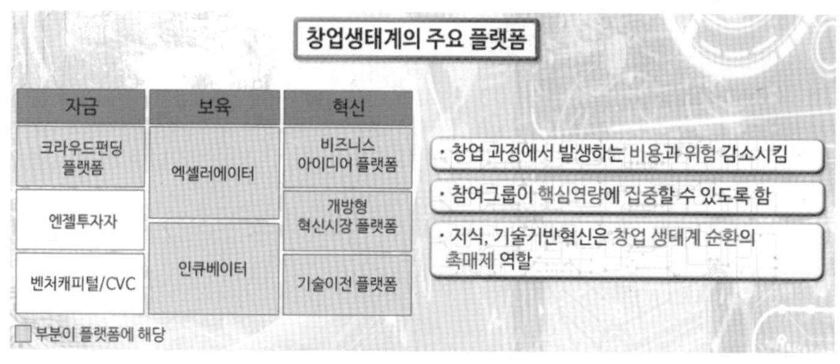

그림 12-32 창업 생태계의 주요 플랫폼

혁신기능을 지원하기 위하여, 비즈니스 아이디어 플랫폼, 개방형 혁신시장 플랫폼 및 기술이전 플랫폼 등이 있다. 그 중에서도 혁신플랫폼은 창업과정에서 발생하는 비용과 위험을 감소시키고 참여 그룹이 핵심역량에 집중할 수 있도록 하며, 특히 지식·기술기반 혁신은 창업생태계 순환의 촉매제와 같은 역할을 수행한다.

비즈니스 아이디어 플랫폼은 아이디어만으로는 창업이 불가능하므로 제작과정에 필요한 장비제공을 비롯해 아이디어 평가, 실행 등을 플랫폼이 대행함으로써 빠른 제품개발 및 서비스를 가능하게끔 도와주는 플랫폼이다. 개방형 혁신시장 플랫폼은 조직 내부에 국한되어 있던 연구개발활동을 기업 외부까지 확장하여 외부 아이디어와 연구개발 자원을 활용하여 혁신을 가능하게 하는 플랫폼이다.

마지막으로, 기술이전 플랫폼은 기술정보를 데이터베이스로 구축하여 상시적으로 기술을 팔고자 하는 사람과 기술을 사고자 하는 사람이 원하는 기술을 거래할 수 있게 하는 플랫폼이다. 기술이전 플랫폼은 주로 정부, 공공기관이 중심이 되어 플랫폼 사업자가 보유한 기술을 기반으로 플랫폼을 구축하는 공유형 플랫폼과 민간이 중심이 되어 중개역할을 수행하는 중개형 플랫폼으로 구분된다.

3 메이커 운동(Maker Movement)

창업자의 아이디어 제품 제작을 용이하게 하기위한 대중 운동으로써 '메이커 운동'이 있다. '메이커 무브먼트'는 미국 최대 IT 출판사 '오라일리의 공동창업자였던 '데일 도허티'가 2005년 처음 도입한 단어이다. 이 운동은 스스로 필요한 것을 만드는 사람을 가리키는 '메이커'들이 기술을 다른 사람들과 함께 고민하고 공유하는 활동을 통칭한다.

과거 개인 취미활동에서 출발한 DIY(Do It Yourself)에서 발전해 '공유'와 '공동체'라는 개념이 강조되면서 단순 취미활동에서 소량생산을 통한 상업화까지 영역이 점차 확대되는 추세이다.

민간에서 시작된 '메이커 무브먼트'는 정부 지원책으로 활성화되기 시작했다. 미국에서는 2005년 'Make'에 이어 2006년 '메이커 페어(Maker Faire)'가 실리콘밸리에서 처음으로 개최돼 민간이 스스로 개발해 나가고 있다. 이후 'Made in USA' 운동과 더불어 오바마(Obama)정부가 '제조업혁신네트워크(NNMI) 정책'을 2013년 발표하고, 2014년 'Maker Challenge'를 발족하는 등 정부 차원에서 적극 장려하고 있다. 최근 시제품 제작과 창업이 용이해지면서 소규모 개인 제조 창업이 확산되는 추세 역시 메이커 운동의 일부라 할 수 있다.

4 메이커 페어(Maker Faire)

미국 4차 산업혁명의 난장판, 메이커들의 축제 현장으로써 메이커 페어가 있다. 메이커 페어에는 농업, 운송, 유통 등의 수많은 영역에 사람들이 원하는 다양한 제품이 만들어져 공유된다. 나만의 전자 기타, 혁신적이고 재미있는 농기구, 아두이노를 이용한 재미있는 장난감 등 수많은 제품이 소개되고, 이를 만드는 절차와 회로도 및 재료 구입 방법 등이 상세하게 공유된다. 또한 주기적인 오프라인 행사를 통해 자신이 만든 제품을 일반에게 공유하며 지식을 나누고 있다.

2006년 미국 샌프란시스코 베이 에어리어에서 시작된 메이커 페어는 현재 미국 내 여타 도시는 물론, 영국, 독일 등지에서도 개최되고 있다. 본 행사는 뉴욕, 디트로이트, 캘리포니아에서 개최되며, 특히 뉴욕 행사는 '월드 메이커 페어'로 불리우고 있다. 세계 각지에서 소규모의 미니 메이커 페어 행사 역시 활발하게 개최되고 있다.

그림 12-33 메이커 페어

메이커 페어는 누구나 참여할 수 있는 '축제'이다. 그림에서 보는 바와 같이 메이커 페어 현장에서는 3D프린터, 레이저 커터를 활용한 전시품이 상당수를 차지하고 있다. 또한, 미국의 기술관련 거대 기업(공룡)들은 자사 홍보의 장으로 적극 활용하고 있다. 메이커 페어는 엉망진창 행사장속에서 태동하는 창업가 정신을 느낄 수 있다. 일반인이 메이커로 그리고 창업자로 발전하는 단계를 한눈에 확인할 수 있는 장소인 것이다.

5 메이커스페이스(MakerSpace)

이번에는 메이커 운동의 주요 커뮤니티인 메이커 스페이스, 해커스페이스 및 팹랩(Fab Lab)을 소개한다. 첫째, 메이커스페이스는 쉽게 말해 도구가 있는 커뮤니티센터를 말한다. 혼자서 하기는 힘든 기술적, 자원적인 실험들을 할 수 있는 공간으로서 역할을 하고 있다.

메이커스페이스는 영리기관이든 비영리 기관이든 상관없이 학교, 대학, 도서관 등에 어떤 형태로든 존재할 수 있으며, 개인은 메이커 스페이스에서 공간과 도구를 공유하여 자신만의 제작 활동에 활용할 수 있다. Makerspace.com과 같은 온라인 커뮤니티를 통해 메이커들은 상호 연결하여 새로운 도구와 프로젝트에 참여할 수 있으며 다른 재미있는 만들기에 동참할 수 있다.

그림 12-34 메이커스페이스 사례

국내 수도권의 주요 메이커 스페이스 현황을 보여주고 있다.

그림에서 나타나 있듯이 메이커 스페이스는 정부기관, 비영리단체 및 영리단체의 형태로 존재하고 있다. 2015년 4월 기준으로 전국에 6개 유형으로 33개소가 운영 중이며 점차 더욱 늘어날 추세이다. 이곳에서는 메이커 스페이스 내에 있는 장비들에 대한 기초장비교육, 매니저 양성교육, 창업교육 및 다양한 분야의 기술교육을 포함한다.

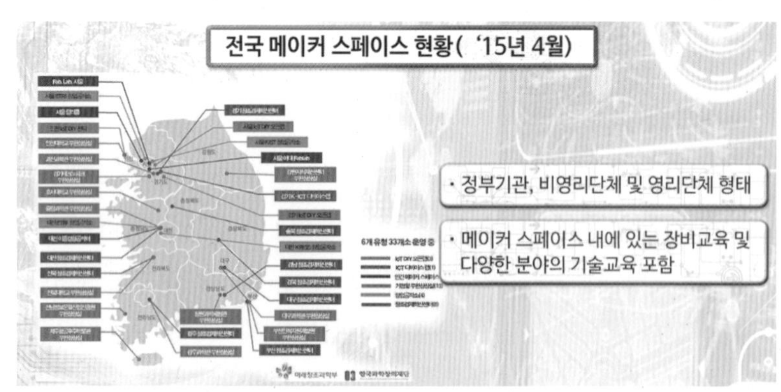

그림 12-35 국내 메이커스페이스 사례

둘째, 해커스페이스는 개인 발명가나 화이트 해커들의 상호 교류의 장이다. 온라인 커뮤니티가 아니라 물리 공간을 제공해주는 해커스페이스는 참가자 간의 자유로운 의견 교류를 통해 서로의 프로젝트에 대한 아이디어를 얻거나 관련 내용을 공유할 수 있도록 돕는다. 현재 미국과 독일 등 전 세계 각 국에 수많은 해커스페이스가 설립되어 운영되고 있다. 설립 장소로 특별히 정해진 곳은 없으며, 공립학교, 대학 캠퍼스, 교육 센터, 산업체 창고 등 특정 공간을 확보할 수 있는 다양한 장소에 위치하고 있다. 참가 대상 역시 제한이 없다. 컴퓨터, 기술, 과학 등의 종사자에서부터 디지털 예술에 관심을 가진 일반인까지 누구나 참여할 수 있다. 참여 방식 역시 단독으로 참여하는 것에서부터 관련 그룹을 구성해서 참여하는 등 자유롭다. 구체적인 해커스페이스의 기능을 살펴보자면, 워크숍, 프리젠테이션, 강의 등을 통한 정보 공유를 가장 일반적인 기능으로 꼽을 수 있다. 또한 다양한 친목 도모 활동을 통해 참여자들 간의 관계망을 강화할 수 있도록 돕는다. 개인 혹은 그룹 단위의 참여자들에게 작업 공간을 제공한다는 점 역시 주요 기능으로 꼽을 수 있다. 작업 과정에 필요한 다양한 컴퓨팅 툴 및 물리적 도구들을 지원함으로써 성공적인 프로젝트 결과물이 나올 수 있도록 지원하기도 한다. 여러 해커스페이스 단체 중 특히 씨베이스와 테크숍 등이 널리 알려져 있다. 1995년 독일 베를린에서 설립된 씨-베이스는 특정 학교나 대학, 회사 등에 소속되지 않은 세계 최초의 독립적인 해커스페이스로 주목을 받고 있다. 2006년에 설립된 테크숍은 상업적 목적을 지닌 최초의 연계 해커스페이스로, 미국 내에서 물리적 장소를 제공해주고 있다.

셋째, 팹랩(Fab Lab)은 '제작 실험실(Fabrication Laboratory)'의 약자로 디지털 기기, 소프트웨어, 3D 프린터와 같은 실험 생산 장비를 구비하여 학생과 예비 창업자, 중소기업가들이 기술적 아이디어를 실험하고 실제로 구현해볼 수 있는 공간을 의미한다. 자신의 아이디어를 시제품으로 만들어볼 수 있는 장비나 소프트웨어를 구비해 실제로 이를 구현해볼 수 있는 기반을 제공해주는 셈이다.

팹랩은 사용자들이 적은 리소스와 비용으로 원하는 제품을 구현해볼 수 있도록 지원한다는 점에서 의의를 지닌다. 뿐만 아니라 오픈소스 하드웨어와 관련해서는 오픈 디자인을 통한 지식 공유를 제공한다는 점에서 더욱 의의가 있다.

오픈 디자인이란 여러 팹랩에서 구현한 인공물의 구체적인 설계 내용이나 제작 과정에서의 문제 등을 담아 데이터베이스 형태로 누구나 활용할 수 있도록 공유하는 것을 뜻한다. 이를 통해 사용자들은 이전 작업자의 연구 내용을 바탕으로 초기의 실수를 줄일 수 있는 것은 물론 타 작업자의 참여를 통해 관련 연구를 지속적으로 개선해나갈 수 있는 기반도 확보할 수 있다.

6 지역 창업지원 플랫폼

■ 사례 : 대구창조경제혁신센터

지역 내 주요 창업지원기관에 대하여 알아보겠다. 대구창조경제혁신센터는 미래기술분야 창업거점으로 지역의 창조생태계를 고도화하고, 혁신적 아이디어와 창의적 기업가 정신을 확산시키고자 다양한 창업지원 서비스를 제공하는 대표적 창업지원 플랫폼의 역할을 수행하고 있다.

혁신창업, 기술, 문화, 디자인이 융합된 오픈이노베이션 거점인 창조 캠퍼스를 통해 창업자의 창조적 역량의 가치를 높이고 나아가 글로벌 창업플랫폼을 조성하고자 노력하고 있다. 주요 창업지원 프로그램으로써, 창업상담, 원스톱 서비스 상담, 혁신상품 인증, 크라우드펀딩 등의 지원 사업이 있다. 이러한 지원 사업을 통해, 다양한 창업자들과 투자자, 엑셀러레이터, 엔젤투자자 등이 교류하는 지속가능한 벤처창업 환경을 마련하고 있다.

그림 12-36 대구창조경제혁신센터의 창업 지원 인프라

특히, 창업 엑셀러레이팅 프로그램인 C-LAB을 통하여, 우수 사업아이템을 가진 예비창업자를 공모 및 경쟁을 통하여 선발한 후 각종 맞춤형 창업지원과 더불어 투자와 연계하여 성공창업으로 유도하고 있다.

SUMMARY

1. 플랫폼의 의미

플랫폼의 사전전 의미는 '주변보다 높은 평평한 장소, 강단, 연단, 발판 등'의 의미를 가진다. 표준국어대사전에서 '발판'은 어떤 곳을 오르내리거나 건너다닐 때 발을 디디기 위해 설치해 놓은 장치, 또는 다른 곳으로 진출하기 위해 이용하는 수단을 비유적으로 표현하고 있다. 이러한 플랫폼의 확장된 개념으로써 그림에서 보시는 바와 같이 다양한 분야에서 '발판', '기반', '매개' 등의 의미로 사용하고 있다.

2. 플랫폼의 구분

플랫폼은 외형에 따라 실계 플랫폼, 하드웨어 플랫폼, 소프트웨어 플랫폼 및 인터넷 서비스 플랫폼으로 구분할 수 있다. 또한, 플랫폼을 역할에 따라 '기반'과 '매개'라는 플랫폼의 개념을 유형화 하여 기반형 플랫폼, 매개형 플랫폼 및 복합형 플랫폼이 존재한다.

3. 삼각 플랫폼 모델

플랫폼 세계에서 다른 종류의 이용자들이 서로 만나고 상호작용을 일으키면서 플랫폼이 제공하는 자원을 이용하며 이러한 과정속에서 가치를 창출한다. 즉, 가치는 생산자에서 소비자로 일직선으로 흘러가지 않고, 사람들에 의해 다양한 장소에서 다양한 방식으로 만들어지고 변경되며 교환되고 소비가 된다.

4. 양면 네트워크 효과

플래폼은 양면 네트워크 효과를 충분히 이용하여, 더 많은 사용자는 더 많은 가치를 창출하고, 다시 더 많은 사용자를 유입시키는 순환 구조를 가지한다.

5. 플랫폼의 성공 요소

플랫폼이 성공하기 위해 갖추어야 할 요건 3가지 요소는 킬러앱(Killer App), 네트워크 효과, 로열티(충성도)를 말한다.

첫째, 킬러앱은 킬러 애플리케이션의 줄인말로써 '특정 플랫폼을 반드시 이용하게 만들 정도로 강력한 역할을 하는 그야말로 끝내주는 응용프로그램'을 말한다.

둘째, 네트워크 효과란 특정 상품이나 서비스에 대한 어떤 사용자에 대한 수요가 다른 사용자들에 의해 영향을 받는 것을 뜻한다.

셋째, 충성도 또는 로열티는 사용자가 자신이 선택한 상품이나 서비스에 많은 애착을 가지고 있는 것을 의미하며, 경쟁사의 어떠한 마케팅 노력에도 불구하고 경쟁사의 상품이나 서비스로 변경하지 않는 특성을 가진다.

6. 스마트 디바이스 개발 플랫폼

오픈 소스 하드웨어(OSHW)는 SW의 소스 코드에 해당되는 설계와 디자인을 공개하고 관련 정보를 공유하는 일련의 과정을 통해 더욱 혁신적이고 참신한 제품 개발을 촉진하는데 그 목적이 있다. 대표적인 오픈 소스 하드웨어로써 아두이노(Arduino), 라즈베리 파이(Raspberry Pi), 비글 보드(Beagle Board) 등이 있다.

7. 메이커 운동(Maker Movement)

메이커 운동은 창업자의 아이디어 제품 제작을 용이하게 하는 대중 운동으로써 스스로 필요한 것을 만드는 사람을 가리키는 '메이커'들이 기술을 다른 사람들과 함께 고민하고 공유하는 활동을 통칭한다. 메이커 운동을 확산하기 위한 활동으로써 메이커 페어(Maker Faire), 메이커스페이스(MakerSpace), 해커스페이스, 팹랩 등 다양한 활동이 존재한다.

선택형 문제

1. 플랫폼(platform)의 의미와 연관이 없는 표현은 무엇인가요?

① 플랫폼의 어원은 프랑스어의 plateforme 이다.

② 다른 곳을 진출하기 위해 사용하는 수단을 비유적으로 표현한다.

③ 운영체제(OS) 소프트웨어는 매개형 플랫폼으로 분류할 수 있다.

④ 거래를 원하는 복수의 집단들을 연결해주는 경제주체들의 중개수단으로 볼 수 있다.

2. 플랫폼의 역할에 따른 구분에 해당하지 않는 것을 고르시오.

① 커머스 플랫폼　　② 매개형 플랫폼

③ 복합형 플랫폼　　④ 기반형 플랫폼

3. 대륙별 플랫폼 경제 규모가 가장 큰 대륙은 어느 곳인가?

① 아시아(Asia)

② 유럽(Europe)

③ 남미(South America) 및 아프리카(Africa)

④ 북미(North America)

4. 4차산업혁명이 도래함에 따라 시대를 변화시키는 동력에 해당하지 않는 것을 고르시오.

① 플랫폼의 시대　　② 데이터의 시대

③ 네트워크의 시대　　④ 정보화의 시대

연 습 문 제

5. 다음 중 기반형 플랫폼으로 볼 수 없는 것을 고르시오.

① 애플(Apple)사의 iOS

② 마이크로소프트(Microsoft)사의 Windows

③ 아마존(Amazon)사의 소셜 커머스

④ 구글(Google)사의 Android

6. 구글의 사업 전략 중 어떤 제품이나 서비스를 무료로 제공하면서 추가적인 기능, 가상 상품, 또는 기타 방법으로 수익을 내는 전략을 무엇이라 말하나요?

① Premium ② Freemium

③ 네트워크 효과(Network Effect) ④ 양면 효과

8. 플랫폼이 성공하기 위하여 갖추어야 할 요건에 해당하지 않는 것을 고르시오.

① 로열티 (Loyalty, 충성도)② 수평적인 조직 문화

③ 네트워크 효과 (Network Effect) ④ 킬러 앱 (Killer App)

9. 메이커 운동(Maker Movement)은 창업자의 아이디어 제품 제작을 용이하게 하기고 스스로 필요한 것을 만드는 사람들이 다른 사람들과 함께 고민하고 공유하는 활동을 위한 대중 운동을 의미합니다. 다음 중 메이커 운동과 연관성이 가장 낮은 것을 고르시오.

① 잡지명 : Wired ② 메이커 페어 (Make Faire)

③ 잡지명 : Make ④ DIY (Do It Yourself)

주관식 문제

1. 공유 승객 운송 플랫폼인 우버(Uber)의 서비스 사례처럼 탑승객이 운전자를 끌어들이고, 운전자는 소비자를 끌어 들이듯이 더 많은 사용자는 더 많은 가치를 창출하고, 다시 더 많은 사용자를 유입시키는 순환구조를 가지게 하는 것은 (   ) 효과라 한다.

2. (   )는 쉽게 말해 도구가 있는 커뮤니티센터입니다. 혼자서 하기는 힘든 기술적, 자원적인 실험들을 할 수 있게 해주는 공간을 의미합니다. 이와 유사한 용어로써 해커스페이스(Hackerspace), 테크숍(Techshop), 창조공작소 등이 있습니다.

3. 이것은 리눅스 커널 기반 운영 체제를 사용하며Raspbian 이라는 데비안 계열의 운영 체제를 사용하고 있다. 다양한 센서와 엑추에이터를 연결해 교육용 및 연구개발 목적으로 널리 활용되고 있는 오픈소스 하드웨어 개발보드의 명칭을 적으시오.

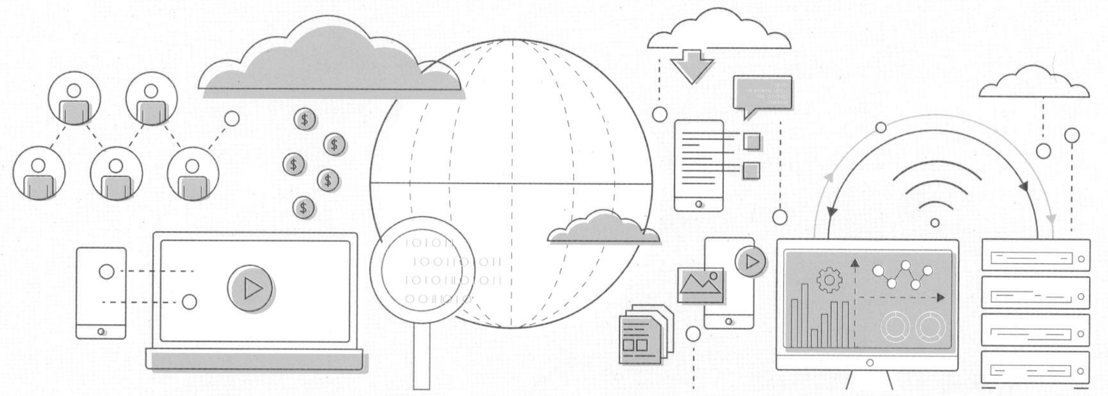

CHAPTER

13

소셜 플랫폼과 모바일 플랫폼의 개요

학습목표

- 소셜플랫폼과 모바일 플랫폼의 개념 이해를 바탕으로 모바일 커머스 시장에서 성공한 국내외 우수사례를 이해한다.
- 다양한 산업별로 미래 플랫폼 기술과 개발 현황을 이해한다.

구성

13.1 소셜 플랫폼

1 소셜 플랫폼(Social Platform)

소셜 플랫폼이란 의사소통 등 일상생활에서부터 조직운영과 비즈니스에 이르기까지 인간행위의 모든 분야에 소셜화를 가능하토록 하는 기반을 의미한다. 소셜 플랫폼은 '사람'을 중심으로 한 사회적 관계형성이 사회적 자본(social capital)을 형성할 수 있는 기반으로 작용하고 있다. 따라서, 소셜 플랫폼은 기술적 가치, 산업적 가치와 이용자 중심의 사회적 가치의 결합을 촉진하여 사회전체의 가치를 극대화 하는데 목적이 있다.

그림에 나타나 있듯이 과거의 '정보화 플랫폼'에서는 콘텐츠 및 소프트웨어 형태로 제공되는 '서비스'와 하드웨어 및 디지털 장치의 형태로 나타나는 '기술 및 기기', 또한 인프라로 작용하는 '네트워크'의 세가지 요소로 이루어져 있다.

이와 비교하여, '소셜플랫폼'은 기존의 '정보화 플랫폼'에 경험, 관계, 평판 또는 추천과 같은 사람 중심의 사회적 관계 요소가 추가로 결합되는 형태를 가지고 있다.

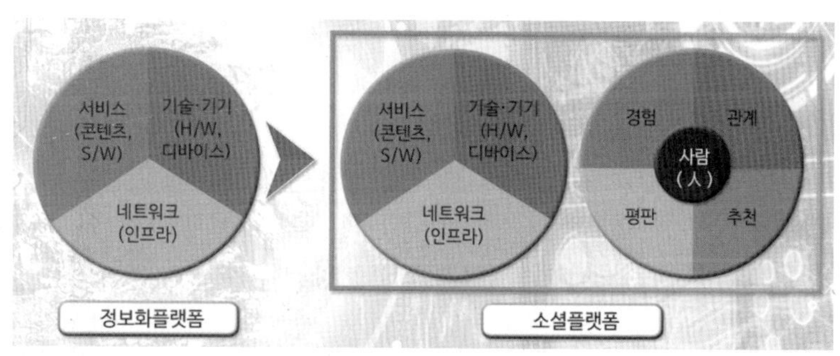

그림 13-1 정보화 플랫폼에서 소셜 플랫폼으로의 진화

2 소셜 플랫폼 활용 사례

다음은 소셜 플랫폼의 대표적인 사례 두 가지이다.

먼저 허핑턴 포스트(Huffington Post)의 경우이다. 허핑턴 포스트는 페이스북과 협력하여 허핑턴 포스트의 소셜 뉴스 서비스를 제공하고 있다. 허핑턴 포스트 사용자들이 페이스북상의 친구들과 연결되어 허핑턴 포스트 소셜 뉴스를 공유하도록 했다. 즉, 페이스북이라는 소셜 네트워크 서비스를 접목함으로써 단기간에 기존의 워싱턴포스트를 추월하는 효과를 얻었다.

두 번째 사례로 네이키드 피자(Naked Pizza) 가게에 대한 내용이다. 네이키드 피자는 대표적 소셜 네트워크 서비스인 트위터(Twitter)를 통해 마케팅을 했다. 네이키드 가게 간판에 트위터 주소를 표시하여, 주문자가 트위터로 접속할 경우 가게 화면이 표시되는 등 홍보 효과를 거둘 수 있었다. 이로 인해 몇 달 내에 월 매출이 20% 성장하는 효과를 거두었다.

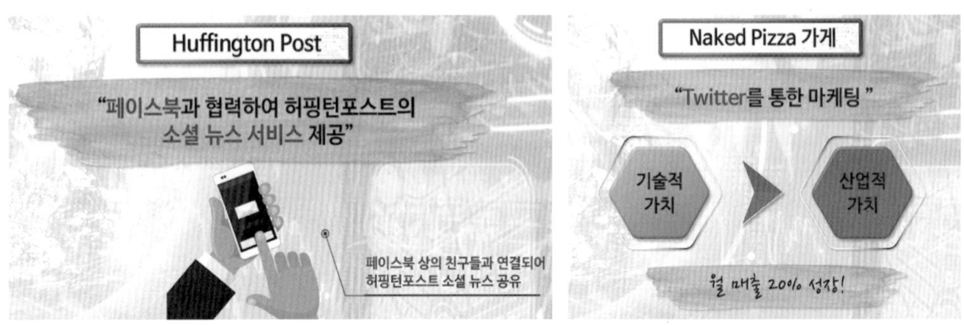

그림 13-2 소셜 플랫폼 활용 사례

소셜 플랫폼의 특성을 잘 나타내는 사례를 3가지이다.

링크드인(LinkedIn)의 소셜 네트워크 서비스는 구직자, 창업자 등에게 SNS를 통해 인맥 형성을 지원하며 회원은 200여개국 1억명 이상의 회원을 보유하고 있다. 만약 여러분이 링크드인에 가입하게 되면 가장 먼저 자신의 커리어 또는 프로필을 작성한다. 자시의 학력부터 업무적 강점과 커리어 등을 등록함으로써 소셜 네트워크 환경에서 형성된 인적 네트워크를 통해 취업을 위한 리크루팅의 도구로 충분히 활용할 수가 있다. 또한 사회적 이슈가 되는 주제별 그룹을 통해 다루어지는 콘텐츠를 살펴보는 것만으로도 트렌드의 변화를 알 수 있다. 또한 그룹토론을 통해 다른사람들과 다양한 지식과 의견을 공유할 수도 있다.

또 다른 예로써, 킥스타터(Kickstarter)는 크라우드 펀딩 서비스를 제공하는 소셜 네트워크 서비스이다. 킥스타터는 세계 최대의 인터넷 기반의 온라인 펀딩 플랫폼으로서 인터넷을 통해 익명의 다수 후원자들로부터 자금을 조달하는 새로운 형태의 모금방식을 운용하고 있다.

마지막 예로써, 키바는 개발도상국의 사업에 자금을 지원하는 소셜 네트워크 서비스를 제공하고 있다. 특히 키바 회원들은 도움이 필요한 사람에게 학업 및 창업을 지원하는 플랫폼으로 작동하고 있다.

그림 13-3 대표적인 소셜 플랫폼 사례

3 세계 최고의 소셜 네트워크 서비스: Facebook

페이스북은 현재 세계 최고의 소셜네트워크서비스를 제공하는 플랫폼이다. 창업주인 마크 저커버그는 2004년에 페이스북을 설립한 후 10년만에 매월 약 15억명의 사용자가 접속하고 있다. 또한 미국 인구의 41.6%가 페이스북 계정을 가지고 있다. 애플의 창업주인 스티브 잡스가 말하기를 "페이스북이 SNS 산업을 지배하고 있는 것에 존경심을 표한다"라고 할 정도로 페이스북에 대한 지배력을 인정하고 있는 셈이다. 페이스북은 초기에는 매개형 플랫폼으로 시작하였으나 점차 기반형 플랫폼의 기능을 추가함으로써 복합형 소셜 플랫폼으로 진화하고 있다.

주요 기능으로는 뉴스피드, 타임라인, 페이지, 그룹관리 지원 기능을 제공하고 있다.

페이스북은 매개형 플랫폼을 진화시켜 개발자 생태계를 제공하고 있다. 즉, 페이스북 앱센터를 통해 게임과 앱이라는 두 가지 카테고리를 제공하여 다양한 게임과 앱 개발을 촉진시키는 개발 생태계를 이루어가고 있다.

페이스북 내 앱센터 화면을 보면 알 수 있듯이 게임, 뉴스피드, 음악 등 다양한 카테고리별로 정보와 앱을 검색할 수 있음을 알 수 있다.

4 커머스 플랫폼의 대표: Amazon

미국의 아마존은 커머스 플랫폼의 대표라 할 수 있다. 아마존은 1994년 7월에 제프 베조스가 설립하였으며 미국의 워싱턴 주 시애틀에 본사를 두고 있는 세계 최대의 온라인 쇼핑 중개사이다. 현재 유통업체 시가총액 1위로 2,640억 달러의 기업가치로 미국의 월마트를 추월했다.

1995년 7월에 아마존닷컴은 온라인 서점으로 시작하였지만 1997년부터 음악 CD, MP3, 컴퓨터 소프트웨어, 비디오 게임, 전자 제품, 옷, 가구, 음식, 장난감 등으로 제품 라인을 다양화했다. 또한 전자책 단말기인 킨들(kindle)과 킨들 파이어라는 태블릿 컴퓨터를 제작하며, 클라우드 컴퓨팅 서비스를 제공하여 서비스 영역을 확장해 오고 있다.

아마존의 차별화된 서비스로써 아마존 프라임(Prime) 멤버십 운영을 들 수 있다. 이 서비스는 연 99달러의 회비를 받는 프라임 멤버십을 통해 미국 내 이틀 내에 무료 배송을 하며, 무료 콘텐츠 스트리밍이나 책 무료 대여, 무제한 사진 저장 등 차별화된 서비스를 제공하고 있다.

즉, 프라임 멤버십이라는 킬러 서비스를 도입하여 고객을 빠져나가지 못하게 하는 락인(Lock-In) 효과를 거두고 있다. 이외에 아마존프레시, 아마존로컬 사업뿐만 아니라 O2O) 커머스, 물류업, 금융업 등 사업범위를 확장해 나아가고 있다.

5 Amazon: 세계 최고 수준의 IT 역량 보유

아마존은 조금 전 언급한 커머스 플랫폼 기반의유통사업과 함께 세계 최고 수준의 정보기술(IT) 역향을 가진 기업으로 평가받고 있다.

아마존은 2006년에 AWS, 즉 아마존 웹서비스라는 클라우드 서비스를 개시하여 전 세계 190여 국가에 서비스를 제공하고 있다. 아마존은 전 세계 클라우드 시장에서 약 30%의 점유율 차지하고 있다. 2위인 마이크로소프트가 약 10%, 3위인 IBM이 약 7%, 4

위인 구글이 약 5%의 점유율을 가지고 있는 것을 참고하면 아마존은 경쟁사들보다 큰 차이의 점유율로 선두를 지키고 있다.

■ Amazon: Dash Button

아마존은 2014년 4월에 아마존프레쉬와 연동되는 사물인터넷기반의 쇼핑기기인 대시(Dash)를 공개했으며 이를 단순화 시킨 대시 버튼(Dash Button)을 출시했다. 대시 버튼은 버튼을 한번 누르기만 하면 버튼과 연계된 생필품이 주문되는 방식으로 동작한다. 예를 들면, 냉장고 옆에 대시버튼을 붙여두고 생수가 떨어지면 대시 버튼을 눌러 아마존 계정과 연계되어 자동으로 생수를 주문하게 된다.

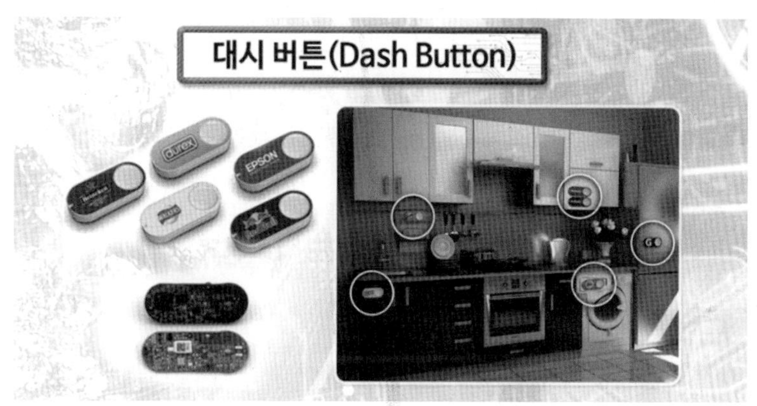

그림 13-4 아마존의 대시 버튼

■ Amazon: Echo & Alexa voice service

또한, 아마존은 다목적 음성 비서 기기인 에코 (Echo)를 출시하여 오직 음성인식만으로 작동하는 인터페이스를 제공하고 있다. 아마존의 음성인식 서비스인 알렉사(Alexa)에게 날씨, 뉴스 등의 정보를 물어보거나 음악 재생, 조명 조절 등의 명령을 내릴 수 있으며 구매할 물품명을 말하여 물건 구매도 가능하다.

에코에게 직접 질문을 해 보자. "알렉사, 침실의 전등을 켜줘." 또는 "알렉사, 거실의 TV를 켜줘."와 같이 말이다.

그림 13-5 아마존의 에코와 알렉사

6 알리바바 그룹: Alibaba Group

현재 중국은 미국 다음으로 세계 2위의 경제 대국이다. 중국은 13억의 인구를 가진 거대 시장을 기반으로 중국 기업들이 눈부시게 발전하고 있다. IT분야에서도 예외는 아니어서 대표적인 IT 기업으로 알리바바와 샤오미를 들 수 있다.

알리바바는 2014년 뉴욕증권거래소에 상장하여, 애플, 구글, 마이크로소프트 다음으로 시가 총액 4위의 IT기업으로서 커머스와 금융, 양쪽의 플랫폼을 모두 소유한 기업이다. 알리바바 그룹은 기업간 거래인 B2B와 기업과 개인간 거래인 B2C 분야에서 막강한 시장 지위를 가지고 있다. 알리바바 그룹은 세계 최대 규모의 B2B 상거래를 제공하는 알리바바닷컴과, 오픈마켓 기반의 온라인 쇼핑몰인 타오바오를 운영하고 있다.

또한, 알리페이(Alipay)를 도입하여 중국의 대표적 결제 서비스로써 중국 내 실질 사용자가 3억명 이상을 확보하고 있다.

알리바바의 사업모델은 모방에서 시작하여 계속 진화 중이다. 초기에는 미국의 이베이(eBay)와 페이팔(PayPal)을 모방한 일종의 카피캣(copycat)으로 출발했다. 또한, 위어바오(Yuebao)라는 온라인 머니마켓펀드(MMF) 상품을 알리페이와 연계하여, 알리페이의 잔액을 위어바오에 보관할 경우, 5~6% 대의 이자를 지급하고 있다.

일반은행 예금이자가 0.35%인 것을 보면 상대적으로 매우 높은 이자를 지급하는 셈이다. 따라서, 서비스 개시 1년 미만에 무려 100조 원을 모으는 폭발적 인기를 끌었다. 그림은 알리페이와 위어바오를 연계하여 위어바오 상품의 메커니즘을 나타내고 있다.

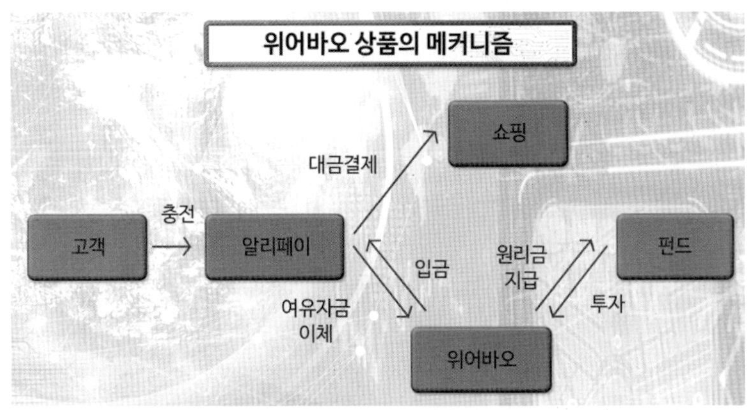

그림 13-6 알리페이 결제 서비스

7 샤오미: Xiaomi

샤오미는 이 회사의 CEO이자, 창업자인 레이쥔이 2010년 8월에 샤오미 테그놀리지 유한회사를 창립하고 베이징에 본사를 두고 있는 전자제품 제조 및 판매회사이다. 샤오미는 세계에서 4 번째 규모의 스마트폰 제조업체이며, 주로 스마트폰, 모바일 앱, 랩톱 및 관련 가전 제품을 설계, 개발 및 판매하고 있다.

사업 초기에 애플의 제품부터 프레젠테이션까지 모방한 캐피캣 기업으로 출발하였으나 현재 성공적인 자신만의 전략으로 사업을 운영 중이다. 샤오미는 애플, 구글, 아마존을 합한 회사와 비슷한다. 저렴한 가격 경쟁력, 괜찮은 디자인, 좋음 품질로 소비자를 공략하고 있으며, 가성비가 좋은 제품들 위주로 제품을 출시하고 판매하고 있다. 샤오미는 미유아이(MIUI)라는 기반형 플랫폼을 소유하고 있다. 미유아이는 오픈소스 기반의 안드로이드를 수정하여 만든 운영체제로서 애플의 iOS와 안드로이드의 장점을 적절히 섞은 사용자 인터페이스(UI)를 제공한다.

미유아이의 성공비결은 사용자의 요구를 적극 반영하여 신속하게 업그레이드 버전을 제공하는 데 있다. 또한, 애플 팬보이(Fan boy)에 견줄만 한 미펀(Mi Fen)이라는 열렬한 팬층을 확보하고 있다. 샤오미는 구글과 비슷한 조직 문화를 가지고 있다. 즉, 자유롭고 수평화된 조직 구조를 추구하고 있다. 창업자 레이쥔(Lei Jun)을 포함한 공동창업자 7명은 개발자와 엔지니어의 마인드를 보유하고 있다. 샤오미는 뛰어난 소프트웨어

역량을 보유하고 있다. 스마트폰 시장에서 하드웨어 평준화가 많이 이루어진 상황에서 소프트웨어 역량이 차별화의 주요 요소인 것을 인식하고 있다.

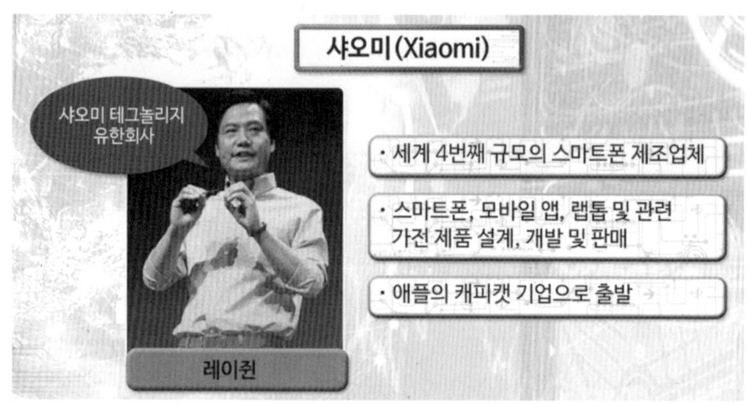

그림 13-7 샤오미

다음은 샤오미의 대표적인 제품군을 보여주고 있다. 앞서 언급한 미유아이 운영체제와 홍미 시리즈의 스마트폰, 샤오미 홈 오디오 제품군, 샤오미 스마트 TV, 스마트 밴드의 일종인 미밴드 등을 볼 수 있다.

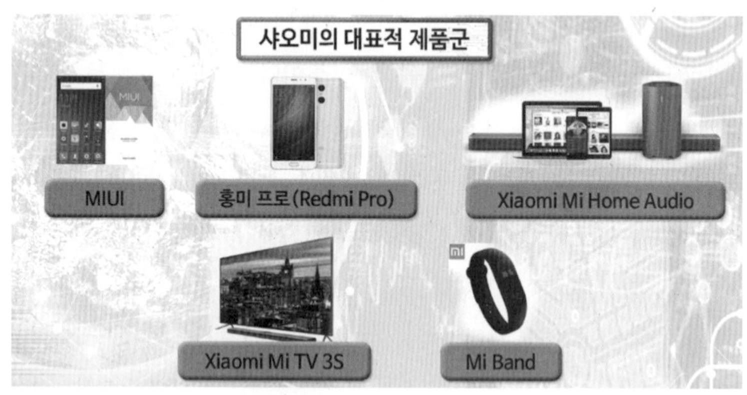

그림 13-8 샤오미의 제품군

13.2 모바일 플랫폼

1 모바일 플랫폼 변화의 중심, '소프트웨어'

모바일 환경의 모바일 플랫폼은 소프트웨어에 달려 있다고 해도 과언이 아니다. 현재 소프트웨어가 플랫폼의 중심이 됐고, 소프트웨어 플랫폼이 하드웨어를 완성해주는 한 요소로 자리잡고 있는 트렌드를 보이고 있다.

■ 애플의 모바일 플랫폼 전략

애플은 모바일 플랫폼이라는 개념을 처음 도입한 회사이다. 구글, 애플, 그리고 삼성전자는 모바일 분야에서 강한 힘을 발휘하는 강자에 해당한다. 애플은 전통적인 하드웨어와 소프트웨어를 융합하는 방식의 플랫폼을 운영하고 있다. 하드웨어와 소프트웨어의 결합과 1년에 주기로 출시하는 스마트폰, 그리고 앱스토어를 통한 개발자 생태계를 만드는 방향으로 접근하고 있다.

앱스토어(App Store)라는 플랫폼이 앱의 유통권을 직접 쥐게 되어 앱을 더 많이 유통하고 개발자들에게 안정적인 수익을 만들어주면서 비즈니스 관점에서 '플랫폼'이라는 역할을 완성해 왔다고 볼 수 있다.

그림 13-9 애플의 하드웨어 및 소프트웨어 플랫폼

■ 구글의 모바일 플랫폼 전략

구글은 서비스 중심의 모바일 플랫폼을 지향해 왔다. 즉, 하드웨어 없이 소프트웨어, 그것도 서비스를 중심으로 하는 모바일 플랫폼을 운영해 왔다. 구글은 모바일 환경에서도 구글의 검색을 비롯한 여러 가지 구글 서비스들을 사업의 중심에 놓기 위해서 안드로이드를 서비스하고 있다.

구글은 IT분야의 절대적인 강자인 아이폰과 경쟁을 하기 위하여 '개방'을 선택했다. 안드로이드는 누구든 원하는대로 쓸 수 있었고, 업계에서 안드로이드는 '절대 선'의 역할을 하고 있다.

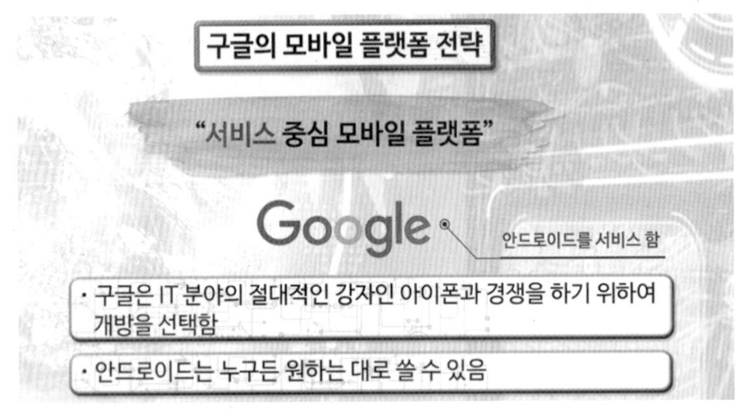

그림 13-10 구글의 하드웨어 및 소프트웨어 플랫폼

■ 삼성전자의 모바일 플랫폼 전략

삼성전자는 하드웨어 자체가 직접적으로 플랫폼이 되는 전략을 유지하고 있다. 즉, 확실한 서비스 플랫폼에 강력한 하드웨어로 신속하게 올라탄다는 전략 말이다.

삼성은 일찌감치 안드로이드에 집중하고 안드로이드의 문제였던 성능을 높이기 위해 모바일 제품에 1GHz 이상의 고성능 프로세서나 듀얼코어, 쿼드코어 프로세서를 가장 먼저 사용했다. 이로 인해, 갤럭시 노트나 태블릿처럼 기존의 스마트폰 이외의 고정 관념을 바꾸는 모바일 기기를 주도해 왔다.

세계 스마트폰 판매 1위라는 힘으로 하나의 하드웨어 플랫폼을 완성하고자 하였으며, 가상현실 시장의 핵심적인 파트너로 페이스북, 오큘러스 기반의 가상현실 솔루션들을 적극 적용하고 있다. 또한 간편전자결제 솔루션인 삼성페이를 통해 하드웨어 플랫폼의 중심을 유지하고 있다.

그림 13-11 삼성전자의 모바일 플랫폼 전략

2 모바일 플랫폼 비즈니스의 변화

모바일 플랫폼 비즈니스에서 변화의 트렌드가 있다. 즉, 운영체제 플랫폼에서 서비스 플랫폼으로 전환하고 있다. 이러한 변화의 흐름은 몇가지 사례에서 확인할 수 있다. 첫째, 앱스토어를 중심으로 하는 앱마켓 플랫폼으로 전환하여 앱 개발자와 소비자, 단말기 등이 같이 동작되는 앱 생태계를 구축하고 있다. 애플의 앱스토어의 앱은 150만개가 넘으며, 구글 플레이에도 160만개가 넘는 앱이 등록되어 있다. 앱의 유통량이 증가하는 반면에 이러한 앱들 상호간 차별성과 구속력은 점차 줄어들고 있기도 하다.

둘째, 소셜네트워크 서비스 플랫폼 기반의 다양한 서비스 중심으로 전환하고 있다. 몇 가지 예를 들자면, 페이스북이나 핀터레스트(pinterest), 왓츠앱이나 카카오톡과 같은 소셜네트워크 서비스 중심의 서비스가 확대되고 있다. 또한, 아마존이나 넷플릭스처럼 커머스, 콘텐츠 중심의 서비스. 에어비앤비나 우버와 같은 온라인과 오프라인을 연계하는 O2O 서비스 중심의 강력한 플랫폼이 확대되고 있다. 또한, 카카오톡과 같은 모바일 메신저 서비스는 게임의 콘텐츠와 광고 마케팅 플랫폼, 커머스 등을 어우르는 거대 복합 플랫폼으로 성장하고 있다.

모바일 플랫폼은 기존의 운영체제와 네트워크 중심의 생태계 구조에서, 서비스가 주축이 되는 개방 플랫폼으로의 변환하고 있다. 모바일 메신저에 락인(Lock-In)된 고객을 대상으로 그 위에 다양한 서비스를 추가하는 형태로 변화하고 있다.

다음 그림은 계층과 지배력 구조를 나타내는 플랫폼의 변화를 잘 나타내고 있다. 기존의 이용자들은 iOS나 안드로이드와 같은 운영체제와 앱스토어를 기반으로하는 플랫폼에서 락인(lock-in) 되어졌다면, 현재는 카카오톡, 라인 등의 서비스플랫폼에 락인이되어지는 현상을 보이다. 따라서 서비스 플랫폼으로서의 위력은 더욱 커지고 있는 실정이다.

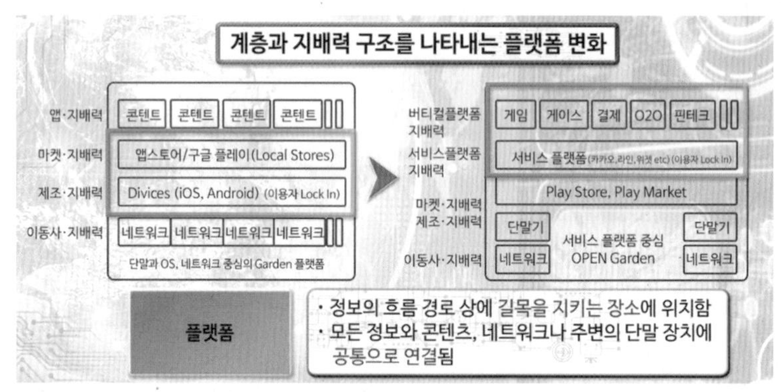

그림 13-12 모바일 플랫폼의 진화

3 모바일 서비스 플랫폼의 미래

그림에서 보는 바와 같이 플랫폼은 정보의 흐름 경로상에 길목을 지키는 장소에 위치하고 있다. 즉, 플랫폼은 모든 정보와 콘텐츠, 네트워크나 주변의 단말 장치에 공통으로 연결되어 있다. 이러한 모든 콘텐츠나 서비스는 플랫폼이라는 콘테이너에 들어가서 고객에게 서비스를 제공하는 것이다.

모바일을 중심으로 하는 비즈니스 영역은 어떠한 형태를 가지면서 모바일 서비스 플랫폼의 변화를 가져오고 있을까요? 많은 전문가들은 다음과 같은 변화의 흐름을 예상하고 있다.

첫째, 모바일 서비스 플랫폼은 가상현실/증강현실/혼합현실 영역에서 헤드 마운트 디스플레이와 다양한 콘텐츠 중심으로 발전할 것이다.

둘째, 핀테크 영역에서 보면, 전통적 금융권과 신규 시장을 넘나드는 IT 기업간의 연합 종횡이 이루어지고 있다.

셋째, 헬스케어나 메디컬케어와 같은 보건/의료 분야를 접목하여 몸에 착용할 수 있는 웨어러블 제품이나 서비스가 늘어날 것이다.

마지막으로, 미래의 움직이는 플랫폼인 자동차는 전기자동차나 자율주행차(self-driving car), 커넥티드카(connected car)로 진화할 것으로 예상하고 있다. 이처럼, 많은 사업자와 관련 산업간 경쟁과 협력이 활발하게 일어나고 있으며 이러한 활동의 결과로 새로운 서비스 새로운 가치가 창출될 것으로 예상하고 있다.

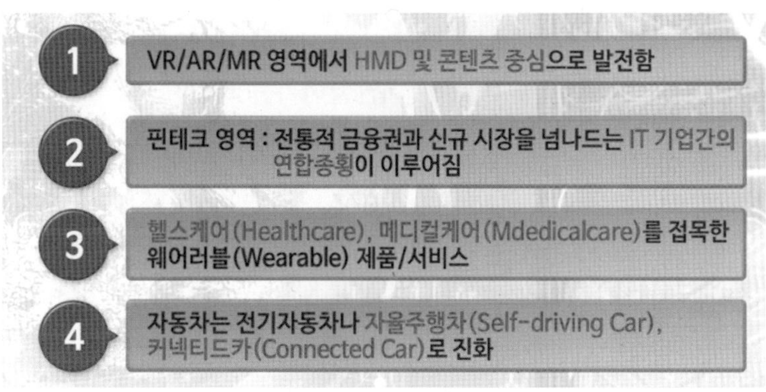

그림 13-13 모바일 플랫폼의 진화

13.3 미래 플랫폼 기술

1 크라우드 소싱(crowd sourcing)

다음은 공유와 협업의 플랫폼인 크라우드 소싱(crowd sourcing)에 대하여 알아보자.

크라우드 소싱은 대중을 의미하는 크라우드와 아웃소싱의 합성어이다. 이것은 대중이 참여하여 아이디어, 콘텐츠, 제품, 서비스 등을 만들어가는 프로세스(process)를 의미하고 있다. 크라우드소싱은 다양한 분야의 사람들이 자신의 전문성과 관심사에 따라서 상호 생각을 공유하고 협업하는 매개형 플랫폼에 해당한다.

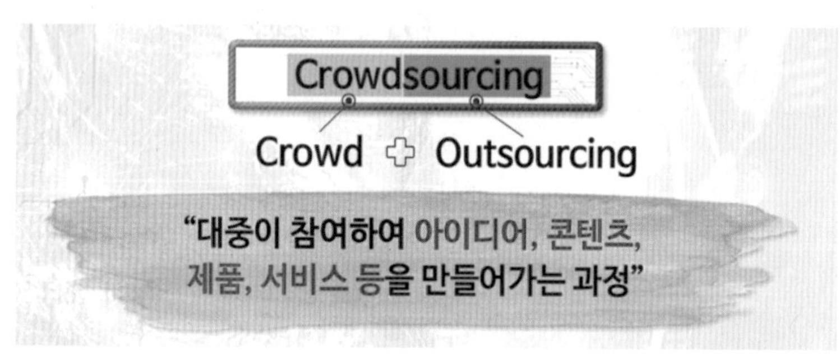

그림 13-14 크라우드 소싱의 의미

크라우드 소싱은 2006년 6월에 제프 하우가 미국의 IT전문잡지인 와이어드(Wired)에서 처음 소개하였으며, "모든 사람이 문제 해결에 달려든다면 해결하지 못할 문제는 없다"는 철학에서 출발하고 있다.

크라우드 소싱의 대표적인 사례가 오픈소스(Open Source) 소프트웨어 운동이다. 이것은 소프트웨어 개발자의 권리를 보장하면서 소스코드를 누구나 열람할 수 있도록 하는 개발 모델이다. 공개된 소스코드를 통하여 오류를 찾아내고, 제품을 수정하거나 새로운 기능을 추가하는 등의 다양한 참여로 이어져 더 나은 소프트웨어를 만들어가는 선순환 구조를 구축하고 있다.

■ 크라우드 소싱 사례 1: 이노센티브(Innocentive)

크라우드소싱 기반의 서비스 플랫폼인 이노센티브(Innocentive)는 연구개발(R&D) 분야에서 문제 해결을 위해 도입한 서비스 플랫폼이다.

기업이 해결을 바라는 문제를 이노센티브에 올리면, 등록된 과학기술자들이 문제를 해결하고 금전적 보상을 받게 된다.

이노센티브를 통하여 화학, 제약, 바이오, 농업, 식품, 소비재 상품 등 거의 모든 분야에 걸쳐서 서비스를 제공하고 있으며, 전 세계 200여 개 국가의 과학기술자 약 30만명이 1,600건이 넘는 문제 중 85%를 해결하고 약 4,000만 달러 이상의 상금을 받았다.

그림 13-15 이노센티브 운영 사례

■ 크라우드 소싱 사례 2: 오픈소스 건축물

다음은 건축업에 크라우드소싱을 도입한 사례이다. 건축업의 비전문가라 할지라도 누구든지 공개된 건축물의 설계도면을 이용해 직접 건축물을 만들 수 있다면 얼마가 멋진가? 오픈소스 건축물이 바로 그 사례이다.

런던의 건축가 칼 터너(Carl Turner)는 홍수와 같은 수재에 대비하는 조립식 형태의 '떠다니는 집'즉, 플로팅 하우스를 공개했다. 플로팅 하우스는 하단에 장착된 부력판을 통해 물위에 뜨며, 2층 집의 크기에 침실, 거실, 욕실, 주방, 서재, 난방 및 전기시설을 모두 갖추고 있다. 태양광 발전과 빗물 저장시설을 통해 빗물을 정화한 후 식수로 사용하고 있다. 이와 같은 플로팅 하우스는 변화하는 자연환경에 대응하기 위한 사례라고 할 수 있다.

그림 13-16 오픈소스 건축물 : 플로팅 하우스

2 크라우드펀딩(Crowdfunding)

크라우드펀딩(crowdfunding)은 대중이란 의미의 Crowd와 펀딩(Funding)의 합성어로써, 대중에 의한 투자 플랫폼을 의미한다. 인터넷을 통해 불특정 다수의 개인들로부터 자금을 모으는 행위로써 소셜 펀딩 또는 하이퍼 펀딩이라고도 한다. 크라우드 펀딩은 투자자와 창업자를 연결하는 기능을 하고 있으며, 지분 투자, 공동 구매, 대출, 후원, 기부 등 다양한 형태로 이용되어지고 있다.

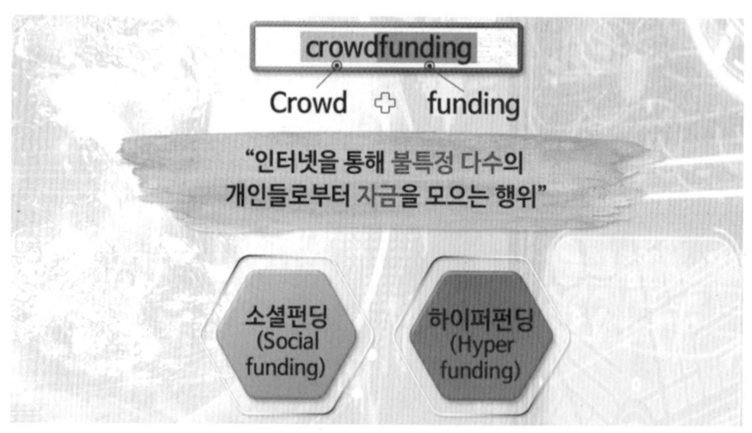

그림 13-17 크라우드펀딩의 의미

지분 투자는 제품이나 서비스 또는 콘텐츠 개발을 위한 자금을 지원하는 방식으로 개인의 투자금액에 따른 이익을 배분받는다. 공동 구매는 프로젝트가 완료된 후 개발된 제품이나 서비스 또는 콘텐츠 등을 제공받는 형태로 보상이 이루어진다. 대출은 자금

을 대출해 주는 것으로 이자와 원금을 회수한다. 후원은 지원한 자금에 대해 금전적 보상 이외의 형태로 보상을 받으며, 주로 공연예술, 영화, 음악 등의 분야에서 이용되고 있다.

이처럼, 크라우드 펀딩은 시장에서 검증되지 않은 참신한 아이디어를 제품화하는 데 있어서 그 위력이 점차 커지고 있는 추세이다.

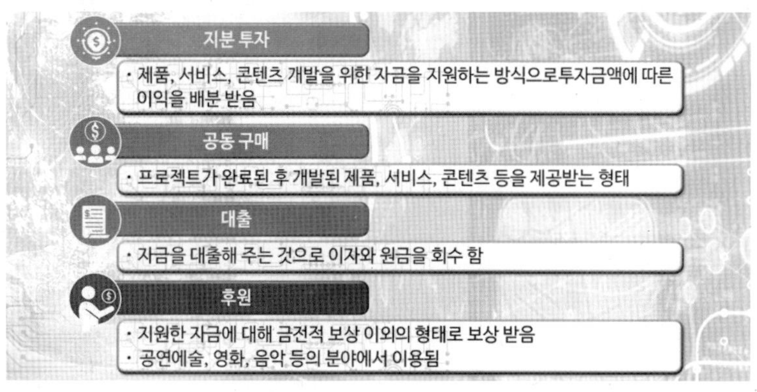

그림 13-18 크라우드펀딩의 투자 형태

■ 크라우드펀딩 서비스 사례: 킥스타터(Kickstarter)

킥스타터는 자금이 필요한 사람과 투자하려는 사람을 연결해 주는 일종의 매개형 플랫폼이다. 기술(technology), 공연예술, 영화, 음악, 만화, 게임 등 문화적 영역에 이르는 다양한 분야의 프로젝트들을 지원하고 있다. 아이디어와 역량이 있지만 개발 자금이 없는 사람이 자신의 아이디어를 소개하고 개발에 필요한 목표 모금액을 제시하면, 개인들이 투자하는 방식이다. 오큘러스 가상현실 기기인 오큘러스 리프트(Oculus Rift)나 스마트워치인 페블(Pebble)이 킥스타터를 통하여 제품이 시장에 나오게된 대표적 사례이다. 킥스타터에서 모금 기간 종료 시, 총 모금액이 목표액에 도달하면 프로젝트에 자금을 전달하고, 목표액에 미달하는 경우에는 투자가 이루어지지 않는다. 투자를 받은 프로젝트는 제품개발을 진행하고, 프로젝트가 성공할 경우에는 사전의 약정 조건에 따라서 투자자에게 제품 및 특전을 제공하거나 판매 이익을 배분하고 있다. 만약, 프로젝트가 실패하게 되면 투자자는 손해를 감수해야 한다.

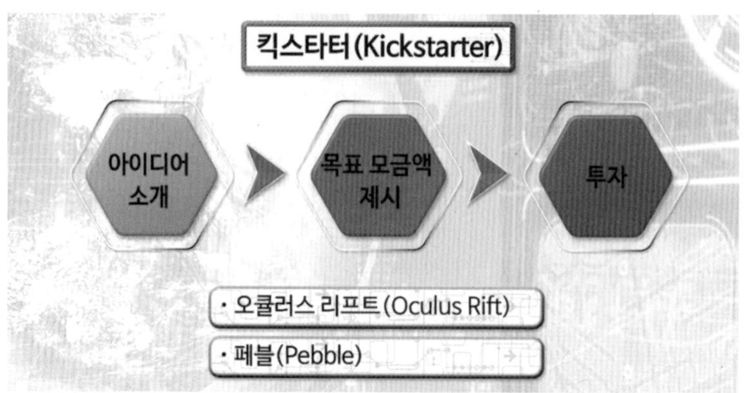

그림 13-19 킷스타터 크라우드펀딩 진행 절차

그림 13-20 킥스타터의 투자 진행 여부

■ 크라우드펀딩 서비스 사례: 기타 사례

또 다른 크라우드펀딩 서비스를 제공하는 사례를 살펴보자.

아티스트쉐어(ArtistShare)는 음반작업을 위한 자금을 모으기 위해 음악가와 팬을 연결하는 서비스이다. 앱스플릿(Appsplit)은 앱 개발 자금을 모으거나 소스코드를 팔거나 협업할 사람을 구하는 서비스를 제공한다. 또한 패트리온(Patreon)은 음악, 미술, 만화 게임 등 다양한 분야이 콘텐츠 창작자들을 위한 크라우드펀딩 서비스를 제공하고 있다.

이처럼, 크라우드펀딩 서비스를 제공하는 플랫폼은 기술분야 뿐만 아니라 다양한 문화예술분야 등 전 산업분야에 적용할 수 있는 매개형 플랫폼이다.

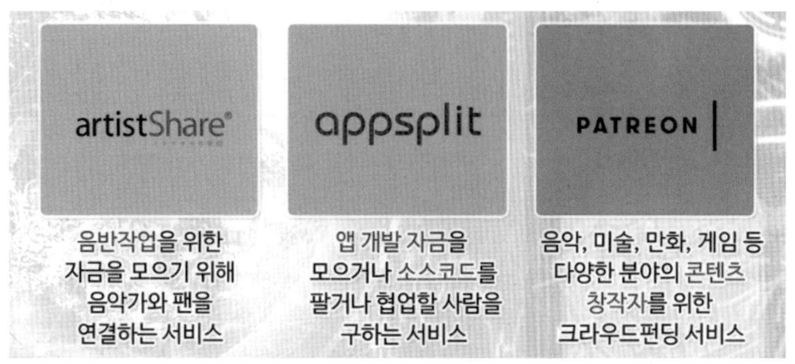

그림 13-21 다양한 분야의 크라우드펀딩 플랫폼

3 O2O 커머스 플랫폼

O2O 커머스 플랫폼은 온라인을 통해 소비자를 모아 오프라인에서 상거래를 유발하는 비즈니스 플랫폼을 의미한다. 공유 승객 운송 서비스인 우버(Uber)와 공유 숙박 서비스인 에어비앤비(Airbnb)가 대표적인 사례이다.

O2O 커머스 플랫폼은 숙박, 배달, 청소, 주차장 등 기존의 오프라인 커머스의 모든 분야로 서비스가 확대되고 있는 추세이다. 국내에서는 음식 배달 서비스의 급성장으로 배달의 민족, 요기요, 배달통 등 3대 서비스가 음식 배달 분야에서 모바일 결제의 약 90%를 차지 하고 있다.

부동산 중개 분야에서는 직방, 다방, 복방, 콜방 등 유사 서비스가 경쟁 중이며 2015년 기준으로 직방이 약 70%의 시장점유율로 업계 1위를 차지하고 있다. 승객 운송 분야에서 볼 때, 우버(Uber)는 약 50조원의 기업 가치를 가지고 있으나, 세계 각국에서 영업을 개시하면서 각국 정부기관 및 택시기사들과 마찰을 빚고 있는 상태이다. 국내에서도 카카오택시, T맵택시, 이지택시, 리모택시, 티머니택시 등 국내업체들간 경쟁이 치열한 상황이다. 이처럼, O2O 커머스는 특성상 기존 오프라인 사업자들의 시장을 침투하는 성격을 가지고 있어 마찰이 발생할 소지가 있다.

그림 13-22 O2O 커머스 플랫폼의 사업 분야별 사례

■ O2O 커머스 플랫폼: Uber

우버는 스마트폰 기반 승객 운송 서비스 플랫폼으로서 2009년 개릭 캠프와 트래비스 캘러닉에 의해 우버캡(UberCab)이라는 이름으로 설립되었다. 우버는 스마트폰 기반 교통 서비스를 서비스하는 미국의 교통회사 또는 운송 네트워크로써, 고용되거나 공유된 차량의 운전기사와 승객을 모바일 앱을 통해 중계하는 서비스를 제공하고 있다.

우버는 2014년 6월 기준으로 100개 도시 이상에서 서비스를 제공하고 있다.

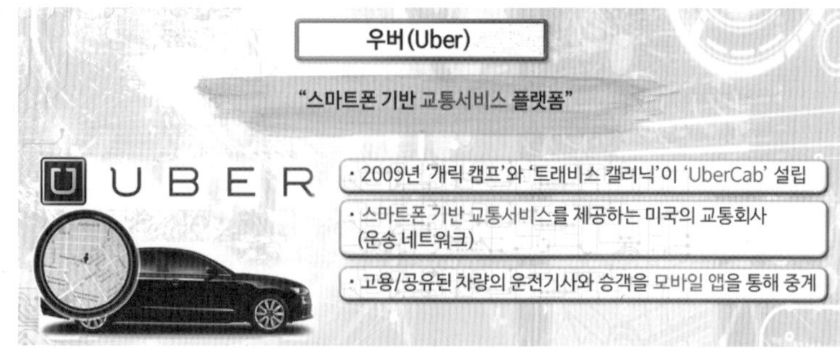

그림 13-23 Uber의 플랫폼

■ O2O 커머스 플랫폼: Airbnb

에어비앤비는 세계 최대의 숙박 공유 서비스를 제공하는 플랫폼이다.

공동창업자인 브라이언 체스키(Brian Joseph Chesky)와 조 게비아(Joe Gebbia)는 IDSA(Industrial Designers Society of America)가 주최한 인더스트리얼 디자인 콘퍼런스 기간 동안 에어베드 앤드 브렉퍼스트를 위한 초기 개념을 만들었다. 2008년 8월에 Airbedandbreakfast.com라는 이름으로 창립하여 나중에 현재의 Airbnb.com으로 변경이 되었다.

에어비앤비는 자신의 방이나 집, 별장 등 사람이 지낼 수 있는 모든 공간을 임대하고 있다. 에어 베드와 공유 공간에서 집 전체와 아파트, 개인 방, 성, 보트, 이글루(igloos) 등 다양한 특성으로까지 확대되어 서비스하고 있다.

전 세계 200여 개 국가의 3만 4000여 개 도시에 약 120만개 이상의 숙소를 중개하고 있으며 한 해 이용객이 4,000만명을 넘어, 약 2초당 한 건 씩 예약이 이루어지는 꼴이다.

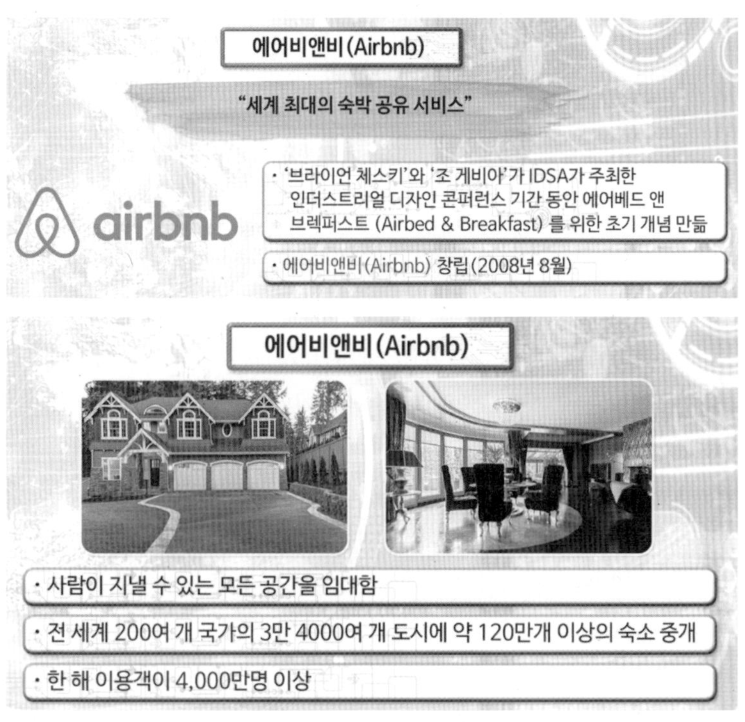

그림 13-24 airbnb의 플랫폼

4 핀테크(Fintech)

다음은 핀테크에 기반한 금융 플랫폼에 대하여 알아보자.

핀테크는 파이낸셜, 즉 금융과 테크닉이라는 기술(technique)의 합성어이다. 따라서, 핀테크는 금융과 정보기술(IT)의 융합을 통해 새롭게 만들어진 기술 및 서비스를 의미한다. 핀테크는 기본적으로 매개형 플랫폼인 경우가 대부분이다. 그 이유는 핀테크는 금융기관과 금융 소비자를 매개하는 본질적 속성을 가지고 있기 때문이다. 하지만, 기반형 또는 복합형 플랫폼으로도 존재하고 있다.

그림 13-25 핀테크의 의미

그러면, 핀테크 산업의 선두 주자는 어디에 있을까? 크게 영국, 미국과 중국의 사례를 들 수 있다.

영국의 경우, 수도인 런던은 세계 금융의 대표적 중심지로 2008년 글로벌 금융위기 이후 수많은 핀테크 스타트업, 즉 창업기업들이 생겨나서 현재까지 많은 혁신적인 기업들이 등장해 왔다.

미국의 경우, 금융 중심지인 뉴욕의 월스트리트와 기술 중심지인 실리콘밸리를 중심으로 발전하고 있다. 미국의 핀테크는 사람들의 일상생활을 바꾸는 수준에 도달할 정도로 발전해 가고 있다.

마지막으로, 중국은 방대한 내수 시장과 모바일 인터넷 사용자, 중국 정부의 핀테크 지원 정책에 힘입어 핀테크 산업이 계속 성장하고 있다.

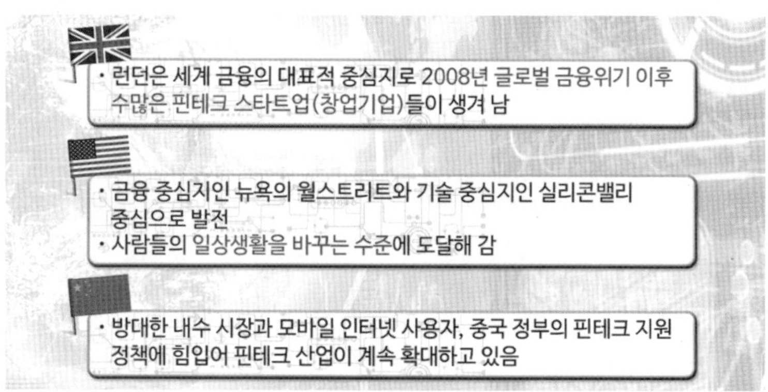

그림 13-26 핀테크의 주요 선두 주자

■ 핀테크 플랫폼의 유형: 지급 결제 서비스

그러면, 핀테크 플랫폼은 어떠한 형태로 서비스를 하고 있을까? 핀테크는 사용자가 일상생활 속에서 간편하게 지급 결제를 할 수 있도록 돕고 있다.

신용카드, 은행 계좌 등과 연동해 송금 서비스를 제공하거나 온라인과 오프라인에서 결제 서비스를 제공하고 있다. 대표적인 간편결제시스템으로는 페이팔(PayPal), 알리페이(Alipay), 카카오페이, 삼성페이 등 다수의 서비스가 존재한다.

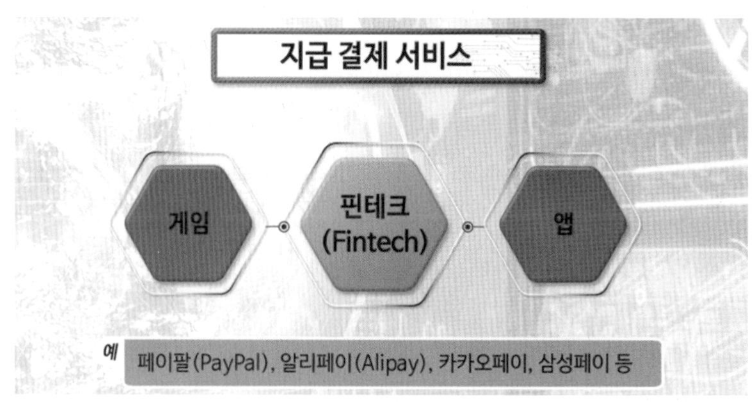

그림 13-27 온라인 지급 결제 서비스

또한, 스퀘어(Square) 서비스는 그림에서 보는 것과 같이 모바일 기기의 오디오 잭에 신용카드 리더기를 연결하여 구매자의 신용카드로 결제를 할 수 있도록 한다.

또 다른 서비스인 스트라이프(Stripe)는 웹사이트 또는 모바일 앱에 간단히 결제 시스템을 통합할 수 있는 기능을 제공하고 있다.

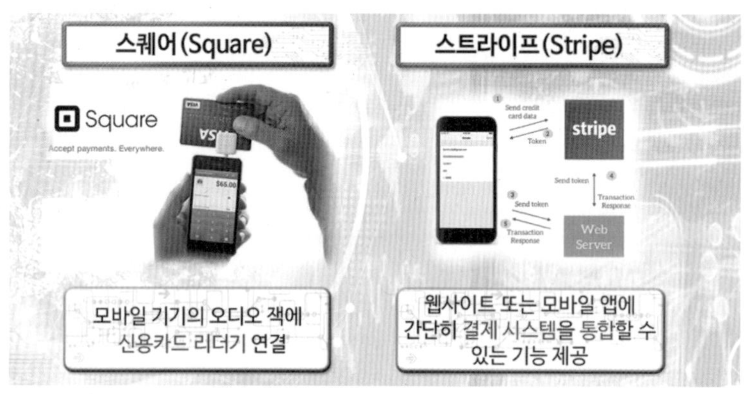

그림 13-28 온라인 지급 결제 서비스

■ 핀테크 플랫폼의 유형: 가상 통화(전자화폐)

여러분들은 혹시 가상통화란 말을 들어본 적이 있는가? 요즈음 언론 매체를 통하여 가상통화에 대한 기사나 정보들이 자주 등장하고 있다. 가상화폐란 동전, 지폐와 같이 실물의 형태로이 존재하지는 않지만, 전자적인 방법으로 유통이 이루어지는 통화를 의미한다.

가상통화의 구분을 보면, 먼저 사이버 머니(Cyber Money)가 있다. 사이버 머니는 Ok 캐쉬백, 네이버 캐쉬, 해피머니 등 특정 기관에 의해 발행되고 관리되는 것으로써 제휴처에서 제한적으로 사용이 가능한다. 이것은 환전이 자유롭지 않아 완전한 화폐로서의 역할이 부족하다고 볼 수 있다.

이에 반해, 글로벌 가상 통화로서 전 세계 누구와도 거래가 가능하고 거래소를 통해 실물 화폐로의 환전이 가능한 완전한 화폐로서의 역할을 수행하는 가상 통화들도 사용되고 있다. 대표적인 가상 통화로써 비트코인(Bitcoin), 이더리움(Ethereum), 리플(Ripple) 등 다수의 가상통화가 존재한다.

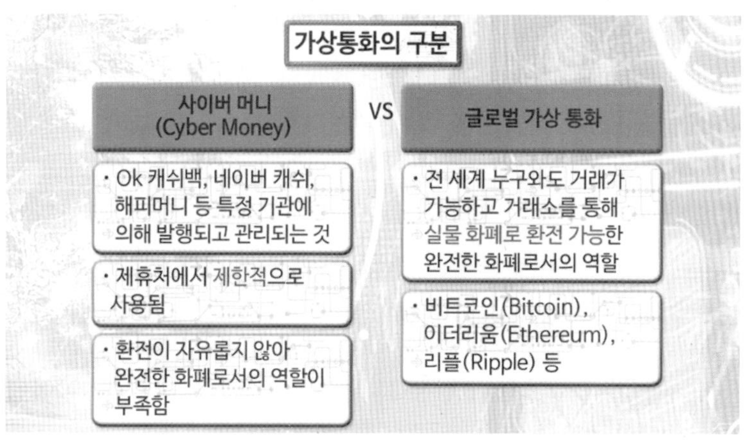

그림 13-29 가상통화의 유형

■ 글로벌 가상통화 플랫폼: Bitcoin

대표적인 가상 통화인 비트코인에 대하여 간략히 살펴보자.

2009년에 처음 등장한 비트코인을 만든 사람은 사토시 나카모토(Satoshi Nakamoto) 또는 크레이그 라이트(Craig Wright) 등이 언급이 되지만 현재까지 불분명한다. 비트코인은 새로운 금융시스템이자 완전한 디지털 화폐를 가능하게 하는 합의된 네트워크이며, 중앙 권력이나 중간 상인이 없이 사용자에 의해 작동하는 최초의 분권화된 P2P(peer-to-peer) 금융 네트워크이다.

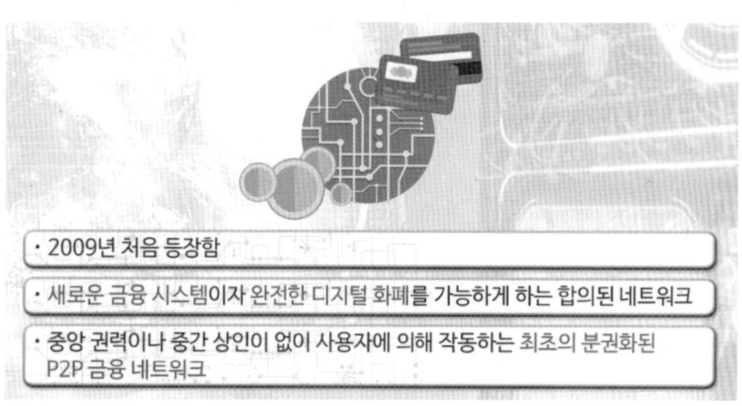

그림 13-30 비트코인(Bitcoin)

비트코인은 분산통화, 즉 일개 기업이 독점하지 않으며 비트코인을 소지한 모든 사용자가 은행의 작은 일부로서 역할을 하고 있다. 또한, 쌍방향성, 즉 실물화폐로서의 전환이 자유로운 특성이 있다.

그러면, 이러한 가상의 화폐인 비트코인을 어떻게 획득할 수 있을까? 첫째, 비트코인 거래소에서 현금으로 구매하여 보유할 수 있다. 현재 전 세계적으로 다수의 가상 통화 거래소가 있다 둘째, 채굴(Mining)을 통해 직접 비트코인를 생성할 수 있다.

어떻게 채굴(Mining)을 통해 비트코인를 획득할 수 있을까? 비트코인은 복잡한 수학연산을 통하여 생성되는데 이를 채굴이라 한다. 채굴되는 비트코인의 양은 계산에 의해 자동으로 조정된다. 즉, 채굴하려는 사람이 적은 경우에는 채굴에 소요되는 시간이 적지만, 채굴자가 많아지면 채굴이 어려워지고 소요시간도 많이 걸린다. 수학 연산의 난이도가 점점 높아지면서 생산되는 비트코인의 양은 줄어드는 구조로 설계가 되어, 채산성을 낮춰 비트코인의 가치를 증가시키고 있다. 비트코인의 공급량은 4년에 한 번씩 절반으로 감소하도록 설계되어 있어 채산성이 떨어진다.

비트코인을 채굴하기 위해 이용되는 장치들로써, 초기에는 PC의 CPU를 이용하였으나 연산 처리 능력의 한계로 인해, 요즈음에는 비교적 빠르게 수학적 연산을 수행하기 위하여 그래픽카드의 GPU를 이용하거나 비트코인 채굴에 특화된 칩을 내장한 채굴기(Miner)를 이용하고 있다.

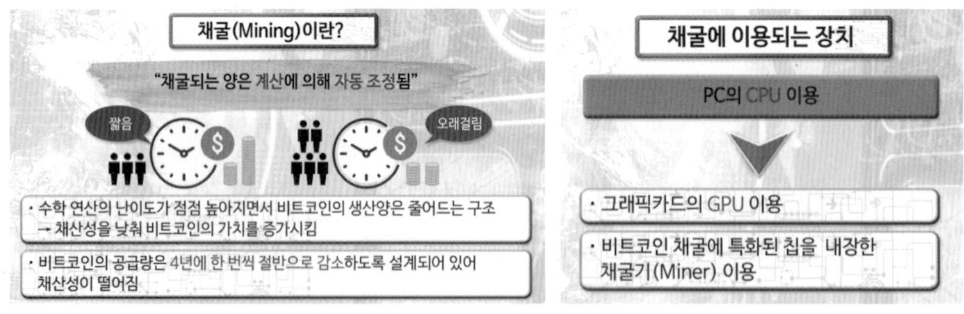

그림 13-31 채굴의 의미 및 채굴 장치

5 스마트 홈(Smart Home) 플랫폼

스마트홈은 가정이나 사무실과 같은 거주 공간을 대상으로 가전, 조명, 에너지 관리, 네트워크, 보안, 냉난방 및 환기(HVAC), 엔터테인먼트를 포함한 여러 스마트기기를 연동하고 제어하는 스마트홈 솔루션과 각종 서비스를 포함하고 있다.

대표적인 스마트홈 플랫폼을 몇가지 알아보자. 뉴브라이트(NuBryte)는 터치스크린 패널을 가진 스마트홈 콘솔을 제공하고 있다. 윙크(Wink)는 윙크 허브(Wink hub)를 통해 다양한 스마트홈 제품을 연동하고 제어할 수 있다. 조명, 전원관리, IP카메라, 화재 감지, 도어락, 가전, 블라인드 등 50여종을 제어할 수 있다. 벨킨(Belkin)사의 위모(WeMo)는 조리 기구, 커피메이커, 가습기, 공기 정화기, 히터 등을 제어할 수 있다.

그림 13-32 스마트 홈의 범위 및 구축 플랫폼

6 드론(Drone) 플랫폼

무인항공기인 드론 시장은 최근 들어 급격히 성장하고 있다. 드론은 취미용, 기업용, 산업용, 군사용 분야 등 다양하게 활용이 되고 있다. 이처럼, 드론 시장이 성장함에 따라 소프트웨어와 서비스를 통한 응용 및 가치창출이 중요해지면서 드론 플랫폼의 역할이 증가하고 있다.

드론(Drone) 플랫폼은 다른 말로, UAE 플랫폼 또는 항공정보 플랫폼이라 말한다. 대표적인 드론 플랫폼 기업에 대해 살펴보자.

에어웨어(Airware)사는 상업용 무인항공기를 공급하는 미국계 벤처기업이다. 광업, 보험업, 건설업 분야를 대상으로 한 기업용 드론을 생산하기 위한 하드웨어, 모바일 소프트웨어 및 클라우드 서비스를 제공하고 있다. 표준화된 민간 드론 운영체제를 처음 선보인 대표적인 드론 플랫폼 기업이라 할 수 있다.

에어웨어 드론 플랫폼은 네 가지 구성요소로 이루어져 있다. 첫째, 플라이트 코어(Flight Core)는 각종 하드웨어 및 센서와 연결되어 자율비행을 수행한다. 둘째, 앱코어(App Core)는 운영체제를 탑재하며, API를 제공하여 하드웨어 및 소프트웨어를 구동하는 애플리케이션을 개발하고 실행할 수 있다. 셋째, 클라우드(Cloud)는 운항 계획 관리, 준법 지원, 데이터 관리, 정보공유 등을 지원한다. 넷째, 지상관제 소프트웨어는 지도를 이용해 비행계획을 수립하고 비행 내용을 통제할 수 있는 사용자 인터페이스를 제공한다. 또 다른 드론 플랫폼으로써 리브레파일럿(LibrePilot)이 있다. 리브렛파일럿은 오픈 소스 기반의 드론 플랫폼을 제공한다. 현재 전 세계에 수천여 명의 개발자들이 플랫폼 및 하드웨어 개발에 참여 중이다.

DJI는 세계 최대 드론 제조업체로써 전 세계 상업용 드론 시장의 약 70%에 달하는 점유율을 가진 선두 기업이다. 특히, 4K(UHD급) 초고화질 영상 촬영이 가능한 드론 제품군이 있다.

이 외에도 지갑 크기만한 초미니 드론이나, 새나 곤충과 같이 생체모방을 통한 독특한 모양의 드론 제품도 있다.

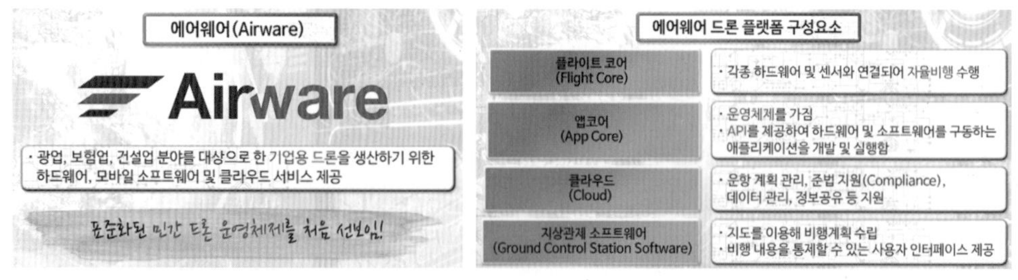

그림 13-33 Airware 드론 플랫폼

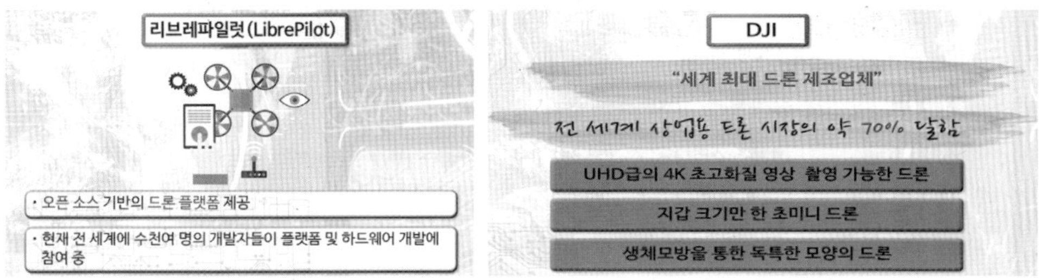

그림 13-34 리브레파일럿사 미 DJI사의 드론 플랫폼

1. 소셜 플랫폼(Social Platform)

소셜 플랫폼이란 의사소통 등 일상생활에서부터 조직운영과 비즈니스에 이르기까지 인간행위의 모든 분야에 소셜화를 가능하토록 하는 기반을 의미한다. 소셜 플랫폼은 '사람'을 중심으로 한 사회적 관계형성이 사회적 자본(social capital)을 형성할 수 있는 기반으로 작용하고 있다. 따라서, 소셜 플랫폼은 기술적 가치, 산업적 가치와 이용자 중심의 사회적 가치의 결합을 촉진하여 사회전체의 가치를 극대화 하는데 목적이 있다.

2. 크라우드 소싱(crowd sourcing)

크라우드 소싱은 대중을 의미하는 크라우드와 아웃소싱의 합성어이다. 이것은 대중이 참여하여 아이디어, 콘텐츠, 제품, 서비스 등을 만들어가는 프로세스(process)를 의미하고 있다. 크라우드소싱은 다양한 분야의 사람들이 자신의 전문성과 관심사에 따라서 상호 생각을 공유하고 협업하는 매개형 플랫폼이다.

3. 크라우드펀딩(Crowdfunding)

크라우드펀딩(crowdfunding)은 대중이란 의미의 Crowd와 펀딩(Funding)의 합성어로써, 대중에 의한 투자 플랫폼을 의미한다. 인터넷을 통해 불특정 다수의 개인들로부터 자금을 모으는 행위로써 소셜 펀딩 또는 하이퍼 펀딩이라고도 한다. 크라우드 펀딩은 투자자와 창업자를 연결하는 기능을 하고 있으며, 지분 투자, 공동 구매, 대출, 후원, 기부 등 다양한 형태로 이용되어지고 있다.

4. O2O 커머스 플랫폼

O2O(Online-to-Offline) 커머스 플랫폼은 온라인을 통해 소비자를 모아 오프라인에서 상거래를 유발하는 비즈니스 플랫폼을 의미한다. 공유 승객 운송 서비스인 우버(Uber)와 공유 숙박 서비스인 에어비앤비(Airbnb)가 대표적인 사례이다.

5. 핀테크(Fintech)

핀테크는 파이낸셜(금융)과 테크닉(기술)의 합성어로써 금융과 정보기술(IT)의 융합을 통해 새롭게 만들어진 기술 및 서비스를 의미한다. 핀테크는 기본적으로 매개형 플랫폼인 경우가 대부분이며핀테크는 금융기관과 금융 소비자를 매개하는 본질적 속성을 가지고 있지만, 기반형 또는 복합형 플랫폼으로도 존재하고 있다.

6. 스마트 홈(Smart Home) 플랫폼

스마트 홈 플랫폼은 가정이나 사무실과 같은 거주 공간을 대상으로 가전, 조명, 에너지 관리, 네트워크, 보안, 냉난방 및 환기(HVAC), 엔터테인먼트를 포함한 여러 스마트기기를 연동하고 제어하는 스마트 홈 솔루션과 각종 서비스를 포함하고 있다.

선택형 문제

1. 정보화 플랫폼의 세가지 요소에 해당하지 않는 것을 고르시오.

① 서비스 ② 기술 및 기기

③ 사회적 관계 ④ 네트워크

3. 이것은 중국의 샤오미(Xiaomi)가 개발한 기반형 플랫폼으로서 오픈소스 기반의 안드로이드를 수정하여 만든 운영체제입니다. 샤오미는 사용자의 요구를 적극 반영하여 이것을 신속하게 업그레이드 버전을 제공하는 서비스를 제공하고 있습니다.

① iOS ② 안드로이드(Android)

③ 타이젠(Tizen) ④ 미유아이(MIUI)

4. 이것은 공동창업자인 브라이언 체스키와 조 게비아가 창립한 회사로써 세계 최대의 숙박 공유 서비스를 제공하는 플랫폼입니다. 현재 에어 베드와 공유 공간에서 집 전체와 아파트, 개인 방, 성, 보트, 이글루(igloos) 등 다양한 특성으로까지 확대되어 서비스하고 있습니다.

① 우버(Uber) ② 킥스타터(KickStater)

③ 에어비앤비(airbnb) ④ 아티스트쉐어(ArtistShare)

5. 가상통화란 동전, 지폐와 같이 실물의 형태로 존재하지는 않지만, 전자적인 방법으로 유통이 이루어지는 통화를 의미합니다. 가상통화에 해당하지 않는 것을 고르시오.

① 비트코인(bitcoin) ② 이더리움(Ethereum)

③ 사이버 머니(Cyber Money) ④ 마일리지(Mileage)

6. 가상통화인 비트코인(bitcoin)을 '채굴'하기 위해 사용되는 장치에 해당하지 않는 것을 고르시오.

① PC의 CPU(중앙처리장치) ② 그래픽카드의 GPU(그래픽처리장치)

③ 채굴에 특화된 채굴기(Miner) ④ 거래소 이용 가상계좌

주관식 문제

1. ( ) 플랫폼은 기존의 정보화 플랫폼에서 경험, 관계, 평판 또는 추천과 같은 사람 중심의 사회적 관계 요소가 추가로 결합되는 형태로 운영되고 있습니다.

2. 이것은 세계의 대표적인 소셜 네트워크를 제공하는 기업들 중 커머스 플랫폼 기반의유통 사업과 함께 세계 최고 수준의 정보기술(IT) 역량을 가진 기업이다. AWS라는 클라우드 서비스르 비롯하여 데시 버튼(Dash Button), 알렉사 음성 서비스(Alexa voice service) 등을 제공하는 기업의 이름을 적으시오.

3. 핀테크(Fintech)는 파이낸셜, 즉 금융(Financial)과 기술(technique)의 합성어로써 금융과 정보기술(IT)의 융합을 통해 새롭게 만들어진 기술 및 서비스를 의미한다. 대표적인 핀테크 서비스의 사례를 두 가지 들고 구체적으로 설명하시오.

INDEX

Z

ㄱ

ㄴ